# 前　言

互联网的迅猛发展掀起了网络零售业的大潮，由此引发的消费变革也汹涌而至。线上线下融合发展的新型零售模式将成为网络零售发展的未来趋势。网络零售业的高速发展，也导致了从业人员的紧缺。

本书就是为适应经济发展对网络零售人才的培养需求而编写的。按照"理实一体，模块设计，行动导向，任务驱动，课证融通，实战演练"的原则，根据网络零售业务的要求、任务分工及业务流程的要求，在认识网络零售行业、了解网络零售主体的基础上，梳理出基于网络零售主流平台开设网店与经营网店的步骤与技巧，精心设计开店准备、创建网店、采购网货、发布商品、营销商品、管理团队、学会分析等 21 个任务活动，力求实现内容上的理论性和适用性、技术上的前沿性和代表性、工作任务上的可操作性与可拓展性，与证书考核相一致，与企业应用零距离对接。在内容选择上，循序渐进，步骤清晰，通俗易懂；在呈现形式上，设计任务情境，紧依职业背景，符合当代学生学习方式。学习者通过任务驱动练习，可以快捷、直接、简单地掌握网店经营与管理的核心技能。

本书除了精心设计任务情境的新颖特色之外，还广泛吸纳了著名网络零售企业平台、实战专家和网络零售创业者的宝贵经验，确保学习内容与企业真实应用同步，而且把企业真实的网络零售任务提炼出来作为实训项目，辅以必要的理实一体化习题和实训任务，帮助学习者提升综合竞争力。

本书在编写过程中，得到了有关学校和企业的支持，在此表示感谢。本书可作为高等院校电子商务专业、计算机专业、市场营销专业及其他商贸类专业课程教材，也可以作为电子商务、网络零售爱好者和创业者的自学用书。

本书由重庆工商职业学院的姜洪涛、湖南化工职业技术学院的唐迈、贵州轻工职业技术学院的张黔怡担任主编，武汉职业技术学院的罗清萍、广东科贸职业学院的艾于兰和朱海霞担任副主编。具体编写分工如下：姜洪涛负责编写模块四，唐迈负责编写模块三中的项目一，张黔怡负责编写模块三中的项目二，罗清萍负责编写模块一，艾于兰负责编写模块二中的项目二和项目三，朱海霞负责编写模块二中的项目一。

由于编者水平有限，网络零售发展迅速，书中难免有不足之处，恳请广大读者批评、指正。

编　者

# 网店经营与管理

主　编　姜洪涛　唐　迈　张黔怡

副主编　罗清萍　艾于兰　朱海霞

中国商务出版社

图书在版编目（CIP）数据

网店经营与管理／姜洪涛主编. — 北京：中国商务
出版社，2021.8

ISBN 978 - 7 - 5103 - 3907 - 3

Ⅰ. ①网… Ⅱ. ①姜… Ⅲ. ①网店 - 经营管理 Ⅳ.
①F713.365.2

中国版本图书馆 CIP 数据核字（2021）第 153678 号

网 店 经 营 与 管 理
**WANGDIAN JINGYING YU GUANLI**

主　编　姜洪涛

出　　　版：中国商务出版社
地　　　址：北京市东城区安定门外大街东后巷 28 号　　　邮编：100710
责任部门：商务事业部

总 发 行：中国商务出版社发行部（010 - 64266193　64515150 ）
直销电话：010 - 64255862
网　　　址：http://www.cctpress.com
网络零售：http://shop162373850.taobao.com/
排　　　版：北京英智信雅文化传播有限公司
印　　　刷：天津市蓟县宏图印务有限公司
开　　　本：787 毫米×1092 毫米　1/16
印　　　张：24.75　　　　　　　　　　　　　字　　　数：504 千字
版　　　次：2021 年 8 月第 1 版　　　　　　印　　　次：2021 年 8 月第 1 次印刷
书　　　号：ISBN 978 - 7 - 5103 - 3907 - 3
定　　　价：68.00 元

# 目　　录

# 模块一　从买到卖

## ——树立网络零售新思维

## 项目一 初识网络零售

### 任务导读

| 任务一 认识零售 | 任务二 认识网络零售 |
| --- | --- |
| 走进零售 | 走进网络零售 |
| 熟悉零售商 | 了解网络零售的商业经营功能 |
| 了解零售业 | 摸清网络零售与传统零售的区别 |
| 把握零售业的变革 | 掌握网络零售的优劣势 |
| | 掌握网络零售经营常识 |

### 学习目标

**知识要点：**

1. 了解零售的定义并理解其内涵及功能，了解零售商的性质及职能。
2. 认识零售的分类形式及特点，了解零售业的变革。
3. 了解网络零售的定义与内涵，熟悉网络零售的商业经营功能。
4. 理解网络零售与传统零售的区别。
5. 掌握网络零售经营常识。

**技能培养：**

1. 能对零售行业状况进行简单分析。
2. 能运用所学网络零售知识选择正确的平台和渠道策划网络零售活动。

## 任务一 认识零售

### 任务导入

小李在新建的小区里买了房子。入住以后发现，新小区很多生活配套设施不完善，小区内和小区附近没有超市，小卖部、便利店也很少，周边没有菜市场，只有一些零星的小摊贩出售自家种的蔬菜，价格也都比较高，小区居民觉得生活非常不便利。于是，小李想到了在小区里开一家综合超市。说干就干,小李在小区中选了一个合适的地方,装修、进货、招聘员工,很快,超市就开张了。在小李认真、用心的经营下,超市的生意日渐红火起来。

小李再接再厉,又在几个新建小区中开了几家连锁超市。周围的朋友都鼓励他说:"你的超市快变成小沃尔玛了。沃尔玛是世界零售巨头,你是我们的连锁超市模范。"小李也暗自下决心,一定要把自己的超市做大做强。

**问题与思考:**

1. 案例中提到了几种零售的模式?谈谈你身边都有哪些零售模式。

2. 你怎么理解零售这个词?零售有什么作用?

3. 小李应该如何提高自己的竞争优势?

## 任务解析

从贸易发展的历史来看,零售是最古老的贸易方式,最初的物物交换可以看作是零售贸易的雏形。在市场发展的初级阶段,商品生产的小规模化决定了商品供应有限,消费者的自给自足决定了商品需求也十分有限。因此,贸易活动基本是零星的、分散的、小批量的,并集中于某一地区,主要由零售业者来进行。随着商品生产社会化和专业化的发展,商品种类增加,需求扩大,交易批量增大,产销矛盾日趋尖锐,在生产者和消费者之间,仅有零售贸易已不能适应社会生产贸易的要求,必须要有新的贸易交易方式的出现。于是零售与批发分化,当批发成为贸易领域的一个行或部门时,零售也就成为专门面向最终消费者销售商品的行业。要解答上述问题,我们必须要进一步了解零售的内涵、模式特点以及零售业的变革。

## 知识探究

### 一、走进零售

零售是一种最原始、最直接、最简单、最普遍的交易方式,既是一种买卖方式,也是一种社会性的经济现象。生活当中处处可以见到零售。例如,超市、专卖店、自动售货机、便利店、小卖部、电视购物、沿街叫卖的摊贩、集市等。

#### (一)零售的定义

"零售"一词源自法语动词 retainer,意思是"切碎"(cut up),即大批量买进并批量卖出。但零售企业并非唯一的"拆装"(break bulk)商业实体。批发商也可以大批买进并向消费者小批售出。但将零售企业与其他分销贸易商区分开来的是消费者类型:零售企业的特征是向最终消费者出售,而批发商则是向零售企业或是其他商业组织出售。

所以,零售的定义是指向最终消费者个人或社会机构与团体出售生活消费品及相关服务,以供其最终消费之用的全部活动。

### (二) 零售的内涵

(1) 零售是将商品及相关服务提供给消费者作为最终消费之用的活动。如零售商将汽车轮胎出售给顾客,顾客将之安装于自己的车上,这种交易活动便是零售。

(2) 零售活动在向最终消费者出售商品的同时,常常伴随商品出售提供各种服务,如送货、维修、安装等,多数情形下,顾客在购买商品时,也买到某些服务。

(3) 零售活动不一定非在零售店铺中进行,也可以利用一些使顾客便利的设施及方式,如上门推销、邮购、自动售货机、网络销售等。

(4) 零售的顾客不限于个别的消费者,非生产性购买的社会集团也可能是零售顾客。如公司购买办公用品,以供员工办公使用;某学校订购鲜花,以供其会议室或宴会使用。所以,零售活动提供者在寻求顾客时,不可忽视团体对象。

### 课堂互动

张小明同学手机欠费停机了。放学后他到学校附近的营业厅去为手机充了 100 元话费。营业厅使用空中充值系统为张小明同学完成了充值。营业厅进行的充值活动是零售吗?

### (三) 零售的特点

零售是相对批发而言的,它的存在是由于生产与消费的不一致。生产与消费的矛盾包括:产地集中生产,销地分散消费;季节集中生产,销地常年消费;生产批量规模,消费零星分散,加上许多商品的性能,也决定了消费必须随吃随买,随用随买,分散进行。这些都需要通过商人的零售活动加以调节、衔接和缓解,以保证社会再生产的顺利进行,满足分散、零星、多样的消费需要。

#### 1. 零售是最原始的交易方式

它是伴随交换出现而产生的一种最原始的买卖行为,不管是最原始的物物交换,还是有商人介入的简单商品交换,都是以单个的、小量的、零星的形式卖给最终的消费者。商业形式发展的规律是,由零售逐步发展到批发,从零售交易扩大到批发交易,从行商发展到坐商。没有零售也就没有其他商业形式的存在。

#### 2. 零售是最直接的交易方式

所有出售商品的商人,都是直接面对最终消费者,不管是个人消费还是社会集团中的非生产性消费品的集体消费,都是直接的、现实的、面对面的销售和服务,看得见,摸得着,还可以当面讨价还价,直接接触,直接感觉,买得放心。

### 3. 零售是最简单的交易方式

当面成交,钱货两清,没有烦琐的手续,没有复杂的过程,不经过任何中间环节,只要价格合适,顾客满意,一手交钱一手交货,在很短的时间内,就完成全部交易过程。保证消费者能得到商品,及时消费。

### 4. 零售是最普遍的交易方式,存在于广阔的城乡空间

不管哪一个国家,不管什么时间,只要存在商品交换,就普遍存在零售这一交易形式。所有的生活消费品和部分生产资料都是利用这种形式,实现商品或服务从生产领域向消费领域转移的。

### 5. 零售形式也是多种多样的

总体可分为两大类:一是店铺销售,以坐商形式,在一定位置,以相应的店堂形式出售商品,包括连家铺、售货亭、前店后厂以及各种业态固定的售货场所;二是无店铺销售,即没有固定的场所摆设商品销售,而是借助于电话、电视、网络,以及售货车、货郎担形式,向消费者出售商品或服务。

#### (四)零售的功能

零售面向最终消费者,处于贸易活动的终点,这决定了它有下列功能。

### 1. 实现商品最终销售,满足消费者需要的功能

产品在生产者手中或批发商手中,只是一种观念上的使用价值。产品只有进入消费领域才能成为现实的使用价值,在多数情况下,需要通过零售来实现。零售直接面向消费者,通过商品销售,把商品送到消费者手中,最终实现商品价值和使用价值。

### 2. 服务消费,促进销售的功能

消费者对商品和服务的需求是广泛的、多样的和复杂的,满足这些需求,零售不仅要提供丰富的商品以供消费者选择,还需要围绕着商品销售提供各种服务,如信息服务、信用服务、售货服务和售后服务等,并以此为手段,扩大商品销售。在发达的市场经济条件下,零售的服务功能更为重要。

### 3. 反馈信息,促进生产功能

零售直接面向消费者,能够及时、真实地反映消费者的意见、需求及市场变化等情况,向生产者和批发商提供市场信息,协助批发商调整经营结构,促进生产者生产更多更好适销对路的商品,满足消费者需要。

### 4. 刺激消费,指导消费功能

零售中的商品陈列、广告宣传、现场操作与体验、销售促销等,能唤起消费者潜在的消费需求,培养消费者新的爱好和需求,引导消费者的消费倾向、方式和时尚,为扩大再生产开拓更为广阔的市场,为消费水平的不断提高创造新的物质条件。

## 二、熟悉零售商

零售商是指专门从事零售交易活动的商人和商业企业,它是处于生产者和消费者、批发商与消费者之间的中间环节,是从生产商(供应商)和批发商进货,以分散、零星的形式再售卖给广大消费者,并从中获得报酬的一种经济行为。

### (一)零售商的性质

(1)它是以广大消费者需求为中心的一种商业形式(批发是以零售为中心),所经营的商品和服务必须就近满足消费者的需要。零售商通过自身的业务活动,媒介商品交换和提供服务,以最短的路程、最快的速度、最省的费用,最大限度地满足消费者的各种需求。

(2)它是商品流通的最终环节,通过它的活动,把商品卖出去,实现了商品从流通领域进入消费领域的全过程。这个过程,一方面通过满足消费需要实现了商品的使用价值,另一方面通过交易收回货币,实现了商品的价值,完成了社会再生产的最终任务。

(3)它是社会价值的最终表现。零售价格是最终价格,它最完整地实现了商品价值的全部。零售价值的实现是商品在生产环节、流通环节所凝结的价值的全部,包括生产成本、经营成本、各种费用和再生产过程各环节的利润。

(4)它以双重身份承担生产和消费的代言人,起到调节、磨合和缓解中介冲突的作用。零售商既代表消费者的利益,与生产者讨价还价,严把质量关,尽可能购进价廉物美的商品,维护了消费者的利益;同时,它又代表生产者的利益,替生产者销售商品,以各种促销手段,扩大商品的销售数量和市场份额,在实现自身利益的同时,实现了生产者创造的价值,支持和扩大生产发展。

(5)它集中体现了商业的基本职能,包括商品采购、加工、储存、运输、整理、包装等。通过销售活动,提供各种服务,集中系统地体现了商品流通各个环节的社会职能。

### (二)零售商的职能

(1)组织货源。这是零售商的首要职能,先买后卖,买是起点,卖是它的最终目的。由于商品品种众多,产地分散,消费相对集中,因此,采购商品、组织货源就成为零售商的基本职能。

(2)提供服务。商业是以服务而存在,为服务而发展。零售商集中体现了商业的服务职能,既表现在商品销售过程,也表现为售前和售后服务。明确服务职责,提高服务水平,追求服务质量,不断扩大服务范围,开拓新的服务领域,多层次、全方位地满足消费者的各种需要。

(3)保障安全。安全是对商品基本的要求。零售商为消费者提供各种商品,包括日常生活用品和耐用消费品,直接关系到消费者的健康和安全。因此,零售商一要把好进货关,严禁假冒伪劣商品进入商场(商店);二要把好储存关,按照不同性能的商品严格管理,不掺杂,不使假,不污染,不霉变;三要把好销售关,不供应霉烂、变质、过期、伪劣、假冒商品,确保消费者使用和食用安全。

（4）提供环境。消费者的购物或服务消费都是在一定环境下进行的。零售商要为顾客提供宽松、舒适、美感的购物环境。特别是在现代消费观念下,进商场兼有购物、休闲、娱乐、感受时尚等多种动机,因此,零售商不管是大店小店,不管是哪一种业态,都要把营造购物环境作为零售活动中的基本职能。

（5）融资职能。商业资本参与购销活动,先替消费者垫付资金,然后通过销售再收回资本,甚至通过赊销和信用消费形式,用融资办法加快商品周转,扩大商品销售。

**（三）零售商活动的特点**

（1）零星分散,遍布城乡各个角落。在商品经济条件下,零售须以方便购买为第一要务,临近居民设点,分散经营。即使是分散居住、偏僻的农村,也采取走乡串巷的形式,提供商品和服务。

（2）规模小,门槛低,技术要求不高,是就业谋生的重要途径。不仅便于安排城市人口就业,也是提高城市文化水平、安置农业人口的重要途径。

（3）以服务为根本,以服务为媒介。零售商面对的是众多的需求不一的消费群体,其服务态度、服务水平、待人接物、礼仪礼貌,不仅关系到自身形象,也关系到经营者的生存和发展。

（4）原始资本积累从这里开始,以义取利,生财有道,认真对待每一位顾客,认真做好每一笔生意,逐步实现原始资本的积累。

（5）快买快卖,加速周转,注重流通效率,这是零售商活动的重要特点。针对消费的特点,根据市场信息,及时组织适销对路的商品,精打细算,降低成本,廉价出售,在合理取利的前提下得到迅速发展。

## 三、了解零售业

零售业是由许许多多零售商构成的行业,是流通产业的基础。它是由多业种、多业态、多种经济形式构成的,担负着促进生产、繁荣市场、满足消费者多方面生活需要的繁重任务,直接关系到商品价值和使用价值的实现。

**（一）零售业分类的特点**

零售业是由许许多多经营各类商品、从事多种商业服务的零售商构成的。消费需求的多样性、消费结构的多层次性和消费行为的多变性,决定了零售商店结构的多样性、动态性和互补性,从而决定了零售业分类的复杂性。

### 1. 零售分类的复杂性

零售业所涉及的商品包括食、穿、用、住、行,业种多、品种复杂、规格不一,而且相关性、替代性、同质性、交叉性很强,每一大类都有成千上万的品种。同时零售商根据市场需要,往往交叉经营、跨部门经营,在职能上也存在着批发兼零售、零售兼批发,生产厂家也直接进入市场销售商品,业态、业种交叉重复,给零售业分类带来了一定的难度。

### 2. 零售分类的多样性

商品生产品种的多样性和消费需求的差别性决定经营方式,销售形式的灵活性和差异性也决定零售分类的多样性。如专业零售经营,就有专柜、专业店、专业超市、专业市场和专业商品一条街。一种超市业态,就有大卖场、大型超市、标准超市、社区超市、便利超市以及生鲜食品超市等。加上交易方式不同,如寄售、信托、拍卖、代销等形式,产生了多种多样的零售企业。

### 3. 零售分类的动态性

随着科学技术的发展,新产品的出现,新技术、新材料的应用,零售经营的业态和经营的业种也在不断地变化。业态在不断创新、组合中发展,新的经营形式不断出现,业种不断增加,市场结构、消费方式也在发生变化,因此,零售分类也不是固定不变的,它是在变化中充实调整,在创新中发展,在竞争中淘汰、更新。网上购物的产生意味着零售分类要作新的调整。

### 4. 零售分类的互补性

各种零售分类虽有一定的科学界定,但由于商品的替代性、多重性、兼营性,每一类零售形式都存在互补、兼容,包括商品经营的重叠、销售形式的借用以及时空的错位经营,导致了各类零售企业之间既合作又竞争的双重关系。不仅存在着品种上的互补,也存在着空间上的互补和业态之间的分工合作。

## (二)零售业分类

### 1. 按零售业经营商品的类别划分

按照零售企业经营商品品种的数量和经营范围来划分,可分为综合性经营零售商和专业性经营零售商。

综合性经营零售商综合经营多种商品,包括杂货店、超市、大卖场和大中小型百货店。综合性经营关键在于商品品种的有机组合。

专业性经营零售商重点经营某一种、某一大类专业商品或者集中经营某一品牌商品,包括专业店、专业超市、专业市场和专门店。专业性经营关键在于突出某一大类商品或某一品牌。

### 2. 按有无店铺划分

随着科学技术的发展和交通条件的改善,零售商不再满足于坐店经营、等客上门,而是借助于各种手段,开展无店铺销售,从传统的货郎担、上门推销等方式发展到电话购物、邮寄购物、电视购物和网上购物,直接送货上门。

```
                          ┌ 货郎担                                              ┌ 独立商店
              ┌ 传统方式 ┤ 售货车                          ┌ 独立产权 ┤ 加盟商店
              │          └ 上门推销                        │          └ 特许店
   无店铺销售 ┤          ┌ 邮购           按产权形式划分 ┤          ┌ 直营连锁店
              │          │ 电话购物                        │ 无独立产权┤
              └ 现代方式 ┤ 电视购物                        │          └ 分店
                         │ 自动售货机                       │          ┌ 合作商店
                         └ 网上购物                         └ 多元结构式┤ 消费合作社
                                                                       └ 代销合作社
```

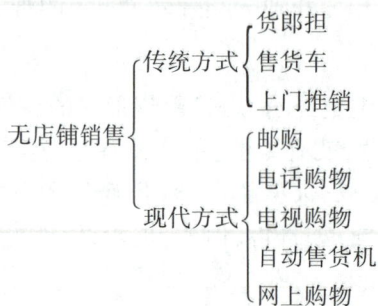

图 1.1.1　无店铺销售方式图　　　　　图 1.1.2　按产权形式划分的零售店铺类型

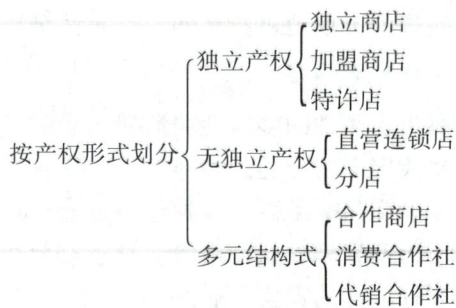

### 3. 按产权形式划分

零售商由于产权结构不同,不仅决定了它的存在形式,也制约着它的经营方式。独立的零售商独立存在、自主经营;连锁店、分店有其统一的经营理念和经营模式。合作社的商店(包括消费合作社、供销合作社、合作商店等)也有自己独特的经营模式。

### 4. 按价格策略划分

消费者购物最注重的是商品和价格,而价格却是最敏感、最活跃、最诱人的因素。因此,市场竞争首先突出的是价格竞争。经营者为适应价格竞争发展的需要,以价格策略为核心,发展出了多种零售形式,包括折扣商店、价格俱乐部(会员店)、一元店、目录廉价展销商店。

**课堂互动**

你所在学校周边有哪些零售模式?观察一下,哪种零售模式为大家所喜爱?更进一步思考,你认为这些零售模式有什么可以改进的地方?

## 四、把握零售业的变革

### (一)零售变革的基本条件

零售变革或称零售革命,是指零售业在发展的过程中所产生的历史性的变化而引起全行业制度和经营形式的创新。从传统的行商到坐商,从零售到批发,从小商小贩到现代的零售集团,不是说每一次变革和创新都能称得上零售或流通革命。要想真正成为零售革命,必须具备以下五个条件:

### 1. 节约流通成本

任何一次零售革命都是对社会流通成本的节约,不仅有利于企业微观效益的提高,改变了投入与产出的关系,而且对加速整个商品的流通速度,缩短流动过程,降低流动费用,都会起到推动作用。

### 2. 具有普遍推广价值

零售革命是全行业的创新和变革,不论其经营形式、流通方式,还是业态选择,都不是单个企业的一种经营模式的选择,而是可以在全行业推广、实行和普及的一种流通方式。没有行业性,就不存在革命性,充其量只是企业自身的一次变革和创新。

### 3. 普惠消费者

消费者受益,包括降低消费者的货币成本、方便购买、节约购物时间,这是衡量是不是一次零售革命的最重要的条件。只有消费者受益,零售改革才能生存,才能发展,才可以长期存在,普遍推广,否则,只能是一次性的轰动、局部性的营销措施,谈不上零售革命。

### 4. 引发整个流通的变革

零售业的职能是商业职能的集中表现,它的变革必然引起或推动整个流通领域各个环节的变化,包括管理模式、组织结构、运行规则和物流配送的创新,否则,它只是零售企业微观的行为。

### 5. 社会反响

零售革命是一种社会性行为,必然会产生巨大的社会反响,引导生产、指导消费,不仅可以推动生产的发展,在制造、加工、包装、分类上进行工艺创新、流程改造,而且还可以改变消费观念,促进新的消费模式的产生。涉及社会的方方面面,影响到社会的各行各业。

### (二)零售变革的动因

#### 1. 商品经济发展的产物

在小商品生产条件下,品种单一,为交换而生产的产品仅限于手工制作的手工业品。随着商品经济的发展,品种增多,规模扩大,单一的街头小巷摆摊设点和有限的经营,已不能适应消费者需求不断扩大的需要。统一经营、集中管理的百货商店就应运而生,成为零售业的第一次革命。

#### 2. 商业职能的变革

商业职能依市场的变化而变化,在小商品生产条件下,媒介商品交换就成为商业,特别是零售业的基本职能。但是随着商品生产的发展,要求商业不仅要提供商品,还要提供服务,要改变一对一的平面服务,要放弃以柜台为依托的售货方式。超市的出现之所以成为一次零售革命,不在于销售形式的改变,更重要的是消除柜台壁垒和人为隔离,给消费者以更大的购物选择权、对比权和知情权,消费者可以任意浏览,自由选择,是对消费者权益的充分依赖和尊重。并且把这种开架的销售形式推广到其他业态,大大地改变了商店与顾客的关系,减少了销售人员,降低了成本,增强了市场竞争能力,从而促进整个流通效益的提高。

### 3. 提高市场竞争力的客观需要

零售业的竞争归根结底是降低流通成本、提高服务水平的竞争。这是零售业革命的最终目的。它不仅是指每一种业态的出现以及企业内部成本的节约，而且是指整个社会交易成本的节约和经营水平的提高。

### 4. 现代科学技术的运用

零售业的革命既是科技进步的结果，也是科技在零售活动中的广泛应用，从而使管理模式、经营方式、流通过程和交易手段产生重大变化，实现质的飞跃。电子商务就是在这种条件下产生的，它扩大了交易范围，最大限度地缩短了买卖双方的空间距离，降低了费用，推动零售产业网络化交易、数字化管理和信息化运营，使零售业又面临着一次新的变革。

### （三）零售业的历次革命

零售业的革命业界并不统一。苏宁云商集团董事长张近东认为，零售经历了实体零售、虚拟零售两次革命以后，进入了"智慧零售"时代，这是零售的第三次革命。京东集团 CEO 刘强东认为零售经历了百货商店、连锁商店、超级市场三次革命以后，正在发生以"零售基础设施"改变为标志的第四次零售革命。在西方占主导地位的零售业变革依次是百货商店、连锁商店、超级市场和无店铺销售等四次革命。而清华大学教授李飞认为，西方 150 年以来爆发的百货商店、一价商店、连锁商店、超级市场、购物中心、自动售货机、步行商业街、多媒体销售等八次零售革命，几乎同时在中国出现。

表 1.1.1　人类历史上零售业的八次革命

| 次 数 | 名 称 | 业态开始时间 | 革命时期 | 特 征 |
|---|---|---|---|---|
| 1 | 百货商店 | 1852 年 | 1860—1940 年 | 扩大品种 |
| 2 | 一价商店 | 1878 年 | 1880—1930 年 | 同一价格 |
| 3 | 连锁商店 | 1859 年 | 1920—1930 年 | 组织创新 |
| 4 | 超级市场 | 1930 年 | 1935—1965 年 | 自选购物 |
| 5 | 购物中心 | 1930 年 | 1950—1965 年 | 商店聚集 |
| 6 | 自动售货机 | 第二次世界大战后 | 1950—1985 年 | 自动售货 |
| 7 | 步行商业街 | 1967 年 | 1967 年至今 | 漫步购物 |
| 8 | 多媒体销售 | 1980 年 | 1980 年至今 | 电视、网上购物 |

（资源来源：李飞，《零售革命》，北京，经济管理出版社，2003.）

**案例精选**

# 扎根西南的重庆百货

重庆百货大楼股份有限公司(以下简称"公司")始建于1950年,是重庆市最早的国有商业企业。公司于1996年上市成为重庆市唯一一家商业上市公司。自2010年顺利完成重大资产重组后,企业规模实力迅速壮大,市场竞争优势显著增强,公司发展跨上了历史新台阶。公司旗下拥有重百、新世纪百货、商社电器三大著名商业品牌,涉足百货、超市、电器等经营领域,开设各类商场、门店256家,经营面积145万平方米,总资产达102.18亿元,从业人员逾8.8万人,经营网点已布局重庆和四川、贵州、湖北等地。从2010年来,公司紧抓区域经济发展的历史性机遇,百货业态顺应市场消费新趋,加快品牌汰换升级,引领市场消费升级;超市业态扎实推进采购基地纵深建设和农超对接,持续优化采购渠道,有效降低流通成本,便利广大市民日常生活;电器业态通过包销定制、买断经营等方式,着力打造区域供应链,突出区域品牌优势,走特色化营销道路。同时,公司积极创新经营,快速涉足购物中心、电子商务等新兴业态,推进企业持续快速发展。2019年,重庆百货实现的归属于上市公司股东的净利润达9.85亿元,较2016年翻了一倍多。

**(资料来源:根据重百网站和百度百科网站相关资料整理)**

# 日本"7-11"便利店

"7-11"公司(日本伊藤洋华堂公司所属便利店)是日本零售业巨头,世界最大的连锁便利店集团,在全球拥有便利店、超级市场、百货公司、专卖店等。"7-11"的正式商标表记方式为"7-ELEVEn",其中除了结尾的n为小写外,其余英文为大写。"7-11"的名称源于1946年,借以标榜营业时间由上午7时至晚上11时,后由日本零售业

图1.1.3　"7-11"便利店店面外景

经营者伊藤洋华堂于 1974 年引入日本,从 1975 年开始变更为 24 小时全天候营业。"7－11"便利店凭借高效的物流配送系统,实现了物流低成本、高效率,成功地削减了相当于商品原价 10% 的物流费用,在与其他零售企业的竞争中处于优势地位,是便利店业界的成功实例。

(资料来源:根据"7－11"网站和百度百科网站相关资料整理)

# Costco 的会员制

Costco(开市客)是美国最大的连锁会员制仓储量贩店,起源于 1976 年加州圣迭戈成立的 Price Club,及七年后华盛顿州西雅图成立的好市多。好市多是会员制仓储批发俱乐部的创始者,成立以来即致力于以可能的最低价格提供给会员高品质的品牌商品。目前好市多在全球七个国家设有超过 500 家的分店,2020 年在福布斯全球品牌价值 100 强中排名第 79 位。

Costco 的营运理念是尽可能以最低价格提供会员高品质的商品,因此在商品策略上,Costco 选择市场上最受欢迎的品牌商品;以较大数量的包装销售,降低成本并相对增加价值;持续引进新的有特色的进口商品以增加商品的变化性;随时反应厂商降价或进口税率的降低回馈给会员;任何在 Costco 卖场所购买的商品,除附有原制造厂商的保证书外,享有 Costco 全额退款的保证。在卖场的经营管理上,所有商品以原运送栈板的方式进货并陈列于简单的卖场环境;提供会员安全整洁的购物空间,走道宽敞、舒适;商品的处理,有关温度控制及卫生均有严格控管;尽可能的提供给会员更多的免费服务,例如:免费轮胎安装/平衡服务,免费视力检查/镜架调整服务,免费停车;卖场采自助式,并使用纸箱而非塑胶袋包装商品;微量的广告文宣。

会员每年所缴交的会员费能帮助 Costco 减少许多营运及管理成本,使得商品的价格,整体来说都较其他竞争者为低,因而创造更多的价值回馈给会员。

图 1.1.4　上海闵行区开市客开业景象

(资料来源:根据 Costco 网站和百度百科网站相关资料整理)

### 课堂互动

1. 随着信息技术和电子商务的发展,传统零售商店会消失吗?
2. 新零售环境下,超市会有哪些变化?

### 任务实施

要完成此次任务,小李需要了解小区周边各零售业态的分布、发展情况,为此他做了一个零售业态调查表。然后小李找上几个朋友,进行了实地调查。

表 1.1.2　某小区周边零售业态调查表

| 零售业态 | 企业名称 | 主要特征 | 业态辨析 |
| --- | --- | --- | --- |
| 超级市场 | 永辉生活超市 | 选在在购物中心负一层,面积较大,商品品类较多,自选购物,陈列好看,价格平价,退换货方便。缺点是离小区较远,乘公共汽车需要 15 分钟 | 满足日常消费品购买需求,以生活必需品为主 |
|  |  |  |  |
|  |  |  |  |

## 任务二　认识网络零售

### 任务导入

王军家乡是一个美丽的山村,村里家家户户都种植农作物,一直过着自给自足的生活。这几年国家加大了对农业的扶持力度,出台了不少惠农政策,乡亲们的生产积极性逐渐被激发了出来,纷纷加大了种植规模,通过售卖农产品增加收入。由于采用无公害种植,这几年村里的农产品很受欢迎,家家户户的收入都很可观。可慢慢地,随着规模的扩大,本地市场供大于求,出现产品过剩,价格下降。面对此状,乡亲们一筹莫展。后来王军在电视上看到网络也可以卖商品,他觉得这是可以尝试的新零售渠道,但他对网络买卖一点都不懂,于是他决定在做中学,在学中做,首先从认识网络零售开始。

问题与思考:

1. 什么是网络零售?网络零售和传统零售有什么不同?
2. 如果王军选择开拓网络销售渠道,如何选择合适的电子商务平台?
3. 在具体操作中,王军需要注意哪些问题?

### 任务解析

互联网技术的不断成熟与广泛应用,网络购物成为大家生活的常态,也不断冲击着传统的零售业,传统零售怎样应对电子商务大潮?虽然网上商城是一座"金矿",但也并不是人人都能淘到金。我们必须对网络零售的内涵、分类、功能以及与传统零售相比的优劣势、选择网络零售平台的注意事项和网络零售的经营常识有深入的了解。

### 知识探究

中国零售业曾以每年门店数量翻番的扩张速度,开启了中国零售业高速增长的"黄金十年"。但经历一番粗放式的野蛮增长后,传统零售业遭遇瓶颈。随着中国经济进入新常态,零售企业扩张店铺的模式开始暴露风险,整个传统零售业呈现增速放缓、利润下滑的趋势。而伴随电子商务发展起来的网络零售凭借其"个性化服务""无地域性""低成本信息优势""无存货"等得天独厚的优势,赢得了极大的发展空间。

## 一、走进网络零售

网络零售作为一次零售业的革命,对零售业经营观念更新和经营方式革命的影响是深远性的。

### (一)网络零售的定义与内涵

对于网络零售的研究,以行业组织、协会和咨询研究机构为主,各研究机构对网络零售的定义不尽相同。网络零售和网络购物是一个事物的两个视角。对于销售方来说是零售,对于购买者来说就是购物。虽然各机构对网络零售的定义不尽相同,但都包含以下几点:

(1)互联网或通信网络媒介——商品或服务在交易主体间转移过程中,商流、资金流、物流和信息流至少一个环节是通过网络(包含互联网和其他通信网络)媒介实现的;

(2)买方是最终消费者——与传统零售定义一致,商品或服务的购买者为个人消费者或社会团体消费者,个人或社会团体购买后用于生活消费;

(3)卖方主体多元——商品或服务销售方既包括商品制造商、进出口商、品牌商、批发零售商,也包括个体销售者;

(4)交易对象——有形商品和无形商品,但不包括网上求职、代收代缴、保险投资等金融服务和在线旅行车票预订。

基于此,本书定义网络零售为:以网络为媒介实现商品和服务向消费者转移的商务交易活动。

### （二）网络零售建立的条件

网络零售作为电子商务的一项重要业务，是以互联网为架构、以 IT 技术为手段、以信息为媒介实现交易的商务操作流程，要有一定的条件为基础，它的发展要经历一个从不成熟到成熟的过程。这些条件包括：

（1）交易平台。即虚拟商店为顾客提供各种商品信息，包括商品价格、品牌、规格、产地等，供消费者选择，并通过网络操作完成订货程序。

（2）物流配送。网络零售商流与物流完全分开，每笔交易都必须以物流配送为基础，把货物直接送达顾客手中。这种配送可以由商家直接组织，也可以由厂家直接供货，还可以由专业速递公司完成，或由第三方物流公司进行配送。

（3）结算体系。传统零售交易是"当面付款，货款两清"，而网上交易通过"订货—付款—交货"或"订货—交货—付款"两种形式，都存在着货款脱节，需要建立完善的结算体系和信用体系才能完成。由于供求双方信息的不对称性，信用成为网上交易结算的重要保证，电子货币或网上银行的建立和完善就成为网络零售发展的必要条件。

（4）售后及退换货制度。网络零售是远距离交易，顾客无法直接接触商品，在送货上门、看到实物后，可能感到不满意，或者规格、花色、品种不对路，或者出现质量不合格，甚至混入假冒伪劣产品。这种现象的出现必须以完善的退换货制度作为保证，以维护消费者的权利，否则，既可能直接影响网络零售的信用，又产生了交易风险，损害了消费者权益。

### （三）网络零售的分类

（1）亿邦动力网和中国电子商务服务联盟在《中国网上零售调查报告（2009）》中，根据平台类型将网上零售划分为 C2C 以及 B2C；根据针对的客户群不同划分为内贸零售以及外贸零售。

表 1.1.3　亿邦动力网网络零售市场类型的划分

| 按交易类型划分　　　按区域类型划分 | 内贸网上零售 | 外贸网上零售 |
|---|---|---|
| C2C | 内贸 C2C | 外贸 C2C |
| B2C | 内贸 B2C | 外贸 B2C |

其中内贸 C2C 平台典型代表为淘宝网。

外贸 C2C 平台中最常用的外国平台有 eBay、Amazon 等。

内贸 B2C 平台典型代表为京东、天猫、亚马逊、苏宁易购、当当等。

外贸 B2C 平台典型代表有速卖通、Amazon、Wish、Joom、Lazada、Shopee、JD. id 和 Filmart 等。

（2）艾瑞咨询集团在《2009—2010 年中国网络购物行业发展报告》中，根据交易模式、交易主体、交易对象和交易流程电子化程度将网络购物划分为以下几类：

表 1.1.4 　艾瑞咨询集团对于网络购物的分类

| 分类标准 | 具体种类 |
| --- | --- |
| 交易模式 | B2C、C2C |
| 交易主体 | 纯网络零售商、传统制造商/品牌商、传统渠道商、个人卖家 |
| 交易对象 | 实体物品类、虚拟物品类、无形服务类 |
| 交易流程电子化程度 | 完全电子化、不完全电子化 |

### 课堂互动

你是否有在以上平台购物的经历,你更喜欢用哪个平台?为什么?

## 二、了解网络零售的商业经营功能

网络零售是零售的新业态,它首先具有零售的基本功能。除此之外,网络零售利用先进的通信技术和计算机网络的三维图形技术,把现实的商业街搬到网上,使消费者足不出户就可以方便、省时、省力地选购商品,而且订货不受时间限制,商家会送货上门。

### 1. 信息传播功能

网络最大优势在于它巨大的信息量,并能使人们在这些信息中进行充分的选择。商家可以把商品的信息以声音、影像、图片及文字等形式输入购物网站,而网络零售的消费者则坐享其成,在其乐无穷的随意徜徉中,选购到自己满意的商品。

### 2. 广告促销功能

网络零售可通过多媒体技术展示一些特别推荐的商品。但是接受网络零售广告的消费者可以自主选择广告内容,不受报纸、电视传统的单向、强迫式宣传的影响。网络零售的营销活动借助数据分析和现代营销理论,能够更有针对性地对消费者的偏好进行定向营销。也可以借助电子化网络式的一对一营销,激发顾客的购物潜意识,实现促销效率最大化。

### 3. 货币支付功能

经过十余年的发展,全球网上支付体系日趋完善,消费者购物结算的后顾之忧逐渐得到解决。随着指纹、刷脸、虹膜、声音、指静脉等生物识别技术的成熟,现金正迅速变得过时。而区块链、虚拟现实、物联网等非支付技术也在寻找从跨境大额汇款、线上购物、支付流程自动化等入口切入支付行业。

### 4. 商品交付功能

购买者支付电子货币后,对那些不能通过网上传送的商品,可以等待商家送货上门;对那些能在网上传送的商品,如电子书刊、电脑软件、音像制品、机票等,则可直接由商家通过网络传递到购买者的网络终端。总之,网络零售和现代物流的有机结合能够有效并且低成本地将货物送达顾客手中。

## 三、摸清网络零售与传统零售的区别

从商业行为来说,网络零售与传统零售并没有本质上的区别,都是为了达到商品销售的商业目的。由于传统零售是采用实体店铺的销售模式,网络零售是采用虚拟店铺的销售模式,因而在物理特征、展示手段、营销策略、供应链管理、购物体验、人才需求等方面都会有所区别。

### 1. 物理特征差异化

传统的店面零售(即传统零售):实体店铺、商品可见(虚拟商品除外),覆盖有限半径(选址尤为重要),有限的货架,有营业时间限制,顾客来店购物,有店铺租金、物业以及店内运营人员成本等等。

网络零售:商品通过图片、文字等等来展示;由配送能力决定覆盖半径,可以一网覆盖全国,乃至全球;理论上为无限货架,长尾商品均可销售;7×24 小时的服务;送货上门;有包装材料和配送成本;有网店运营、客服人员等成本。

### 2. 商品展示与搜寻差异化

传统零售:一般按照顾客逛店购物习惯摆放商品;将走货量大、品牌知名度高的商品以及促销商品摆放在显眼的位置和顾客容易拿到的货架上。

网络零售:可根据关键字、类别、价格区间等进行搜索;整体展现商品图片、商品的详细介绍等;能为顾客提供多种购物决策支持,比如热销产品排行榜、以图片方式多角度展示商品外观、以视频方式介绍商品、多种排序方式(如价格、库存、热销进行排序)、个性化推荐、清晰的类别划分和展示、相关产品推荐、商品比价功能、组合商品等。

### 3. 市场手段、营销策略差异化

传统零售:DM(直销广告)、广告(如户外、报纸、电视等)、短信;可利用店铺场所环境以及声、光、味等效果刺激购买;可通过销售人员与顾客面对面交流推荐产品。

网络零售:SEO(搜索引擎优化)、SEM(搜索引擎营销)、信息流广告、视频营销、EDM(电子邮件营销)、门户网站广告;拥有大量的顾客搜索、收藏、购买、关联商品的数据和信息,可以进行精准营销。

### 4. 供应链架构和管理差异化

传统零售:仓库和店铺多层次管理,配送一般从仓库到门店,仓库货物摆放主要考虑畅销程度和上下架效率,仓库一般采用立体库。

网络零售:只需要考虑仓库库存的管理,配送一般解决最后一公里的问题,仓库货物摆放考虑畅销度和顾客购买关联性,仓库以平面库为主。

### 5.购物体验差异化

传统零售:可以直观的展示商品,使消费者在购买前就能通过视觉、触觉等来感知商品,服装可以试穿,化妆品可以试用,食品可以品尝,使顾客通过亲身体验来认识、了解和接受商品,从而大大降低顾客的购物风险,提高销售的成功率。

网络零售:在商品体验上处于弱势,由于商品是以网页的形式在展示,顾客在收到商品之前并未见过实物,因此,在购物前可能会比较审慎,担心收到的商品与网页上看到的相距甚远,无形中增加了销售难度。

### 6.人才结构差异化

传统零售:有丰富零售经验的人才很重要,店内运营人员数量视规模而定。

网络零售:IT 人才以及网络营销人才非常重要,一般仓储物流人员、客服人员的比例较高。

简言之,传统零售在实体商品体验性、商品立即可得性、刺激临时性购买、店员近距离服务等方面具有优势。而网络零售具有成本较低,通过大量顾客信息达到精准营销,口碑营销传播的速度和广度不受地域、时间和货架空间的限制等优点。

**课堂互动**

查看近两年《新零售产业人才发展报告》,了解新零售人才需求现状,看看自己对哪些岗位有兴趣?为此你要做哪些准备?

## 四、掌握网络零售的优劣势

### (一)网络零售的优势

#### 1.全新时空优势

传统的零售商业是以固定不变的零售地点(商店)和固定不变的零售时间为特征的店铺式销售,随着人们需求及作息时间的变化,传统的零售商业更因连锁商店的开设而打破零售空间的僵化,满足各类消费者的消费时间需求。互联网上的零售商业没有时间限制,全天 24 小时营业,零售时间是由消费者即网上用户自己决定,这可在更大程度上满足网上用户及消费者的需求。

此外,网上销售可以随着互联网在全球开展,不存在地理障碍。面对的是全球市场,可以以最少的成本把商品或服务推向全世界。

#### 2.全方位展示产品或服务的优势

对于一般的日用品来说,网络零售业与传统零售业相比并无优势,而对一些耐用消费品的其他复杂工业品来说,网络上的零售业便可利用网上多媒体的性能,全方位展示产品或服务的外观、性能、品质以及决定产品或服务功能的内部结构,从而有助于消费者完全地认识了商品或服务后,才去购买它。传统的零售业在店铺中虽然可以把真实的商品展示给顾客,但对一般顾客而言,对所购商品的认识往往是很肤浅的,且易于为表面的漂亮、好看等所迷惑。理论上说,消费者理性地购买,既可以提高自己的消费效用,又可以节约社会资源。

### 3. 信息和比较优势

网络提供了信息全面具体、实效性强、可靠的低成本的信息,利用方便的检索技术和快速的传输过程,消费者可以简单地获得需要的信息。传统的信息传递模式远不如网络的方便、快捷、低成本。对于一些耐用的大件产品以及高技术含量产品,消费者缺乏足够的专业知识对产品进行鉴别与评估。而比较、定量化分析模型、谈判软件以及智能代理的出现使消费者自己可以参考这些分析模型,理性地判断产品价格的合理性,对产品的整体效果进行评定。在这种情况下,企业趋向于按照成本定价而不是按顾客价值定价。

### 4. 密切用户关系,更深入了解用户的优势

由于互联网的即时互动式沟通,以及没有任何表述自己感想的外界干扰,使得产品或服务的消费者更易表出自己对产品或服务的评价,这种评价一方面使网上的零售商们可以更深入地了解用户的内在需求,另一方面与零售商们的即时互动式沟通,促进了两者之间的密切关系。

### 5. 启动资本与运营成本较小

由于互联网的网上零售商是一个虚拟的中介机构,不需要店面、装潢、摆放的商品及货架、营业服务人员等,其成本主要涉及网站建立的成本、软硬件费用、网络使用费用和定期的维持费用,这与传统分销商的经常性支出如昂贵的店面租金、装潢费用、水电费、人员费用以及各种税收相比要低廉得多。如果网上零售商直接向网络服务供应商租赁"店面",其成本将更低。目前 C2C 网络零售平台会员招募是免费注册,注册以后只要进行身份认证就可以开店。B2C 平台设置了准入条件,但相对于线下渠道成本而言,网络渠道具有明显的优势。而且互联网的双向信息沟通功能,使商品的广告宣传、促销和销售都统一到网上进行,节省了大量的宣传、促销和交易费用。

### 6. 进货和发货方式灵活,避免大量库存成本占用资金

对于企业来说设置分销渠道成功的关键在于是否尽可能的消除库存而同时又要尽可能地充分展示,减少库存和充分展示本身就是一对矛盾。网络零售商一方面与生产厂家进行网络链接,同时通过网络直接面对用户,和买卖双方都保持着快捷方便的信息传递。在交易过程中,它可以在接到用户的订单后,再向生产厂家订货,而且不需要把商品一一的实际陈列出来,只要在站点上列出出售商品的目录和一些商品图样以方便顾客选择。因此网络零售商就不需要提前进货,也不会出现库存积压的情况,从而可以最大限度的控制库存,实现无库存经营。

### （二）网络零售业的劣势

#### 1.缺少感觉和人性化的沟通

在非网络选购的状态下,顾客是通过看、听、闻、摸等多种感觉来对产品进行判断与选择的。而网络购物只提供了两种可能——看和听。这势必对消费者的刺激大大减弱。对于相当一部分人而言,身临其境的购物是一种社会实践,是一种接触社会的机会,是一种享受。网络购物失去了上街闲逛的乐趣,对那种热烈的现场气氛的感受大大减少,购物过程的乐趣必将大打折扣。

#### 2.心理的满足

在传统的购物过程中,由于人群关系的影响,人们喜欢在服饰、化妆等方面展示自我的个性和生活的状况,享受别人的欣赏与羡慕。出入高档商店、在高档的商品柜台前享受售货员细致入微的服务,看着人们羡慕的眼光,都会给人们的心理带来极大的满足感。而在网络购物方式下,普通消费者曾经使用静默下单,虽然有卖家秀、短视频这类的分享渠道,但需要消费者付出一定的努力才能达到,购物心理上的满足感比起传统购物要弱一些。

#### 3.适用范围有限

虽然从理论上讲任何产品都可以进行网上交易,但在实际的操作过程中,仍有许多产品不适合网络销售。这涉及产品的属性与特点。此外,从成本角度考虑,对于某些产品而言,网络购买成本要比传统购买成本高出很多,这在一定程度上也缩小了消费者选择产品的范围。消费者选定产品之后,除了产品的实际价格以外,还要给付产品邮寄、传递的费用,这中间还不包括购物的精神成本。尽管互联网给人们带来了休闲、轻松的体验,人们仍需要承受一定的精神压力和代价,例如,人们必须耗费精力去判断网上信息的真实性、判断网络交易是否安全等等。

#### 4.服务质量难以监控,消费纠纷多

网络零售过程中的服务包括在线沟通和物流配送。除了一些大的 B2C 平台自建物流外,大部分网络零售交易平台依赖第三方物流。虽然平台可以推荐物流公司,但不能控制物流公司的服务质量。网络零售商可以酌情选择物流公司,同样也不能控制物流公司服务质量,只能用选择或更换的方式对物流公司施压。物流公司的服务质量不佳是网络零售交易纠纷的主要原因之一。售后服务的开展也比较困难。另外,目前国内网络零售相关的法律法规体系尚不够成熟和完善,尽管消费者拥有向相关主管部门、网络零售平台、网络零售商等投诉的渠道,但在实际操作中却因责任不明确、法律不完善等原因存在维权难的问题。

**案例精选**

## 苏宁小店——将刷脸玩到极致

2018年5月3日,第三届CE China—中国深圳电子消费品及家电品牌展上,苏宁将整个无人Biu店搬到了现场。Biu店采用人脸识别技术,通过扫描二维码绑定人脸就可以"刷脸"进出,而这一过程仅需要6秒,这个无人店将"刷脸"玩到了极致。建立在人脸识别的基础上,"颜值测评"可以为用户的颜值打分,"精准推荐"可以给用户推荐商品。在店内的中心区域,装有4块显示屏,其中一块是门店客流分析系统,实时展示客流情况,并在此基础上通过进店客流量、消费者行动轨迹绘制热力图。一方面,消费者可以通过直观的图像了解店内较为热门的区域,方便"打卡",另一方面,苏宁也将结合店内各个应用的互动体验数据、门店订单、销售数据、会员数据等,从细节处摸索消费者的喜好,再进行针对性地销售,实现区域性、本地化消费者大数据洞察,辅助运营优化提升。当你拿起一款商品时,货架旁侧的大屏会显示商品的详细信息,还会出现你可能感兴趣的其他商品。购买商品后也无需排队付款,直接通过付款闸道,系统会自动识别用户身份,biu的一下,快速付款。消费者拿起商品的次数、停留次数、视线停留时长,也会被默默记录在册,那些获得消费者独家记忆的商品,在摆放位置和库存数量上都会变得更加善解人意。

图1.1.5 Biu店的颜值互动

图1.1.6 自动显示商品详情

(资料来源:根据电科技百度官方账号相关资料整理)

**课堂互动**

如果要买书籍的话,你更愿意去网上书店还是线下书店呢?

## 五、掌握网络零售经营常识

### (一)网络零售商活动内容

网络零售商的经营活动与传统零售商的活动相比,从大的方面讲有很多相同之处,活动环节与流程也极为相似。但是,一些环节的活动内容是不一样的,例如,店铺选址、店铺装修、商品陈列等。以下是网络零售商从事网络零售的主要内容。

(1)企业战略规划。　　　　　　　　(6)网店商品发布与陈列。

(2)组织系统设计。　　　　　　　　(7)网货采购与存货。

(3)网店"选址"。　　　　　　　　　(8)网店商品定价。

(4)网店页面设计。　　　　　　　　(9)网店商品促销。

(5)网店商品规划。　　　　　　　　(10)网店服务。

### (二)网络零售经营途径

不论是企业还是个人,若要开展网上零售业务通常有以下经营途径:

(1)自建网站经营。如京东商城、当当网、海尔商城等。其主要优势是网站(网店)设计不受制约,零售商完全可以根据自己的规划建店经营。但是,这种经营途径需要雄厚的资金,以及较高的信息技术基础,要有专门的信息技术部门和专门的信息技术人才。因此,这种经营途径的经营门槛高,往往只适合大型企业。

(2)利用第三方电子商务平台开店经营,其主要优势在于零售商不需要雄厚的资金和信息技术基础即可进行网络零售,无须设立专门的信息技术部门和配备专门的信息技术人员,有关信息技术的部分都有第三方平台提供服务和保障,而技术服务费用较为低廉。因此,这种经营途径的门槛低,适合中小企业和个体经营者。但是,网店设计受平台制约,通常只能用平台提供的模板设计网店。

开店经营可以选择自营网店和代运营网店。传统企业要组建一支专业的网络零售团队,难度也是非常大的。聘请专业的代运营公司或者团队,通过异地服务为企业提供网店的代运营服务是一个很好的选择。

### (三)网络零售平台的选择

如何选择一个合适的网络平台,是很多网商入门者碰到的问题,国内网络零售平台不少,选择合适的网络零售平台是中小企业和个体经营者首先要考虑的问题。选择网络零售平台的要素主要有如下几方面。

(1)平台综合指数:网站设计、购物市场份额、网站注册用户数量、综合网站排名、人均页面浏览量、网站用户单一度、网站的流失率、收费情况、支付工具、即时通信工具、营销工具、管理工具、信用评价体系、物流等。

(2)结合网货特点:商品类型、客户群。

(3)性价比:投资收益好。

(4)平台性能:操作方便性、稳定性。

(5)用户口碑:口碑好则平台流量大,对卖家有利。

(6)平台管理水平:平台管理好,购物环境也就相对好,对买卖双方都有利。

### 小知识

在选择网络零售平台时,若想了解任一平台的购物市场份额、网站注册用户数量、用户口碑等,可查看网经社(www.100ec.cn)发布的年度中国网络零售市场数据监测报告,而综合网站排名、人均页面浏览量、网站用户单一度、网站的流失率可查看http://alexa.china.com 或 http://www.alexa.com 网站提供的数据。

### 任务实施

在认识网络零售的功能、优劣势,以及学习了如何选择网络经营平台等内容后,王军得到了以下信息。

(1)各平台开店的门槛各不相同,要根据产品特色和实力选择销售平台。

(2)在网络平台开店的数量没有限制,一家企业在天猫开店(B 店),同时又在淘宝拥有数家网店(C 店),是一种极普遍的市场行为。但企业一定要非常熟悉所选择平台的功能、销售流程和经营规则等,才会达到持续销售的效果。没有专门的网络运营团队的企业可以找专业的代运营团队经营企业店铺。

(3)由于有平台宣传的配合和网站的权威性影响,平台官方举行的团购或者促销活动,可以创造巨大的销量和收益。

(4)产品的图片精细度要处理得苛刻严格,不仅要展示产品的全局,还要突出产品的特点、使用方法、售后服务等内容,做到多而全,但不繁杂。有时消费者下订单的原因仅仅是其中一张图片引起了共鸣。

(5)服装、箱包、鞋袜、眼镜等商品一定要由能衬托产品优点的模特进行展示,绝不能为了省钱,用员工、亲友来代替产品模特。专业模特的产品展示将产生极强的产品冲击力,非专业的模特往往会起到相反的效果。

(6)通常情况下,平台都会有论坛、留言、回复、邮件等免费营销工具,企业如想节约推广成本,应尽量使用免费工具。但必须明白免费工具的效果短期内不会尽如人意,而且多种免费工具一定要配合使用,有专人长期维护。

(7)店铺和产品的宣传并不仅限于平台内,可以在互联网及其他媒体上反复进行品牌宣传,将客户引入店内。

(8)价格制定要对比淘宝网站内的同类产品的价格,而不是去参考以往线下的销售价格。但是价格不要相差太大,不然极有可能伤害到线下的实体店。

(9)要具有品牌营销意识。现在淘宝网站上不仅有电子商务公司、厂家,还有专业营销公司、国外品牌代理。刚开拓网络零售渠道的零售商如果不能快速地扩大销量,稳定收入,将会被有实力的企业挤出网络销售的大门。如果零售商认为自己开的只是一个网店而已,没有品牌营销的意识,那么,网店将会举步维艰,销量忽高忽低,非常不稳定。

### 知识拓展

## 网络零售的发展

**我国网络零售的发展历程**

20世纪90年代,我国政府敏锐地意识到电子商务对经济增长和企业竞争力的巨大影响,积极推动电子商务实际应用,先后实施了"金桥""金卡""金关""金卫""金税""金贸"等一系列"金"字工程,为我国电子商务的发展奠定了基础,为网络零售创造了条件。1999年5月,国内第一家B2C电子商务平台——8848网站上线,拉开了我国网络零售的大幕。

1999年8月,邵亦波创办国内首家C2C电子商务平台——易趣网。11月,当当网等网络零售网站相继上线,掀起国内第一波B2C创业浪潮。

2000年2月,卓越网上线。3月,eBay以3000万美元的价格购买易趣网33%的股份。

2003年5月,阿里巴巴集团投资1亿元人民币的C2C电子商务平台——淘宝网上线。6月,eBay以1.5亿美元收购易趣网剩余67%的股份,全盘并购了该网站。

2004年8月,亚马逊以7500万美元协议收购卓越网,并更名为卓越亚马逊。同月,《中华人民共和国电子签名法》通过并实施。12月,阿里巴巴集团推出第三方支付平台——支付宝。

2006年3月,腾讯在北京为旗下C2C电子商务网站——拍拍网举行主题为"生活创造需求,沟通达成交易"的正式运营发布会。

2007年8月,今日资本向京东商城投资1000万美元,开启国内家电3C网购新时代。这一年,VANCL、衣服网、李宁等各类服装网购平台相继上线,兴起服装B2C直销热潮,引发传统服装销售渠道的变革。

2008年5月,易趣宣布其注册用户可终生免费开店,免费项目有商品登录费、店铺使用费等。

2009年5月,当当网宣布盈利,毛利率达到20%,成为国内首家实现全面盈利的网上零售企业。

2010年,京东商城跃升为中国首家规模超过百亿元的网络零售企业,销售规模占据国内网购零售份额的33.9%。同时实现从3C网络零售商向综合型网络零售商转型。7月1日,《网络商品交易及有关服务行为管理暂行办法》实施,国内网店开始步入"实名制"时代。11月11日,淘宝商城"双十一"的销售额增长到9.36亿元;雷军成立小米科技。

2011 年 10 月 10 日,淘宝商城颁布新政,将技术服务年费从 6000 元提高至 3 万元和 6 万元两个档次;违约保证金由 1 万元涨至 5 万元、10 万元、15 万元不等。这一举动引起中小卖家不满,并引发中小卖家对大卖家的攻击。团购网站步入寒冬。11 月 11 日,淘宝商城"双十一"的销售额已跃升到 33.6 亿元。

2012 年 1 月 11 日,阿里巴巴集团旗下淘宝商城正式更名为天猫。11 月 11 日天猫与淘宝两家网购单日纪录再次刷新为天猫 132 亿、淘宝 59 亿,合计 191 亿。顺丰进军网络零售,建立顺丰优选。

2013 年 6 月 17 日,微信针对一部分公众账号开通了在线支付购物功能。11 月 11 日,天猫商城"双十一"总交易额达 350.19 亿元。

2014 年 3 月 10 日,京东宣布与腾讯建立战略合作伙伴关系。3 月 15 日,新《消费者权益保护法》推出"7 天无理由退换货"新规。阿里巴巴、京东、聚美优品在美上市,迎来电商史上最大规模"上市年"。

2015 年 8 月 7 日,京东宣布以 43 亿元入股永辉超市。8 月 10 日,阿里巴巴 283 亿元战略投资苏宁电商。天猫"双 11"购物狂欢节总成交金额达到 912.17 亿元。

2016 年 4 月 8 日,财政部、发改委等 11 部门制定的《关于跨境电子商务零售进口税收政策的通知》正式实施,"四八新政"对进口业务,尤其是保税进口冲击明显,多地综合试区进口单量分别比新政实施前下降超过 50%。6 月 21 日京东从沃尔玛手中收购了一号店。10 月 18 日,苏宁阿里出资 10 亿元成立猫宁电商。11 月 11 日,天猫"双 11"当天成交额达到 1207 亿。

2017 年 1 月 1 日,永辉超级物种在福州开业。5 月,山姆会员商店全球购官方旗舰店正式入驻京东。12 月,腾讯入股永辉。

2017 年 8 月 24 日,饿了么收购百度外卖,中国互联网外卖领域最大一桩并购案产生。"天猫双 11 全球狂欢节"总销售额 1 682 亿元人民币。"京东 11.11 全球好物节"下单金额突破 1271 亿元。

2018 全年,永辉、步步高、华润万家、物美、大润发、沃尔玛、家乐福、卜蜂莲花、永旺、百佳十大超市零售企业旗下的大卖场、精品超市、生鲜超市、社区超市、食品超市业态共开店超 300 家,比 2017 年增多 16 家,同比增长约 4%。同时,关店 44 家,与去年同期持平。

2019 年 1 月 1 日,《中华人民共和国电子商务法》正式施行,对个人代购、商家删差评刷好评、捆绑搭售、大数据杀熟、押金退还等消费者关注的问题进行了规范。4 月 18 日,亚马逊中国宣布,从 7 月 18 日起,将不再经营中国国内市场业务并停止向商户提供服务。5 月 3 日云集在美国纳斯达克上市,被称为"中国会员电商第一股"。7 月 12 日,三只松鼠深交所创业板挂牌上市,7 月 17 日,直播平台斗鱼在纳斯达克上市。9 月 6 日,阿里巴巴以 20 亿美元全资收购网易旗下跨境电商平台考拉。9 月 10 日,马云正式将阿里巴巴董事局主席职位交予阿里巴巴CEO张勇。11月11日，天猫"双11"全天成交总额达到2684亿元。

2020年1月1日，新版《跨境电子商务零售进口商品清单》正式实施。3月13日，国家发展改革委等二十三个部门联合印发《关于促进消费扩容提质加快形成强大国内市场的实施意见》。3月28日，海关总署发布《全面推广跨境电子商务出口商品退货的公告》，全面推广跨境电子商务出口商品退货监管措施。5月6日，国务院发布《关于同意在雄安新区等46个城市和地区设立跨境电子商务综合试验区的批复》。

2021年5月25日，中国连锁经营协会与德勤中国联合发布《零售创新决胜新消费暨2021中国网络零售TOP100榜单》，报告显示，尽管中国消费市场于去年深受疫情打击，但网络零售额不跌反升，而数字化技术更将加速线上消费持续向各市场和年龄层渗透。

**中国网络零售发展特点**

1. 持续高速增长的网络零售是拉动中国零售市场的重要力量

过去五年中国零售市场销售规模持续缓慢下行，且主要实体零售企业的增速下滑明显。相比之下，网络零售不仅成为拉动中国零售市场整体向上的重要力量，其作用力也在不断加强。据德勤研究的测算，2020年受疫情冲击，社会消费品零售总额经历了改革开放以来的首次负增长。然而，实物网上零售额仍然保持14.8%的增速，占社会消费品零售总额的比重升至24.9%。服装鞋帽、日用品、家电、3C类产品是线上销售规模靠前的品类，占比超过了总体实物网络零售交易额的50%以上。

2. 新旧动能转换加快，消费升级势头不减

面对复杂严峻的挑战，全国网络零售展现了充分的韧性，主动化危为机，以创新驱动新旧动能转换。新业态、新模式发展迅猛，2020年重点监测电商平台累计直播场次超2400万场，在线教育销售额同比增长超过140%，在线医疗患者咨询人次同比增长73.4%；"双品网购节""618""双11"等大型网购促销活动，推动需求释放，有力拉动市场增长；绿色、健康、"家场景""宅经济"消费热度凸显，健身器材、保健食品、消毒卫生用品、中高端厨房电器、宠物用品增长均超过30%；线上线下融合加速，电商企业加快赋能线下实体转型升级。

3. 跨境电商持续发力，有力推动外贸发展

据海关统计，2020年全国跨境电商进出口额达1.69万亿元，增长31.1%。跨境电商迅速发展得益于系列政策利好，2020年，中国与22个国家"丝路电商"合作持续深化，双边合作成果加速落地；新增46个跨境电商综试区，增设"9710""9810"跨境电商B2B出口贸易方式，推动通关便利化；广交会等展会"云端"举办开辟了外贸发展新通道。

4. 农村电商提质升级，电商兴农不断深入

商务大数据监测显示，2020年全国农村网络零售额达1.79万亿元，同比增长8.9%。电商加速赋能农业产业化、数字化发展，一系列适应电商市场的农产品持续热

销,有力推动乡村振兴和脱贫攻坚。商务部持续开展农产品"三品一标"认证,农产品品牌推介洽谈,推动农产品上行。

### 中国网络零售市场发展机遇

**1. 网购人群持续增长**

从网络购物的发展历程来看,过去一直是 PC 网络购物拉动整体网络购物市场高速增长。随着移动互联网的普及,PC 网络购物市场逐渐走向成熟,移动购物市场交易规模开始快速增长。2014—2020 年,手机网络购物用户占网络购物用户的比重不断上升,截至 2020 年,手机网络购物用户规模达 7.80 亿,总的网络购物用户数量有 7.82 亿,占比已经超过了 99%。由此观之,移动购物早已经超过 PC 网络购物成为推动网络购物市场的第一大动力。

**2. 企业数字化转型比例高,投入意愿强**

智慧零售是基于数字化发展的对传统零售行业的创新升级。数字化是指在数字化和制造技术融合的背景下,并在虚拟现实、计算机网络和多媒体等多种支撑技术的支持下,根据用户需求,迅速收集资源信息,对产品信息、工艺信息和资源信息进行分析、规划和重组,以实现对产品设计和功能的仿真以及原型制造,进而快速生产出达到用户要求性能的产品的整个制造过程。

随着数字化的不断发展,越来越多的企业意识到了数字化转型的重要性,根据网易智企与罗兰贝格联合发布的《企业数字化升级之路——百家企业数字化转型发展分析报告》,在参与调研的企业中,有 8% 是天生数字化企业,61% 的企业已经在尝试数字化转型。

**3. 零售行业数字化升级将不断加快行业规模快速增长**

当前数字化升级已经在零售行业进入规模化应用的阶段,未来随着数字化技术的不断升级,将会加速我国智慧零售行业的发展。2017 年数字化零售市场规模占我国全社会零售销售总额约 0.12%,前瞻根据对零售行业数字化转型的发展现状分析以及历史增速预测,预计 2020 年我国数字化零售市场规模占全社会零售销售总额将达到 1%,这一比例在 2026 年则将达到 5%。

### 中国网络零售市场发展趋势

**1. 市场持续发展激发消费新潜力**

网络零售市场有望保持稳中有进发展态势,2021 年市场规模有望超过 13 万亿元,保持 10% 左右的增速,持续推动消费内循环市场的构建。随着 5G 等新技术进一步推广,市场环境不断优化,平台生态持续完善,品质、品牌逐步提升,直播电商、社交电商高增长势态有望延续,成为电商市场中的重要组成部分。小程序、社区零售、短视频平台等新的购物渠道将与主导的电子商务平台共同繁荣发展,推动市场主体的进一步多元化。

2. 线上线下融合催生市场新增长点

无人零售模式、实体店、快闪店、新零售连锁品牌集合店等新的零售业态将进一步得到发展，新的场景将刺激新的消费。随着生鲜电商、外卖等平台的快速发展，线上线下协同的供应链、仓储配送等基础设施持续完善，同城零售、社区团购、生鲜到家、新零售门店等数字化的模式将继续加速渗透。在线餐饮、在线教育、云办公、云旅游等新的在线生活服务模式将进一步快速增长。

3. 电商加速推动企业数字化转型

线下企业将继续借助电商加速数字化转型，产业链资源加速整合，通过反向定制、柔性生产等模式链接消费者供给，同时通过对产品、设计、营销、消费者体验等各环节的深耕与发力逐渐实现国有品牌的崛起。

4. 规范、有序的市场环境不断优化

电子商务法制建设将进一步深入，特别是对数据安全、不正当竞争等方面的规范将继续强化，对消费者权益的保护将更加完善，推动电商企业进一步梳理正确的发展观，通过合规、诚信经营实现持续健康发展，构建良好的市场环境。

（资料来源：根据前瞻产业研究院、商务部相关资料整理）

# 新时代向上力："互联网＋"行动的探索者

2018 年 12 月 18 日，庆祝改革开放 40 年之际，党中央、国务院授予马化腾同志改革先锋称号，颁授改革先锋奖章。时年 47 岁的马化腾迎来人生中的"王者荣耀"时刻。

大会在颁奖词中写到：受益于改革开放大环境，他创立并带领腾讯从一个仅有 5 人的小企业成长为全世界最具影响力的互联网公司之一。大力推动微信、QQ、在线支付等互联网应用，从民生政务、生活消费、生产服务、生命健康、生态环保等方面推动数字化转型升级，在实体经济和数字经济、传统行业和科技创新融合发展等方面发挥重要作用。

**创立腾讯，为亿万用户开创全新生活方式**

马化腾和他的创业伙伴于 1998 年创立了腾讯，是全世界最具影响力的互联网公司之一。

腾讯所获殊荣，受益于改革开放背景下，中国高速的数字化进程，从数字经济到数字中国，互联网与新科技已融入经济、文化以及社会民生的方方面面。作为一家以互联网为基础和核心业务的科技与文化产业公司，腾讯依托良好稳定的外部政策环境，在数字经济浪潮中为助力中国经济的快速发展和转型升级不懈努力。

立足"科技与文化"战略定位，以"连接一切"为战略目标，通过立足核心、投资合作、开放共赢三大支柱，腾讯形成了完善的业务布局和充满活力的生态体系。

依托 QQ、微信/Wechat 两大核心社交平台，腾讯为全球超过 10 亿用户提供包括社交、通信、娱乐、教育学习在内的综合互联网服务。微信支付、共享单车等互联网应用，网络文学、音乐、游戏动漫等数字文化产品深刻地改变了中国人的工作、生活、学习和娱乐方式。

**提出"互联网＋"，推动实体经济和数字经济融合**

早在 2013 年，马化腾就率先提出"互联网＋"的概念，并呼吁和希望越来越多的传统行业能够借助互联网的力量实现转型升级、创新发展。为契合国家对实体经济与数字经济融合的大政方针，近几年，腾讯围绕互联网＋民生政务、互联网＋精准扶贫、互联网＋金融、互联网＋医疗、生活消费、生产服务、生命健康和生态环保等方面，腾讯一直在贡献着自己的力量。

**不断创新，成为受人尊敬的互联网领先企业**

实际上，当众人吐槽腾讯的槽点仍然停留在游戏、抄袭、业务无孔不入上时，殊不知，这一切不过是固有偏见，在腾讯的蓝图里，创新早已悄悄发生，甚至已经进行了数次迭代。

腾讯云、AI Lab、优图实验室、微信 AI 团队、机器人实验室、量子实验室等相继成立，腾讯将自己 20 年的技术积累彻底开放，并以此作为腾讯面向未来十年的技术输出体系。

腾讯通过游戏完成了资本的积累和技术的沉淀，当下正在进行着一场蜕变，我们期待在未来的十年会遇见一个更好的腾讯和更好的马化腾。

（资料来源：根据新华社、深圳广播电影电视集团龙岗广播电视中心官方搜狐号资料整理）

**思想对话**

学习以上两则拓展材料，大家想一想：

1. 在网络零售发展浪潮中，哪些失败和成功的企业给了你怎样的启发？

2. 在新零售如火如荼的智能时代，我们如何把握历史机遇，敢于挑战，勇于创新？

3. 我们准备开创的网店事业将来要成为什么样企业，是否能够得到人们的尊敬？对于行业、地区，乃至国家的发展能够做出什么贡献？

## 💡 项目小结

本项目共有两个任务。在任务一中，学习了零售的定义和内涵，以及零售的特点和功能，知道了零售是指向最终消费者个人或社会机构和团体出售生活消费品及相关服务，以供其最终消费之用的全部活动，并且认识了零售的多种模式，熟悉了零售商的性质、职能和特点，了解了零售业变革的基本条件和五次革命。这些都将是后续学习的基础。

在任务二中，认识了网络零售，知道了以网络为媒介实现商品和服务向消费者转移的商务交易活动。网络零售是零售的一种业态，它不仅具有零售的全部功能，还具有比传统零售更优的便捷销售、方便消费者购物的功能。与传统零售相比较,网络零售既有多种优势,也有一定的劣势,尽管网络零售的发展速度很快,但是必须注意的是它并不能完全取代传统的实体零售,线上、线下、移动互联、全网等多渠道融合是目前以及未来零售业的发展趋势。网络零售无疑是未来零售发展的大趋势,但只有在正确理解其主要经营方式、经营途径并且懂得选择合适平台的基础上,才能找到符合自身实际的网络零售渠道。

## 项目练习

**一、选择题**

1. 下列说法正确的是( )。

a. 杂货的网络零售对于投递速度的要求比较高。

b. 商品定制化的一个难题是如何解决退货问题。

c. 杂货网络零售商与成功的实体零售商联手能更好地进行经营。

  A. a、b          B. a、c          C. b、c          D. a、b、c

2. 网上服装购物者可以在网上定制服装的颜色、款式、尺寸等,这反映了网站注重塑造( )。

  A. 渠道需求      B. 定制化需求      C. 高质量需求      D. 价格促销需求

3. 在正确的时间、正确的地点、以正确的方式配送正确的商品,这体现了( )。

  A. 网络零售的可靠性          B. 网站设计的合理性

  C. 客户服务的周到性          D. 以上都不是

4. 下列说法中正确的是( )。

  A. 网络零售与实体店交易可以相互补充

  B. 男性倾向于更有目的性、更快速的购物

  C. 女性更细心,比男性更响应社会的互动

  D. 以上都正确

5. 女性钟爱的网站多为( )。

  A. 游戏网站      B. 服装网站      C. 电子产品网站      D. 批发网站

6. 下列( )是知名的 B2C 网站。

  A. 谷歌      B. 新浪      C. 亚马逊      D. 沃尔玛

7. ( )是零售服务中自我服务的模式。

  A. 亚马逊网站      B. 超级市场      C. 杂货市场      D. 专卖店

8. 传统零售组合和网络零售组合的内容在本质上是一致的。传统零售中的个人服务对应于网络零售的( )。

  A. 互动性      B. 个性化      C. 网页氛围      D. 导航性

9.品牌发展的( )阶段,需要将具有优势的品牌平台和品牌要素结合起来。

A. 品牌理念认知　　　B. 建立品牌平台　　　C. 执行实施　　　　D. 创建品牌

10.( )是零售活动的核心。

A. 顾客　　　　　　　B. 股东和职员　　　　C. 社团　　　　　　D. 供应商

11.在收入来源分类中,与实体零售商最为接近的网络零售模式是( )。

A. 基于广告的网络零售　　　　　　B. 商品网络零售

C. 交易费用网络零售　　　　　　　D. 定金网络零售

12.以下各项中,不能提高消费者忠诚度,鼓励消费者再次浏览网站并重复消费的是( )。

A. 数据挖掘　　　　　　　　　　　B. 互动平台

C. 在线支付保密协议　　　　　　　D. 信用问题

## 二、论述题

1.请列举三点你觉得尤为重要的零售经营常识,并谈谈你的看法与认识。

2.马云说的新零售的"新"体现在哪里?

## 三、实训题

### 调研分析中国网络零售行业典型企业发展模式

**实训目的**

通过了解网络零售行业典型企业的发展历程、发展现状和存在的问题,使学生掌握行业发展的最新动态,培养发现问题和解决问题的能力。

**实训步骤**

1.分小组,每组不超过5人。

2.选择企业,通过互联网查找企业相关资料。

3.分析问题,提出解决办法。

4.整理材料,撰写汇报文档(PPT格式,要求精练、客观、真实、有见地、有图片)。

**实训评价**

1.评价内容

(1)每组组员参与性。

(2)收集信息的全面性、信息处理的准确性和改进建议的创新性。

2.评价方式

学生成绩由学生自评(20%)、互评(30%)和教师评价(50%)三部分组成,评价表如下。

组别:_____ 　　　　　　　　　　　　　　第___次实训

| 学号 | 姓名 | 自评(20%) | 互评(30%) | 教师评价(50%) | 总成绩 |
|---|---|---|---|---|---|
|  |  |  |  |  |  |
|  |  |  |  |  |  |

# 项目二 识别网络零售主体

## 任务导读

| 任务一　了解网络零售需求主体——网络消费者 | 任务二　成为网络零售供给主体——网商 |
|---|---|
| 认识网络消费者 | 认识网商 |
| 分析网络消费者购物动机 | 熟悉网商生态系统 |
| 找到影响网络消费者购买的主要因素 | |
| 判断网络消费者类型及应对策略 | |
| 熟悉网上购物流程 | |

## 学习目标

**知识要点：**

1. 全面了解网络消费者及其生活方式与购物方式。

2. 熟悉网络消费者的购物动机，掌握影响网络消费者购物的主要因素。

3. 识别网上购物者类型并掌握应对策略。

4. 熟悉网上购物流程，掌握网络购物相关理论知识。

5. 理解网商的定义、分类及特点。

**技能培养：**

1. 能针对网络消费者特征对网络零售商品进行调整。

2. 熟练掌握网络购物技巧。

3. 能够对中国网商发展情况进行调查并撰写调研报告。

## 任务一 了解网络零售需求主体——网络消费者

### 任务导入

小伟是一名在校电子商务专业大学生，他与另两位同学计划大学毕业后一起自主创业,初步确定以在第三方网络零售平台上开设网店的方式开展网络零售业务。为此,他常常和已毕业正在经营网店的师兄师姐交流。师兄建议小伟要做好创业前期的准备,在充分了解网络购物者需求之后,再决定开一家什么样的网店。于是小伟准备通过互联网提供的资料重新认识网络购物者。

**问题与思考:**

1. 为什么要了解网络消费者?

2. 从哪些方面了解网络消费者?

### 任务解析

知己知彼,百战百胜!作为网店的经营者想要为顾客提供有效的服务,就必须先了解客户是怎么想的。网店出售的本质是买家的需求。买家的需求反映在他们所购买的产品上、表现在购物的过程中,但是究其根源,却在其心理活动。只有知其所想,卖家们才能有所作为。

### 知识探究

## 一、认识网络消费者

### (一)网络消费者的定义

网络消费者是指通过互联网在电子商务市场中进行消费和购物等活动的消费人群。网络购物平台给消费者提供便捷的购买途径,只需简单的网络操作,足不出户,即可收到所购商品和服务,因此,网络购物得到了广大网络消费者的认可,网络购物已经成为一种新的生活方式。

### (二)网络消费者的主体特征

#### 1.人文统计特征

网络消费者人文统计变量主要指4个变量——年龄、性别、受教育程度和收入。26~35岁是网络购物市场的主力军,其次是16~25岁的用户群体;整体性别比例较为平衡,这与传统行业差异较大;网购用户受教育水平多为本科,其次是大专学历和高中;网购用户中,企业、公司职员占比较高,其次是个体户、自由职业者和学生。

#### 2.个性心理特征

网络消费者不单纯追求产品本色功能和质量,更在乎的是产品的服务能否体现自己的个性,符合个人的特殊需求。应运而生的DIY系列产品:水杯、手机壳、服饰和个性化的购物指导被网络消费者所青睐。

### 3.网络经验

随着消费者网络经验的增加,掌握的网络购物技能及信息资源也随之增加,网络购物的可能性也会随之增大,网络经验、技能是可以降低对风险的感知,从而提高购物意向和实际购买的需求度。

### 4.购物导向

网络消费者的购物导向主要分为便利型、体验型、娱乐型、价格型,网络购物最大的优势是便利,因此对于便利导向的消费者而言,比较倾向于网络消费。现代生活节奏较快,人们往往在乎的不是金钱而是时间和享受,线上购物体验和线下物流配送正好满足现代消费者的这一需求。

**小知识**

## 大数据时代下的"用户画像"

交互设计之父 Alan Cooper 最早提出了用户画像(persona)的概念,认为"用户画像是真实用户的虚拟代表,是建立在一系列真实数据之上的目标用户模型"。通过对客户多方面的信息了解,将多种信息集合在一起并形成在一定类型上的独特的特征与气质,这就形成了用户的独特的"画像"。

典型的大数据时代的用户画像包括:

1.用户的消费行为与需求画像

网上购物所留下的数据痕迹为电商们了解客户的消费和购物需求提供了十足的抓手。电商们通过对用户的个体消费能力、消费内容、消费品质、消费渠道、消费刺激的长时间多频次的建模,可为每个客户构建一个精准的消费画像。

2.用户的(内在)偏好画像

用户画像随着社会大数据信息的激增,越来越丰富,越来越精细,用户画像也被应用到某些行业自身客户的营销中,比如互联网精准营销,以标签、画像为基础的精准定向广告投放盛行。通过对人群基本属性、行为习惯、商业价值等多种维度信息数据综合分析,精准的进行目标受众的画像和定位,实现基于大数据的精准营销。例如,拥有用户流量入口的社交软件和媒体公司,纷纷通过整合自有和外部的媒介资源,在用户画像的基础上针对行业客户提供广告精准投放服务。

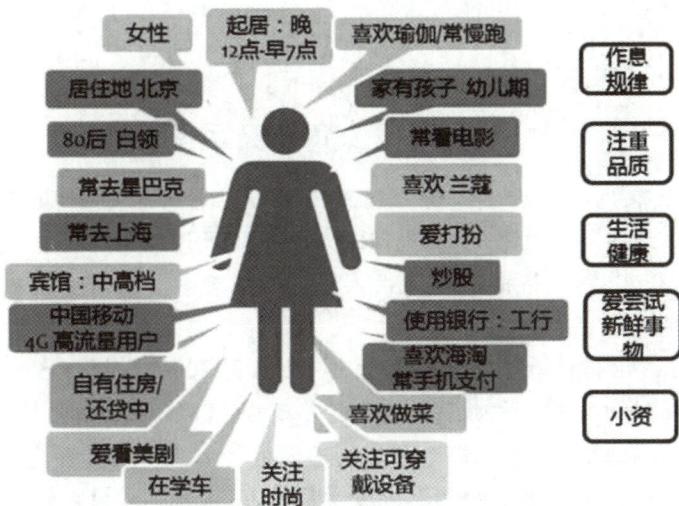

图 1.2.1　用户消费行为和需求画像

### （三）网络消费者的心理特征分析

网络消费者的心理与以往的消费者相比呈现出新的特点和发展趋势。主要体现在以下几点。

#### 1. 注重自我

具有自己独特的见解和想法,对自己的判断能力也比较自信;个性化明显,江小白和薯小帅就是抓住客户这一特点进行精准营销。

#### 2. 有较强的分析判断能力

不会轻易受舆论左右,对各种产品宣传有较强的分析判断能力,因此企业要加强自身文化建设,以诚待人,小米手机的"为发烧而生"恰恰成了小米手机营销突破点。

#### 3. 有强烈的求知

对未知领域报以永不疲倦的好奇心,AI 探索未知世界的奥秘,深受年轻消费者的喜爱。

#### 4. 比较缺乏耐心

注重在某一事件所花费的时间和精力。如果链接传输速度、客服回复较慢的话,他们一般会马上离开这个站点。支付宝旗下产品蚂蚁借呗就抓住客户这一心理,借款即时到账,在信贷行业分得一杯羹。

网络消费者的上述特点,对于网络零售商的网络零售决策和实施过程都是十分重要的。网络零售商要观察和深入了解网络消费者行为的差异,了解他们的特征,并制定相应的对策。

**案例精选**

## 七格格:"格女郎"决定潮流

旨在打造"互联网第一潮牌"的七格格 TOP 潮品,目前拥有服装品牌有 IAIZO、OTHERMIX,以及正在筹备当中的 OTHERFAITH、OTHERCRAZY 等。通过与集结到的潮流狂热分子充分互动,七格格 TOP 潮品实现了消费者参与全面渗透到品牌的设计、生产、销售和品牌延伸之中。

2010 年 4 月,"七格格潮流 T 恤设计大赛"共吸引 2000 多七格格的粉丝参加,参赛作品近万件,最后胜出的作品被投入生产,卖得好的作品在短短两月销售量达上千件之多。部分参赛选手也成为了七格格的品牌签约设计师和自由设计师。

常规新品的推出,七格格也会选取部分货品放在"格女郎"聚集的旺旺群里展示,请消费者票选最喜欢的货品,再根据货品的受欢迎程度来决定产量。一来可以最快捕捉到消费需求,二来更是减少了货品的积压,精简了生产链。

**(资料来源:《2011 年度网货品牌研究报告——消费者共创品牌》)**

## 二、分析网络消费者购物动机

消费者网络购物动机是指推动消费者进行网上购物活动的内部原动力,即消费者产生网上购物行为的原因。消费者主要有以下网络购物动机。

### 1. 低价和实惠

网上商品的价格相对较低。与实体店相比,价格便宜是消费者选择网购的主要原因之一。网络零售这一新兴的零售业态,可以减少传统零售的中间费用和一些额外的信息费用,可以大大节约商品的成本和其他费用,形成比传统零售更有竞争力的价格。

### 2. 便捷

互联网"缩短"了商家和消费者的空间距离。消费者选择网上购物的另一个主要原因就是购物的便捷性。首先是时间上的便捷,24 小时营业无时间限制;其次是空间上的便捷,足不出户便可以跨城、跨省、跨国选购商品;再次是支付方式灵活多样,消费者可以选择网上支付或货到付款等支付方式,给消费者带来极大的支付便利。此外,物流的快速发展,缩短了收到货物的时间,送货上门等服务大大提升了网络购物体验。

**案例精选**

## 能够自动续订的超市

互联网的出现方便了我们每一个人,我们可以利用网络做很多的事情,如上网看电影、听歌曲、看小说、打网络电话、网络购物等。在线购物网站 Alice.com 是一个只卖日用百货的在线购物网站。

所谓日用百货,就是我们日常用的卫生纸、洗发水、牙膏、肥皂之类的消耗型商品等,这些东西我们每天都在使用,每几周或几个月就需要购买一次。你只要告诉 Alice. com,家庭成员中有几个男的、几个女的、几个儿童、几个婴儿,Alice. com 就可以帮你计算出你需要哪些日用品、用量大约是多少,然后 Alice. com 就会定期寄一大箱的各类用品,包括牙膏、洗衣精、卫生纸、药水给你。每隔一阵子还会寄封 E - mail 提醒你主动购买。

Alice. com 销售理念建立在商品自动续订这个概念上。购物流程如下:

(1)它让我们告诉网站家庭基本信息。

(2)网站会计算这种情况的家庭日常需求,然后给出一张非常详细的列表,基本包括家庭生活所需。顾客根据需求确定购买的具体产品和购买频率。

每次到快需要再次购买时,Alice. com 都会发信提醒,用户只需要确认一下,家庭采购问题就解决了。

**[资料来源:郭新梅. Alice. com 轻松选购日用品[J]. 互联网天地,2009. 8 ( 有删改 ) ]**

### 3. 选择范围广

网上出售的商品种类繁多,选择范围广,全球商品尽收眼底。特别是一些小众商品和传统商店难以购买的商品。网络消费者可以通过搜索功能方便快捷地找到自己想要找的商品,点击鼠标就能轻松购买。

### 4. 个性化需求

通过网络提供的个性化服务,可以充分满足消费者的个性化需求。个性化服务是一种有针对性的服务方式,根据消费者设定来实现和满足消费者的需求。个性化服务体现在产品或服务的订制上。网络消费者可以参与商品设计,能够将个人元素融入产品中,使产品更符合消费者的个性化需求,提高消费者的满意度。

### 5. 隐匿购物需求

购物时,存在消费者对所购的商品不愿意让人知道的情况,如涉及个人隐私的商品或个人问题咨询( 如心理咨询、婚姻问题咨询)等。网上购物的隐秘性可以满足消费者隐秘购物的需求。

## 三、找到影响网络消费者购买的主要因素

影响网络消费者购买的因素主要有以下几种。

### 1. 商品的图片和描述

商品图片对网络购物的重要性不言而喻。商品的图片是消费者对商品的第一印象。好的图片才能让消费者点击、了解进而购买。商品图片丰富(提供各个角度、细节、局部放大功能的图片)、商品描述详细的网上商品能让顾客对商品充分了解,从而坚定

购买决心。

### 2. 用户评价

消费者在网上购买商品时,其他消费者的评价是其主要参考因素。消费者会果断放弃差评较多的商品。

### 3. 商品价格

由于互联网有开放性等特点,网上商品的价格非常透明。消费者能方便地对同一种商品的价格进行比较。在同等情况下,消费者通常选择价格较低的商品。

### 4. 商品质量

商品质量是消费者在选择购物的过程中最看重的因素之一,商品质量问题容易引起消费者的不满。网上购物时可以通过商品的放大细节图以及用户对产品的质量评价等途径感知网上商品的质量,从中选择优质品。

### 5. 售后服务

网购时,消费者不仅对商品价格进行比较,还会对商家发货及物流速度、客服态度、商品退换货服务等因素进行比较。因此,购物平台及店家的售后服务也是网络购物时考虑的重要因素之一。

### 6. 安全可靠性

网络购物中的时空发生了分离,消费者有失去控制的离心感。在网络购物各个环节必须加强安全措施和控制措施,保护消费者购物过程的信息传输安全和个人隐私,树立消费者对网络零售交易平台的信心。

## 四、判断网络消费者类型及应对策略

网络零售商在与网络消费者的交流过程中,有必要去了解不同消费者的购物心理,这样才能够做到更有针对性地解答来自不同类型消费者的各种问题。那么网上消费者都可以怎么分类呢? 或许我们可以将其分为六类。

### 1. "初次上网"的消费者

初次上网的消费者在试着领会电子商务的概念,他们的体验可能会从在网上购买小宗的安全种类的物品开始。

初次上网购买的购买者要求界面简单,产品照片对说服这类购买者完成交易有很大帮助。消费者与消费者之间的交流,也能够为新手了解购物环境和对网上购物产生信心。

### 2. 勉强消费者

勉强消费者们对安全和隐私问题感到紧张。因为有恐惧感,他们在开始时只想通过网站做购物研究,而非购买。

网络零售商要明确说明安全和隐私保护政策,能够使勉强消费者轻松面对网站。这类消费者也需要即时的在线客服服务来消除他们的疑虑。让他们与有积极的网上购物经验的人进行在线讨论,也能增强他们的信心。

### 3. 便宜货消费者

搜索便宜货的消费者广泛使用比较购物工具。这类消费者不玩什么品牌忠诚,只要最低价格。

针对这类消费者,店主必须说服他们自己的价格已是最低,他们没有必要继续在网上或是网下寻找更好的交易了。网站上列出或通过操作者来提供廉价出售商品,对这类消费者最具吸引力。

### 4. "手术"消费者

"手术"消费者在上网前已经很清楚自己需要什么,并且只购买他们想要的东西。他们知道自己购买货品的标准,然后寻找符合这些标准的信息。当找到合适的产品时,他们就开始购买。

产品配置和档案选项,是说服这类购买者的必要条件。快速获知其他消费者的体验和有知识丰富的操作者提供实时客户服务,也会使这类消费者获益。

### 5. 狂热消费者

狂热消费者把购物当作一种消遣。他们购物频率高,也最富于冒险。

迎合狂热消费者的个性十分重要。为了增强娱乐性,网站应为他们多提供观看产品的工具、个性化的产品建议,以及像电子公告板和客户意见反馈页之类的社区服务。

### 6. 动力消费者

动力消费者因需求而购物,而不是把购物当作消遣。他们有自己的一套高超的购物策略来找到所需要的东西,不愿意把时间浪费在东走西逛上。

提供优秀的导航工具和丰富的产品信息的网站能够吸引此类消费者,这类消费者希望即时得到信息和支持,期待有与他们要求的标准非常相关的产品建议。

**课堂互动**

网上同类商品繁多,是什么原因使消费者在海量的商品中做出购买某商品的决策?

## 五、熟悉网上购物流程

### (一) 网上购物实践

网上购物行为是网络购物者通过网络发生的购买和使用商品的行为活动。一个完整的网上购物流程如下图所示。

图 1.2.2 网上购物流程

在不同购物平台上的购物过程和操作方法大致相同,网购者只要掌握一个网购平台的购物流程和方法即可从容地在其他购物平台进行购物,以下是淘宝网的网上购物流程和具体操作方法。

### 1. 注册淘宝账号

注册淘宝账号有使用手机号注册和使用邮箱注册两种方式。打开淘宝网主页(www.taobao.com),单击"免费注册"即进入淘宝注册表单页面,按注册流程及各流程表单填写要求填写相应的注册信息即可获得一个该网站的账号,操作流程如图所示。

图 1.2.3 淘宝网注册流程

### 2. 选购商品

注册成功后,即可使用该账号登录淘宝网选购商品。步骤如下:

(1)查找商品。可通过关键词搜索、商品分类或主题活动等方式查找想要购买的商品信息。

图 1.2.4 查找商品

(2)浏览商品。在商品搜索结果列表页面,可单击感兴趣的商品图片,浏览商品详细信息。

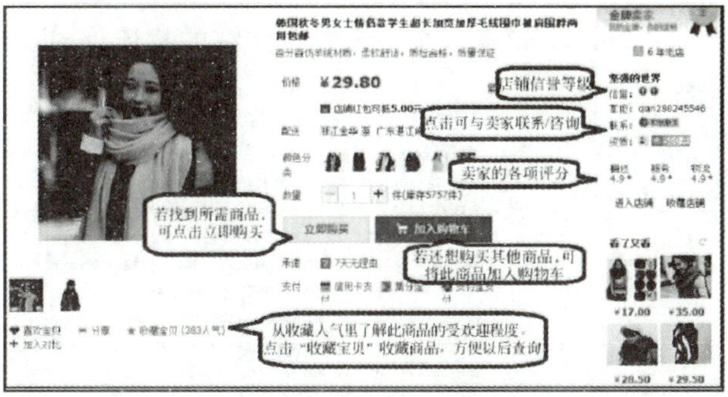

**图1.2.5 浏览商品**

（3）购买商品。购买商品也称下单，即填写详细的购买信息。买家选中商品后，点击"立即购买"，按要求填写订单信息后提交订单。

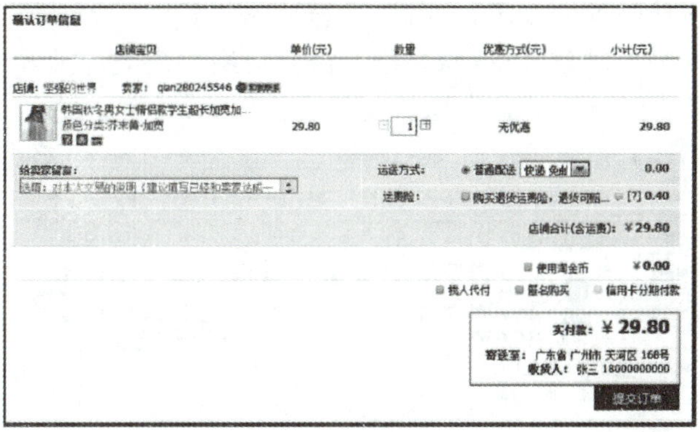

**图1.2.6 提交订单**

（4）付款。提交订单后进入支付环节。根据个人情况选择支付方式付款。

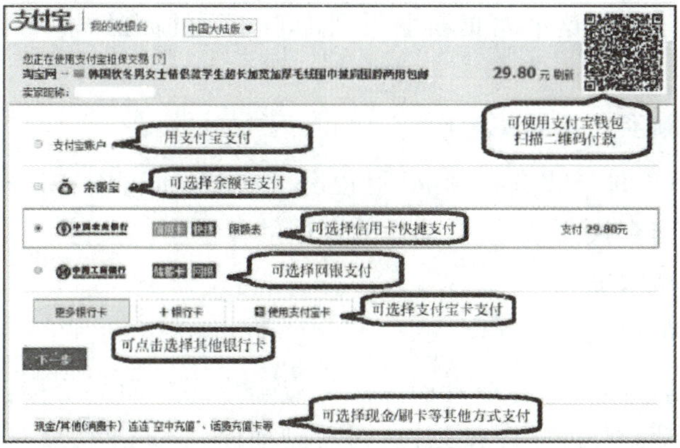

**图1.2.7 选择付款方式**

### 3. 收货及评价

（1）卖家发货后，买家可单击"查看物流"查看详细的物流信息。

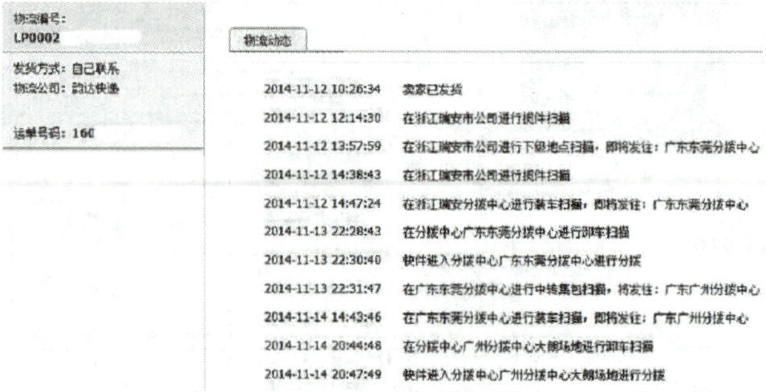

图 1.2.8　物流信息查询

（2）买家收到商品后，验收无误，点击"确认收货"，货款打入卖家账户。

（3）买卖双方对商品和服务进行评价，交易结束。

（4）买家若对商品不满意，可以联系商家协商退换货或进行投诉与维权。

图 1.2.9　确认收货页面

### （二）提升网上购物技能

想要在网络购物平台这个大卖场里买到称心如意的商品，需要掌握一些网上购物技巧。

#### 1. 正确搜索欲购买产品的关键字

选购商品时，有多种方式查找商品，可以分类查找，也可以直接在搜索框输入关键字搜索。通过搜索框查找商品时，要选择的合适的关键字。关键字是否准确，决定了是否能快速找到最合适的宝贝。

#### 2. 价格与信用的对比

搜索出商品以后，不要急着查看商品。先点击排序后面的价格：第一次点击，所有宝贝将按照价格从低到高的顺序排列，这时看到前面几个宝贝，就是最低价位的；再次点击价格，所有宝贝将按照从高到低的顺序排列，这时看到最前面的几个宝贝，就是这个产品的最高价位。这样就可以了解这个产品在网站中的价位范围。点击排序后面的

"信用",所有商品将按卖家信用度从高到低的顺序排列,购买时尽量选择信用等级高和评分高的卖家。若建店时间短,但信用等级很高,则要留意其是否存在刷信用的现象。搜索商品时,还可以利用找同款或找相似功能查找。如果通过搜索框搜到商品以后,对商品的款式满意但对该商品的卖家不不满意,则可以通过同款查找功能,查找相同或相似的款式,选择合适的卖家。

### 3. 了解商品真实情况,细看买家评论

首先,看差评,同时对用户的差评描述进行分析。如果大多数投诉是关于质量方面的,谨慎购买。其次,看追加评论。一般追加评论时间相隔越久参考价值越大。有些商品如衣服收货时可能很喜欢,但是穿过之后可能出现起毛球或洗涤时会掉色等情况。最后,看买家的晒图。一般卖家发布的图片都经过特殊处理,看起来非常好看。但可能实际的商品并没有图片所展示的好。买家的晒图会比卖家的更真实。

### 4. 提高安全意识,谨防诈骗

支付货款时尽量选择第三方支付或货到付款,确保资金安全。不要轻易点击卖家发来的链接及压缩包文件,不要轻易扫描卖家发来的二维码图片等,避免计算机或手机感染木马病毒而遭受损失。

## 小知识

网上购物方式与传统购物方式相比有低价、实惠、便捷、选择丰富、个性化、隐秘性等特点,因而深受人们喜爱。网上购物时,网络消费者会根据商品图片和描述、用户评价、商品价格、商品质量以及售后服务等方面进行比较,从而做出购买决策。

有的人网上购物经验丰富,掌握了网购的方法技巧;有的人缺乏网购经验,轻信网络,没有货比三家,没有掌握购物技巧。所以才会出现有人买到称心如意的商品,有人买到货不对版的商品这两种截然不同的情况。

## 拓展练习

1. 分别在淘宝网、京东网、苏宁易购等网站模拟购物,把购物步骤分别写下来,并比较它们的异同。

2. 小王是一名准备专升本的在校大学生,想通过网络购买些考试的书籍,他如何才能快速搜索到想要的商品?

3. 利用搜索引擎查找最新的中国网络消费者的基本构成。

## 小知识

## 电子商务行业资料数据来源

由于市场的不断发展变化,电子商务行业经常通过以下三个网站获取最新的行业发展资讯。

1. 中国互联网络信息中心

中国互联网络信息中心(China Internet Network Information Center,CNNIC)于1997年6月3日组建,根据研究对象的不同,CNNIC提供中国互联网络发展状况统计报告、企业报告、青少年报告、农村报告、移动互联网报告、电子商务报告、网媒报告、网游报告、搜索报告、社区报告、视频报告、区域报告、旅行报告等。

2. 艾瑞咨询集团

艾瑞咨询集团(iResearch)成立于2002年,作为国内最早进行网民行为研究和网络广告监测的市场研究机构,建立并拥有国内数据累积时间最长、规模最大、最为稳定的各类数据库,通过多种指标研究帮助行业建立评估和衡量的标准。目前的主要服务产品有iUserTracker(网民行为连续研究系统)、iAdTracker(网络广告监测分析系统)、iUserSurvey(网络用户调研分析服务)、iDataCenter(网络行业研究数据中心)等。

3. 网经社

浙江网经社信息科技公司(www.100ec.cn)有着近20年历史,旗下运营有:网经社(电商门户)、电子商务研究中心(智库)、"电数宝"(大数据)、"电融宝"(FA)、"电诉宝"(C端)等系列子品牌/平台/产品,提供媒体、研究、数据、融资、营销、顾问等服务,并致力于打造"中国领先的电商产业链综合服务商"。

网经社网站旗下拥有100多个电商细分频道、平台、分站,365天/12小时滚动发布国内外电商资讯,为全国电商用户提供全面、及时、专业的资讯,是国内首屈一指的电商门户入口。

## 任务实施

小王学习了课堂的内容之后,着手调查自己计划开店行业的消费者画像,为此他做了一个××行业网络消费者画像调查表。

**表 1.2.1　某行业网络消费者画像调查表**

| | | | | | | | |
|---|---|---|---|---|---|---|---|
| 基础画像 | 性别 | | | | | | |
| | 年龄 | | | | | | |
| | 受教育程度 | | | | | | |
| | 收入 | | | | | | |
| | 居住地 | | | | | | |
| | 娱乐爱好 | | | | | | |
| 行为画像 | 购买金额 | | | | | | |
| | 购买时间 | | | | | | |
| | 购买平台 | | | | | | |
| | 购买频率 | | | | | | |
| | 关联购买 | | | | | | |
| 动机画像 | 价格 | | | | | | |
| | 品牌 | | | | | | |
| | 评论 | | | | | | |
| | 物流配送 | | | | | | |
| | 促销 | | | | | | |
| | 商品详情页 | | | | | | |

## 任务二　成为网络零售供给主体——网商

### 任务导入

经过一段时间的学习,小伟发现,网上开店不仅仅是会网上购物和在网络平台上注册一个店铺那么简单。他决定利用搜索引擎搜索更多资料、加入一些网上开店论坛与其他卖家交流学习来帮助自己更好的开展网络零售。在网络上认识的卖家朋友还不少,听到大家最近都在谈论网商、商盟、产业集群、创业园优惠政策等词语,小伟不知道这些关键词与自己开网店有什么关系,怎样才能从一个个人店主成长为一个有价值的网商? 个人开店能否享受国家相关扶持政策? 自己选择的行业算不算产业集群中的一员?

**问题与思考:**

1.什么是网商? 有哪些分类?

2. 网商成长的途径是什么？

3. 城市周边有没有网商创业（产业）园？他们的优惠政策有哪些？

### 任务解析

中国电子商务的发展，改变着中国企业的商务运作方式，改变着中国经济的竞争格局，将中国互联网从"网民""网友"时代提升到"网商"时代。自阿里巴巴2004年提出网商概念至今，网商群体也在发生着持续的演化和变迁。长期关注网商发展的研究人士认为，从最初的浮现、立足到今天的崛起，未来网商世界将呈现出一种生态化的格局。

### 知识探究

## 一、认识网商

### （一）网商的定义

网商最初专指那些网络服务提供商（接入商、ISP、ICP、应用平台提供商等等），比如电讯盈科、TOM、新浪、阿里巴巴、淘宝等。

2004年，首届网商大会上马云正式提出网商的概念。马云认为，网商是利用电子商务工具，在互联网上进行商业活动的商人和企业家。2010年，网商的定义从个人进一步扩展到企业，即从自然人扩展到法人。扩展后的定义为"网商是指持续运用电子商务方式从事商务活动的个人和企业，其中，个人包括企业负责人、商人、个体经营者和业务操作者"。网商定义的扩展既是对网商实践发展的及时反映，也是对网商内涵理解的进一步深化。

2015年后，云计算、大数据、移动互联网、物联网开始叠加出现并得到了越来越广泛的应用。面对前所未有的商业生态环境、商业竞争格局，面对层出不穷的新技术、新理念、新产品、新机制、新商业模式，一批"新网商"群体开始崛起。新网商就是能够快速适应互联网、大数据时代的商业变革环境，有效选择和运用各类电子商务及互联网工具，在数据管理、社会化协作、组织变革、产品创新、客户服务、品牌营销等方面能够持续进化，进而将其转化为商业竞争优势的企业或个人。目前中国网商营业规模逐步迈入十万亿量级，网商发展成为中国最大的商帮，从业者数以千万计。网商已经渗透到经济、社会、生活的方方面面。

### （二）网商的分类

#### 1. 兼职网商和专职网商

网商主要来源于两个渠道：第一，传统意义上的商人。他们本来就是商人，只是现在把业务放到网上或者通过互联网进行业务活动。第二,他们本身不是商人,只是在网上玩游戏、聊天的网民或者网友,他们出于兴趣或者赚点小钱的目的,成为兼职的网商。甚至,他们不需要去开设网上商店,不一定加入淘宝网,可以直接在网上虚拟社区里完成整个交易过程。按上述网商的来源,我们可以将网商分为专职网商和兼职网商,第一类人为专职网商,第二类人为兼职网商。

北京大学中国社会与发展研究中心与阿里巴巴集团研究中心联合发布首份网商图谱《谁在开网店》,报告内容显示,在数量众多的网店店主中,仅有30.4%的人是真的以开网店作为自己的工作和事业,而剩下近70%的人都是兼职。在兼职开网店的人群中,有37.3%的人是都市白领,这也是目前网店店主中最大的一个群体;有6.3%的人是在校学生,有6%的人是全职太太,还有0.8%的人是在家务农的人。这些兼职开网店的人中,有的人是出于兴趣,有的人是为了增加收入的来源,有的人则将开网店作为一种体验的机会,只为了体验一种不同的工作或生活方式。

### 2.个人网商和企业网商

按经营主体的不同,可以将网商划分为个人网商和企业网商。

(1)个人网商

个人网商是指利用电子商务、通过互联网进行经营活动的个人。这类网商主要来源于一般网民、网友,也有部分来源于一些比较关注互联网的个体工商户。他们最初一般是经常进行网络操作,喜欢并习惯于尝试各种网络体验,后来由于经济利益的驱动逐渐发展成为网商。他们在追求经济利益的同时还为了获得各种网络体验和乐趣。

个人网商的发展路径可以由图来表示。

**图1.2.10　个人网商的成长路径**

在个人网商的身上,可以发现作为一个网民所呈现出来的基本特点,但是最大的不同之处,在于网商不只是娱乐,更看重财富的收获。网商与传统的线下商人有着很大的差别,他们借助电子商务平台,将自己隐于无形,大大降低了商业活动的交易成本。

(2)企业网商

企业网商是指利用电子商务工具,通过互联网进行经营活动的企业。中小企业一般会选择阿里巴巴、慧聪网、天猫商城、京东商城等第三方B2B或B2C平台进行交易,大企业一般选择自建电子商务平台进行交易。企业网商主要由传统企业转变而来,也有部分是个人网商由于规模扩大而发展成为企业网商。与更加注重网络体验和乐趣的个人网商相比,企业网商则更加关注商业利益。

企业网商的发展路径如图所示。

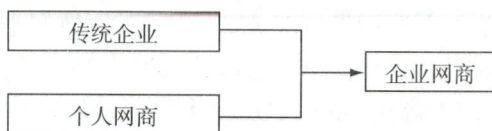

图1.2.11　企业网商的发展路径

中国中小企业众多,地域分散,环境特征适合催生网商群体。传统企业受到经济利益的驱动,借助网络工具改善经营手段和拓展经营渠道,发展成为企业网商。从垂直B2C商城到第三方电子商务平台,传统品牌的身影越来越多。如国美电器、武汉中百集团等传统零售企业通过电子商务转型而发展成为企业网商。这部分群体主要依靠敏锐的商业嗅觉寻求商机,并将传统的业务和新兴的基于互联网的电子商务相结合,突破了原有的商业模式和销售模式。

随着网络购物市场的不断发展,部分个人网商的交易规模增长迅速,开始雇佣一些员工负责客服、网络商店美工、库管等业务,逐步形成了企业化运作,并注册了企业执照,从而转化为企业网商。一些快速成长起来的纯网络品牌还不断加快对线下主流经济的渗透。这是一个重要的阶段,意味着网商从一种谋生的职业转化为一项可以经营的事业。

当专职个人网商注册公司,进行公司化运营后,他们就成长为企业网商。

个人网商转化为企业网商,利用以下一种或几种具有代表性的途径实现快速发展和成功转型。表1.2.2阶段性地总结了淘宝网卖家快速成长的途径。

表1.2.2　淘宝网卖家快速成长的途径

| 成长途径 | 特点 | 适合的网店类型 |
| --- | --- | --- |
| 专业化,尽可能多地增加产品种类 | 做某一大类产品的一站式购物,如幼婴用品、化妆品、小首饰、家居、保健品等 | 适合专业性较强的产品,并有足够的专业能力 |
| | 根据客户的特点提供多元化的产品,拓宽产品种类和深度 | 适合拥有稳定客户群的网店,并了解客户的消费特点 |
| 打造网上的店铺或产品品牌 | 注册专用的产品商标,自己参与设计或生产,形成产品的差异性 | 拥有独特的产品技术,对产品及用户的需求非常清楚 |
| | 通过良好的服务或宣传,使网店成为知名品牌 | 网店的服务能力较强,并且已经积累了一定的知名度和美誉度 |
| 寻找代理或向外批发 | 寻找合格的网上或网下卖家代理销售,以全面提升品牌的网上销量 | 拥有自己的产品品牌,或有一定的产品垄断性,希望扩大品牌影响力 |
| | 低于零售价向网上和网下的卖家批发 | 拥有货源优势,希望提高销量,降低库存 |

续表

| 成长途径 | 特点 | 适合的网店类型 |
|---|---|---|
| 向供应链下游拓展 | 建立自己的工厂或合作建立工厂,或收购或参股工厂,生产网店销售所需的产品 | 已经拥有一定的品牌基础,用户群稳定的网店 |
| 在网下开实体店 | 建立自己的门店,做网上销售产品的展示,同时也在网下提升品牌的知名度 | 已经在网上有一定的影响力,同时产品的利润较高可以支持网下门店的成本 |
| 引入风险投资 | 获取合作伙伴或下游供应商的投资,共同做大网店 | 适合拥有优秀营销能力的卖家,能快速回报利润给投资方 |

（资料来源:卢向华.个人网络创业的转型及其约束研究——以淘宝网网络卖家为例.第二届网商及电子商务生态学术研讨会论文集,浙江大学出版社,2009.）

**（三）网商服务商——为网商提供服务的网商**

### 1. 网商服务商崛起

2009 年下半年以来,网商服务业蓬勃发展。为网商提供服务的网商明显增加,服务领域覆盖软件、营销、物流、运营外包等环节,服务模式不断推陈出新。同时,服务商之间初步建立起多样化的生态联系。网商服务商作为群体开始崛起,成为电子商务生态系统的重要组成部分。

一大批电子商务服务商的涌现,表明电子商务服务业正在成为我国经济增长的新动力。从行业分布来看,服务商涵盖了数据分析、营销推广、管理软件、运营服务、品控服务、直通车托管、仓储物流、摄影设计、外贸 B2B 等范围。

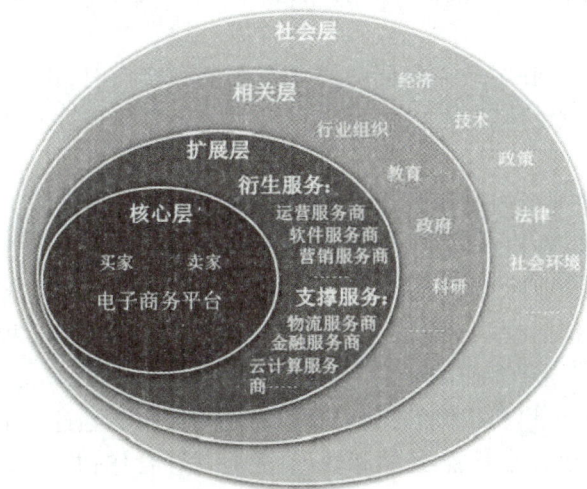

图 1.2.12 电子商务生态系统示意图

### 2. 网商服务商发展特点

#### 1）服务商主体多元化

网商服务商构成主体呈现出多元化特征，大体可以分为三大类：传统服务商转型"上网"、新兴服务商和网商转型成为服务商。

此外，还有多股力量联合为网商服务，典型的案例是网商创业园。2009年以来，在广州、杭州、上海、成都、重庆、长沙、珠海、汕头等地涌现出一大批网商创业园。地方政府、物流服务商、电子商务运营服务商、网商商盟等联合建立网商创业园区，园区通过政策支持、资金补贴、税收优惠等措施吸引网商入驻。网商们共享办公区、宽带、物流、培训等基础设施。

#### 2）服务领域全面化

网商服务商提供的服务已经涵盖了电子商务交易流程的众多环节。目前服务比较集中的有软件、营销、运营、物流、仓储等。随着网商在培训、咨询、保险、市场研究、质量检测、融资等方面需求凸显，这些领域将涌现专业的服务商。相应地，服务商服务的对象涵盖了不同网商群体，包括独立B2C网站、传统品牌企业、外贸代工转型企业、大卖家、中小卖家等。

#### 3）服务模式丰富多样

因为客户需求、服务类型等方面的差异，网商服务商提供了多样化的服务模式：

定制：一对一，即服务商针对客户的情况，"量身定制"提供服务。例如，百胜软件根据九牧王服饰的需求，专门开发搭建一套系统对接其内部系统与天猫商城，支持九牧王服饰运营推广自己的旗舰网络商店。

平台化：一对多，即服务商搭建平台，同时服务多个客户。例如，e店宝采用SaaS模式，基于软件平台为众多客户提供进销存管理、客户关系管理、分销管理等多样化的在线软件服务。

服务集成：多对一，在客户需要同时与多个服务商接口时，由一家服务商出面整合多家服务，为客户提供整体解决方案，客户只需要与服务集成商接口即可，显著降低沟通成本。

众包：多对多，这是比较新颖的服务模式，主要帮助众多中小服务商甚至个人服务众多中小客户。例如，在携手网上，小企业自主发布网络营销需求，携手网会员自动认领并完成任务，中小企业对工作成果验收后向会员支付报酬。相应地，服务商采取了灵活多样的收费模式，包括收取固定服务费、增值服务收费、交易佣金提成等。

#### 4）服务商之间建立起多样的联系

因为面对共同的客户和相似的问题，服务商之间很自然地建立起各种联系，大致包括：分享客户和行业相关的信息、经验和知识；业务互补合作；共享客户资源。服务商之间通过不同方式，初步建立起合作、互惠、共生等多样的生态联系。

**案例精选**

# 张展：从"干花大王"到"淘宝村网商"

"袁隆平先生把亩产做到了1000斤，马云先生说互联网要把亩产做到1000美金，而我，把亩产做到了1万美金。"谈起自己的"干花"事业，67岁的江苏沭阳老人张展有些激动。

从"漂"在大城市的务工人员到村里赫赫有名的"干花大王"，再到"淘宝村网商"，过去二十余年间，张展不停地完成着身份的切换。上世纪90年代，在外打工的张展偶然接触到干花产品，由于那时的干花几乎全部依赖进口且价格不菲，在对市场发展前景作出预判后，张展回到家乡，创办了一家干花制作公司。在那之后，把小麦等农作物变为工艺品、装饰品的想法也逐渐萌生。小麦、谷子、高粱、玉米苞皮等原生态材料，给了张展很多灵感，经过脱皮、漂白、染色等组合加工程序后，一些不起眼的材料在他的手中也变成了极具观赏价值的艺术品。但与很多创业者一样，回乡初期，张展所遭遇的更多是不理解。"我收小麦，父老乡亲说我糟蹋粮食，我说搞艺术卖钱，他们说我是骗子。"好在，良好的市场反馈让他松了口气。

除了早期的小麦、玉米皮等加工工艺品，张展家网店销售的干花品类也不断增加，桃树、龙柳、曲柳、三叉木等皆是重要的干花原材料。与互联网的联姻，让张家的干花生意拓宽了销路，更逐渐走出了一条线下产品研发和线上销售相结合的路子。比如，电视剧《三生三世十里桃花》热播之后，张展就敏锐地发现这一商机，制作仿真桃花树在线上出售。由于成品生动逼真，高峰期各个网店交易额不断突破新高，仅这一项一年就为其带来500万元收益。

目前，张展的5个子女共开设网店20余个，网上年销售总额超过6000万元，更直接带动就业300多人。在张展的影响下，解桥村全村90%以上家庭从事干花生产、销售或相关工作，现有干花网店630多家，年销售额2.6亿元，带动从业人员2600多人，村民人均纯收入2.2万元。

在解桥这样的淘宝村，浓厚的创业氛围，也吸引着大批大学生、退伍军人和外出务工人员返乡创业。阿里研究院此前发布的《中国淘宝村研究报告（2017）》预估，2020年中国淘宝村将会超过5500个，网店超过100万个，带动300多万的就业机会。分析认为，数字经济正在为中国乡村振兴提供全新方案，与此同时，电商扶贫也通过淘宝村逐步落地。

（资料来源：根据阿里研究院网站资料整理）

**想一想**

67 岁的张展老人开始创业,给你的启发是什么?

**案例精选**

# 大四女生开网店一年卖 1385 万

2014 年浙江省挑战杯大学生创业计划竞赛各项目中,杭师大阿里巴巴商学院大四女生钱思聪开办的"思聪电子商务公司"很受关注。

"思聪电子商务公司",开了网店和实体店,专卖皮草和高端女装。2013 年,公司销售额达到了 1385 万,净利润 105 万。在所有参赛项目中,营业收入和利润算是非常高的。

"我的第一次触网是在 2007 年,那时候还是初中,在父母的帮助下,我开了一家网店卖衣服。我家里人都做生意,我对商业的事情比较敏感。"高中填志愿时,因为喜欢电子商务,加上想离家近,分数又刚好够,她选择了杭师大阿里巴巴商学院。"大一开始,学院里鼓励学生在淘宝上开店创业,我开始开网店卖衣服。"钱思聪说。创业初期她得到了父母很多支持。进货的货款,都是爸妈借给她的,卖掉衣服后还给爸妈。经商和人事管理经验,也是爸妈传授给她的。大一下学期时,网店生意有了起色,之后迅速发展。现在,公司有 25 个员工。还有两个大学同学,是钱思聪的合伙人。

钱思聪说:"最开始生意平平淡淡,但我一直在坚持。到了大一下学期,因为网店各项指标符合阿里巴巴商学院的要求,产品上了聚划算(淘宝团购活动,订单量巨大),订单猛增。网店快速发展起来。

"最开始,网店卖便宜的裤子,货源是爸妈那边拿来的。后来我觉得这个领域竞争太激烈,开始做高端女装。我有朋友在做高端女装,在他们帮助下,我有了好的货源。想做好淘宝店,很重要的一点,是要解决好货源。现在我已经代理了 88 个女装品牌。"

钱思聪说:"想做好网店,要做的事情很多,宝贝描述、店铺装修、售后服务全都要做好。我和小伙伴们每天都在认真做事,图片要做得好看,描述衣服要斟词酌句,介绍衣服用了某种工艺,采用了什么面料……总之,要有很好的客户体验,让人看了有买的欲望。"

钱思聪说,说起开网店,外人总觉得很好,但真的做起来,非常辛苦。

"前段时间,员工没有到位,我自己上去做客服。在小小的办公室里,从早上九点一直做到晚上一两点,连续做了两个多星期,累得眼睛都睁不开。还经常会碰到'奇葩'的顾客。昨天就碰到一个,买了一件三千多的衣服,穿着去喝了场喜酒,就退货给我们了。因为我们承诺可以七天无理由退货。"

"有时候生意下滑,就担惊受怕。跟供应商打交道也很费脑筋,去年从台湾进了一批货,钱已经付掉了,但货迟迟不来,一会说海运,一会说空运,一会说在海关那边。我还以为被骗了,还好最后货物还是送到了。"

钱思聪的公司,位于钱塘江边之江路上的一幢高楼里,有好几个房间,很多年轻男女员工正在电脑前忙碌。这些员工一般是大专生,是网店的销售;还有仓库工作间,五六位男女工人,正忙着在台子上折叠服装,装进塑料袋,准备让快递送货。在这个小女生的指挥下,公司的一切显得非常忙碌又有条理。

(资料来源:根据阿里研究院网站资料整理)

**想一想**

大学生创业都有哪些优势? 又面临什么难题?

## 二、熟悉网商生态系统

### (一)网商生态系统的定义与结构

#### 1. 网商生态系统的定义

网商生态系统是电子商务生态系统的子系统。网商之间相互交换信息和资源、进行交易,伴随着竞争和淘汰,网商们努力与周围环境相适应,从而构成了一个不断完善、高速发展的以互联网为基础的商务生态系统——网商生态系统。网商生态系统是指以电子商务为中心、各种类型的网商之间以及网商与外部环境之间相互作用而形成的统一整体,其核心是价值共享和共同进化。

#### 2. 网商生态系统结构

网商生态系统分为网商和网商所处环境两大部分,如图 1.2.13 所示。而网商根据在交易中的角色可以简单分为卖家和买家,卖家可以分为企业卖家和个人卖家,企业卖家又可以按照其在供应链中的不同角色继续细分成供应商、生产商、中间商(分为代理商和经销商,或者批发商和零售商)。环境主体主要指电子商务环境,可以划分为平台提供商、交易服务商、基础服务商三大类,同时也泛指网商生存的政治、经济、技术、文化环境。

网商生态系统
- 网商
  - 买家
    - 顾客（个人买家）
    - 客户（企业买家）
  - 卖家
    - 个人卖家
      - 卖家服务商
      - 零售商
    - 企业卖家
      - 供应商
      - 生产商
        - 外贸商
        - 内贸商
      - 中间商
        - 代理商
        - 经销商
- 环境
  - 平台提供商
    - B2B 平台提供商
    - B2C 平台提供商
    - C2C 平台提供商
  - 交易服务商
    - 信用认证商
    - 支付机构
      - 银行
      - 第三方支付机构
    - 物流提供商
    - 咨询机构
  - 基础服务商
    - 软件提供商
    - 硬件提供商
    - 网络接入商
  - 政治、经济、技术、文化……

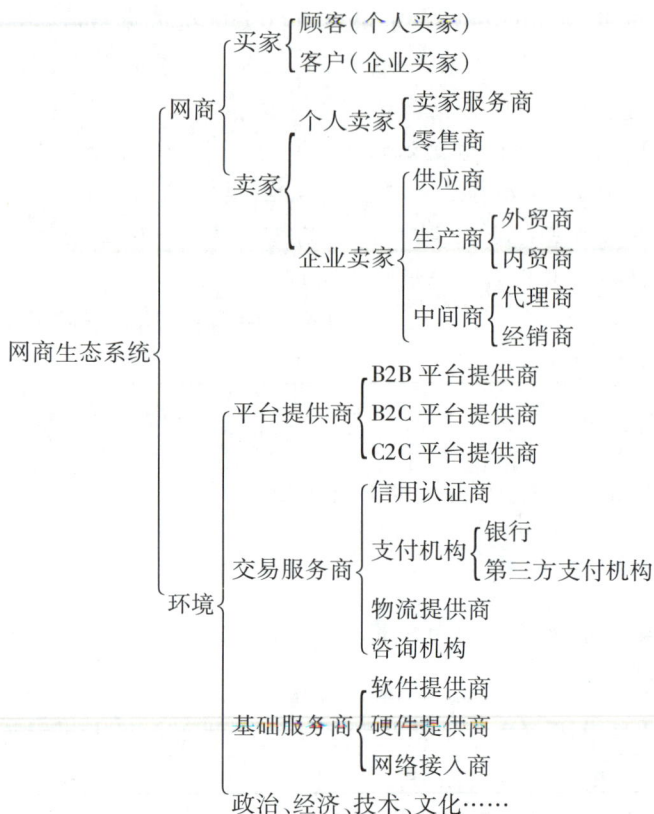

**图 1.2.13　网商生态系统结构**

　　网商生态系统形成的初期,网商之间是孤立的。但随着竞争环境的恶化,网商被淘汰的风险越来越大,这就迫使网商之间的合作越发紧密,逐渐形成一个个利益驱动的网商组群。所谓网商组群是指在网商生态系统的演化过程中,为了适应环境的变化、抵制竞争者的打压、反抗捕食者的狩猎,网商自愿结成的紧密联系。这个联系常常包括网商的供应商、客户、投资商和渠道商。在组群中,网商之间是共生的关系:有共同的远景、相互信任、遵守规则、密切沟通协作、分享利益、共担风险。网商组群的形成增强了资源的合理配置、降低了成本、提高了创新能力和信息获取能力。整合了的网商组群呈现出合理化、复杂化、生态化的格局,最终形成一个商务氛围浓厚、商业服务种类繁多、产业链和价值链完整联动的商业生态系统。

**（二）网商协作模式**

　　随着网络商务的发展,网商种类日益丰富,资源争夺日趋激烈,自组织集群和自服务现象日益明显。网商从同质化走向异质化,"网商联盟"出现。

### 1. 网商知识分享

　　对于个人网商,虽然他们的网络操作能力很强,但是缺乏专业的商业知识和经验,同时,他们也有很强的交流欲望,所以电子商务交易服务网站提供的商业实践和交流的机会对他们来说很重要。网商的经验交流与相互学习,正在成为新商业文明下的一种具有制度意义的行为。

互联网时代引发了学习模式的新革命,知识获取和经验积累有了更开放的渠道。通过网络技术论坛、网络商人论坛等虚拟社区,促进各种隐性知识在群内的流动。很多网商都表示,创业之初这些社区给到自己所需要的指导和帮助。

### 2. 网商虚拟产业集群

电子商务加速了企业之间和个人之间的信息交流,重新组合了不同地区、规模的企业之间的分工合作关系。原有的产业链和价值链,也正在围绕网络重新构造。在互联网条件下,地域的界限被打破,信息的流动传输更加多渠道、全方位,依托于网络信息的虚拟集群正在产生,他们能够做到快速反应、协调作业,通过降低企业间协调成本来实现利益共享。

### 3. 网商之间的深度协作

除了知识分享和商业机会的协作,网商们在资本层面上也产生了企业间的深度合作。其中最典型的是网商通过网络联保获得贷款。这种自组织所产生的动力,具备内生性和持续性,是网商之间形成的有序生态现象。

**案例精选**

## 网商小镇:专业的电子商务虚拟产业园

2019 年 2 月 11 日,网商小镇(中国杭州)电子商务虚拟产业园正式开园。该产业园提供线下园区几乎所有的配套服务,除电子执照在线办理外,想要注册公司的淘宝、天猫、京东及微商和代购平台的商家还可以享受政策申报与兑现、线上培训、创新券奖励、引导基金等诸多福利。

"区别于传统的'产业园','虚拟产业园'通过创新网络营商服务,在互联网上建立虚拟园区,对注册商家不设任何地域限制,以互联网的办法提供配套服务。"园区招商杨主任向在场嘉宾作"虚拟产业园"推介时说。淘宝、天猫、京东、拼多多及微商和代购等电商商家,在真实填报信息基础上(须通过系统真实性核验),即可在线工商登记注册并领取工商营业执照,没有任何地域限制。注册过程无需任何费用,免费领取营业执照。免费提供网商小镇(中国)电子商务虚拟产业园的注册地址,免费提供电子签章服务。网商小镇已与多家银行达成战略合作,提供在线申请、异地网签的便捷基本户开立服务。入园还可享一次性双创服务券,可用于购买园区各项服务,包括淘宝店铺装修、淘宝大学课程、网络营销培训等。支持商标专利注册、评优评先,优享各种费用减免和奖励。

开始试营业并发出首张营业执照以来,具有"零门槛、零费用、零跑动、高福利"等特点的"虚拟产业园",受到了广大电商热烈欢迎,商家遍布整个中国,显示出了强劲的发展势头,"虚拟电商园"建设取得了初步成功。

(资料来源:根据知乎:网上小镇和鼎易科技网站资料整理)

## 课堂互动

1. 推动网商群体不断发展的因素有哪些?
2. 网商虚拟集群是怎样形成的?

## 任务实施

为了调查城市周边网商和网商生态发展现状,小伟利用互联网搜索引擎和实地调查的方式,寻找大学生创业的优惠政策。

表1.2.3　网商和网商生态发展现状调查表

| | | |
|---|---|---|
| 网商现状 | 总体规模 | |
| | 行业分布 | |
| | 典型网商 | |
| | 创始人特征 | |
| | 进货渠道 | |
| | 运营成本 | |
| 产业园建设 | 分布地区 | |
| | 功能特色 | |
| | 入驻要求 | |
| | 申请流程 | |
| 相关支持政策 | 发布单位 | |
| | 支持对象 | |
| | 扶持标准 | |
| | 获取流程 | |

## 知识拓展

# 杜拉拉初长成:打造新时代的职场女士

小说《杜拉拉升职记》通过描述一位在外企工作八年,从一个朴实的行政助理,成长为一个专业干练 HR 经理的主人公杜拉拉的职场逆袭历程,反映了各种职场变迁和职场磨炼。小说以其独特的形式、朴实的结构,使每一位读者感同身受地找到职场中的自己,而引来一片赞誉,被拍成同名电影、电视剧、话剧。

一、掌握职场知识和技能,做正确的事

职场要面临很多关系,比如上下级、内外部客户。可能你干了很多活上司却不待见你,没准你有个本事不大脾气不小的下属,也许你的平级争风吃醋不怀好意,或者你的客户拽得像二五八万——你要很好的完成任务,就要设法摆平他们。人的精力和资源都是有限的,应该了解并掌握正确有效的方式,因为正确的原则可以让你少走很多弯路,专业就是力量。

职场菜鸟应该记住小说里提到的用于有效设定工作目标的 smart 原则,用于全面评判员工表现的 360 度反馈,用于规范操作流程、避免人与人之间矛盾的 SOP,它们就像是数学中的公式和概念,你记住了,就可以解题了。

二、抓住机会,又要懂得职场法则

人的一生中,有可能遇到很多机遇,它们也许会赤裸裸的在你面前卖弄风情,又或者是不显山不露水的在某个角落等着你识别——抓住机会、识别机会,甚至,创造机会。

一个普通级别的行政秘书,纯粹就是打杂的,很难做出业绩,也体现不出自己能力,因此,需要突出自己,就要抓住机会!办公室要进行全面装修,就当部门其他同事都极力推脱的时候,杜拉拉却自告奋勇,揽下了在别人看来是出力不讨好的烫手山芋。最后,装修完美结束,全球总裁来视察的时候,她的领导却抢走了所有的功劳。虽然,在这件事上杜拉拉并没有得到任何的表扬和晋升,但是人人心中都有一杆秤,都潜意识地记住了杜拉拉的功劳,及在装修过程中杜拉拉展现的能力!不过,通过这件事,杜拉拉领悟到了职场生存的法则,那就是"人不但要努力,而且还要会展示"!

三、从细节做起,吸引注意

一个初入职场的人,如何能够赢得上级和同事们的注意,获得青睐呢?光靠任劳任怨、辛苦工作是远远不行的,必须要有一个出奇制胜的契机,杜拉拉一开始就创造了这样的机会。一个精心制作的简报,其实是一件微不足道的小事,可就是这微不足道的小事,竟吸引了中国区总裁的注意,甚至在公开场合表扬了她,还让她上台发表感言。当然,光靠这件小事也不可能就让领导立马另眼相待,委以重任。但是,不积跬步,无以至千里;不积小流,无以成江海。

四、遵守必需的职场礼仪

"做人先学礼",礼仪教育是人生的第一课,在社会生活中发挥重要的作用。《杜拉拉升职记》中我们不仅看到了杜拉拉在职场中的快速晋升,也看到了她的经典的着装和得体的礼仪。一个人除了年轻有能力,受人欣赏的礼仪与服饰亦很重要。

良好的行事风格,对一个人的成长有重要的影响。有时候,一个眼神,一个微笑会改变人生的命运。杜拉拉在片中,始终有一个自信的微笑,也为她的升职加了分。职场礼仪既有一定的标准,也在不断的变化之中,是一门大的学问。人人都应该做一个知礼,懂礼,行礼之人。

**思想对话**

学习以上拓展材料,大家想一想:

1. 你能否快速记住新认识的朋友名字?

2. 成长以来,你坚持最长时间做的一件事是什么?

3. 如果受到委屈,你是否会据理力争?

4. 你是否还记得那个帮助过你的人?

5. 朋友拜托你帮忙,但是你比较忙,你会如何处理?

# 💡 项目小结

本项目共有两个任务。在任务一中,作为网络零售的买方,了解网络消费者有利于提高自我认识;熟悉网上购物一般流程,掌握网上购物的技巧才能买到称心如意的商品。

作为卖家,首先,需要充分了解网络消费者,这样才能更好地开展网络零售,把产品卖给消费者;其次,需要熟悉网上购物流程,这样才能在开展网络零售过程中为消费者提供满意的服务。

在任务二中,认识了网商,知道了新网商要能够快速适应互联网、大数据时代的商业变革环境,有效选择和运用各类电子商务及互联网工具,在数据管理、社会化协作、组织变革、产品创新、客户服务、品牌营销等方面能够持续进化。网商有兼职网商也有专职网商,有个人网商也有企业网商,还有为网商提供服务的网商。网商从 2004 年开始浮现,经历了孕育浮现、生存立足、崛起、生态化、社会化、小而美、新生态七个阶段,逐渐形成了"新生态、新网商、新引擎"的"商帮"时代。伴随着竞争和淘汰,网商们努力与周围环境相适应,从而构成了一个不断完善、高速发展的以互联网为基础的商务生态系统——网商生态系统。网商的经验交流与相互学习,正在成为新商业文明下的一种具有制度意义的行为。

# 🕐 项目练习

**一、选择题**

1. 目前网络消费者的基本情况不包括(　　　　)。

A. 总体上性别比例比较均衡

B. 网络购物者主要集中在大专及本科学历

C. 26 ~ 35 岁的网民是网购的主力

D. 整体上,我国网购用户的收入偏低

2. 以下不是网络消费者的购物导向的是(     )。

A. 便利型        B. 体验型        C. 娱乐型        D. 冲浪型

3. 以下不是网络消费者购物动机的是(     )。

A. 低价        B. 便捷        C. 娱乐        D. 个性化

4. 以下购物流程正确的是(     )。

①注册账号        ②选购商品        ③选择购物平台        ④收货及评价

A.①②③④        B.②③①④        C.③①②④        D. ②①③④

5. 以下关于网络购物的支付方式的说法错误的是(     )。

A. 可以登录网上银行进行支付

B. 可以用借记卡快捷支付,即使该卡没开通网上银行

C. 可以用信用卡网上支付

D. 不可以现金支付

二、论述题

1. 如何获得网络消费者画像的数据?

2. 个人网商和企业网商的区别与联系有哪些?

三、实训题

# 网络消费者购买行为分析

**实训目的:**

能对网络消费者购买动机进行调查与分析;熟悉网络消费者购买过程。

**实训内容:**

网上购物实践。

**实训过程:**

分小组进行角色扮演。分别扮演手机、图书、玩具三类商品的购买者。登录购物网站,浏览图书、玩具、手机三类商品并尝试购买,将购买情况及调查与其他同学得到的信息一并填入表中。

| 角色 | | 购物平台的选择及原因 | 你选购几种商品?为什么? | 洽谈的方式 | 支付方式 |
|---|---|---|---|---|---|
| 手机 | 本人 | | | | |
| | A 同学 | | | | |
| | B 同学 | | | | |

续表

| 角色 | | 购物平台的选择及原因 | 你选购几种商品?为什么? | 洽谈的方式 | 支付方式 |
|---|---|---|---|---|---|
| 图书 | 本人 | | | | |
| | A 同学 | | | | |
| | B 同学 | | | | |
| 玩具 | 本人 | | | | |
| | A 同学 | | | | |
| | B 同学 | | | | |
| 实例(手机) | | 天猫购物平台,商品种类多,商品质量有保障 | 红米 note,原因:性价比高,功能齐全,款式较好,价格低,用户评价好 | 阿里旺旺 | 支付宝支付 |

**评价方式:**

学生成绩由学生自评(20%)、互评(30%)和教师评价(50%)三部分组成,评价表如下。

组别:_____                                     第____次实训

| 学号 | 姓名 | 自评(20%) | 互评(30%) | 教师评价(50%) | 总成绩 |
|---|---|---|---|---|---|
| | | | | | |
| | | | | | |

# 模块二　从学到创

## ——开启网店经营新起点

## 项目一　做好开店创业准备

### 任务导读

| 任务一　认清网络开店职业 | 任务二　熟悉网络零售平台 |
| --- | --- |
| 调整好心理状态与从业状态 | 了解网络开店平台 |
| 培养开店必备能力 | 熟读 C2C 平台开店规则 |
| 准备开店工具 | 注册淘宝网店 |

### 学习目标

**知识要点:**

1. 了解大学生心理状态的特征。

2. 树立正确的从业心态、岗位工作与团队配合。

3. 养成开店必备的素质,提升开店必备的能力。

4. 了解网络开店平台的类型及规则。

5. 掌握淘宝店铺注册流程。

**技能培养:**

1. 能够判断自己是否适合网络开店,组建协作配合的团队。

2. 能够利用掌握的规则完成网店注册。

### 任务一　认清网络开店职业

#### 任务导入

通过学习和与朋友的交流,小伟得知,网上开店由于自身的各种优势,为一些想要创业,却又没有门路的人提供了一个很好的网络平台,但是,他也发现一个现象:有些人生意兴隆、买卖红火,而有些人则赔多赚少甚至血本无归。在参加一次网商聚会的时候,小伟向一个经营了 10 年网店的前辈请教如何开店,前辈没有直接回答他如何开店,而是笑着问他:你是打算专职还是兼职开店呢? 你想卖什么呢? 你有足够的耐心吗?

你能每天4点钟起床吗？你有帮手吗？你能承受多长时间的亏损？你能接受失败吗？面对这些问题小伟觉得有点懵。他决定在正式开店前首先了解一下自己是否适合开设网店。

**问题与思考：**

1. 你觉得网上开店应该具备什么样的心理素质？
2. 请问开淘宝店的企业通常会设立哪些部门，这些部门主要负责做些什么？
3. 你觉得在开店前应该准备哪些工具？

### 任务解析

电子商务的快速发展在方便人们生活的同时，也为许多人提供了创业的契机。与传统的创业方式相比，电子商务的门槛更低，可选择面也更加广泛。开店初期1～2个人就能经营起月销10万以下的网店。但随着新晋创业者的不断涌现和传统企业的陆续加入，同类网店的竞争必将越来越激烈，这也对网商的能力和素质提出了较高的要求。

### 知识探究

随着社会的进步，我们面临的是一个越来越讲究效率的环境，紧张的生活节奏让人心开始变得浮躁，不管是学习还是工作，都希望立竿见影和马到成功，却忽略了积累的过程。因此，对于一名刚踏入网络零售行业的新人来说，正确的从业心态和良好的工作状态决定了其在这个工作岗位上的表现，同时，这也是迈向成功的第一个步骤。

## 一、调整好心理状态与从业状态

### （一）大学生心理状态分析

#### 1. 理想化

这个主要体现在与社会接触比较少的大学生群体中。经过几年的大学学习，如果认为掌握了理论知识，就可以很容易找到一份满意的工作，那么在激烈的竞争中，被淘汰的概率就很大，甚至有些学生会转向理想的反面——自卑。大学生应该尽早地给自己定位，自己喜欢什么，自己能做什么，更多关注自身能力和企业需求的衔接。

#### 2. 简单化思维

对于多数的大学生来说，可能一直都生活在父母的呵护之下，一直生活在安静和谐的校园里面，真正接触社会的机会很少，所以往往会用校园思维去看待充满商业元素的社会，一些看法过于理想化、学术化和片面性，由于接受信息的滞后性，过于轻信一些承诺,把现实中的问题简单化处理。

### 3. 缺乏职业定位

许多的大学生感觉知识涉猎比较多,但是专业程度却远远不够,所以一时之间很难掌握自身的择业方向,加上高校学生就业竞争压力很大,投递简历的时候很盲目,只要与专业相关就投,但是这样往往会造成职业定位的缺失,放任自己漂到哪里算哪里,这是一个很不好的现象。

### 4. 职业技能和社交能力的不足

因为大学是一个相对自由、鼓励个性的地方,所以很多的大学校园的学生不是很热心于一些团体活动,而只是混迹于自己有相同兴趣爱好的朋友圈子里面,这样容易导致性格的偏激、孤僻和自我,缺乏企业所需要的信任合作意识,导致自身社交能力的欠缺;同时由于是自学的氛围,所以掌握的技能知识方面,很有可能和企业需求脱节,虽然大学校园能够培养优秀的综合素质,但是企业需要的能够马上创造收益的员工。

### (二)大学生健康心理状态的建立

#### 1. 正确认识自己

正确认识自己也就是对自己的性格、理想、行为、知识、能力等方面进行理性的思考,然后认真地描述和判断自己的特点并进行自我评价。在这个过程中,一定要耐心、客观地分析自己,对自身的优缺点,不要回避,要采用正确的方式对待。培养良好的自我意识,追求与自身相符的社会岗位。对于自己专业知识方面的欠缺,要努力学习,提高自己,完善自己,多参加社会实践,提高自己的实践能力,这些都是缓解择业心理问题的基本方法。

#### 2. 学会自我调整

要以积极的心态面对求职择业,保持平常心。正确调整自己的就业心理方式主要有:自我调整,放下心理包袱;分析失败原因,对症下药;面试时侃侃而谈,锋芒毕露;轻装上阵,主动"找"工作。当以前的那种平和安静的大学环境即将变成竞争激烈并且是未知的环境时,要将主观愿望与客观实际结合起来,找到切入点。对待求职择业过程中出现的不利状况,要采用不同的方式进行"自我排毒",要依靠自己,战胜自己,勇敢冲破不良心理障碍的桎梏。通过自我调整,要具备四种良好的就业心态:客观评价自己,订立合适的目标;积极主动,锲而不舍;自信豁达,屡败屡战;珍惜机会,该出手时就出手。

### (三)正确的从业心态

#### 1. 端正学习态度

不同的学习态度会产生不同的学习动力,也会收到不同的学习效果,良好的学习态度是使学习取得成效的重要内因。

平台和规则在不断地升级和变化,新的经验和工具层出不穷,一旦形成固有的工作习惯,就很难再去关注世界都有哪些变化,别人都有哪些进步,只有不断地总结经验,才会有更大的进步。

### 2.变革就业观念

新的需求改变了原有的就业观念,淡化了时间和地域的条件制约。网店客服的部分工种从地域上可以实现异地就业,只要自备电脑、网络畅通,能够做到在线接待和管理即可;从时间上也产生了计时工和钟点工,可以在约定的时间上班。

还有部分技术性工种和服务采用外包方式合作,只要有一技之长,能够胜任本职工作,网上开店给具有一定技能储备的人提供了更多的就业机会。

### 3.有成效的工作状态

工作状态是一个过程,但是它直接决定了工作的成效,从被动到主动,从不熟悉到熟悉,从适应到创新……工作状态是逐步进入的,这也是每一个职场新人的必经之路。

(1)要学会制定工作计划并付诸行动,按时完成上级分配的工作量,因为准时完成是取得成效的首要条件,比如:凡是重要的工作必须先做计划,凡是有计划的工作必须要量化,凡是量化的工作就必须按时完成,等等。

(2)在达到基本工作需要的素质以后,还应该努力学习,提升自己的工作能力,提高能力的不二法门就是学习、思考、实践,而这一切都需要勤奋和坚持。要主动自觉地把工作完成得更好,有想法,有执行力,可以将自己的热情和兴趣释放在工作中,把工作看作自己生活的一部分。

(3)培养力求完美的工作思维和强烈的责任感,因为有了思维上的价值取向,就比较容易形成良好的日常习惯和行为规范,培养出优秀的职业素养,逐渐形成自己独有的工作作风和方式。

### (四)岗位工作与团队配合

以前网上店铺,在人员配备与岗位职责上并没有明确的分工,人员更是屈指可数。但现今网店在组织架构上可以说是分工明确,岗位清晰。一般来说,月销售额在30~50万以下的店铺,设置的岗位大致有以下几方面。

(1)选品供应链。月销售额在100万以下的店铺,选品供应链基本是店主来做。一个好的店主要比供应商更要清楚产品,尽量把时间放在选品供应链上。店主要不断选品,找到质量好的市场,需求大的产品,才能为店铺产生效益。店主要有高的市场敏锐度,能更好的判断当下和未来的流行趋势。

(2)运营推广。选好产品后给运营做市场数据分析,分析哪款产品比较好卖。运营前部分是帮助店主选出畅销的产品,协调美工做好产品优化,后期做广告投放和关键词的设置。

(3)客服。客服是起到一个卖家与买家沟通的作用,是必不可少的。店铺初期,店主可以兼职做客服。

（4）美工。对店主来说，刚开始一些简单的图片自己来做。稍微复杂的图片就可以包给美工群里的美工，这样既可以达到店主要求，也能减少成本。当店铺业务开始壮大，每个月美工要做的事情需要花费3500元以上的话，就可以开始考虑招聘一个美工了。

（5）物流。最初的团队中客服应该兼做物流发货的工作，这样可以节省成本。

（6）财务。中小店铺发展初期，不需要招聘一个专业的财务人员，可以聘请当地的一些财务代理公司，帮忙做账。

网上店铺运作讲究的是团队协作。团队协作是指在目标实施过程中，部门与部门之间、个人与个人之间的协调与配合。对于一个网店来说，不管网店的组织架构多么完善，职能多么清晰，如果各部门间不能很好协调与配合，那么网店最终也无法实现最终的经营目标。团队成员之间配合好，则可以事半功倍，反之事倍功半。

**案例精选**

## 缺乏得力的团队，创办求职网站失败

小黄，西安理工大学2007届毕业生，一次次的求职失败另他萌发出这样一个想法——办一个不同寻常的求职网站。这个网站是为企业和大学生搭建起一个长期稳定的接触平台，只要大学生和企业登录注册，双方就可以通过这个平台相互了解，企业甚至可以跟踪大学生在校期间的各方面表现，决定毕业时是否录用。

后来，小黄开始市场调研。他登门20多家企业，与人力资源管理部门负责人沟通了这一想法，网站的特色服务内容得到70%的人肯定。未来，在继续完善网站服务内容的基础上，推出一系列连带产品，我相信这会有更大的发展前景。实际上，小黄已明确了网站的盈利模式。至于网站的长远规划，小黄表示他已制定了相应的计划。

尽管制定了自己的创业计划、确立了盈利模式、进行了市场调研，也得到了父母兄长的资金支持，但小黄却忽视了创业最为关键的因素之一——组建得力的团队。小黄说，目前高校内具备这方面技术的人太少，而有丰富经验和能力的人却不愿意放弃工作跟他一起创业，好比没有左膀右臂，小黄孤军奋战的结果只能是退下阵来。

（资料来源：根据生意鹿网站资料整理）

**想一想**

创业时有没有明确的定位（包括市场定位和自身定位）？团队组建和退出是否有足够合理的机制？

## 二、培养开店必备能力

### （一）网店创业者应该具备的素质

#### 1. 决心

许多人在没有开始创业之前，并不是下定决心要创业，只是觉得好玩，或是希望在工作之余赚些外快，或是抱着尝试的心态，这种想法的创业者能存活下来并做大做强的少之又少。如果下定决心将网店作为自己的创业方向，那么不论在经营中是一帆风顺还是屡遭挫折，都会坚持做下去，这样才有机会成为让别人羡慕的成功网商。

#### 2. 忍耐

成功是一步步积累起来的。忍耐也不是要网商什么都不做，而是在不与对手正面竞争的同时，不断蓄积力量，完善经营模式，并等待机会实现逆转。

#### 3. 勤奋

成功的人有的是体勤，有的是脑勤。在创业初期，网商要体勤，通宵熬夜的服务客户都是家常便饭，没有节假日也很正常。当网店不断做大，聘请的客服人员增加后，网商就要脑勤，一方面要建立好的制度，促使服务人员用好的态度、精准技巧来推进业务；另一方面，要进行战略策划，规划网店的发展方向，通过加盟、拓展产品等形式实现网店业务量的快速倍增。还要思考如何实现品牌化运营，将老客户长期留在店中等。

#### 4. 刚柔

网商切忌两种极端性格，一种是太过强势，不管员工还是客户，都得听他的；一种是太过弱势，员工与客户他都掌控不了。刚柔要互用，太过强势或者太过软弱的创业者都难持续成功。

#### 5. 包容

人都是有缺点的，创业者一定要有颗包容的心，只要员工的某项能力能够胜任工作，其他的缺点都可以慢慢改善。

#### 6. 创新

在电子商务快速发展的时期，一点小创新就可能为网店带来大量的用户。

一般来说，创业成功的网商大多具备这六种素质，但这并不意味着缺乏任何一种素质的人就不适合创业。如果能够通过学习来完善自身，或者通过分工协作的方式吸引优秀人才的加盟，都能弥补这些不足，并实现创业成功。

### （二）网店经营者应该具备的能力

要开一个赚钱的网店，需要经营者有良好的个人能力。

#### 1. 良好的独立思考和学习能力

独立思考能力非常重要，遇事要学会自己分析是应该赞成还是反对，应该相信还是存疑。有迅速的独立学习能力,现代社会要求你迅速学习接触到的一切。

### 2. 良好的市场判断能力和价格分析能力

良好的市场判断力可以帮助你选择出适销对路的商品。价格分析力要做到既要进到价格更低的商品,又要将商品标出一个适宜的出售价格。

### 3. 良好的网络推广能力

良好的网络推广能力,可以通过各种方式让更多的浏览者进入自己的网店,而不坐等顾客上门。

### 4. 敏锐的市场观察力

敏锐的市场观察力,可以随时把握市场的变化,据此调整自己的经营商品与经营方式。

### 5. 有一定的社交能力

网上经营虽然不用跟客户见面,但是也要学会从客户的字里行间察言观色,揣摩和顺应客户的心理。所以,一定要具备一定的社交能力和良好的沟通技巧。

### 6. 热情的服务意识

热情的服务意识,可以通过良好的售后服务建立起自己的忠实客户群体。

### (三)适宜网上开店的人群

目前,在网上开店的人群主要分布在以下几个方面。

### 1. 在校学生

在校学生主要是指大学生,因为学业压力较低,可以有时间进行商品的采购,进行网上的交易。

### 2. 自由职业者

网上开店手续简单、投资较少、容易操作,成为许多自由职业者的选择。

### 3. 网下开店经营者

许多有实体店面的经营者在网上也开店,将生意渠道扩展到网上,增加一个销售渠道。

### 4. 小型企业老板

在以前,那些名不见传的中小企业,要想把产品送进大百货店的大门简直比登天还难,可如今网络店铺给他们提供了一个广阔的天地,解开了中小企业产品"销售难"的死结。不受地理位置、经营规模、项目等因素制约,只要上网就能资源共享,中小企业在网络店铺上与知名大品牌实现了平等,而且还可以开展以前都不敢想的全球经营。

### 5. 收藏爱好者

收藏者的收藏品往往都是一些市场上不容易看到的,开一个网店进行销售,通常效果不错。

### 6. 拥有特别进货渠道的经营者

一些有特别进货渠道的人在网上开店效果都不错,因为进货渠道特别,比如海关罚没品、国外带回来的商品,这些商品通常价格比较低,或者在国内不常见,可以取得不错的收入。

## 小知识

# 不适合网上开店的人

**一心想着发财**

开网店并不是一件容易的事,做成功的人其实并不多,在众多的网店中能开出一片天地拥有自己的顾客群需要多方努力,这需要在很长时间内有零利润的准备,对于网店店主的精神和物质都是一种考验。一心想着发财的人很难获得成功,只有保持良好的心态才可以。

**不注重诚信的人**

不要认为网店是虚幻的,就可以不讲诚信,任何一个经营者都首先要学会做人,然后才是做事,只有诚信经营才能让事业发展起来,赢得顾客的信任和满意,诚信也是一种很好的口碑效应宣传,这样也是一种有效的营销方式。更不要心怀鬼胎,认为敲一笔是一笔,这不是生意,也不会有长久的发展,不讲诚信的人很难在竞争中获胜,必将在网店的大军中沉没。

**心态不平爱抱怨的人**

开网店要具有超级良好的心态、超强的自我调节能力才能应对后续出现的难以估计的困难、烦恼和挫折。因为开网店面对形形色色、性格各异的人群,真可说什么奇人都有,什么蹊跷事都能发生,如果一次小小的失利就让你哀叹苍天无眼、命运不济,数次挫折就让你痛哭流涕、一蹶不振,那么就不要动开网店的心思了。只有心怀"兵来将挡,水来土掩"的气势,具有顽强毅力和忍受力的人,才有可能屹立不倒、"突出重围"。

**不勤勉怕吃苦懒惰的人**

从设计店面到进货到拍照到图片处理到上架编辑到宣传到销售,哪一步都要用心了解掌握,哪一步都要细致处理不可含糊,每一个过程无不融入卖家们倾心尽力的心血;如果想偷下懒,少拍些局部照片、少写些描述文字来应付顾客;或有时间睡懒觉没时间上旺、根本不"别有用心"安排上架时间或去做些力所能及的宣传,只抱着瞎猫碰死老鼠的侥幸心态想"日进斗金"那是痴人说梦话。

**害怕压货害怕亏本的人**

这是很多人的想法,开网店就是为了省钱,他们不舍得进货,不舍得投资,害怕出现卖不出去压货的情况发生,更是怕砸到手里亏本,这类人不适合创业,创业本身就是一种勇敢的行为,只有大胆和意志坚定才能保障创业道路能走下去,如果你连投资都不舍得做,那是不可能成功的。

**性格孤僻的人**

其实什么性格的人都可能创业成功,但不同的性格在创业的过程中走的道路是不同的,性格孤僻的人很难,网店服务有其他服务没有的"特殊性",因为这是一种看不见的东西,因此只有用细致的服务和热情的招呼才能赢取顾客的信任,从而达到成交。

**拓展练习**

## 你是否适合做生意?

假设你有 11 个空的啤酒瓶子。3 个空瓶子可以换得 1 瓶啤酒。那么算一算,你最多可以喝到几瓶啤酒呢?

## 三、准备开店工具

经营网上店铺是一个费时费力、十分辛苦的事,店主要打理好店铺需要借助一些工具软件来提高效率,有的工具是必不可少的。

### (一)物质工具

**1. 身份证**

这是认证所必备的。

**2. 连接了网络的电脑**

并且其配置要能够满足日常的开店经营需求。

开店初期,电脑只是起到和互联网信息的连接工作,所以实际的硬件配置不用太高端,一般主流的家用电脑即可。网店发展到一定规模后,商品种类会越来越丰富,相关的产品介绍文档、图片等都会增多,并且以后还会涉及一些后期的图片处理工作,因此可以考虑大容量硬盘、高内存条以及配备支持高性能显卡的电脑。

另外,由于笔记本电脑轻巧、易于携带,因此作为网店卖家,配备一台主流的笔记本电脑是最好的选择,它可以帮助用户在不同场合管理店铺。

**3. 开通网上银行功能的银行卡**

开通网上银行一定要加强密码及账号管理,防止不法分子盗取后造成经济损失。

**4. 专业的数码设备**

对于拥有实物商品的卖家,最好能够拥有一款专业的数码相机。而对于图片有特殊需求的卖家,还可以搭建专业的摄影场所,以及拍摄商品图片需要用到的各种辅助器材,如反光伞、背景布、灯光等。

### 5. 电话、传真机和打印机

方便联系供应商与客户,以及打印销售和物流单据。

## (二)淘宝平台免费工具

### 1. 卖家一站式工作平台——千牛

千牛工作平台,是由阿里集团官方出品,包含千牛移动版和千牛 PC 版。千牛 PC 版是在卖家版旺旺的基础上升级而来,其核心是为卖家整合:店铺管理工具、数据监测、货源挑选、服务外包、商业伙伴关系等商业经营场景,以此提升卖家的经营效率,促进彼此间的合作共赢。

### 2. 批量宝贝编辑工具——淘宝助理

淘宝助理是一个功能强大的客户端工具软件,它可以帮助卖家编辑商品信息,快捷批量上传商品,并提供方便的管理界面。

淘宝助理的基本功能有:备份店铺信息、上传新宝贝、设置宝贝模板、批量导出宝贝资料、批量导入宝贝资料、批量修改宝贝名称和描述、预设宝贝上架时间和上传宝贝图片。

### 3. 数据分析工具——生意参谋

生意参谋诞生于 2011 年,最早是应用在阿里巴巴 B2B 市场的数据工具。2014 年至 2015 年,在原有规划基础上,生意参谋分别整合量子恒道、数据魔方,最终升级成为阿里巴巴商家端统一数据产品平台,为商家提供数据披露、分析、诊断、建议、优化、预测等一站式数据产品服务。目前免费的功能有流量纵横标准版(通过简单、直观的数据产品服务,基础的流量数据化运营方法论,建立店铺流量监测分析体系)、品类罗盘标准版(帮助成长期商家高效进行商品销售,通过即时、可视的商品实时监控 & 指导建议等,落地调货、流量优化、价格调整等商品运营动作)和标准包(集成了海量数据及店铺经营思路,包括自助取数、单品分析、商品温度计、实时直播大屏等功能)。

## (三)第三方工具

### 1. 图片处理工具——Adobe Photoshop

网上开店除了需要好的文案来介绍自己的商品,还要用精美的图片来展示自己的商品。一张制作精良的图片能让买家一目了然,马上引起买家的购买欲望。图片处理工具有很多种,但应用最广泛的还是 Photoshop,它可以提供多种图片涂抹、装饰、编辑、合成、分色的方法,并给出许多增强图片显示效果的特殊手段,是计算机图片处理的得力工具。但如果对图片要求很高,工作量也很大的话,最好是聘请一位设计人员,或者付费给专业设计人员做。

### 2. 文案撰写、数据统计工具——Word、Excel

Word、Excel 等软件都是入门级的配置,学会使用这些软件,可以方便地编写合同、编辑网店文案、便捷地统计销售情况等。

### 3. 网站设计工具——FrontPage、Dreamweaver

如果要开一家拥有独立域名的网上店铺,需要学会自己设计和装修店铺。目前,应用比较多的网站设计软件主要有 Office 系列软件中的 FrontPage 以及 Dreamweaver,前者比较适合初学者学习使用,后者则更具有专业性。

### 4. 综合性工具平台——淘宝服务市场

店铺经营工具包括很多,也有很多第三方公司提供相应的服务。淘宝内部的推荐软件或者阿里集团的阿里软件,因为可以与淘宝账号无缝衔接,用起来很便捷。使用方法是打开网址:fuwu. taobao. com 进入"服务市场"会显示所有工具列表。包括店铺装修、营销推广、数据分析、摄影摄像、图片处理、商品管理、订单管理、物流配送、客户服务、企业管理工具等。

**小知识**

## 淘宝运营常用工具汇总

**淘宝/天猫官方的数据分析工具**

1. 生意参谋

2. 营商保店铺体检

3. 天猫商家体检报告

**淘宝/天猫非官方的数据分析工具**

数据雷达

**其他平台的电商数据分析工具**

1. 百度指数

2. 新浪微博微指数

**淘宝/天猫商品搜索排名查询软件**

1. 店侦探

2. 升业绩查询工具

3. 淘搜

**淘宝/天猫推广引流分析工具**

1. 阿里妈妈万堂书院

2. 直通车流量解析、行业解析分析工具

3. 淘大师 TOP20W 关键词词典

4. 在线关键词组合

**库存管理工具**

管家婆网店 ERP

**客服绩效管理工具**

赤兔名品客服绩效管理专业版(淘宝天猫专用)

**会员营销、客户管理工具**

网聚宝(短信关怀、会员增长体系、会员营销)

工具非常的多,在这里就不一一列出来了,大家可以针对自己的需要选择合适的工具来辅助自己。

### 课堂互动

请思考网上开店与传统开店相比,有哪些优缺点？可以从成本、资金、客户、经营方式、产品、时间、地点等方面进行分析,协同小组的力量,赶快开动脑筋吧!

### 任务实施

根据所学知识,小伟首先要更深层次的了解自己,然后下载和安装相关软件,并进行初步学习。

#### 1. 测试性格

借助心理学的性格测试工具,小伟做了 MBTI 测试、DISC 性格测试和智联招聘的职业性格测试。

#### 2. 工具准备

| | | | |
|---|---|---|---|
| 物质工具 | 身份证电子版 | 有 | 无 |
| | 笔记本电脑 | 有 | 无 |
| | 支付宝账号 | 正常使用 | 存在问题 |
| | 数码相机 | 手机替代 | 购买 |
| | 打印机 | 有 | 无 |
| 软件工具 | 千牛 | 开通淘宝店铺后下载安装即可 | |
| | 淘宝助理 | 开通淘宝店铺后下载安装即可 | |
| | 生意参谋 | 开通淘宝店铺后即可使用 | |
| | Photoshop | 已安装 | 需要购买 |

## 任务二 熟悉网络零售平台

### 任务导入

小军上班的公司,最近决定入驻淘宝,用公司自己的品牌拓展电商渠道,于是经理安排小军去着手准备淘宝企业店铺入驻的事情。问题来了,小军虽然学的是电子商务专业,平时在网上购物也不少,但只接触过淘宝个人店铺,对于企业店铺知之甚少,企业店铺跟个人店铺到底有什么区别?企业开通淘宝店铺需要哪些条件?这些问题弄的小军一头雾水,恨自己不能早点学习和了解关于企业店铺的知识。

**问题与思考:**

1. 小军要完成好开通企业店铺的工作需要准备哪些材料?

2. 如果公司还要继续进驻天猫平台,小军又该如何完成天猫店铺申请的任务呢?

### 任务解析

与入驻传统零售卖场需要达到每个商场的招商标准一样,入驻网络平台的卖家同样需要达到平台的标准,并遵守平台的规则。淘宝网络零售平台分为个人店铺、企业店铺和天猫店铺三种。淘宝企业店铺需要认证企业的营业执照。但是它又不像天猫店铺,个人就可开设,也不要求企业必须具备 100 万元以上注册资金、2 年以上经营时间、品牌注册商标和纳税身份等条件。天猫商城还会结合国家相关规定、各行业发展动态及消费者购买需求,不定期更新招商标准。

### 知识探究

## 一、了解网络开店平台

不论是企业还是个人,若要开展网上零售业务通常有两种经营途径:一是自建网站经营,包括完全虚拟网上零售商,如京东商城、亚马逊、唯品会等;经营着离线店铺的网上零售商,如戴尔、小米、海尔等。这种类型的店铺一般采用的是 B2C(企业对消费者)经营模式。二是利用第三方电子商务平台开店经营。第三方网络零售平台又包括两类:一是 C2C(消费者对消费者)零售平台,如淘宝网;二是 B2C 零售平台,如天猫商城。

对于一个刚刚开始经营网上店铺的企业或个人来说,利用第三方平台开店是一个更好的选择。那么选择哪一个合适的网络平台呢?下面我们就来看一下,目前中国常见的网络零售平台的发展情况。

### （一）C2C 零售平台

随着拍拍网、易趣网、有啊网的相继退出，淘宝集市曾经一度占据 90% 以上的市场份额。2015 年 9 月，拼多多异军突起，凭借拼团、超低价，实现弯道超车，成为广大中小企业和个人卖家积极选用的创业平台。

### （二）B2C 零售平台

在中国电子商务交易规模不断扩张的情形下，整体增速将会在合理区间活动。B2C 网络零售市场的竞争格局也将趋于稳定，但仍面临着洗牌，同时，市场也在逐渐向着规范化、品质化和多元化的方向演变。

易观统计数据显示，2021 年第 1 季度，天猫成交总额较去年同期增长 27.7%，占据市场份额 63.0%，排名第一。京东成交总额较去年同期增长 35.7%，其市场份额为 26.5%，排名第二。苏宁易购排名第三，其市场份额为 4.6%。唯品会和小米有品分别以 3.3% 和 0.5% 的市场份额位列第四和第五。

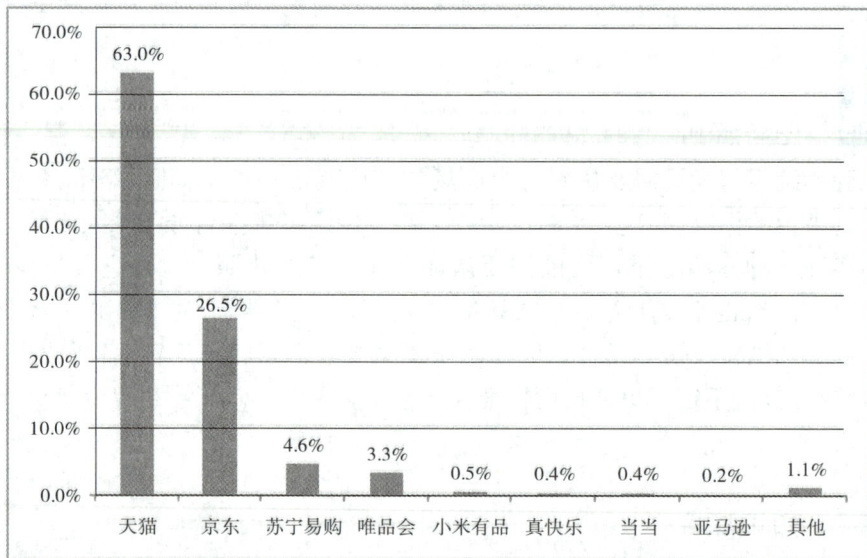

**图 2.1.1　2021 年 1 季度中国网络零售 B2C 市场交易份额占比**

数据说明：①由于四舍五入的关系，份额加总可能不等于 100%。②数据来源在于对行业内的卖家深访、厂商征询以及相关公司财报，再由易观自有模型推算得出。③网络零售 B2C 市场仅包含了以 B2C 模式经营的独立品牌电商平台，未包含以 C2C 和 B2C 模式混合经营的电商平台。

### （三）跨境电商平台

2020 年中国跨境电商零售进出口总值继续走高。iiMedia Research（艾媒咨询）数据显示，2021 年近四成的用户表示自身购买力有所增加，65.3% 的用户认为自己使用跨境电商平台的频率有所增多。

2020年,中国跨境电商两大平台分别是天猫国际和考拉海淘,市场占比为26.7%和22.4%,而京东国际、苏宁国际及唯品国际等市场份额均在10%以上。

中国跨境电商占外贸进出口比例为17%;而跨境电商商业模式主要分为B2B、B2C两种,其中,跨境电商B2B模式是外贸主流。数据显示,跨境电商90%是B2B模式,零售部分仅占外贸进出口较小比例。随着移动互联网技术的发展、智能手机普及、网络购物的兴起以及在线支付、物流体系的逐步完善,跨境电商零售B2C、C2C模式增长势头强劲。

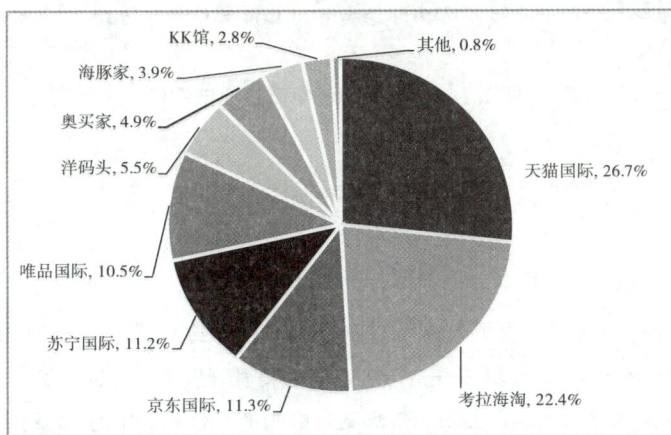

**图2.1.2 2021年1季度中国跨境B2C市场交易份额占比**

目前进口跨境电商已形成多类模式和完成产业链,包括:

(1)直发/直运类:天猫国际、京东全球购、洋码头、海豚家、一帆海淘购、金箍棒海外购等。

(2)自营B2C类:亚马逊、海外购、丰趣海淘、优集品、小红书、网易考拉海购、YO-HO、寺库、达令、蜜芽、孩子王、珍品、母婴之家、宝贝格子、中粮我买网、五洲会、sasa网等。

(3)闪购特卖类:聚美优品、麦乐购、魅力惠、唯品国际、美囤妈妈等。

(4)导购类:55海淘、北美省钱快报、惠惠、海淘居、极客海淘、Extrabux、识货、买个便宜货、口袋购物、一淘、什么值得买、悠悠海淘、蘑菇街等。

(5)跨境转运类:友家速递、360zebra、运淘美国、转运四方等。

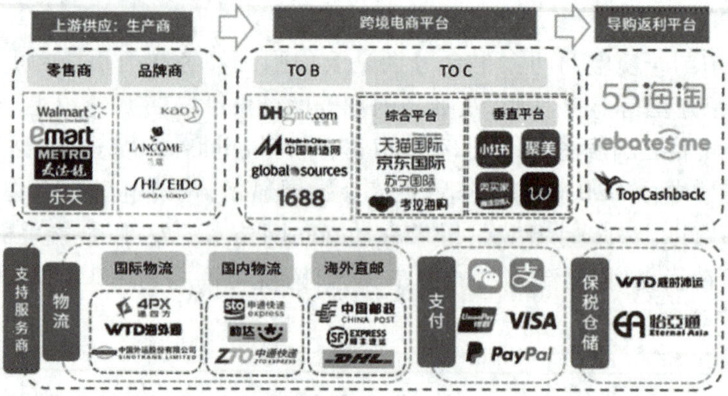

图 2.1.3 中国跨境电商产业链图谱

**案例精选**

# Mercado Libre

Mercado Libre(美客多)能够抵御住全球电商巨头亚马逊、eBay 的强大冲击,不断抢占拉美的电商市场份额,成为拉丁美洲最大的电商平台,与其核心优势密不可分。目前平台的电商业务范围已覆盖了巴西、阿根廷、墨西哥、智利、哥伦比亚等 19 个拉丁美洲国家,拥有 3.06 亿的注册用户,相比拉丁美洲约 6.51 亿的总人口,Mercado Libre 在拉美电商市场占有绝对的领导地位。Mercado Libre 平台的热销品主要集中 3C 消费电子产品、汽配、服装、美妆等

Mercado Libre 2020 中国招商战略侧重在——吸纳更多的户外运动、家居等平台稀缺品类的卖家入驻;鼓励更多拥有自有品牌的中国卖家入驻;计划招募的卖家名额为 1000 名,优先考虑垂直精细化运营的卖家;为中国卖家举办更多的培训活动。

平台入驻要求:

中国注册公司或者是美国、英国等地有公司;具备跨境电商运营经验或传统外贸卖家(传统外贸卖家需要有跨境电商运营团队);其他平台单店铺月均销售额达到 6 万美元(酌情处理,品类合适,自有品牌自有工厂,有西语或葡语的运营团队,都可以适当降低门槛);产品平均客单价需要高于 15 美元,20 ~ 50 美元为最佳;产品不可是平台违禁品。

Mercado Libre 平台的促销活动,卖家都可以免费参与,但前提是卖家参与活动的每款产品库存不低于 20 件。

结算与物流:

Mercado Libre 平台每两周回款一次。比如卖家在 10 月 1 日销售了 1 单产品,平台会在 25 个工作日后自动默认买家确认收货,并对卖家销售情况进行结算,一般在两周

后给卖家回款一次。需要注意的是,若每次回款结算金额未达到500美元,平台会累计到下一次回款日再进行结算和回款。

收款可以使用美元对公账户或者派安盈,或其他主流支付方式。

目前Mercado Libre的卖家有两种物流方式可以选择。一是卖家使用自发货,可发往巴西、智利、墨西哥,物流时效是需要25天送到卖家手上,目前平台没有指定物流商;二是卖家使用海外仓发货,目前可以使用海外仓的站点只有墨西哥站。

考核制度:

自发货卖家成功通过开店后还需要度过一个店铺考核期,考核期为3个月,考核内容为:

Reputation-Green;Market leader优质店铺;40个完结订单。

**（资料来源:根据Mercado Libre网站资料整理）**

**想一想**

如果以后从事跨境电商,你需要掌握哪些知识?

**（四）移动电商平台**

用户消费场景使用习惯的转移及移动端自身具有的特点,使得移动端成为消费者网购普遍途径。各大电商平台纷纷大力推动发展移动端主要有两方面原因:一方面,许多电商企业以新用户获取和品类扩张为战略重点,推出针对移动端的定制电商产品;另一方面,大量新兴电商仅推出移动端业务,移动端成为新增网购用户的主要来源。而随着农村电商市场的火热,移动端依靠相比PC端更便宜的设备和更便捷的操作特征,将占有越来越重要的地位。

目前国内移动电商发展迅猛,各大电商几乎无一例外均有涉足。

(1)综合电商类:京东、天猫、唯品会、国美、聚美优品、淘宝、蘑菇街、苏宁易购、当当网等。

(2)跨境电商类:网易考拉海购、小红书、洋码头、走秀网、萌店、宝贝格子、达令、丰趣海淘、口袋购物等。

(3)食品行业类:1号店、21cake、百草味、三只松鼠等。

(4)商超行业类:万达飞凡网、大润发飞牛网等。

(5)服装行业类:优衣库。

(6)美妆行业类:聚美优品、sasa网等。

(7)家居行业类:红星美凯龙、美乐乐、齐家、土巴兔、宜家等。

(8)生鲜行业类:爱鲜蜂、本来生活、顺丰优选、易果生鲜、沱沱工社、天天果园、我买网等。

(9)母婴行业类:宝宝树、贝贝网、红孩子、孩子王、乐友、妈妈100、麦乐购、蜜芽等。

（10）家电行业类：国美、海尔、苏宁易购等。

（11）珠宝行业类：通灵珠宝、月光宝盒、周大福等。

（12）汽车行业类：瓜子二手车、汽车之家、易车网等。

（13）酒水行业类：1919、酒立得、酒仙网、也买酒、中酒网等。

（14）医药行业类：360好药、阿里健康、康爱多、1药网、叮当等。

（15）导购/社交电商类：返利网、辣妈帮、大姨吗、一淘、米折、美啦、美柚等。

（16）微商类：喵喵微店、京东微店等。

图 2.1.4　中国移动电商产业链图谱

### （五）生鲜电商平台

2019年迎来生鲜电商发展"寒冬"，行业频出企业倒闭新闻；2020年初受疫情影响，生鲜电商平台用户激增，生鲜电商市场规模达到62.9%的高速增长，达到2638.4亿元，预计到2021年将升至3117.4亿元。

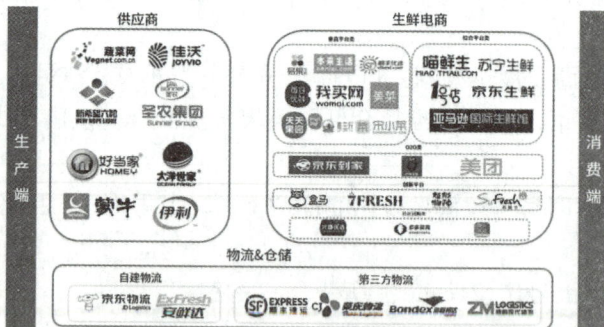

图 2.1.5　中国生鲜电商产业链图谱

## 美菜网

2014年6月6日，美菜正式成立。美菜网采取"两端一链一平台"的商业模式，将互联网、农产品电商、农产品物流基地进行有机整合,缩短农产品流通环节,降低商户供应链成本,减少供应链人力,实现生产端和餐厅的精准对接。其打造的农产品垂直电商平台运营模式需形成闭环,产地直采、终端配送是关键。2018年9月,估计近70亿美元。5年来,美菜保持快速增长势头。

美菜网的有序化餐饮供应链模式,实现了田间地头和城市餐饮店铺隔着屏幕直接对接,让农户可以提前锁定销售渠道,让商户可以提前看到自己所需的产品,同时经由美菜网的数据化分析手段,帮助两端确定生产量、销售量以及采购量,精准把控两端的运营成本,让利两端,同时实现产品的高效流通。

数字化驱动餐饮供应链是全新供应链模式秩序赖以发展的基点,而全新有序供应链又是餐饮行业乃至农业未来的发展方向,两者的契合,需要美菜网这样具备互联网基因与供应链基础的企业来贯通。未来,美菜网将在政策的支持下,不断深耕于有序化供应链领域,引领两端用户不断向前发展。

(资料来源:根据美菜网、MBAChina网资料整理)

**想一想**

你使用过社区团购吗?你是如何了解到社区团队信息的?你为什么用/不用社区团购?

**（六）农村电商平台**

在一二线城市,"网购"已成为大多数居民最为热衷的生活方式,这一消费市场也已经日渐饱和。相对而言,6亿的农村人口就为行业留下了相对空白的市场,三四线城市再到乡镇农村大规模的用户群体也在等待被挖掘。2019年,我国县域网络零售额达3.1万亿元,同比增长23.5%,其中,县域农产品网络零售额达2693.10亿元,同比增长为28.5%,增速快于总体增速,可见,农产品市场将是农村电商市场的重要增长点之一。

目前我国农村电商市场已形成完整产业链,包括以下几类玩家:

(1)平台电商:京东、苏宁、拼多多等。

(2)农资电商:云农场、田田圈、草帽网、一亩田等。

(3)农产品电商类:美菜网、链农等。

(4)生鲜电商。我买网、本来生活网等。

(5)品牌电商:三只松鼠、百草味、新农哥等。

(6)农业众筹类:有机有利、淘宝众筹、京东众筹等。

(7)信息服务电商类:村村乐、中农网、智农通等。

(8)支撑链:金融服务类,如支付宝、微信支付、银联;物流类,如顺丰速运、EMS、圆通等;金融类,如乐钱等。

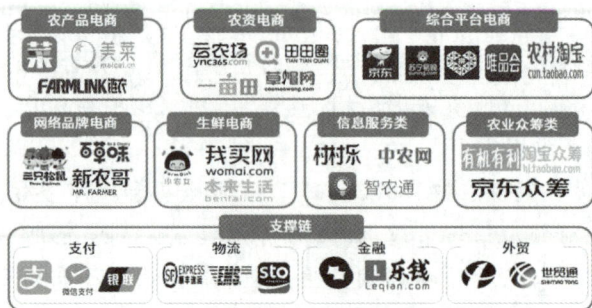

图 2.1.6　中国农村电商产业链图谱

**拓展练习**

大家自建小组,对比分析 B2C 网络零售平台的资质要求、可入驻店铺类型、入驻平台所需材料以及入驻平台的收费情况。

## 二、熟读 C2C 平台开店规则

对于中小企业和个人卖家来说,C2C 平台开店是首选。虽然近些年,拼多多来势汹汹,但是从平台成熟度和市场接受度来看,淘宝集市由于进入市场较早,建立一整套的规则、规范,其他平台更多是参考、借鉴了淘宝集市的模式。因此,学会在淘宝集市上开店,其他平台可以举一反三。开店之前,卖家需要了解淘宝网的一些管理规则,在开店的过程中也一定要遵守淘宝规则,这样才能走得长远。

作为交易平台,为了防止各种不诚信的欺诈行为,杜绝不正当竞争的商业弊端,淘宝网制定了一系列的规则和措施,来约束和规范用户在此平台上的行为。随着平台的变化和升级,规则也在不断的增补及完善。感官敏锐的卖家应该能紧跟着淘宝政策走,快速改变,灵活应对。

淘宝网的交易规则很多,这里仅对店铺注册规则、商品发布管理规则、信用评价规则以及争议处理规则做简单介绍。

### (一)淘宝网的店铺注册规则

#### 1. 店铺入驻通用要求

淘宝网会员须同时满足以下条件,方可创建店铺:

(1)提供店铺负责人真实有效的信息,并通过淘宝网身份认证;

(2)符合淘宝网对店铺负责人的年龄要求(个人店铺的负责人年龄须满 16 周岁;企业店铺的负责人年龄须满 18 周岁);

(3)将其淘宝网账户与已通过实名认证、信息完善的支付宝账户绑定;

(4)经淘宝网排查认定,该账户实际控制人的其他阿里平台账户未被阿里平台处以

特定严重违规行为处罚或发生过严重危及交易安全的情形;

(5)未因违规行为被限制创建店铺;

(6)根据淘宝网对会员风险的综合评估,部分会员须在开店前完成相应开店违规风险保证金的缴存.

### 2. 个人店铺入驻要求

淘宝网个人店铺分为自然人店铺和自然人所登记的个体工商户店铺,须分别满足以下条件:

(1)开店主体为自然人的,须基于其个人身份信息通过支付宝实名认证;

(2)开店主体为个体工商户的,须基于个体工商户的营业执照信息通过支付宝实名认证。

### 3. 企业店铺入驻要求

淘宝网企业店铺开店主体为除个体工商户以外的企业主体,包括独资企业、合伙企业、公司企业,须基于企业营业执照信息通过支付宝实名认证。

### 4. 开店数量限制

正常情况下,同一身份主体作为卖家仅能开设一个店铺,具备一定持续经营能力、满足一定经营条件的诚信卖家,可享有开设多店的权益。

### 5. 店铺激活

会员开设的店铺被彻底释放或删除的,符合本规范店铺入驻要求的会员仍可通过开店流程重新激活店铺。

## 小知识

1. 如何理解店铺入驻通用要求中的"店铺负责人""本人真实有效的身份信息"?

(1)自然人开店或自然人所登记的个体工商户开店的,该自然人即为店铺负责人;

(2)企业店铺的店铺负责人包含但不限于:该企业的法定代表人、股东、店铺运营人,需要对该店铺的运营及管理全面负责。

淘宝网身份认证须店铺负责人按系统要求提供本人真实有效的身份信息,包括但不限于:身份信息、有效联系方式、真实地址。

2. 如何理解店铺入驻通用要求中的"特定严重违规行为处罚""严重危及交易安全的情形"?

(1)特定严重违规行为处罚,包括但不限于骗取他人财物、出售假冒商品/严重侵权等严重违规行为处罚。

(2)严重危及交易安全的情形,包括但不限于短期内因投诉量或店铺退款纠纷量过大且卖家未配合导致买家大量钱款损失的、卖家交付买家的商品存在大量劣质或货不对板情形。

3. 什么情况下开店违规风险保证金会被罚扣？

会员足额缴存开店违规风险保证金后,180 天内被处以特定严重违规行为处罚或发生严重危及交易安全的情形,开店违规风险保证金予以罚扣。

4. 缴存开店违规风险保证金后,什么情况下开店违规风险保证金余额会被解冻？

(1)7 天内未激活店铺予以解冻;

(2)180 天内店铺彻底被释放予以解冻;

(3)180 天内店铺未被处以特定严重违规行为处罚或发生严重危及交易安全的情形,180 天后予以解冻。

5. 享受多店权益具体须满足哪些要求？

同一会员已开设的店铺均须同时满足以下要求,具体以产品页面提示为准:

(1)近 365 天无出售假冒商品违规/严重违规、一般违规扣分达 12 分(含)以上等违规记录,且无其他风险特征;

(2)满足一定经营条件(如近 365 天成交规模达到一定条件、持续有成交等)。

**想一想**

小明用×公司开设"店铺 A",当店铺 A 同时满足以上规则条件时,小明是否可以申请用×公司营业执照开设第二家店铺"店铺 B"？当店铺 A 和店铺 B 均满足以上条件时,小明是否可申请用×公司营业执照开设第三家店铺"店铺 C"？

**(二)商品发布管理规则**

会员应当按照淘宝系统设置的流程和要求发布商品。淘宝网会员账户已绑定通过实名认证的支付宝账户,即可发布闲置商品,但创建店铺后方可发布全新及二手商品。若会员创建店铺后发布商品,并使用支付宝服务情况下,将视为接受由支付宝(中国)网络技术有限公司提供各类支付服务,并遵守《支付服务协议》有关规定。

淘宝网的商品发布管理包含《淘宝网商品发布规范》《淘宝网商品品牌管理规范》《淘宝价格发布规范》《淘宝网商品类目限制互转规范》等在内的多达 14 项相关规则,详细的条款在规则里都有说明。

特别是对违反商品发布管理规则的行为,淘宝网将根据违规的情节和程度进行违规商品累计处罚及商品的其他相关处罚,甚至冻结用户账号的处罚,因此,大家要特别注意商品发布时不要违反了相关规则。

**想一想**

为什么商品发布会有这么多规范约束？

### （三）信用评价规则

#### 1. 基本规则

买卖双方可基于真实的交易在交易成功后指定时间内发布与交易商品或服务相关的信息,开展相互评价。

1）评价给出的时间要求

一级类目"景点门票演艺演出周边游""度假线路签证送关旅游服务""特价酒店特色客栈公寓旅馆"下的交易,评价时间为交易成功后 90 天内;除上述交易外,评价时间为交易成功后的 15 天内。

2）评价类型

淘宝网的评价包括"店铺评分"和"信用评价"。店铺评分(即店铺 DSR)由买家对卖家评出,如对商品或服务的质量、服务态度、物流等方面的评分指标。信用评价由买卖双方互评,包括"信用积分"和"评论内容"。

(1)店铺评价为动态指标,系此前连续 6 个月内所有评分的平均值。每个自然月,相同买、卖家之间交易,卖家店铺评分仅计取前 3 次。店铺评分一旦作出,无法修改。

(2)信用积分评价分为"好评""中评""差评"三类。买家若给予卖家好评,则卖家信用积分加 1 分;若给予差评,则减 1 分;若给予中评或 15 天内双方均未评价,则信用积分不变。若卖家给予好评而买家未在 15 天内给其评价,则卖家信用积分加 1 分。

相同买、卖家任意 14 天内就同一商品多笔交易产生的多个好评卖家只加 1 分、多个差评卖家只减 1 分。每个自然月,相同买、卖家之间交易,卖家增加的信用积分不超过 6 分。

3）追加评论

自交易成功之日起 180 天(含)内,买家可在作出信用评价后追加评论,内容不得修改,也不影响卖家信用积分。

4）评价解释与修改

被评价人可在评价人作出评论内容或追评内容之时起的 30 天内作出解释。

评价人可在作出中、差评后的 30 天内,对信用评价进行一次修改或删除。

### 想一想

1. 如果我 9 月份跟同一个卖家成交了 6 笔交易,我给了 6 个好评。其中有 2 笔是 14 天内对同一商品做出的好评。该卖家共获得几分?

2. 假设你是卖家,遇到买方给了差评怎么办呢?

#### 2. 特殊逻辑

1）情形一

以 1 元以下价格支付的订单:销量正常累计;若买家账号绑定有效手机,买卖双方评价正常累计,若买家账号未绑定有效手机,该类订单的卖家端评价至多累计 250 笔,买家端评价正常累计。

2)情形二

符合以下任一情形的订单,销量不累计,评价删除、不累计或不开放:

(1)单件商品的支付价格低于一口价 3 折且支付金额低于 5 元的订单:销量、评价均不累计。

(2)由淘宝技术排查认定为异常订单的:销量不累计、评价删除。

(3)特定类目下以低于指定价格支付的订单:销量不累计,评价入口不开放。

3)情形三

符合以下任一情形的,该商品近 30 天内全部或部分销量删除不累计:

(1)商品中含有低于 1 元 SKU:修改任一 SKU 价格、删除低于 1 元 SKU 或新增 SKU 后,任一 SKU 价格为 5 元及以上,则以 1 元以下价格支付的订单销量全部删除不累计。

(2)商品历史成交记录中含以 1 元以下价格支付的订单,一旦新增 5 元及以上价格支付的订单,则以 1 元以下价格支付的订单销量全部删除不累计。

(3)任何商品调整类目(淘宝官方类目调整或调整至相似类目的情形除外):

①转入或转出特定的一级类目,则该商品近 30 天销量全部删除不累计;

②其余调整一级类目的,则以 1 元以下价格支付的订单销量全部删除不累计;

③从"个性定制设计服务 DIY ＞其他定制"末级类目调整到其余类目或从其余类目调整至"个性定制设计服务 DIY ＞其他定制"末级类目,则该商品近 30 天销量全部删除不累计。

(4)修改商品某 SKU 价格时,修改后的价格若超过近 30 天该 SKU 最低订单支付价格(该价格≥10 元的除外)的 10 倍,该 SKU 对应近 30 天销量全部删除不累计。

上述第一、二项的情形同时发生的,以第二项执行;上述第三项的情形同时发生的,则都执行。

**拓展练习**

某商品近 30 天的某个 SKU 最低订单支付价格为 5 元(除邮费、各种优惠外的实际支付价格),卖家如要调整商品一口价,该 SKU 的最高一口价能否高于 50 元。若高于 50 元? 则该 SKU 近 30 天全部销量会被如何处理?

**(四)争议处理规则**

买家向卖家发起维权或任一方向淘宝投诉的,淘宝将根据相关规则进行处理,淘宝平台其他规则有特别规定的,优先根据特别规定处理。当卖家店铺因自身系统、管理、人力、仓储等原因出现异常大量维权或舆情事件,且卖家不具备及时处理能力的,为保障买卖双方交易安全,淘宝可主动介入处理。部分买卖双方的争议,买家有权选择或淘宝视争议内容交由大众评审进行判断,淘宝将根据大众评审的判断结果对该等争议作出处理。

### 1. 受理期限

买家应在淘宝规定的时限内在线发起维权。对商品或服务产生争议的,买家应当在交易成功后的 15 天内提出维权主张,其中涉及假冒商品或享受"三包"保障的商品产生的保障范围内的争议的,应当在交易成功后的 90 天内提出。买家对其所购买的耐用商品"机动车、计算机、电视机、电冰箱、空调器、洗衣机或者装饰装修服务"主张存在质量问题或系假冒商品的,买家应当在交易成功后的六个月内提出维权申请。

以下几种情形不受受理期限限制:

(1)行政机关认定为假冒或违禁商品;

(2)买家提供司法机关出具的生效法律文书;

(3)买家未在淘宝规定的时限内在线发起维权,但能够提供凭证证实商品存在品质等相关问题;

(4)卖家承诺或双方另行约定售后服务期限。

### 2. 处理规则

买卖双方就交易商品或服务有约定的,优先从约定;未约定或约定不明的,双方可协议补充;无法达成补充协议的,淘宝将按照相关规则进行处理,有特别规定的优先从特别规定。若仍无法确定争议责任归属的,淘宝将按照交易习惯处理或支持退货退款。支持退货退款的,发货运费由卖家承担,退货运费由买家承担。

买卖双方应自行对证据的真实性、关联性、完整性、准确性和及时性负责,淘宝将基于普通人的认知,根据该等证据作出纠纷责任的归属认定及纠纷调处的结论。

卖家将发货商品交付承运人后买家签收前,商品风险由卖家承担。

除特殊规定外,交易做退货退款处理的,或卖家同意退货协议但无确切证据证明卖家有责的,买家将退货商品交付承运人后,商品的破损风险由卖家承担;商品的损毁、灭失风险由买家承担,买家有权向承运人求偿。

卖家在同意退货协议时附有合理条件的,买家退货应符合该条件。

买家将退货商品交付承运人后,若商品损毁或灭失时已过期,风险仍由卖家承担。

卖家表述的对买家有重大利害关系的格式条款内容应显著,且不得低于淘宝平台规则要求,同时不存在免除卖家自身应承担的责任、加重买家责任、排除买家主要权利等内容,否则该条款无效。

卖家就特定的违约行为向买家承诺赔付违约金的,当卖家发生该违约行为,应向买家赔付。若该违约行为的违约金数额与淘宝平台规则规定的数额不一致,则采取就高原则。

卖家交付买家的商品存在大量严重劣质、大量货不对板情形的,经淘宝综合判断,有理由认为卖家无履行合同之意图的,视为卖家拒绝履约,交易支持退款。

买家退货前若商品性质已不适宜退货,则作退款处理。

在争议处理规则中还有发货规范、签收规范,退货、换货规范,运费规范,质量问题、假冒商品情形举证责任分配及争议处理,描述不当、表面不一致情形举证责任分配及争议处置,撤销和中止等相关内容。

淘宝网的基本规则在规则中心(rule. taobao. com)里面都有详细的说明,更多的规则需要大家在操作中不断的学习,这样才能保证自己在平台上如鱼得水,买卖行为不会受到处罚。

**想一想**

如果买家下单后又要求变更收件地址,收件人和联系方式不变,卖家同意后但未予成功变更,商品被收件人签收了,交易成功前,买家是否可选择退货退款?如果买家没有收到货,但又点击了"确认收货",还可以不可以退货?

## 三、注册淘宝网店

### (一)开店步骤

#### 1. 开放个人店铺

新手卖家快速开设个人店铺步骤如下:

注册淘宝账户 ➡ 店铺取名(后期可改) ➡ 支付宝账户绑定 ➡ 支付宝实名认证 ➡ 淘宝开店认证 ➡ 创建店铺

图 2.1.7 淘宝网个人店铺开设步骤

#### 2. 开设企业店铺

途径 A:新开企业店铺

店铺取名(后期可改) ➡ 支付宝企业认证 ➡ 店铺负责人认证 ➡ 创建店铺

图 2.1.8 淘宝网新开企业店铺步骤

开设企业店铺,需要准备好营业执照、社会信用代码(注册号)、法人、店铺负责人的身份证件和手机号。

途径 B:店铺升级

店铺升级是指在不影响经营的情况下,将店铺的经营主体由个人变更为企业,同时保留店铺的经营数据(如淘宝旺旺名、信用等级、交易数据等)。

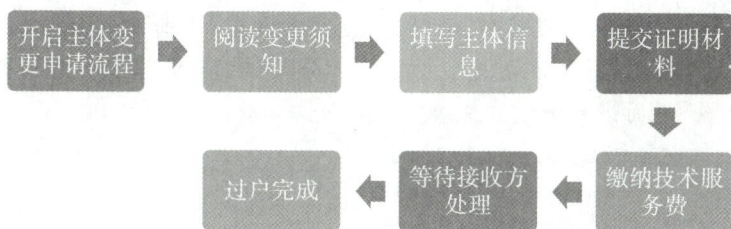

**图 2.1.9　淘宝网个人店铺升级企业店铺步骤**

## 小知识

1. 淘宝卖家会员名(掌柜名)与店铺名要有关联

淘宝卖家会员名也即掌柜名,淘宝掌柜名一旦注册就无法修改了,作为买家,淘宝会员名可以个性化,但作为卖家,在注册前必要好好琢磨,尽量与店铺名有关联性。

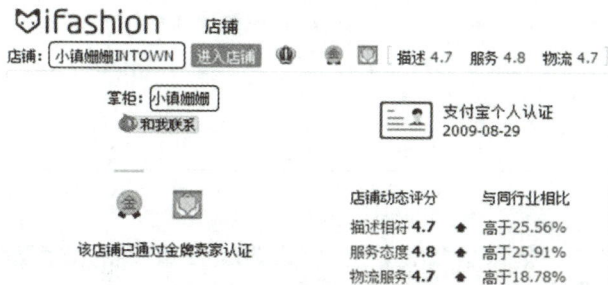

**图 2.1.10　淘宝掌柜名与店铺名的关联性**

2. 提高认证通过率

(1)手持身份证照片内的证件文字信息必须完整清晰,否则认证将不会通过。

提示:拍照时将相机(或手机)对焦在证件上(在手机屏幕上对着画面中的身份证按一下)使证件文字清晰,也必将使您的认证比别人更早通过哦!!

**图 2.1.11　手持身份证拍照正确姿势**

(2)身份证有效期根据身份证背面(国徽面)准确填写,否则认证将肯定不通过。(身份证背面有效期不是长期的用户不要选择"长期",否则审核不通过)

(3)如需上传身份证背面照,确保证件文字清晰,且身份证有效期在 1 个月以上。

### (二)店铺基本信息设置/修改

进入"卖家中心"—"店铺管理"—"店铺基本设置"进行编辑店铺基本信息,完善店铺信息。店铺基本信息包括店铺名、店铺标志、经营地址、工商注册信息等。

　　手机淘宝店铺只需填写客服电话即可。手机淘宝店铺基本信息可以在"店铺装修"—"基础设置"里面进行更改和完善。

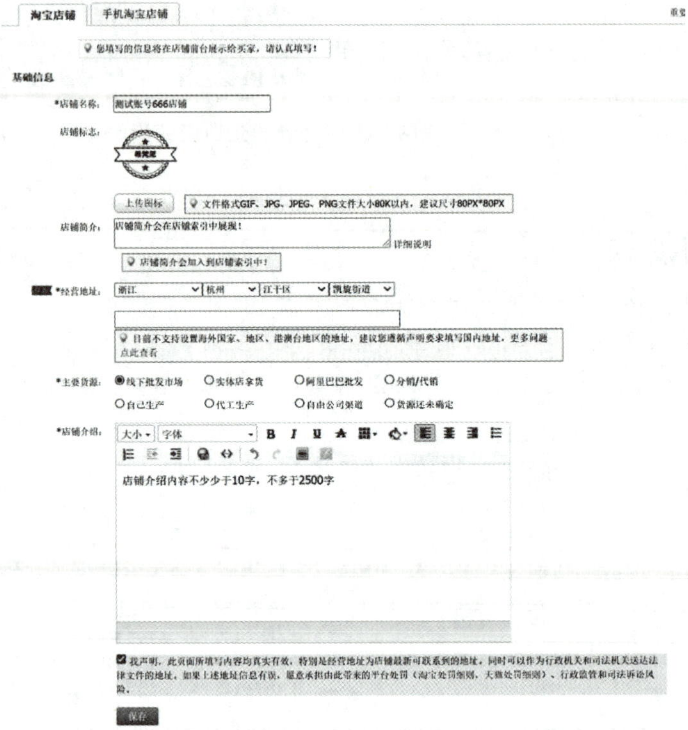

图 2.1.12　淘宝店铺基本信息设置页面

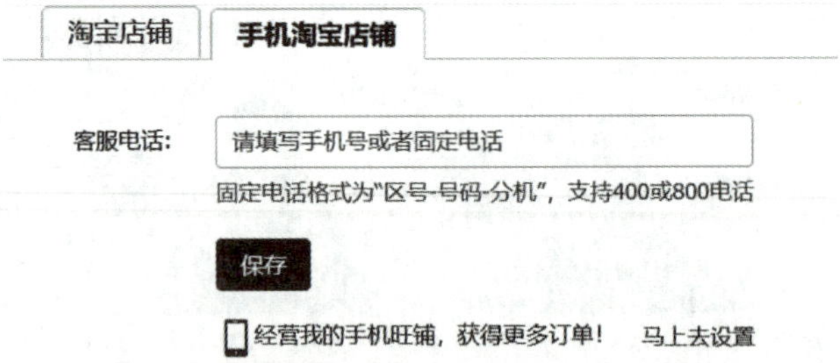

图 2.1.13　手机淘宝店铺基本信息设置页面

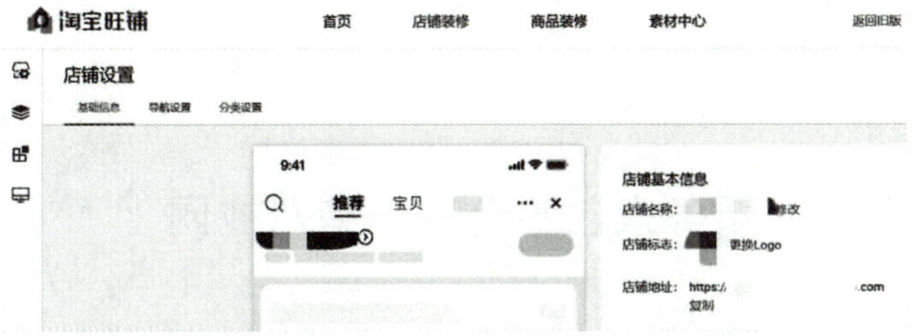

**图 2.1.14 手机淘宝店铺基础设置页面**

设置店铺基本信息时一定要注意页面打星号的需要都填写完整,特别注意经营地址需要详细完整。本任务只介绍注册流程,具体填写注意事项和技巧将在后面项目介绍。

## 任务实施

小军根据淘宝规则的要求,首先准备淘宝店铺开设的相关材料:

(1)准备好营业执照、社会信用代码(注册号)、法人、店铺负责人的身份证件和手机号

(2)拟定店铺名称并报请上级批准。

(3)登录淘宝网站进行企业实名信息填写。

(4)企业实名认证,法定代表人支付宝账密认证、法人扫脸认证、对公银行账户打款认证,可以任意选择其中一种认证即可。

(5)阿里实人认证。

(6)填写店铺基本信息。

接着,小伟登录天猫商城,查看天猫入驻指南、入驻要求和资费标准。并将所收集的资料整理成文档报上级主管批准。

| 店铺类型 | 旗舰店 | 专卖店 | 专营店 | 卖场型旗舰店 |
|---|---|---|---|---|
| 商品类目 | | | | |
| 入驻资质清单 | | | | |
| 资费标准 | 保证金 | 软件服务年费 | 软件服务费 | |

## 知识拓展

# 服务众包平台——猪八戒网

**发展历程**

猪八戒网成立于2006年,是中国领先的企业服务平台,服务交易独角兽企业。猪八戒网现有注册用户2800万,在全国布局线下数字化创业园区超过100个。猪八戒网的服务交易品类涵盖工商服务、金融服务、科技服务、创意设计、网站建设、网络营销、文案策划、生活服务等多种行业。猪八戒网有千万服务商为企业、公共机构和个人提供定制化的解决方案,将创意、智慧、技能转化为商业价值和社会价值。

2020年8月,猪八戒网以100亿元人民币市值位列《苏州高新区·2020胡润全球独角兽榜》第256位。

**交易模式**

1.比稿模式

比稿模式是猪八戒平台一种一对多的交易模式,包括"多人交稿,单人中标"模式,简称单人比稿;"多人交稿,多人中标"模式,简称多人比稿(适用于八戒大赛);"多人交稿、合格付款"模式,简称多人计件。

单人比稿或多人比稿是指雇主发布一个需求并托管全额赏金,面向平台上所有知识工作者征集作品,有意参与的知识工作者根据雇主需求描述制作并上传作品初稿后,雇主选择其中一个或多个初稿中标并联系该知识工作者在初稿的基础上进一步修改完善作品,在知识工作者将得到雇主认可的作品源文件上传至订单文件柜,雇主再付款的一种交易模式。多人计件是指雇主发布一个需求并托管全额赏金,面向平台上所有知识工作者征集作品,有意参与的知识工作者根据雇主需求描述制作并上传作品稿件后,雇主选择多个稿件为合格作品并付款。猪八戒网收取赏金的2%～20%作为技术服务费。

2.一对一·先报价模式

买家在发布需求时未托管赏金至猪八戒网,根据服务商报价选择一位服务商完成工作的交易模式。

3.一对一·服务模式

买卖双方直接通过猪八戒网的托管服务进行交易的交易模式。

4.一对一·先抢标模式

买家发布需求时,先将诚意金托管到猪八戒网,再由众多服务商进行抢标(服务商抢标也需要托管诚意金),最终买家确认一位服务商来完成需求的交易模式。

**入驻条件**

开发者入驻工具市场,需要同时满足如下条件:

1. 具备猪八戒网知识工作者账户,且完成实名认证;

2. 已缴纳猪八戒网诚信保证金;

3. 通过开放平台开发者资质审核;

4. 工具市场认为需要符合的其他条件。

**开店流程**

开店的流程主要分四步:完善资料—入驻类目—实名认证—发布服务。需要注意的是:

1. 服务商只能出售入驻类目下的服务。

2. 雇主只能在入驻类目列表下找到你。

3. 入驻类目或修改后,三个月后才能再次修改,要谨慎选择。

4. 服务商只能参与已入驻类目对应的招标任务投标,不同类目会有不同的投标金额限制,八戒通服务商没有限制。

5. 选择自己要入驻的一级类目,每个人可以入驻一个一级,两个二级,三级类目不限。如果觉得还有其他的技能可以施展,可以选择多开一个店铺的。

6. 服务商注册开店(完成实名认证)后,至少发布 1 个服务,才能完成店铺注册过程。

（资料来源:根据猪八戒网、百度百科网站材料整理）

**案例精选**

# 拼多多:农产品电商新范例

2021 年 5 月 26 日,拼多多发布 2021 年第一季度财报。截至 2021 年 3 月 31 日,拼多多年度活跃买家数达到 8.238 亿,较上一年同期净增 1.957 亿,继 2020 年首度超过阿里巴巴之后,连续第二个季度位居中国第一,拼多多超越中国超级电子商务巨头仅用了 6 年时间。

一家成立于 2015 年的公司如何在短时间内取得如此巨大的增长?

登顶全国第一背后,是拼多多百亿补贴的持续发力。2021 年 5 月 22 日,拼多多开启百亿补贴两周年大促,两大内容值得关注。

一是全面提高百亿补贴商家进驻门槛和服务标准。拼多多百亿补贴开设了全新的"官方合作旗舰店"入口,新入驻的品牌官方旗舰店同比去年增长超 10 倍以上。

大牌正品商品快速扩容,体现了商家对拼多多的信任。为了带给消费者更好的消费体验,拼多多对百亿补贴商家的供应链和服务能力提出要求:发货速度更快、配送能力更强、品控标准更严、售后服务更好。

比如,绝大部分订单是24小时内发货,手机下单后当天发货,顺丰包邮;大家电一律送货入户;退货时可一键免费让快递员上门取件;信用良好用户可一键退款并立即到账。

二是资源持续向生鲜农货倾斜,对农产品和生鲜继续零佣金。拼多多的立身之本就是农业,拼多多目前是全球最大的农产品零售平台。

数据显示,农业在中国是数字化程度最低的行业之一,当下的互联网普及率仍在7%左右,这无疑蕴藏着巨大的市场潜力。拼多多通过"最后一公里"等物流模式,大幅缩减了农产品的流通成本。此外,拼多多独创的"拼单"的商业模式也为农民提供了大量稳定的订单。

零佣金政策,既是让利消费者和商户,也体现了拼多多长期深耕农业、回馈农业的战略定力。除了零佣金,拼多多还为生鲜农产品在百亿补贴和618这种顶流板块和位置设立专区,不断提升生鲜农产品的交易规模和线上标准水平,推动形成超大规模的农产品供需匹配,高效精准。

资源倾斜生鲜农产品,一定程度上牺牲了部分数码服装等热门产品的位置,但这样的牺牲是值得的。最近,基于农产品上行的需求,拼多多又推出了多多买菜这一新服务。因新冠疫情而兴起的多多买菜,是一种提供本地生鲜产品的虚拟超市,目前已经在超过300个中国城市中上线。

截至目前,拼多多直接带动全国超过10万新农人返乡就业,未来5年将继续再培养10万新农人。拼多多惠农、富农,从农业产业链源头保证农业的可持续发展。

拼多多在农业上的发力,对于构建现代乡村产业体系,改善和扩大现代农业基础设施和农村消费,全面推进乡村振兴有积极作用。

(资料来源:根据财联社、新浪财经报道整理)

思想对话:

学习以上拓展材料,大家想一想:

1.非实体产品如何开展网络销售?

2.自己身边是否有当地特色的农产品或文创产品?

3.如何在网店经营中体现"工匠精神"?

## 💡项目小结

本项目共有两个任务。在任务一中,学习了从业心态与工作状态的内涵,端正了学习态度,改变了就业观念,并通过了解网店岗位设置树立了团队协作配合开店的理念。创业者网上开设店铺需要有决心、忍耐、勤奋、刚柔、包容和创新等基本素养,培养良好的独立思考和学习能力、市场判断能力和价格分析能力、网络推广能力、市场观察力和社交能力,这样才能在激烈竞争的网络零售市场站稳脚跟,攻城拔寨。另外,还需要具备一定的物质条件和下载网店开设和管理的相关软件工具,这为后面的网店建设提供基础。

在任务二中,我们熟悉了更多类型和具体的网络零售平台,知道了中国 B2C 网络零售交易市场竞争情况。特别是在综合电商格局已定的背景下,各企业开始将视线瞄准跨境、生鲜、农村等垂直领域,这些领域的发展也基本形成了完整的产业链。中小企业或者具备相关资源的个人可以在这些垂直领域的蓝海中参与竞争。

更多的中小企业或个人会选择在 C2C 平台上开店,那么淘宝网就是首选。我们了解了淘宝网的店铺注册规则、商品发布管理规则、信用评价规则以及投诉规则,为店铺开设和运营做好法律准备。同时,感官敏锐的店主应该要紧跟淘宝政策走,不违反规则,并能够利用好规则保护自己,灵活应对。利用前面的各项准备工作,我们注册了淘宝店铺账号,正式开启了网店开设与运营的航程。

## 项目练习

**一、选择题**

1. 在淘宝开店以后,什么情况下会被查封账户?(　　)

A. 只要违规了,就会被查封账户

B. 只有当该账户的严重违规行为扣分累积到四十八分,才会被查封账户

C. 只要被买家投诉,就会被查封账户

D. 只要发生了严重违规行为,才会被查封账户

2. 淘宝规则的适用者是(　　).

A. 买方　　　　　　　　　　　B. 所有用户

C. 淘宝网　　　　　　　　　　D. 卖方

3. 在淘宝网上哪里无法查看到淘宝规则的信息?(　　)

A. 淘宝官方规则频道 rule. taobao. com

B. 淘宝商品搜索页面

C. 淘宝帮助中心规则类目

D. 淘宝首页规则专栏

4. 泄露以下哪些个人信息会被处罚?(　　)

A. 收货地址　　　　　　　　　B. 联系电话

C. 联系人姓名　　　　　　　　D. 以上所有

5. 支付宝最近一次登录情况可以在(　　)菜单项中查看。

A. 生活助手　　　　　　　　　B. 交易管理

C. 安全中心　　　　　　　　　D. 我的支付宝

6. 买家在您店铺里拍下商品并且付款了,在您发货前买家又想申请退款,请问买家

什么时候开始可以申请退款? ( )

    A. 买家付款后三天内卖家还没点击发货的,买家可以申请退款

    B. 买家不能申请退款,只有卖家去点了发货之后买家才能申请退款

    C. 买家拍下以后就可以申请退款

    D. 买家付款以后就可以申请退款

7. 下列哪一项不是淘宝卖家必须做到的? ( )

    A. 出售的商品,在合理期间内不存在影响正常使用的质量问题

    B. 宝贝页面的描述,应该与商品的实际情况相符

    C. 遵守淘宝规则,遵守对买家的服务承诺

    D. 每天都要重新发布商品

8. 制订淘宝规则的目的是( )。

    A. 保护弱势群体                B. 构建和谐社会

    C. 促进开放、透明、分享、责任的新商业文明,保障淘宝网用户合法权益,维护淘宝
       网正常经营秩序

    D. 维护社会正义

9. 关于淘宝规则的变更,以下说法正确的是( )。

    A. 从来不会变更             B. 两天一变

    C. 淘宝会不定期调整、优化和修改    D. 每天变一次

10. 淘宝卖家的基本义务是( )。

    A. 24 小时发货义务           B. 无条件退换货义务

    C. 包邮义务                     D. 商品如实描述义务

## 二、判断题

1. 天猫商城收取服务费用的公式是(交易额 - 成本)×扣点。 ( )

2. 天猫商城要求商家必须在店铺中公示其物流配送说明和服务条款说明。 ( )

3. 阿里旺旺群的人数上限是 200 人。 ( )

4. 淘宝助理可以批量下载和编辑商品。 ( )

5. 未经淘宝许可店招、店名、店铺公告及"个人介绍"页面禁止使用含"淘宝网特许""淘宝授权""中华人民共和国"这些字词。 ( )

6. 一个实名身份证只能注册一家淘宝网店。 ( )

7. 目前国内的 B2C 网站大体分为:综合类 B2C 网站、垂直行业 B2C 网站。 ( )

8. 淘宝规则的只适用于卖家。 ( )

9. 买家给卖家中评或差评后,卖家只能联系淘宝客服修改或删除评价。 ( )

10. 实名认证后必须发布至少一件商品才可以申请免费开店。 ( )

## 三、实训题

注册成为淘宝网、猪八戒网平台用户。

# 项目二　创建营销导向的个人网店

## 任务导读

| 任务一　做好选品分析及网店定位 | 任务二　初装个人网店 |
| --- | --- |
| 选择店铺主营商品 | 设计店铺名称与店标 |
| 明确网店定位 | 选择首页模板与模块 |
| 规避网店经营风险 | 设计店招 |
| | 添加宝贝分类 |
| | 手淘店铺设置与装修 |

## 学习目标

**知识要点：**

1. 了解淘宝平台关于商品发布的规则。

2. 掌握查找淘宝网热销品类和人群特征的方法。

3. 掌握网店定位的方法和切入点。

4. 了解网店经营中存在的风险。

5. 掌握淘宝店铺的基础设置。

6. 掌握店铺模板选择、店招设计和宝贝分类的方法。

7. 掌握手淘店铺的页面设置、导航设置、容器、通用设置等模块的操作方法。

**技能培养：**

1. 能够利用相关数据分析适合个人网店经营的商品。

2. 学会对网店进行定位。

3. 能够对网店进行初步装修。

## 任务一　做好选品分析及网店定位

### 任务导入

　　小林就读高职电子商务专业,这学期开学不久老师便要求全班同学要把网店开起来,听说开网店门槛并不高,但是要卖什么东西好呢? 这个问题开始困扰着小林。

小林的姐姐说:"网上衣服和化妆品很好卖,利润也高";妈妈说:"我听隔壁那对年轻夫妇说,他们经常在网上买孩子的东西,现在的小孩都是父母的心肝宝贝,我觉得卖母婴用品或童装也是个不错的选择"。

**问题与思考:**

(1)小林的家人朋友们说的有道理吗? 如果是你,你会怎么向小林推荐呢?

(2)如果你是小林,接下来要怎样做呢?

### 任务解析

"互联网+"的春风推动"双创"活动不断创造新的奇迹,很多大学生选择开网店创业。但是当创立店铺之后,却发现钱不是那么好赚的。各种疑惑也就随之而来:我该卖什么呢? 我该卖给谁呢? 怎么无人问津呢? 怎么才能赚到钱呢? 创业开网店,选择经营销售的商品是关键。卖什么商品并不是看到网上什么东西卖的火就做什么,在开网店前需要做好详细的市场调查才行。

### 知识探究

## 一、选择店铺主营商品

选择经营什么样的商品,这需要通过市场调研才能决定。一个好的市场调研,是个人网店成功的开始。店铺创建前的市场调研,一是调查平台商品出售规则,二是分析备选市场规模大小及趋势,三是考虑自身的经济、喜好、资源等因素条件。

### (一)查看平台规则

#### 1. 可以出售的商品类目

首先了解一下淘宝平台可以出售的商品类目。在淘宝网首页的右上角点击"商品分类"进入"主题商场",可以看到淘宝网目前共设 17 个大类、189 个二级类目,卖家可以根据自身情况,选择要出售商品的类目进行发布。

#### 2. 准入类目

准入类目是淘宝网为了保障买家和卖家的合法权益,须经淘宝网备案和审查、供符合特定条件的淘宝网卖家发布的商品类目。

准入类目包括但不限于:

(1)成人避孕用品计生用品类目。

(2)书籍杂志报纸类目。

（3）音乐影视明星音像类目。

（4）酒类制品类目。

（5）彩票类目。

（6）公益类目。

（7）手机号码/套餐/增值业务。

（8）移动/联通/电信充值中心类目。

（9）网店网络服务软件下的二级类目：充值平台软件/加款卡。

### 3. 禁售类目

国家相关法律法规是每个公民都应该遵守的。在发布商品及信息前，要确保所发布的商品或信息应该符合法律法规的规定。淘宝网作为电子商务平台，基于商品本身可能存在的危害或带来的社会风险等因素，也有一些特殊管理要求。

在淘宝网发布商品或信息前，仔细阅读服务中心中关于淘宝网禁售商品及信息的相关内容，不要把违规的商品或信息发布在任何区块，包括商品页面（如商品标题、商品描述、商品图片等）、店铺装修页面（如店铺名、店铺分类、店铺介绍、店铺公告、店铺留言等），以及社区和论坛等。如果发布了这些商品或信息，淘宝网会通过提示、替换、拦截等方式阻止发布。此外，淘宝网还将对发布的商品及信息进行单个商品监管、单个商品搜索屏蔽、下架、删除等操作。卖家账户还将被扣分、限权或冻结。

### 拓展练习

了解淘宝网某一准入类目的加入条件。

表 2.2.1 类目准入要求及退出规则

| | 准入要求 | 退出 | 再准入 |
|---|---|---|---|
| 申请条件 | | | |
| 平台资质报备 | | | |
| 指标要求 | | | |

### （二）分析市场需求趋势

了解行业行情趋势，判断该行业是否为热门行业、是否有发展潜力的行业、是否人气旺的行业。通过市场需求分析，决定店铺是选择非热门行业来发展自己的特色，还是选择热门行业迎合主流大众趋势。

#### 1. 在阿里研究院查看有关数据和调研报告，分析网购市场发展趋势

阿里研究院（www.aliresearch.com）依托阿里巴巴集团海量数据、深耕小企业前沿案例、集结全球商业智慧，以开放、合作、共建、共创的方式打造具影响力的新商业知识平台。提供的数据中心包括网购价格、aSPI-core、aSPI、aEDI、aCCI、aBAI 系列指数及数

据地图。

**拓展练习**

请进入阿里研究院了解 aSPI－core、aSPI、aEDI、aCCI、aBAI 各指数的具体含义及其作用。

**2. 利用生意参谋的市场洞察功能选择商品类目及关键词**

市场洞察是一款为中高端商家打造的市场分析数据产品,可满足市场大盘全景洞察、市场机会深度解析、市场客群多维透视、竞对实时监控分析 4 大核心场景的分析诉求;帮助店铺清晰了解市场结构,深度挖掘潜客需求,为市场扩展提供支持决策。目前标准版 99 元/月(一年起订)。

**(三)挖掘自身条件**

淘宝卖家客观的根据自身的经济、喜好、资源等因素选择店铺的主营商品。经济基础决定店铺的经营程度,自身的喜好取决于自己感兴趣的领域,资源获取能力决定店铺的成本和持续性。

**1. 开店成本**

淘宝网开店并不是零成本的,如果没有良好的财务成本控制能力,有时可能比实体店的开店成本更高。

首先是固定成本,包括消费者保障服务,大多数类目是 1000 元(1000～50000 元);各种小工具,如超级店长、促销宝等,根据实际需要,每个月至少要支付 50 元用于小工具订购。如果不懂得装修的话,还需要花钱到装修市场选择一款合适模板;拍照需要的数码相机,摄影棚;随着店铺经营的持续,产品图片越来越多,那么旺铺默认的 1G 相册则不够用,需要升级到 5G 或更高,5G 的相册目前是 22.5 元/年。

其次是变动成本,包括产品成本、包装成本、物流成本、人工成本、广告成本、库存成本等等。

这还没有包括一些特殊商品用到的特殊设备,如食品用到的封口机等。也就是说,无论做什么产品,服装、鞋、饰品或者电器等,新店开张 2 个月内,至少要盈利 1 万元,才可以达到收支持平。

目前淘宝网的从业环境,要求经营者必须具有一定的经济实力。初创者需要仔细评估个人的财务能力,选择合适的商品经营。比如选择资金占用小、库存周期短、无淡旺季的商品等。

**2. 个人兴趣**

首先网上开店需要对做生意有兴趣,没有兴趣很难坚持下去。其次要经营自己感兴趣、喜欢、擅长的商品,这样才能真正了解商品,挖掘商品特色,才能用心去经营。通过以下问题可辅助分析你喜欢或熟悉的商品是否适合经营：

(1)你喜欢或熟悉的商品有哪些？

(2)这些商品归属于淘宝哪类商品类别？

(3)这些商品适用于什么人群？

(4)这些商品可以从哪里进货？

(5)这些商品有什么优缺点？（可从商品卖点、是否有季节性、采用材料等各方面分析）

(6)这些商品的竞品和替代品是什么？

### 3.资源获取能力

资源获取能力涉及开店所需的资金、知识、场地、人员、货源、时间等方方面面。

(1)商品货源是否稳定。商品货源是开网店的基本条件,货源的主要因素有缺货、供货不及时、货物质量参差不齐、售后服务是否完好等,这些因素对网店的经营有着至关重要的作用。确认这些信息需要进一步对供货商家进行分析考察。

(2)商品货源是否有特色。新开店的卖家,要想快速获得好的销售业绩,往往需要另辟捷径,找到具有独特性的产品。

(3)所在地联系物流是否方便。物流是网店经营中非常重要的一个环节,如果卖家自己进货并在网店中销售,那么快递的方便与否就是必须要考虑的因素。需要考虑的物流因素有:快递是否可以到达、快递费用是否合适等。

(4)商品是否有销售优势。选择商品时,除了考虑商品是否适合网店销售外,还应该分析与同类卖家相比是否能够占有优势。商品的优势主要体现在品牌、价格以及售后服务三个方面。

(5)在线时间是否充足。与买家交流,进货、发货都需要时间,尤其是网店生意好起来之后,更需要有足够的时间寻找货源、进货、打包商品以及联系快递公司发货等,足够的可支配时间是开网店必须考虑的。

## 二、明确网店定位

### （一）网店定位的含义及作用

网店定位的本质目的是在消费者心智当中占据一席之地,这个一席之地最好是第一(甚至是唯一)的,也就是说要与竞争对手做区隔。所以,定位主要就是去寻找相对的竞争优势,在某一个点上,或者某一个领域上,能够表现的跟别人不一样。

定位准确后带来的直接好处有以下几方面。

### 1.精准免费流量。

定位清晰能让淘宝系统识别店铺,便于打标签,从而自动倾向导入标签内包含的人群。比如将店铺定位于 30 岁以上的高端女装,店铺无论是所有商品,装修,参与的活动,商品价格等都是符合定位的话,淘宝系统就会开始给店铺打标签如"30 ~ 40 岁,高端,女性,爱时尚等"。慢慢的经营者会发现自然搜索来店的客户变多且更精准了,自己没做太多优化的事情,但转化率明显提升。

### 2. 提升利润空间

定位清晰就可以知道定价区间,活动价格能提前把握底线。

有的店铺新开张以后为了能快速引流,会选用低价引流卡位的方法。这种方法或许短时间内确实冲钻成功,但后期会疲软,利润也会不理想。比如做高端女装的卖家,商品定价都在 500 元以上,但为了参加活动,拿出一款成本低的商品去冲量,开展 59 元包邮、天天特价、淘抢购等促销活动。爆款是打造成功了,但引来的买家都是喜欢客单价在 100 以下的,怎么能提高其他的商品的转化呢?同时,如果店铺里有一件 59 元的,其他都是 500 元以上的,只会让后来搜索进店的认为是不是在虚标价格,从而减小了信任度。

### 3. 增加客户好评率

定位清晰后引来的倾向客户是偏精准的客户,购买后更容易给予好评。

很多买家给予差评并不一定真的是产品不好,而是没卖给对的客户。比如卖家经营的衣服是修身款,也有做加大码,所以在发布商品的标题里放了"大码女装"的关键词,希望增加稍胖一点女性客源群体。但是结果是,通过标题优化吸引进来的稍胖女性在看了模特、看了款式后,发现跟自己一点不搭,就会关闭网页而去,直接结果就是提高了网页跳失率。就算稍胖女性被客服说动了,购买了,回去试穿之后,很难看,结果只能是增加退货退款率甚至是差评。

## (二)网店定位方法

根据市场营销学中的 4P、4C、4R、4S 等基础理论,结合网络零售实际情况,淘宝店铺定位可以从下面几个方面入手。

### 1. 目标客户定位

网店刚开初期,首先要解决的就是卖什么和卖给谁的问题。商品决定了消费的顾客群,而顾客群体特征也决定了卖什么商品。目标客户群的定位可以细分为多个维度,比如年龄、性别、文化水平、消费能力以及生活环境与审美喜好等。

### 2. 店铺类型定位

一个店铺只能有一个定位,不能风格多变,不能奢求所有人都喜欢。如果什么都想获得,最终只会表现平平。为了获得一部分客户,就必须要果断的放弃另一部分客户。

店铺类型一般有两种选择,一种单纯卖货,一种做独特的店铺调性。这两种类型对于中小卖家,并没有好坏之分,依据个人的资源和能力,做自己适合做的。

### 3. 产品定位

选择什么样的产品,要根据目标消费群体来看的。产品要迎合他们的喜好。并且要尽量单一。

店铺中 80% 的产品注定都是配角,要分清楚哪些产品是精英,哪些是炮灰。对于炮灰产品,打折、引流、赠品等活动能用就用,甚至被降权都要用。而主打产品不能轻易降价,要保留好的口碑、详尽的描述,所有产品都要尽可能向它们引流。

### 4. 价格定位

当店铺客户群定位非常明确的时候,要考虑价格范围。如果店铺针对的是女性,完全可以把毛利率再提高 5%,这是这个群体的特性,冲动式消费是女性的标签。而男装则要定价更为合理,才更易促成成交。

注意,不是所有产品都要赚钱,必须要牺牲一部分产品,来换回主打产品的上位。

### 5. 产品描述定位

产品描述要使用聚光灯的模式,聚焦产品的最独特卖点。描述时需要建立在目标客户群特征基础上选择呈现方式,不能将定位于超高性价比的大众款采用棚拍产品来展现产品。

### （三）网店定位切入点

#### 1. 从竞争对手的弱点切入

经营者首先要敲定店铺最直接的竞争对手是谁,找到销量最好的、价位最接近的、风格一样的。找到后,打开宝贝详情页,看商品的累计评价详情,主要是负面评论(不一定给的是差评),弱点一般都会在负面评价详情中体现出来。比如如果发现大部分的负面评论中都说这个宝贝的面料不舒服,有问题,那么在自己店铺宝贝的详情页当中就可以重点突出宝贝的面料好(前提是宝贝的面料真的好)。

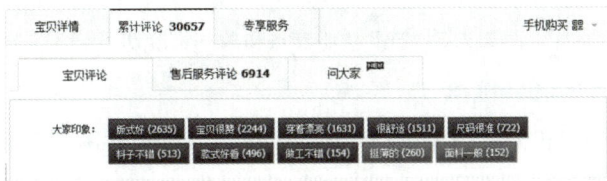

**图 2.2.1　某款连衣裙商品累计评价**

### 小知识

如果一个很在意商品面料的消费者首先看了你竞争对手的店铺,发现他的宝贝面料评价不好,而选择在你家购买。消费者收到商品后非常满意,给了你一个好评,并且在好评中强调:这家衣服料子真好。这对你店铺宝贝的搜索加权帮助是非常大的。

#### 2. 从消费者关注的焦点切入

消费者关注什么,就去切入什么。那么从哪里知道消费者购买一个商品时,关注的焦点呢？思路跟上面一样,还是看消费者的累计评价详情。

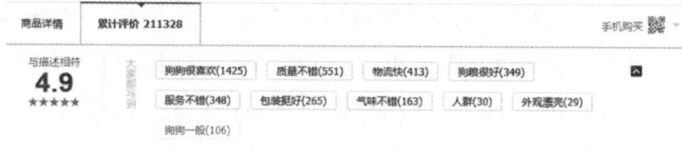

**图 2.2.2　某款狗粮商品累计评价**

比如商品的累计评价详情中"大家都写到"的第一个是"狗狗很喜欢",而且评论数最多,这说明,消费者在买狗粮的时候,最关注的就是狗狗是不是喜欢吃。至于狗粮健康与否、营养是否丰富、便宜不便宜,这些跟狗狗是否喜欢吃相比,要靠后。所以,可以把这个焦点作为商品描述切入点。

### 3. 从产品本身的核心卖点去切入

有时候,产品本身会有很多的维度可以提炼卖点,进而形成相对竞争优势。如产品的颜色、大小、形状、包装、味道等。

比如枸杞,大家卖枸杞的时候,都是大包装的,500g 甚至 1000g 装。所以当第一个人把枸杞做成小包装的时候(跟茶叶那样),每个小包装里面可以泡一次水,这就成为了差异化卖点。

**图 2.2.3　产品核心卖点和单一维度切入**

### 4. 创造一个产品的独特概念

要注意,在淘宝上,没有永久的绝对竞争优势,一个有市场的新概念、新玩法,很快会被人复制。独特概念的创造需要有比较好的思维能力,有比较好的创新能力,这个不太容易创造出来。

### 5. 切入单一属性(维度)

这是非常容易的一种方法,适合几乎所有的中小卖家,但前提是:不会做的非常大,因为市场规模所限。这种方法就是只选择一个很小的细分市场,只服务于某一类细分的人群,然后用心的去研究这一类人群的个性化特点,全方位的去满足他们。最典型的例子就是专做大码女装的店铺。这种店铺的顾客粘性、老客户回购率、满意度都是非常高的。

## 小知识

# 淘宝网店十大生存模式

### 外贸尾单模式

通过生意参谋搜索"外贸尾单""尾单""尾货"等关键词可以发现，关键词搜索人气、点击率等都很高，这说明搜索和购买此类商品的消费者很多，市场空间很大。那么，卖家只要在发布相关商品的时候，把"外贸尾单""外贸尾货""原单""外贸原单""元单"等关键词加入商品标题，就会得到较好的搜索排名。中小卖家寻找相关货源也很多，山东、江苏、浙江、福建、广州很多地方都有外贸加工的尾货。

### 低价爆款模式

资深淘宝卖家可能都有这样的一个感受，虽然淘宝年年变，好像爆款都没怎么变，很多款式从做淘宝的第一天就是爆款，可能5~6年下来看到的爆款还是那个款，顶多有点小的细节改动。如女装小脚裤，很多店铺就只做这一款产品，微调成很多个款式。作为小卖家，先定一个小目标，找到一个实力强劲的货源靠山，先跟着他们跑货，再谈后续发展。

### 明星同款模式

不靠直通车、不靠钻展、不参加任何官方活动，纯靠"×××同款"等这些流量词和深度的会员关系管理＋定期的有节奏的上新＋适当的基础数据打造，就会实现想要的结果。

这种模式的卖家是用固定的买手盯着某些热度明星，盯上的款，第二天新版就能出来，速度很快。

### 仿大牌模式

经过多年的发展，淘宝的买家群体里已经形成了一些喜欢"高逼格"的人群，这群人很懂淘宝也很懂货，她们逛淘宝更多的不是从搜索入口进，而是从收藏夹进店。只要尝试购买过一次商品，觉得质量很好，一定会多次消费，而且价格不是问题。

每个类目都有世界级的大品牌，而且每个大牌都有强势品类，只要仿得到位，她们还是愿意掏腰包的。这种模式需要注意产权问题。

### 高价爆款模式

淘宝上不仅有低价爆款，还有高价爆款。高的溢价需要的是硬实力，是生产制造的实力，是供应链管理的实力。高端价位一定是有高端品质做背后支撑的。

### 粉丝经济模式

粉丝模式无疑是当下最火的营销模式，也创造了不少"淘宝神店"。但大部分人都在关注达人、网红，而忽略了粉丝模式的核心精髓——即"贩卖生活方式"。"粉丝模式就像是宗教模式，核心是宗教理念——即生活方式，教徒都有罪，从某种意义上来说，购买商品就是一种赎罪的方式。"雕爷牛腩如是说。神店分为3种类型：产品粉丝模式（如戎美）、文案粉丝模式（如绽放）、达人粉丝模式（如张大奕）。不光是大卖家可以做到神店，中小卖家只要把自己店铺的页面文案写的很走心，也可以实现粉丝经济模式。

### 强供应链模式

很多店铺一上来就铺天盖地的上很多个品类的产品，这种经营模式想要成功很不切实际。强供应链模式指的是要学会取舍，专做自己擅长的品类，如果这个品类太大，可以再小一点，再小一点，小到有机会坐上品类 TOP 的宝座。比如，戎米旗舰店，1年的时间突然崛起的巨头，只做针织衫。它的操作很简单，只做针织衫，靠着档口，只要出新款第一时间拍图上新，每天上新，平价销售。

### 快时尚模式

对于小卖家来说，快时尚模式不是触不可及，所有快时尚模式都是从 T 台模式演变过来的，就是服装发布会的款和各种演艺圈的颁奖晚会的明星同款。这种模式和明星同款模式还有区别，明星同款主要是追踪几个比较火的明星，这种模式是追踪时装发布会和颁奖晚会。

操作这种模式也很简单，不靠直通车、不靠钻展、不靠任何官方活动，平时就是保持上新，做好动销，模特图都不用拍直接放原图即可，做大了还可以做高端定制模式。

### 调性店铺模式

往往大部分设计师由于设计的独特性和个性化，店铺销量并不像其他红人店铺或是爆款热卖。他们追求的也并不是为了卖货，而只是心从自己，按自己的内心去做。因此他们的品牌针对人群比较小众，主要涉及服装和箱包鞋子等类目。店铺调性不管是柔美的、硬朗的、飘逸的、文艺的还是复古的，都源于对卖点的挖掘与提炼。深入分析买家标签，如果用高中低档来做区分的话，低档就是价格和活动，中档看中的是质量和性价比，那高档看中什么？文艺情怀。

### 原创模式

相信茵曼、裂帛、叙旧、颜域这些知名的原创店铺大家都很熟悉，现在很多大品牌都开始布局 N 多个小众风格的原创品牌。任何成功的原创都没有平白无故的，一定是满足了某种情怀，比如：复古风格，满足的是那些曾经见过世面，享受过高档生活，同时又因为某种原因导致自己没跟上，而产生一种自怜情怀的人，他们只能靠回忆找回自己感觉，寄情山水寄情书画，所以复古风格做的好的原创店铺，一定是这方面的味道做的浓。

**案例精选**

## 三只松鼠的丛林战役

三只松鼠，一个刚成立4个月、名不见经传的淘宝店，在2012年天猫"双十一"活动中完成了 800 万元的销售业绩。三只松鼠是如何做到的呢?

**定位与聚焦:做互联网森林食品品牌**

章燎原是位成功的职业经理人,在他的带领下,詹氏山核桃在线下快速崛起并以攻城略地之势迅速取得了坚果细分品牌的优势地位,线上他以"壳壳果"为名打造电商品牌并在短短 8 个月内就创造了近千万元的销售业绩。

为了和"壳壳果"区别开来,章燎原提出:"我们是做多品类的纯互联网森林食品品牌,不是另一个坚果品牌。"2012 年,章燎原赢得 IDG 资本 150 万美元的天使投资,开始向森林食品品牌迈进。

章燎原将品牌目标人群锁定在爱在网上购物的"80 后""90 后"身上,这就要求他要做到完全的互动化并依照目标客户的喜好去打造产品和品牌形象。为此他选择了森林绿和高端黑作为店铺的主打色,"黑色显高贵,绿色是对产品的暗喻,和产品健康绿色的定位相符"。

**成功秘诀:一核、四点、四化**

所谓"一核",即始终围绕"让品牌和消费者更近"这个中心部署战略,而"四点"则分别是品牌、速度、服务和品质。

品牌,建立独树一帜的形象体系,并让品牌和消费者更好地沟通;速度,如何更快——提高坚果从树枝到消费者客厅的速度,提高消费者从购买到收货的速度,追求速度就是在追求产品的新鲜和优秀的消费者体验;服务,如何做到个性化——基于大数据的收集和挖掘,充分了解消费者,从而做到更个性化的服务;品质,如何让坚果更好吃。

"四化",则是品牌动漫化、数据信息平台化、仓储物流智能化和食品信息可追溯化。

为了保证上述理念的实现,三只松鼠在产品原产地统一采取订单式合作,在收购原材料后委托当地企业生产加工成半成品,并将合格的半成品送回位于芜湖总部的 1 万平方米的封装工厂或冷库中完成最后的分装工作,最大限度地保证产品的新鲜。

三只松鼠运用大数据的方法,通过后台数据,精确地掌握了顾客购买的客单价、二次购买频率、购买内容、购买打折商品的比例、几次购买等信息。

此外,章燎原不仅亲自上阵为客户服务,还要求全员参与客服流程,让所有人都熟悉客户的需求和保证给客户的需求实现到位。

同时,三只松鼠在包装及用户体验上也颇费心思,真正交付到消费者手中的产品形象亦是关键所在。三只松鼠产品的包装盒上印有松鼠的卡通形象,打开包装盒后,客户会发现更多惊喜:纸袋、夹子、垃圾袋、纸巾、微杂志……吃坚果的工具一应俱全,几乎都能从包裹里找到,这样强大而攻心的细微服务让三只松鼠牢牢地抓住了用户的心。

（资料来源:根据三只松鼠网站资料整理）

**拓展练习**

请以小组为单位,讨论各自网店的定位及策略。

# 三、规避网店经营风险

网上开店虽然有许多的优势,但是作为一种需要投入资金与精力的经济行为,网上开店也存在着一定的风险。作为一个网店店主应该在开店之前,尽量对自己要进入的市场领域深入了解,并能及时规避一些风险,这样才能大大提高网店经营的成功率。

## 1. 规避失败的风险

网上开店的竞争越来越激烈,中小卖家的生存环境逐步恶化,不要一开始就对网店抱着必胜的信念,生意总是存在商业风险的。如果经营的产品不对路、价位不合理、没有良好的销售信用、解决不好支付与送货等环节的问题,网上开店很可能出现销售不佳的局面。在开店前一定要对经营的风险有够的认识。

要规避网店失败的风险,每个店主要做好充分的开店前准备,做好市场调查,做好产品定位和价格定位,有很强的服务意识,做好销售的每个细节,尽可能让自己的网店获得成功。当然,失败是成功之母,有些店主经过失败后吸取教训重新再来获得成功的也很多。

## 2. 规避诚信的风险

在网店开办成功后,店主的诚信是非常重要的。如果店铺卖假货或者不按时发货,只要得罪了一个客户,那么没几天网上到处会有客人对店铺诚信的恶意抨击,网店很难成功。另外,对于购买的客人而言同样也存在退货的诚信风险,如果购买者刚开始看上你家的产品,在网上提交了订单,当你进货后对方又退单了,货物就因此挤压在店铺的仓库中。

为了规避诚信风险,每个店主都应注意做到对买家严格讲诚信,与客人多沟通,在确认后再开始交易。

## 3. 规避货物积压的风险

做生意造成货物积压的现象时很常见的,特别是销售服装、流行商品等时效性很强的产品。一旦造成货物积压,很可能赚的钱都会因此赔进去。

为了规避货物挤压的风险,要提前和批发商做好沟通,签订进货和退货的合同,做好退货的准备,尽可能全退或者部分退货,让销售不出去的产品尽可能少的留在自己手中。

## 4. 规避物流配送的风险

网络购物物流配送对于传统行业来说风险高很多,多一个交易的环节就多一份风险,容易出现各种产品丢失、损坏、耽误送货时间等失误。

要规避物流配送的风险,要找诚信较高的快递公司或邮局合作,签订好合作协议书,如果出现丢失、损坏以及耽误等情况下造成的损失的理赔情况。

### 5.网店被攻击的风险

由于在互联网上建立的网店是虚拟化的店铺,被黑客攻击、放木马,数据库被下载的事件也会发生。一旦发生这种事,网店的损失将非常巨大。

要规避网店被攻击的风险,店主们需要找比较负责的服务器托管商,并及时维护网店,做好数据的备份。

**案例精选**

# 网店的货源风险

小王大学毕业后决定自己创业,综合考虑各方面因素后选择开家网店。创业之初,对于卖什么尚无明确概念,经对淘宝网上的多日观察,小王发现某品牌内衣卖得很火。小王盘算了一下卖内衣确实比卖一般的服装等要简单的多,不涉及流行问题,今年卖不完明年可以继续。直接去阿里巴巴去搜"×××内衣批发商"。经过几天的研究找了家深圳的供货商,看看网站做得很漂亮,因为离家较远没有实地去考察,就用旺旺联系了。在与网上向客服小姐沟通的过程中小王仔细的问了产品的质量。客服小姐说:"产品均为出口余单,吊牌水洗标和专柜一样,专柜有的,我们有,专柜没有的,我们也没有,这点客户可去专柜比较验证!""欢迎专柜验货,接受支付宝付款"等。客服的几句话让小王立即相信这就是正品。第二天就去下单批了100件。订单发了准备付款时,客服小姐把支付宝账号给了小王,在做付款过程中小王才发现不对怎么是即时到账? 由于之前没认真研究过支付宝,不知道支付宝还有即时到账的功能,总以为支付宝付款都是先把钱打到第三方存管,货物确认后再把钱打给供货商。发现该交易是即时到账时,小王有点犹豫,就又向客服小姐咨询了些问题。这时客服小姐还不耐烦了,说小王不是真的打算批发,让她考虑清楚决定批发后再和她们联系。在客服人员的刺激下小王赶快把钱打到了对方账上。

几日后,小王收到货后打开包装,看到一个个产品时,不由大失所望,质量比较差。材料、做工、手感跟品牌实体店的商品完全无法相提并论。经过一段时间的研究小王发现其实淘宝卖该品牌内衣大部分都是假的(包括皇冠卖家)。第一次批发以失败告终,亏了3000多块。

**拓展练习**

撰写属于自己的网店策划书。撰写要求:策划书内容主要包括网店客户定位、产品定位、定价策略,网店成本分析等。要具有自己的特色,内容完整。

### 任务实施

根据所学知识,小林利用网络工具采集相关信息,以决定网店卖什么。

表 2.2.2　商品选择市场调查表

| 市场规模 | |
|---|---|
| 货源控制能力 | |
| 是否要求准入 | |
| 竞店数量 | |
| 竞店等级 | |
| 竞店商品价格区间 | |
| 竞店特色 | |
| 竞店营销活动 | |

## 任务二　初装个人网店

### 任务导入

经过不断学习和实践,小林不仅了解了淘宝平台,进行了市场调查和店铺定位分析,并且成功通过了淘宝店铺的申请,接下来就是淘宝店铺的搭建工作了,包括店铺装修和产品发布等。小林又马不停蹄的开始策划店铺的基本信息与店铺装修事宜。

**问题与思考:**

1. 店铺起名应该注意什么? 可以从哪些角度给店铺命名?

2. 如何选择店铺布局和页面配色呢?

### 任务解析

一个好的名字对一个人及其重要,同样,一个好的店名对一家店铺也很重要,一个好的店名不仅能吸引眼球,省去推广的费用,甚至还能给店铺带来更多的生意。淘宝店铺起名字一个很小的细节问题,可是却关系重大,有时成败往往就决定在细节上。

一家装修精美的店铺,不仅能提升店铺整体形象,也可以吸引买家,提升店铺的浏览量,从而增加店铺交易达成的概率。因此,要获得更多的买家关注,卖家需要在店铺整体的风格和布局上,进行合理的协调和搭配。

## 知识探究

### 一、设计店铺名称与店标

在店铺通过淘宝系统审核后,进入店铺的首要事件是对店铺进行基础设置,包括店铺名称、店铺标志、店铺简介、经营地址、主要货源和店铺介绍。其中经营地址、主要货源等如实填写即可,而店铺名称、店铺标志则需要仔细斟酌。

#### (一)设计店铺名称

店铺命名很重要,一个好的店名往往会给人好的联想。虽然店铺的名称是可以根据自己的想法随时更换的,即便如此,店铺名称也应该保持一定稳定性。

##### 1. 淘宝规则

店铺名称必须要符合国家法律法规和社会道德要求,和淘宝网关于店铺名称设置的主要规则要求。

##### 2. 命名原则

(1)名称要体现定位。店铺的风格与定位决定店铺取名的方向。比如销售服装的店铺,取店名时就要充分考虑所经营的服装风格。可以起:百优特服,英文 beautiful 的音译,针对时尚年轻白领对衣服要求个性的特点。向日葵童装店,从大自然中汲取灵感,向日葵给人积极向上的正能量,是孩子们比较喜欢的植物之一,同时寓意店铺朝气蓬勃。

(2)名称要简洁明快、好听好记。名称单纯、简洁明快,消费者易读易记,容易和消费者进行信息交流。

(3)名称要体现品牌。如果经营的产品是有一定知名度的品牌或厂家,那么在店铺名称上要嵌入品牌名,便于消费者认知和记忆。如果是原创品牌,随着店铺的良好经营,也会让大家更加记住你的品牌。

(4)名称要与产品相关。店名必须与经营商品相吻合,要能反映店铺的经营特色,使消费者易于识别店铺的经营范围,并产生购买欲望。店名还关系到店铺被消费搜索到的概率,可以在名称中加入主营商品关键词。如"时尚女装流行前线",包括了时尚、女装、流行等几个关键字。

##### 3. 命名技巧

(1)借用有名的人或物作为网店名。这种方式被称为"借名生辉",即借助人名和地名来给自己的网店命名。名字＋行业,是我国传统店铺的命名方法。例如老舍茶馆。

（2）网店名前冠上有名气的网店字眼。把淘宝有名气的店铺的名字巧妙的运用在店铺的名字中,是小店铺的生存之道。

（3）迎合网购族的消费心理。通常可以在五个方面加以考虑:迎合怀旧心理需要、迎合时尚心理需要、迎合喜"洋"心理需要、迎合求吉心理需要、迎合猎奇心理需要。

（4）借用诗词歌赋或历史名人打造有品位的名字。注入特定的文化成分,使店名具有一定的文化内涵,不仅可以提高自己的档次和品位,而且能够引起更多顾客的注意。如"东坡酒家""嫦娥衣饰",不过此类名字要注意是否构成了侵权或违反相关规定。

（5）用数字做店名容易识别与记忆。名字里面加上一些数字,是现在比较流行的命名方法。比说,hao123、114 等。但是,数字一定要便于记忆。

（6）带上地域特色。这种起名思路,通常适用于经营土特产的商店,或是经营具有独特风格或品质的店铺等。如,"吧嗒嘴新疆特产""韩国 Baby 东大门女装""日本姐妹花"等。

## 小知识

店铺名可以修改,但修改后会有滞缓期,一般为 24 小时生效,如超过时间仍然未显示,建议在店铺基本设置中查看是否修改成功,并清空浏览器历史记录和 Cookies,关闭浏览器后重新登录即可。

### （二）设计特色店标

店铺标志是一种独特的设计,代表着店铺形象的本身。其作用是将店铺的经营理念和服务作风等要素传达给广大的消费者。一个好的店标设计,不但能吸引人的眼球,更能增加店铺的浏览量。

淘宝店标的尺寸为:$80 \times 80$px,大小为 80K 以内,支持的格式为 gif、jpg 和 png,直接上传即可。手机淘宝店铺店标已下线。

#### 1. 店标的基本类型

淘宝店铺的店标,主要有三种类型:

（1）文字的标志。主要以文字和拼音字母等单独构成,适用于多种传播方式。

（2）图案标志。顾名思义,仅用图形构成标志。这种标志比较形象生动,色彩明快,且不受语言限制,非常易于识别。但图案标志没有名称,因此表意不如文字标志准确。

（3）组合标志。就是把文字和图案组合而成的标志。这种标志发挥了文字及图案标志的优点,图文并茂,形象生动,有易于识别。

#### 2. 店标设计原则

（1）构图要有创意,做到构图新颖,富于个性化,才容易与其他店铺标志区别。

（2）含义要深刻,才能体现出店铺的个性特征、独特品质,以及精神风貌等。

（3）保持稳定性，意思就是说，店标一旦确立，就不要随意改动。

（4）设计必须符合法律法规，且注重国际化、统一化。

### 3.店标设计注意事项

（1）整体构思，切合定位。主题可以凸显店铺的主营业务，也可以强调店名的内涵，在此选择表现淘宝网店的定位。

（2）围绕主题选择素材。网店图标主题可以通过花鸟等动物来表现，也可以通过人物来展现，但是在相对狭小的空间里人物的表现会有很大的局限性，也可以考虑卡通漫画人物，或是比较可爱的小动物等。

（3）色调的问题。不同的网店，其主题不同，所用的色调也有所不同，例如幸福的主题最好使用暖色调来表现，这样给人的视觉效果和心灵感受都会很舒服。另外，蓝色显得简洁、绿色显得有生气、红色显得热情庄重等。

## 小知识

1.制作淘宝店标可以使用 Photoshop 等专业图形软件制作，也可以使用光影魔术手等傻瓜软件制作，还可以使用免费的在线 Logo 制作。

2.店标上传后在店铺页面不会显示店标，PC 端是在搜索店铺时才显示店标，移动端会在商品详情页显示。

## 二、选择首页模板与模块

每一个在网上开店的店长，都要对网店进行装修。那么，网店如何装修才算作是最好的呢？要装修成什么样子，才最能吸引顾客呢？

### （一）准备工作

店铺装修是一项需要消耗很多时间和精力的工作，为了提高效率，在开始装修之前就需要做好以下准备工作。

#### 1.浏览知名店铺，学习装修技巧

对于新手卖家，首先，需要多浏览一些店铺和同类店铺，观察其装修的风格和手法，分析其装修过后的优势和劣势，并向有经验的店主讨教一些装修技巧；其次，仔细研究网店平台所提供的各项装修服务，学习具体的装修方法和技巧。

#### 2.确定店铺装修风格

网店的装修风格是网店形象的重要部分，传达着店主的品味和经营理念，在网店品牌的形成过程中起着十分重要的作用。店铺的装修风格一定要和自己店铺销售的商品类型相吻合，这样才更能吸引买家的购买欲。

### 3. 准备文图资料

店铺装修依靠图片、文字、动画等信息材料进行美化。需要事先对商品、场所等实体物品进行拍照并作一定的修饰。也利用搜索引擎搜索各种文图素材。

### （二）淘宝旺铺PC端装修

PC端店铺装修包括基础页、宝贝详情页、宝贝列表页、自定义页、大促承接页、门店详情页、装修模板和宝贝分类等模块。

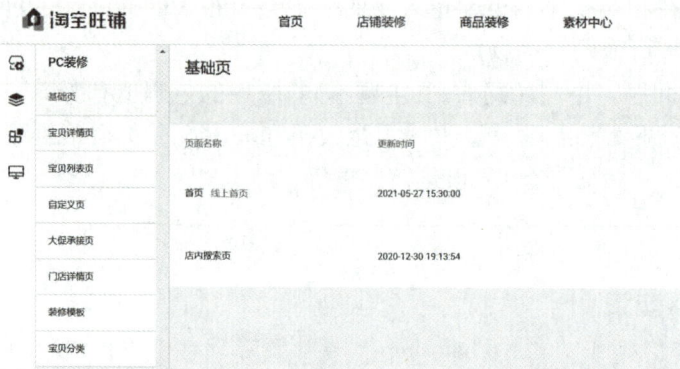

**图2.2.4  淘宝旺铺PC端店铺装修首页**

### （三）基础页的装修步骤

### 1. 选模板

（1）点击首页"装修模板"，选择可用的模板。淘宝网提供了三种可永久免费使用的模板，也可以到装修市场选择付费模板。装修市场模版可以大大减少用户在装修店铺方面所花费的时间。

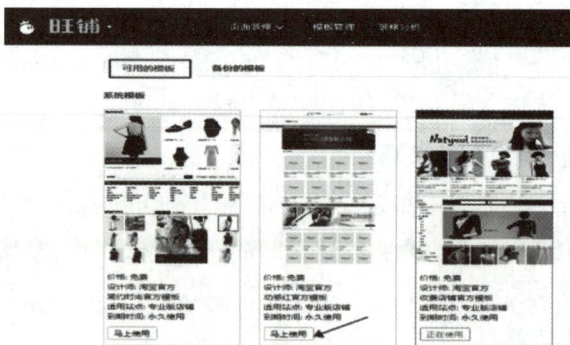

**图2.2.5  淘宝旺铺专业版模板**

（2）选中模板后，点击"返回装修"，进入基础页装修页面（以后可以直接从首页的"基础页"—"首页"—"装修页面"进入）。左侧工具栏：包括模板、配色、页头、页面和
</ / >CSS（需要订购）。装修编辑区：包括页面编辑和布局管理。

**图 2.2.6　淘宝旺铺 PC 端店铺基础页装修区**

### 2. 定样式

设置该页面的配色、页头背景、页面背景。

（1）页面配色主要体现在页面导航、模块边界的框线上。

（2）页头设置。可以设置页头背景色（默认为白色）、页头背景是否显示、页头下边距 10px 开启/关闭、页头背景图等。

页头背景图，也称淘宝店招背景图。页头背景图的尺寸，有 1920px × 150px 完整的全屏的淘宝店招页头背景图，也有适合横向平铺的小图，还有可以用来直接平铺的小图。具体，以与店招设计相适应为准。

**图 2.2.7　淘宝旺铺页面配色**

如果需要显示设置的背景色，在"页头背景色"点颜色正方形小图标，设置背景色。然后勾选后面的"显示"。如果背景色设置不成功，或者没显示，要么没勾选"显示"，要么在下面设置了"页头背景图"。一般情况下，背景色和背景图片是二选一，且背景图片优先级最高。

如果页头背景有背景图，单击"页头背景图"，点更换图片，上传图片后，按需要设置好"背景显示"和"背景对齐"。根据需要，将"背景显示"设置为"平铺"或者"横向平铺"或者"不平铺"。"背景对齐"，设置为"左对齐""居中""右对齐"。

提示1：店招导航条与下面的模块，默认有个10px间隔，如果不需要，点关闭。

提示2：页头背景设置后，记得在右下角，点一下"应用到所有页面"。

**图2.2.8　淘宝旺铺页头和页面设置**

（3）页面设置。可以设置页面背景色（默认为白色）、页面背景色是否显示、页面背景图等。

目前常见的淘宝店铺页面背景图有淘宝悬浮固定背景图、纵向平铺长图、平铺小图。也可以不设置页面背景图，单独只设置页面的背景色。

页面背景设置操作与页头设置操作相同，设置好背景色后，勾选"显示"。

点击"页面背景图"中的"更换图片"后，上传自己的页面背景图。然后根据需要，设置"背景显示"为平铺、纵向平铺、不平铺即可，背景对齐一般设置为"居中"。

通过页头背景色、页头背景图、页面背景色、页面背景图的设置，可以使基础页更契合店铺定位，与品牌、产品更有关联。

### 小知识

当前很流行淘宝背景用一张大图，固定显示。左右两侧，分别显示"新品上市，下来更精彩""扫描二维码图，手机下单更优惠"的淘宝悬浮固定背景。

如果想使用淘宝悬浮固定背景图，可自己制作或通过搜索引擎查找图片素材，然后上传至店铺的图片空间，复制链接，然后通过第三方"淘宝悬浮固定背景图代码在线生成器"生成CSS代码，然后利用淘宝 </>CSS功能（需要订购）添加即可。

（4）拖曳模块，确定模块的尺寸，选定模块，按住鼠标，拖曳到页面右侧编辑区。有

950、190、750px 等 3 个尺寸的模块,智能版还有 1920 尺寸的模块,在拖曳模块时要注意模块的尺寸和目标区域是否吻合。如果要编辑模块,鼠标移动到所需更改的模块,便会出现相关选项,可以选择"编辑"或者移动模块到指定的位置。

旺铺专业版和智能版为用户提供了多个免费的模块,合理利用这些模块,可有效地美化自己的店铺,并更好地展示自己店铺中的宝贝。

(1)宝贝推荐。添加该模块后,用户可通过后台操作来确定将那些宝贝显示在推荐区域,以方便买家浏览。

(2)图片轮播。图片轮播功能支持多幅图片的自动轮播,当用户有多个大幅广告图片需要在店铺中展示时,可以使用该功能。

(3)宝贝搜索。在店铺中添加一个宝贝搜索条,买家就可以通过输入关键词、价格范围来搜索店铺中内宝贝。

(4)宝贝分类。添加宝贝分类模块后,可在该模块中显示店铺原先设定的宝贝分类,方便买家浏览店铺中的其他宝贝。

(5)友情链接。添加友情链接可以方便消费者查找相关产品,也可以结成店铺联盟。

(6)客服中心。设置客服中心可以方便购物者与卖家沟通,促进交易。

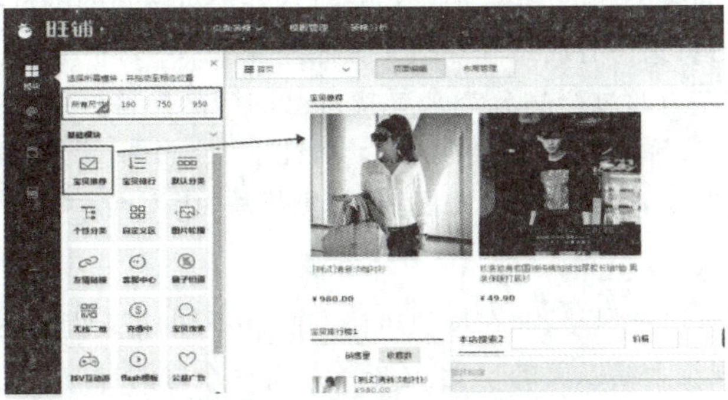

图 2.2.9 淘宝旺铺页面模块

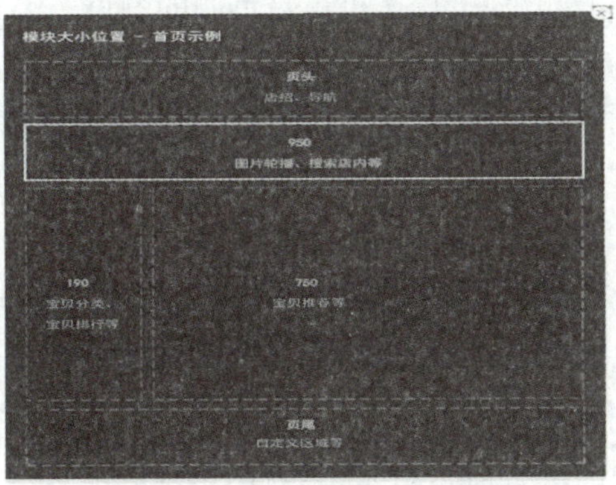

图 2.2.10 淘宝旺铺页面模块尺寸

在编辑区的"页面布局"菜单栏下,可以更直观的看到整个页面的构成,还可以更方便的添加、拖动、删除模块。

通常情况下,装修店铺时的布局格式有通栏,两栏和三栏,尺寸也各不相同。

选好装修布局的格式与尺寸之后,我们就可以在选好的布局中点击" + "添加功能模块,或者点击" × "删除功能模块。

图 2.2.11　淘宝旺铺专业版页面布局

### (四) 淘宝旺铺装修注意事项

#### 1. 页面布局

不同规格的页面有不同的需求,但一定要符合客户对网站的浏览习惯。

合理的布局是:页头中有店招和导航。页面左侧要有一个产品的分类模块,因为消费者已经习惯了在左边通过产品分类来寻找自己的产品。首屏可以是一个轮播大图,介绍一下店铺的主打产品,以及主推的活动。再往下加一个精简的产品推荐模块(建议一行最多不要超过四个),再下面可以用一些爆款模块、店主推荐等。

#### 2. 店铺配色

每个店铺都有自己的风格,而在反映风格方面,色彩的搭配是关键。一个好的颜色搭配,不单单能在视觉上给以美的享受,还能给顾客一个好的导航作用。

首先,颜色的使用首先要和自己店铺的主色调一致,风格上也要统一。

其次,多用一些明亮的颜色,少用灰色等暗色调的颜色。因为鲜明的色彩更有利于激发消费者的购买欲望。

最后,颜色使用不宜过多,过多的颜色加在一起虽然五彩斑斓,但容易给人一种杂乱的感觉,让人产生一种距离感,难以接近。

#### 3. 做好文字和图片的前期准备

店铺公告、店名、店标、签名等文字性的资料和商品图片要事先准备好。这样不但可以提高装修的效率,也可以避免返工。

#### 4. 突出主次,切忌花里胡哨

店铺装修漂亮,确实能更多地吸引买家眼球,但要清楚一点,店铺的装饰别抢了商品的风头,弄得太多太乱反而影响商品效果。

**拓展练习**

店内搜索页、宝贝详情页和宝贝分类页的装修方法与基础页装修操作基本一样,请大家根据网店定位和主营商品进行装修。

## 三、设计店招

店招是一幅图片,是店铺的第一屏内容,是买家进入店铺看到的第一个模块,是打造店铺品牌的最好阵地,也是让买家瞬间记住店铺的最好阵地。店招的尺寸是 950px × 120px(高度建议不超过 120px,否则导航显示可能异常)。

### (一)店招设计注意事项

从内容上来说,店招上面可以有:店铺名、店铺 Logo、店铺 slogan、收藏按钮、关注按钮、促销产品、优惠券、活动信息/时间/倒计时、搜索框、店铺公告、网址、旺旺、电话热线、店铺资质、店铺荣誉等等一系列信息。

从功能上说,店招可以分为品牌宣传为主的白富美/高富帅型、活动促销为主的暴发户型、产品推广为主的杰出青年型和随意设计的路人甲型。

#### 1. 品牌宣传为主的白富美/高富帅型

顾名思义,这类店招就是要给人以产品给力、店铺实力雄厚、有自己品牌或者正努力朝这个方向发展的印象。

这类店招首先要考虑的内容是店铺名、店铺 Logo、店铺 slogan,因为这是品牌宣传的最基本的内容;其次是关注按钮、关注人数、收藏按钮、店铺资质,可以侧面反映店铺实力;最后是搜索框、第二导航条等方便用户体验的内容。最好不要出现店铺活动、促销等打折讲价的信息,影响整体的白富美/高富帅形象。

#### 2. 活动促销为主的暴发户型

这类店铺的特点是店铺活动、流量集中增加,所以店招首要考虑的因素是活动信息/时间/倒计时、优惠券、促销产品等信息;其次是搜索框、旺旺等方便用户体验的内容;最后才是店铺名、店铺 Logo、店铺 slogan 等品牌宣传为主的内容。

这种类型的店招,不管是氛围设计还是内容展现,都要让活动信息占据更大的篇幅,否则顾客对店铺的信息关注反而会降低。

#### 3. 产品推广为主的杰出青年型

这类店铺的特点是要主推一款或几款产品。在店招上,首先要主打促销产品、促销信息、优惠券、活动信息等促销信息;其次是店铺名、店铺 Logo、店铺 slogan 等品牌宣传为主的内容;最后是搜索框等方便用户体验的内容。

**4. 随意设计的路人甲型**

这一类店招顾名思义就知道是什么样的,扫一眼就过,不会给人留下深刻印象,这也是目前大多数淘宝店家的通病。

**(二)上传店招**

**1. 默认店招**

默认店招就是选择一副事先设计好的店招图片,直接上传即可。图片可以自己设计制作,也可以购买店招模板。

将鼠标移到店招位置,此时店招模块的右上角会出现"编辑"按钮,点击进入编辑页面。点击"选择文件",下拉显示素材中心的所有图片,选中制作好的店招图片即可上传,点击"保存"店招上传成功。(注意:店招高度不要超过120px,超过会影响导航的显示)

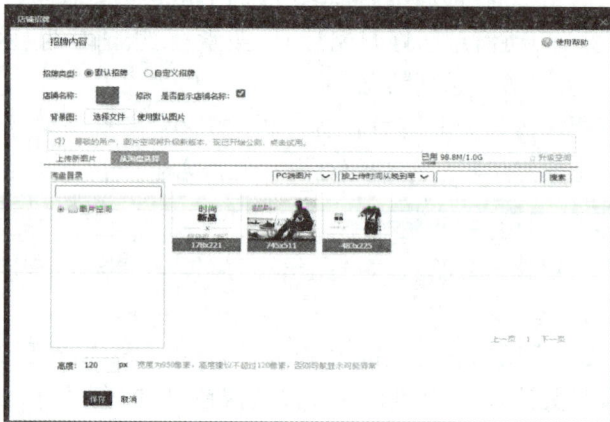

图 2.2.12　店招上传

**2. 自定义网店图文店招**

店主可以在店招编辑页面中发挥自己的创意,编辑图文混排的店招并保存。

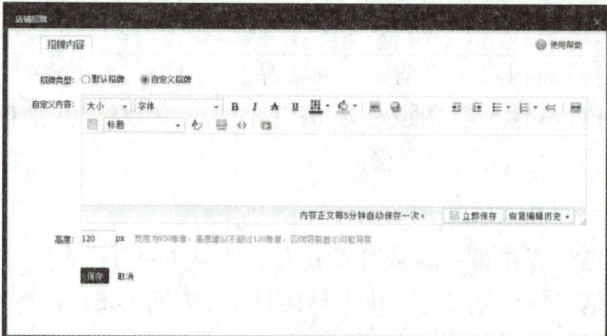

图 2.2.13　自定义店招制作

**拓展练习**

如果店招事先没有上传到"素材中心",请大家自己学习图片上传、图片分类、新建文件夹等操作。

## 四、添加宝贝分类

### （一）了解宝贝分类

当店铺发布的宝贝越来越多,对宝贝进行分类不但可以方便消费者快速查找所需商品,也利于卖家对宝贝进行管理和发布。

宝贝分类有两种模式,一种是先进行分类再发布商品,适用于宝贝类型较多的情形;另一种则是根据发布的商品在进行分类,适用于宝贝类型单一的情形。从店铺管理的角度来说,应该先进行宝贝分类。

### （二）设置宝贝分类

在淘宝旺铺装修首页模块栏找到"宝贝分类"按钮,点击进入分类管理页面。分类分为两种方式:手工分类和自动分类。

#### 1. 手工分类

如果需要添加具体款式分类,建议使用手工分类。

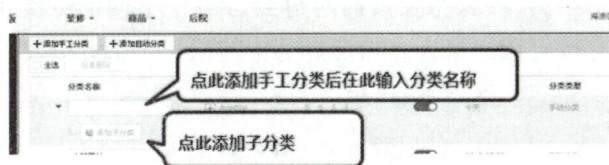

**图 2.2.14 添加手工分类和子分类**

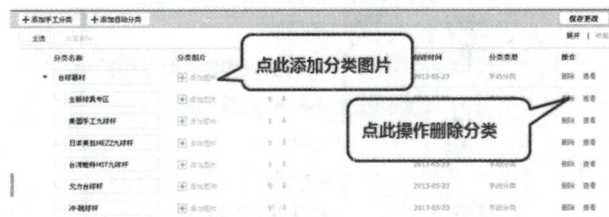

**图 2.2.15 添加分类图片**

宝贝分类有文字和图片两种链接方式。如果使用文字分类,导航颜色、大小都不能改变。如果想让店铺类目与众不同,就需要将每项宝贝分类制作成图片,图片宽度160px 以内,如果是先发布了宝贝,或是在宝贝发布时没有选择分类,可以在"宝贝管理"页面中,将宝贝添加至相应分类。既可以为单个未分类宝贝添加分类,也可以操作

"批量分类"。

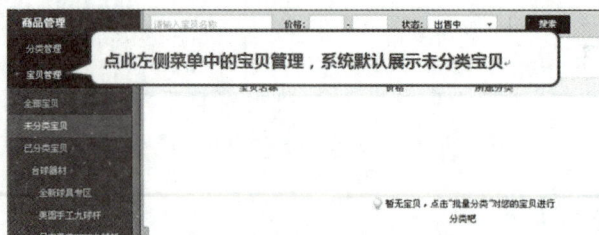

图 2.2.16　宝贝管理页面

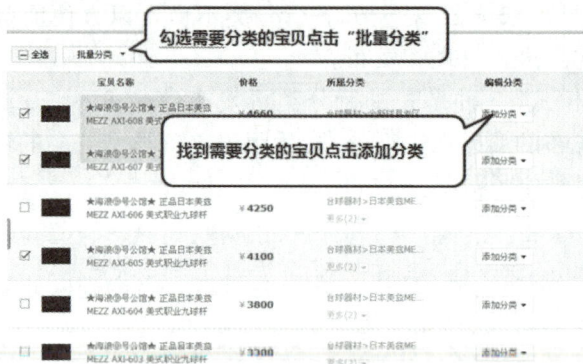

图 2.2.17　已发布宝贝添加分类

　　勾选想要分类的宝贝，可以将宝贝同时分到若干个不同的分类里。已经有子分类的一级分类将无法直接勾选。宝贝必须选择其中的某一个子分类。

图 2.2.18　已发布宝贝添加子分类

　　分类完毕之后可以看到如下的效果。

**图 2.2.19　已发布宝贝分类效果**

删除宝贝分类和添加宝贝分类的操作相同,找到需要分类的宝贝点击添加分类,将需要删除的分类去掉勾选即可。

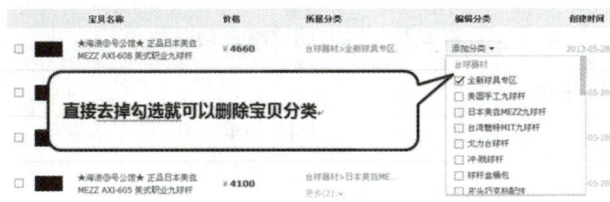

**图 2.2.20　宝贝分类删除**

### 2. 自动分类

自动分类按 4 个类型归类,即按类目归类、按属性归类、按品牌归类、按时间归类。最常用的是按类目和按时间归类比较多。如果是做多个品牌的,也可以选择按品牌分类。

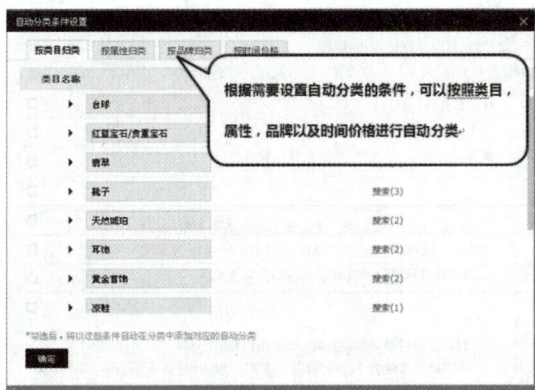

**图 2.2.21　自动分类类型**

在设置按照时间价格分类时,时间和价格至少输入一样,也可以同时设置时间和价格条件。

图 2.2.22　按时间价格自动分类

## （三）查看宝贝分类效果

旺铺宝贝分类模块有两种展现形式：一种是默认宝贝分类，另一种是个性化宝贝分类。

默认宝贝分类是读取了后台设置的分类，它的修改编辑和删减都会影响后台宝贝分类的主设置。

个性化宝贝分类是读取了后台设置的分类之后，修改编辑和删减都不会影响后台宝贝分类的主设置。操作方式是在模块中添加"个性化分类"。

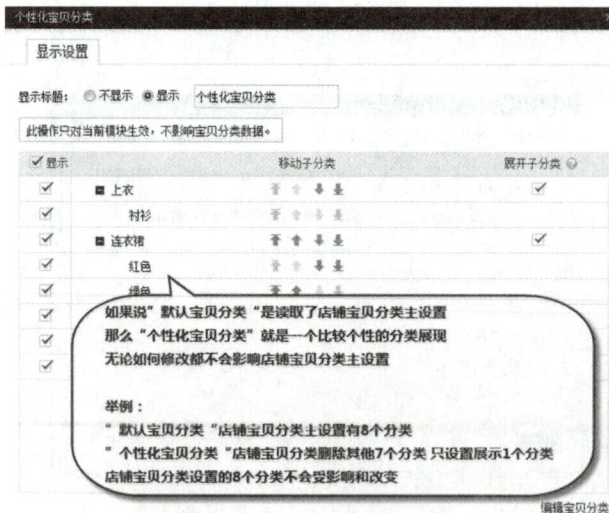

图 2.2.23　个性化分类

## （四）宝贝分类的使用

宝贝分类完成后，可以在基础页装修页面，点击导航模块的"编辑"，进行宝贝导航设置。点击"添加"，在弹出的对话框中添加已经设置好的宝贝分类目录，点击"确定"

即可完成。

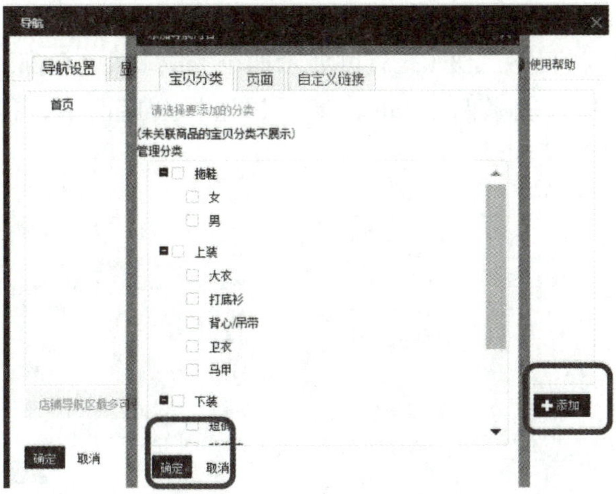

**图 2.2.24 导航设置 1**

分类添加完成后,可根据实际情况,点击上下箭头重新排列各类别的显示顺序。调整好,点击"确定"即可。

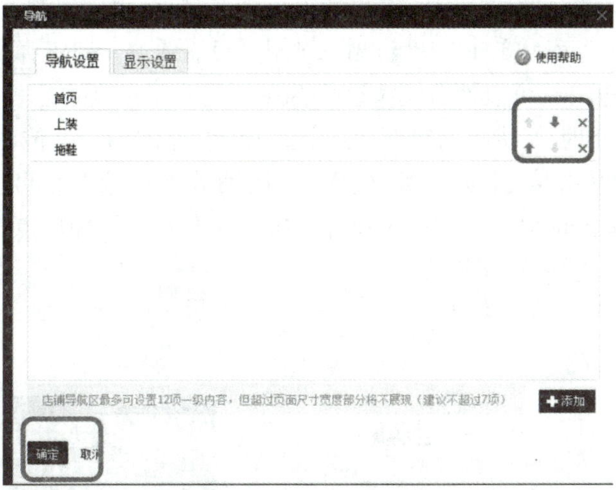

**图 2.2.25 导航设置 2**

## 五、手淘店铺设置与装修

手淘店铺装修主要包括三大部分:基础设置(基础信息、导航设置和分类设置)、页面管理和模块管理。

### (一)基础设置

#### 1.导航设置

为了方便消费者更便捷的在店铺私域找货,提升购物体验,淘宝官方将"新品""好物""活动""聚划算"等基于货品生命周期运营的 tab 统一并入"全部宝贝"二级 tab，新增商家可自定义人群运营的二级 tab。

（1）"全部宝贝"栏目下二级 tab 只可展示四个 tab，其中"全部"tab 和"新品"tab 为固定 tab，不可删除更换，剩余两个 tab 商家可以选择开启两个，可选范围包含"好物"tab、"活动"tab、"自定义"tab。

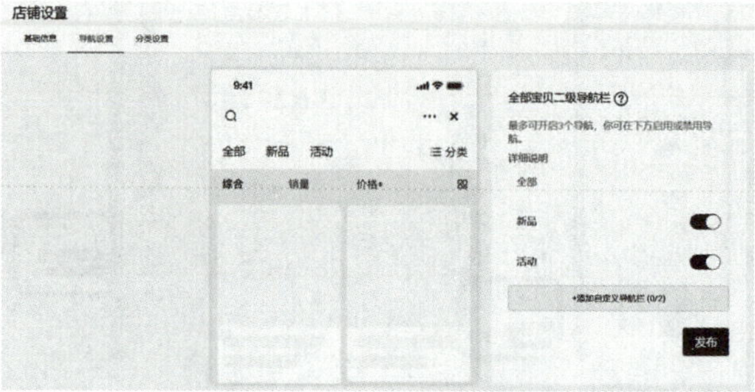

图 2.2.26　手淘导航设置

（2）"新品"tab。"新品"tab 包括"设置上新公告"和"新品"装修两个模块。（为保证消费者体验，如店铺未发布新品，客户端不出现新品页，也不能装修）

"店铺装修"—"页面管理"—"新品"，点击"设置上新公告"弹出对话框，"公告展示开关"选择为"开"，就可以设置文本公告和图片公告了。文本公告 68 个字以内，比如可设置为"折扣 4 小时 好货提前秒"。图片公告，可点击" ＋ "上传图片，并添加常用链接（店铺首页）、商品链接、宝贝分类、优惠券、店铺故事承接页、自定义页面链接均可。图片要求：jpg、jpeg、png 格式，702px ×152px，400KB 左右。添加后点击"发布"即可。

图 2.2.27　新品设置上新公告及显示效果

"店铺装修"—"页面管理"—"新品"，点击新品"装修页面"进入新品装修页面。在这里，可以添加"智能场景卡片""系列新品""主推新品""流行趋势"模块。

　　"智能场景卡片"模块自动展示卖家在策略中心投放的人群策略,可以同时设置多个策略,系统会自动匹配策略都展示在该窗口。在策略设置中选择"智能匹配"即可。当然也可以使用"手动选择"策略,需要先在策略中心中设置人群投放策略。

　　"系列新品"模块可以添加 3 款有代表性的系列商品。首先需要设置"系列名称",要求 12 字符以内,比如"Studio 2021 春夏系列";其次填写"系列推荐理由",16 字符以内,比如"巴黎时装周首次亮相";再次添加"系列新品背景图",要求宽 702px × 150px,图片要能体现系列款风格、卖点等特征,不能有牛皮癣广告以及品牌 Logo,不影响可读性;然后添加 3 款展示"商品";最后添加专题页面链接,宝贝、宝贝分类、常用、优惠券链接均可。

　　"主推新品"可添加 3 款商品进行推荐。添加商品后,必须添加"商品标题",22 个字符以内,不能出现跟本品无关的关键词;"商品图片"要求宽 800px × 800px,图片优先上传场景图且无牛皮癣广告以及品牌 logo;"商品标签"描述上限 8 个字符,标签描述需与标签类型有所关联,若是联名款,可写"KAWS × AJ 4";若是流行色,可写"珊瑚橙",系统提供了 20 中标签可供选择;最后填写"推荐理由",字数上限 44 个字符,例:"灵感来源于 80 年代跑鞋的粗犷设计,鞋面有独特的荆棘图案"。依次填写完整另外两款推荐商品后,点击"保存"即可。

　　"流行趋势"可添加 4 款商品。首先添加"图片",要求 640px × 640px;然后输入无线链接,宝贝、宝贝分类、常用、优惠券链接均可;其次输入趋势词,4 个字符,如"欧美时尚"。依次填写完整另外 3 款推荐商品信息后,点击"保存"即可。

　　"新品日历"不能更改,只能选择显示方式为"双列"或"单列"。

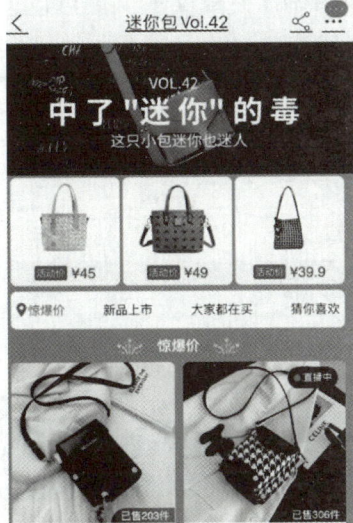

图 2.2.28　新品设置及显示效果

　　(3)"活动"tab。该页面包含优惠券、店铺宝和自定义活动(原自定义菜单内容迁移至此)三个部分。在系统检测到店铺有发布优惠券、店铺宝等活动,默认向消费者展示"活动"页。

**图 2.2.29　活动显示效果**

(4)自定义 tab。卖家可以根据店铺不同人群需求匹配商品分类自定义 tab 名称和货品,如服饰行业商家可设定"女士专区"和"男士专区",母婴行业商家可设定"0~3个月"和"3~6个月",美妆行业商家可设定"敏感肌肤"和"痘痘肤质"等,并关联自定义承接页。也可参加大促活动如618、双11等。

提示:自定义 tab 名称字数限制:不超过4个字;自定义 tab 设置个数限制:不超过2个。

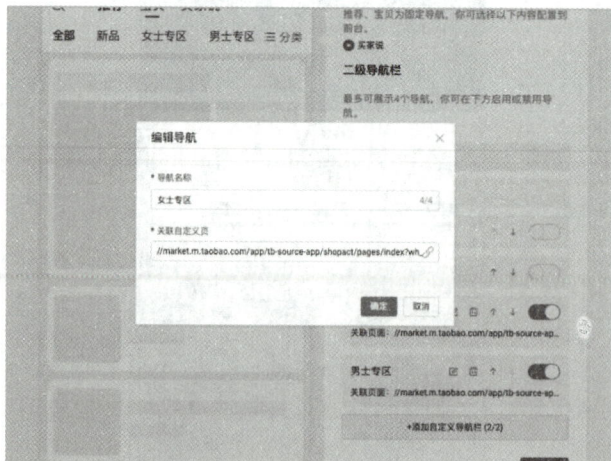

**图 2.2.30　手淘导航自定义 tab 设置**

#### 2. 分类设置

手淘分类设置可新添加分类也可从 PC 端分类一键导入。

分类设置支持最多三级分类,如果店铺商品不具备三级分类,可将二级分类与一级分类设置相同名称。

在设置完分类后,可添加需要关联的宝贝,并设置分类主图。这里仅做功能介绍,建议在商品发布之后再进行分类设置。

图 2.2.31　手淘分类设置

图 2.2.32　商品发布后手淘分类设置显示效果

#### (二)页面管理

点击进入"店铺装修"—"页面管理",模块包括店铺页面(手淘首页、活动、新品)、微淘(已下线)、宝贝分类、大促承接页、通用设置和自定义页。

#### 1. 首页装修

点击手淘首页的"装修页面",进入"页面编辑"页面。

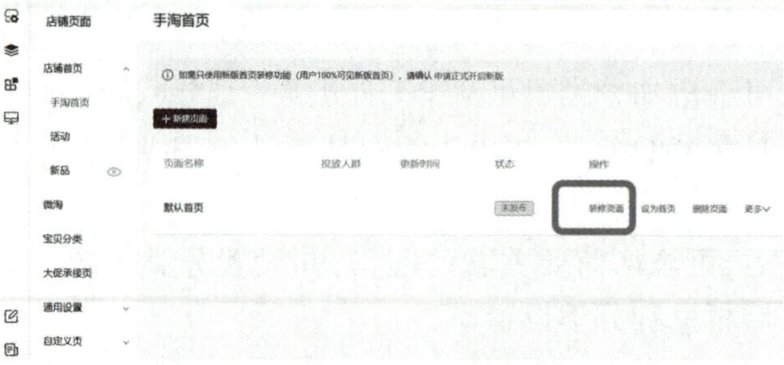

图 2.2.33　手淘首页

页面装修主要由以下 5 大功能组成,包括容器列表、装修预览、模块编辑、展现规则设置、预览发布。

由于手淘店铺更加趋向智能化和数据化,因此手淘店铺装修的知识将在商品发布之后再详细介绍。

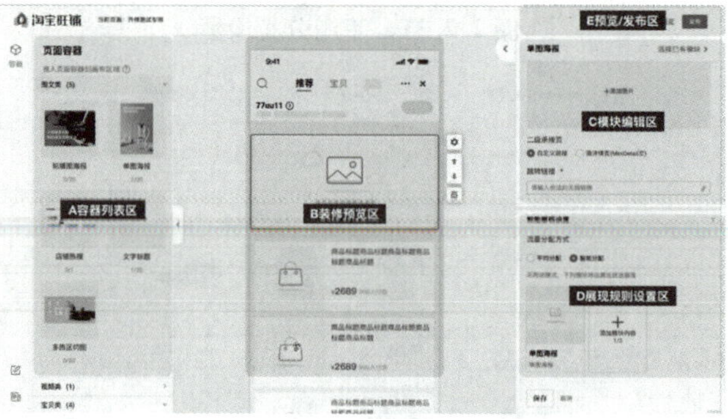

图 2.2.34　手淘首页页面编辑

## 小知识

## 什么是容器?

容器是介于页面和模块之间的载体。主要帮助商家管理整体的页面布局(模块顺序)。

比如在老版旺铺编辑器中创建了页面 A,然后将模块 1、2、3 分别依次装修至页面 A 中,那么所有用户看到的页面 A 的模块顺序和内容都是一样的,依次为 1、2、3;但在新旺铺编辑器中创建了页面 A,然后分别将 a、b 容器分别依次装修至页面 A,在 a 容器内放入模块 a1、a2,在 b 容器内放入模块 b1、b2,这样用户看到的页面模块结构(顺序)依次是 a、b,但在 a、b 容器出现具体哪个模块则可由算法来协助展现。

综上所述,页面布局(模块上下顺序)由容器来管理和控制,但具体透出哪个模块则可由算法根据用户的行为偏好进行辅助展现,从而达到点击、转化效率的优化。

在页面装修时可以将不同类型的模块分别放置到不同的容器中。比如某商家希望主 KV 部分需要千人千面技术来提升点击率,那么商家只需要在主 KV 位置放入单图海报容器,然后在容器内放置若干(目前单容器内模块数量限定在 1～10 个)单图海报模块就可以了,当单容器内模块数量超过 1 个,系统便会自动进行推荐和自动调优。

如果卖家希望从上到下的模块顺序和内容完全由店铺自己控制,那么只需要在容器内放置 1 个模块就可以。

容器包括图文类、视频类、宝贝类、营销互动类和已购小程序模块。

### 2. 通用设置

原店铺简介页升级为店铺印象,支持装修店铺介绍店铺故事店铺说明等,均为视频展示。

(1)"店铺介绍"模块内装修的视频,会出现在"手淘搜索"——"店铺"下,因此该视频有可能对于用户的搜索进店的决策产生影响,请务必制作精良,帮助引流。

(2)原店铺二楼全新升级"店铺故事",结合店铺介绍、店铺信息等内容形成全新的"店铺印象"页面。原店铺二楼后台调整为:店铺故事页面装修后台。店铺故事视频可以链接相关宝贝页面,因此建议在商品发布之后再发布店铺故事。页面发布后将自动出现在店铺故事装修的链接选择器中。商家在"通用设置"—"店铺印象"—"店铺故事"中选择该页面链接即可。

(3)"店铺说明"模块为多文本模块,建议可通过文字＋超链接的方式,呈现店铺客服、物流、发票和电话等与店铺日常运营、用户比较关注的一些基础信息。如无需要呈现的店铺说明内容,该模块也可隐藏不做展示。

"店铺故事"和"店铺说明"模块,买家可以通过"手淘搜索"—"宝贝详情页"—"进店逛逛"或"店铺",点击店铺名称进入。

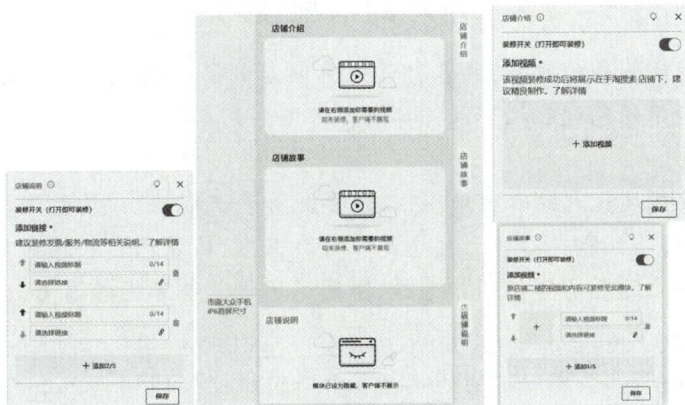

**图 2.2.35　手淘店铺印象设置**

**拓展练习**

利用所学知识对个人店铺进行初步装修。

**任务实施**

根据所学知识,小林根据计划售卖的商品类型和网店定位,给网店起了几个名字。关于店铺布局和配色他还需要进一步学习,完成商品采购之后再优化。

| 类型 | 备选1 | 备选2 | 备选3 |
|---|---|---|---|
| 借用名人型 | | | |
| 依附名店型 | | | |
| 结合热点型 | | | |
| 诗词歌赋型 | | | |
| 数字型 | | | |
| 地域型 | | | |
| 品牌型 | | | |

**知识拓展**

## 色彩的搭配技巧

人的视觉对色彩最为敏感,顾客打开一家网店的第一视觉感受就是色彩。一家设计精良的网店所用的色调往往可以将其宝贝衬托得更具魅力。

1. 了解色彩

色彩除了要能展现人的心理外,它必须要是易于识别的,背景色被广泛运用在一系列的图形设计中,而且能在心理上引起大家的共鸣,或从该色彩联想到其他东西。淘宝店铺提供了多种主题色彩可供用户选择,不同的色调具有不同的寓意,会给顾客带来不同的心理感受。

橙色:是淘宝的主色调,是一种暖色调,寓意热心、动态和豪华。这种颜色艳丽而引人注目,容易刺激顾客的情感,因此最好节约地使用,把它放在外表突出工作位置就行了。建议橙色与红色搭配,可以增添喜庆感;避免橙色和蓝色搭配,这两种颜色搭配会给人一种不稳定感。

蓝色:是互联网最为流行的色彩,传递和平、宁静、协调、信任和信心,适用于销售数码类、运动类商品的网店。

红色:是最热烈的颜色,表达热情和激情。在中国更具有喜庆、吉祥的寓意。但避免与褐色、蓝色、浅紫色一起搭配。

黄色:是太阳的颜色,表达乐观、快乐、理想主义和充满想象力,是财富的寓意。把黄色作为背景能形成明暗差别的效果,是不错的选择。

紫色:是一种神秘的色彩,象征皇权和灵性,对于非传统和创造性方面,它不仅是好的选择,而且是唯一选择。接近该颜色的粉红色、浅紫色富于温柔和娇柔的含义,经常被运用在浪漫的故事里,思乡怀旧场合,以及讲求优美的情况下,对于表现创造性、不平常性、与难忘性方面,它也是经常被使用。

白色:有清洁、纯洁、朴素、直率和清白的意味,在设计中的白色作为背景是最通用的,因为它最容易识别,作为一种"无色"背景,可以任意使用颜色。

米色:是中性色,暗示着实用、保守和独立,它可能会让人感到无聊和平淡,但是作为图形背景色来说是朴实的,有助于最大限度地读懂设计内容。

灰色:在多数情况下,有保守意味,它代表实用、悲伤、安全和可靠性。把它作为背景是难以致信的,除非你想把暗淡和保守的思想传达你的顾客。

黑色:被广泛地认为是悲哀、严肃和压抑的颜色,但在积极方面它能认为是经历丰富和神秘的色彩,把黑色作为主色调,通常要非常谨慎的——如果你准备设计儿童书店,黑色就是最坏的选择,但如果是摄影棚或画廊,黑色可能是最佳选择,毕竟对艺术家来说,黑色是最有魅力的色彩。

褐色:是另一种保守的颜色,表现稳定、朴素和舒适。和黑色一样,如果不能正确地使用,将会令人非常讨厌。

绿色:要非常谨慎地使用。在某些情况下,它是一种友好的色彩,表示忠心和聪明。绿色通常用在财政金融领域、描述生产领域、卫生保健领域,但在很多人内心深处,它常被比作成嫉妒、卑鄙。

2. 色彩搭配

色彩搭配就是不同色相之间相互呼应、相互调和的过程,色彩之间的关系取决于在色环上的位置,色相和色相之间距离的角度越近,则对比越弱,离得越远,则对比越强烈。一般来说,我们只需要记住红、橙、黄、绿、蓝、紫六个基础色。

一般将基础颜色分为两大类,一类是暖色,红色、橙色、黄色,带来的感官感受则是比较温暖,热情,运用在店铺中给人以温馨、和煦和热情的气氛;一类是冷色,青色、绿色、紫色,带来的感官感受是比较低调,运用在网店中呈现宁静、优雅和清凉的感觉。网店选择怎样的色彩色调,需要从售卖的产品入手,如果是电子产品类,使用冷调的颜色会更有科技感,而如果是居家产品,使用暖色,或者绿色会有不错的视觉效果。

另外,在进行色彩搭配时,各种类颜色占画面的比例是有定量的。网店装修配色的黄金比例为 70:25:5。意思是主色色域应该占总版面的 70%,辅助颜色所占比例为

25%,而其他点缀性的颜色则比例设为5%。

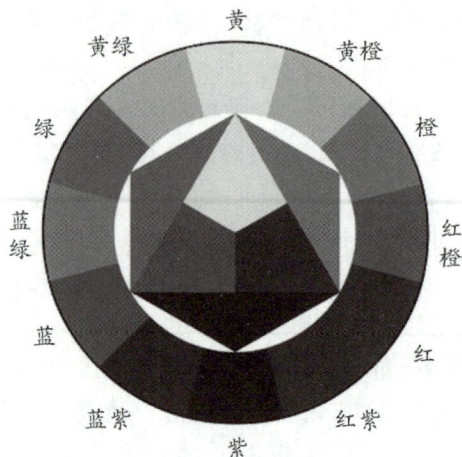

**图 2.2.36　十二色环**

## 💡 项目小结

　　本项目共有两个任务。在任务一中,通过查看平台规则、分析市场需求趋势、挖掘自身条件等内容的学习确定了店铺主营商品的选择依据。主营商品选择后,可以通过目标客户、店铺类型、产品、价格、产品描述等方面来确定网店的定位。不管是哪一种定位策略,都应该是在分析竞争对手的基础上,寻找对手弱点、消费者关注焦点和产品核心卖点来切入定位,这为后面的网店运营奠定基础。同时,网店运营会面临各种风险,我们需要克服失败的风险、诚信的风险、货物积压的风险、物流配送的风险和网店被攻击的风险才能真正运营好一个店铺。

　　在任务二中,我们学习了店铺的初步装修。首先需要起一个符合规则和店铺定位要求、好听好记的店铺名称和一个有创意、切合主题的店标,名称和店标都应该具有一定的营销功能,体现品牌或产品内涵。其次,通过选择模板和模块对店铺的整体布局和功能实现进行了界面设置。然后,我们学习了店铺的第一屏内容——店招设计的注意事项和上传方法。最后,为了管理商品、便于消费者查找,对商品进行了分类设置。一个简单、完备的店铺已经建立起来了。

## 🕐 项目练习

**一、选择题**

1.以下说法正确的是( )。

A.选品应该根据店铺特色与顾客人群定位进行选择

B. 网店商品种类应该越多越好,品类应该越齐全越好

C. 个人卖家选品应该选择蓝海品类市场,避免与大卖家的冲突

D. 选品应该在红海品类中,通过精准定位,选择蓝海商品来做

2. 选品的方法主要有(　　　)。

A. 经验选品　　　　　　　　　　　　B. 工具选品

C. 直通车测款选品　　　　　　　　　D. 同行店铺参考

3. 小林家在秦岭山下,最近家中的鲜核桃成熟,小林打算开一家淘宝 C 店,现在需要对整个店铺进行装修,请问小林的店铺应该设计成什么风格?(　　　)

A. 主色调为橙色,设计一种活泼欢快的风格

B. 主色调为白色,代表干净纯洁,白色简洁大方

C. 主色调应该为土黄色,一方面代表大山。一方面代表核桃皮的颜色,是一种朴实的乡村风

D. 主色调为绿色,加核桃绿叶点缀,这样的风格与鲜核桃相得益彰,表示鲜核桃新鲜、绿色、无公害

4. 淘宝店铺实际设计店招时的最佳尺寸是(　　　)。

A. 950px × 120px　　　　　　　　　　B. 950px × 150px

C. 900px × 120px　　　　　　　　　　D. 900px × 150px

5. 以下(　　　)格式不是淘宝店铺使用的图片格式。

A. png　　　　　　B. jpg　　　　　　C. pdf　　　　　　D. gif

**二、论述题**

1. 简述网上开店前的分析与定位的重要性。

2. 网店店招的作用有哪些?

## 项目三  采购网货

### 任务导读

| 任务一  了解网货 | 任务二  寻找多种进货渠道 | 任务三  学会规划商品并测款 |
|---|---|---|
| 网货的概念 | 了解各种进货渠道 | 做好网店商品规划 |
| 适合网络销售的网货 | 规避进货诈骗 | 测试款 |

### 学习目标

**知识要点：**

1. 理解网货的概念、特点及分类。

2. 了解适合网络销售的网货种类。

3. 熟悉目前网货采购的主要渠道及特点。

4. 掌握规避进货诈骗的技巧。

5. 了解商品规划的主要方法。

6. 掌握测试款式的主要指标。

**技能培养：**

1. 能够判断自己所选的商品品类是否适合网络销售。

2. 能够利用掌握的知识选择并评价供应商。

3. 能够规划个人网店的商品配置。

4. 能够分析网店商品是否适销对路。

## 任务一  了解网货

### 任务导入

玲玲是一家新开张网店的店主，自己平时也喜欢时尚和打扮，所以她选择做女装类产品，前段时间她去批发市场进了一批时尚女装，因为喜欢牛仔面料，所以她选了几款牛仔质地的款式,但是衣服传上网店后,买的人并不多,反而另一款棉质地的短袖 T 恤受到大家的欢迎,销量很好,而牛仔款却成了她店里的积压商品。这时她才意识到,并不是自己喜欢的款式就会受到消费者喜欢。

**问题与思考:**

1. 网上开店应该售卖哪些类型的商品?

2. 互联网上的商品都有哪些共性呢?

### 任务解析

并不是所有的商品都适合在网上销售,对于刚起步的网店,要根据行业经验,选择适合网上开店销售的商品。2009 年阿里巴巴集团董事局主席马云首次提出"网货"概念。马云认为,渠道的优越性让"网货"把暴利还给消费者,还给制造业;"网货"的本质就是货真价实,这是消费和生产模式的革命。"网货"的大量出现,正在潜移默化中影响着商业世界,逐渐改变着传统商品的销售、生产、设计和流通,并引领商业变得更快、更短。

### 知识探究

电子商务诞生以来,网货就普遍存在,但对大多数普通人来说,网货还只是一个相对模糊的概念,无论从理论和实践上,对网货的了解都非常有限。直到 2009 年,人们对比国家统计局公布的统计数据后才发现:仅仅淘宝网实现的 809 亿元网络零售交易额,就已占到了 2009 年上半年国内社会消费品零售总额的 1.4%。同时,网货交易规模高速增长,社会经济影响也日益明显,此后,人们才开始正视网货的经济力量,并把它作为一种值得关注的社会经济现象来进行研究,"网货"也得到了学界、产业界的高度认可。

## 一、网货的概念

### (一)网货的定义

最早提出"网货"概念的是阿里巴巴集团,他们认为"网货"就是通过互联网渠道进行销售的商品。这个概念在定义上有狭义和广义之分。狭义的网货主要是指通过网络零售渠道(包括 C2C、B2C 等电子商务网站)交易的消费品,这也是被广大消费者所最为熟知的零售类网货;而广义上的网货除消费品外,还包括了 B2B 电子商务销售的工业品、原材料,可以称之为企业间网货。仅就交易额而言,工业品、原材料所占网货交易额的比例较高。

### (二)网货的特点

网货首先是商品,同样受价值规律和供求关系的影响,除此之外还具备以下特点:

（1）价廉。与线下货品同样的来源，因为网络渠道节约了成本，价格往往较线下货品更为低廉。

（2）丰富。因为互联网的长尾效应，不受货架限制，所以比任何一个商场的商品更加丰富，可以是按消费者的需求定制的产品。

（3）真实。货源决定品质，网货是货真价实的商品，假货、水货、A货不算真正的网货。

### （三）网货的分类

#### 1. 按商品形态性质分类

在互联网上销售的产品，按照其形态性质的不同可分为实体产品和虚拟产品两大类。

实体产品也称有形产品或实物类商品，是指具有具体物理形状的物质产品，如普通消费品、工业品等。

虚拟产品也称无形产品，它是相对于有形产品而言的。虚拟产品的最大特点是其物流可以通过互联网在线完成，产品的性质和性能则必须通过其他方式才能表现出来。通过网络进行销售的虚拟产品主要有两类：数字类产品和服务类产品。

（1）数字类产品主要指计算机软件类产品，包括计算机系统软件、应用软件以及电子游戏等。企业通过网络来销售数字类产品时，可以采用两种方式：一种是由消费者直接从网上下载该产品。销售纯数字产品（如计算机程序），是由购买数字产品的消费者用其自配的设备（计算机、MP3播放器等）重建这些文本、图片、影像或音乐，进而直接拥有纯数字信息；另一种方式与有形产品类似，将无形产品通过一定的介质（U盘、光盘等）进行有形化，即将图表（静态和影像的）、文本或声音转化为数字形式，对同样信息的数字版本通过送货上门的方式，送达给网络消费者。

（2）服务类产品可以按照服务产品的性质划分为普通服务产品和信息服务产品两类。普通服务产品指一般的网上服务，如远程医疗服务、网上旅游服务、远程教育服务等；信息服务产品指专门提供有关增值信息和进行咨询的服务，如股市行情分析、信息库检索和查询、电子新闻、研究报告等。

网络商品类型及其常见形式如下表所示。

表2.3.1　网络商品类型

| 商品形态 | 商品品类 | | 举例 |
|---|---|---|---|
| 实体商品 | 普通商品 | | 消费品、工业品等 |
| 虚拟产品 | 数字产品 | | 计算机软件、电子游戏等 |
| | 服务 | 普通服务 | 远程医疗，医疗预约挂号；飞机票、火车票、入场券网上订购；饭店、旅游服务预约；网络交友服务等 |
| | | 信息服务 | 法律咨询、医疗咨询、股市行情分析、金融咨询、资料库检索、电子新闻、电子报刊、研究报告等 |

### 2. 按商品内容分类

按商品的货品内容分类,狭义的网货品类包括服装类、电子数码类、美容类、配饰类、母婴类、家居类、食品类、文体类、服务类、保险类、虚拟类(如充值卡、电子彩票、电子机票)等。

广义的网货品类除了狭义的品类外,还包括机械、五金、汽车零部件、化工、建材等50个大类,以及不计其数的小类。

## 小知识

# 互联网的网货化

互联网对商品的"生产方式、销售渠道、流通过程、产品形态、价格构成"等属性产生持续深度影响的过程即为传统商品的"网货化"。销售渠道的变化只是"网货化"的开端,随着网货化的深入,互联网将为传统商品注入越来越多的互联网服务的价值。

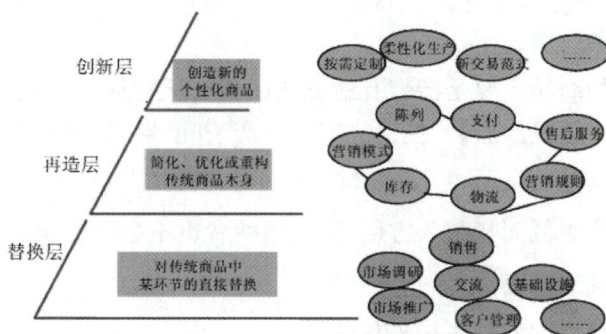

图 2.3.1　商品的网货化层次

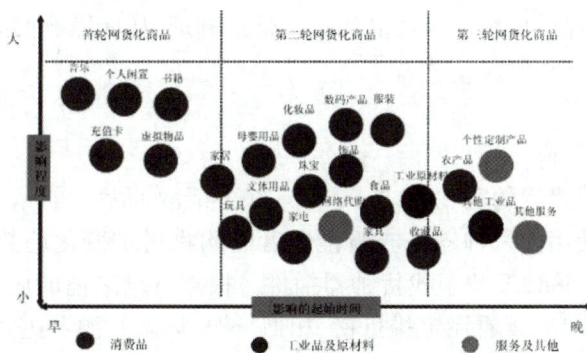

图 2.3.2　不同类目商品的网货化时间及程度

在网上卖古董是否可行?

## 二、适合网络销售的网货

根据行业经验,适合网上开店销售的网货一般具备下面的特征。

### 1. 附加价值高

价值低过运费的单件商品如果不能包邮,一般消费者都会选择线下购买而不会支付运费在网上购买。

### 2. 新奇特商品

新奇特商品有三类:一类是将标准化产品改变外观造型或增加功能特性等,成为新产品,例如设计成各种类型的 U 盘;另一类是 DIY 各种手工艺品;还有一类是个性化定制的商品。

### 3. 具有地域特色的商品

具有地域特色的商品主要是指带有地方或民族文化特征的民间、民族工艺品,以及地方特产等。例如少数民族服饰、挂毯或家乡特产茶叶、果脯、肉脯等。

### 4. 价格合理的商品

如果网下的价格更低而且买入方便,那么消费者也不会网上购买。

### 5. 线下不方便买到的商品

比如外贸和 OEM 产品,或者国外代购商品。

### 6. 体积小、便于运输的商品

物流直接决定网上商品送达买家手中的时间和完整程度,以此为原则,体积大的商品相对于体积小的商品,更容易对商品的运输带来麻烦,从而影响商品的销售。

**任务实施**

为了了解网络消费者的购物需求,玲玲只好去请教前辈。前辈告诉了她一个开好店的小秘密。可以使用找货神器来查看消费者的购物需求变化趋势。得到消息,玲玲兴冲冲的回去登录 1688,下载了找货神器插件。根据自己之前的店铺定位和所掌握的资源情况选择相关商品,查看淘宝排行榜、相似货源、同款货源和进货参谋,并一一做了记录。

| 商品 | 相似货源 | 同款货源 | 进货参谋 | | | | |
| --- | --- | --- | --- | --- | --- | --- | --- |
| | | | 进货利润 | 零售价格区间 | 淘宝月销量 | 在售淘宝店数 | 好评率 |
| | | | | | | | |
| | | | | | | | |
| | | | | | | | |

## 任务二　寻找多种进货渠道

### 任务导入

小惠是大学一年级的新生,英语专业。同班同学来自于世界各国。大家相处的很融洽,所以小惠每年过节都会收到几十个风格各异,来自不同国家的纪念品。这时小惠想起了,自己可以开个淘宝店,将自己国家的礼品送给朋友,互惠互利。同时其他国家的朋友可以送回礼物给自己,自己也可以在网上卖东西赚钱。何乐而不为呢? 说做就做。网店开起来以后,小惠通过日本同学的帮助进了很多日本民族的工艺品,虽然价格很高,但是由于商品在中国是独一无二的,因此,销售很火爆。不到一年,网店的月销售就达到 3 万元以上。

**问题与思考:**

1. 你觉得可以到哪里去采购我们需要的商品呢?

2. 你觉得应该如何防范采购诈骗呢?

### 任务解析

新手卖家刚开始考虑最多的就是货源问题。在明确了自己的经营范围之后,最重要的就是寻找好的货源,要求商品既要有新意,又要做工精细,价格低廉。货源是决定能否成功经营网店的关键。也就是说,不管通过何种渠道寻求货源,控制好商品的质量和成本,做到价格低廉是关键。找到合适的货源,网上开店就等于赚了一半,就有了成功的基础。寻找货源的方法有很多,大家一定要选择适合自己的类型。

### 知识探究

## 一、了解各种进货渠道

### （一）商品批发市场

在开业初期,网店往往规模较小,销量也不会很大,所以一次进货量也不可能很大,如果没有其他特别便利的进货优势,可以去批发市场进货。一般这类综合市场都云集了服装、化妆品、首饰、食品、餐饮用具以及各种生活用品等,基本上覆盖了人们日常生活中所有涉及领域的商品。

#### 1.批发市场进货的优势

（1）能亲身接触商品实物,充分了解商品的质量。

（2）批发市场商品品种齐全,数量充足,卖家有充足的挑选空间。

（3）价格相对较低,对于卖家来说容易实现薄利多销,还有利于网店信用的累计。

（4）进货的时间和进货量都比较自由,适合兼职卖家。

#### 2.批发市场进货的缺点

容易出现货物销售出去以后,批发商对已售商品不负责的情况,应该事先和批发商谈好退换货问题,建立良好的互动关系。

#### 3.在批发市场进货的技巧

（1）列出采购清单。新手在批发市场进货的时候,可以提前列出一个进货清单,把需要采购的货物款式、颜色、数量都一一罗列出来,从而有计划地进行采购。

（2）选好进货时间点。一般批发市场开市时间很早,对于进货量小的新买家而言,为了能够以适宜的价格购买到合适的产品,最好在凌晨4点左右就去市场探寻,因为这个时候批发商一般给出的价格都是批发价,而过了这个时间,商品的批发价格都会比较高,有的甚至会达到零售价格。

（3）要清楚行规。第一次去批发市场的人通常为了省事或者是要证明自己是拿货的,一款商品会拿很多个,这没有必要。因为很多批发的档口假如没有特殊的规定都是混批的,也就是说只要在店里挑款式,不论一款拿多少,只要能够凑到最低起批量,都算批发。当然,不同的行业也会有不同的规矩,例如童鞋,就一定是一款拿所有码才给批发,即便是补货也是一样。

（4）要懂行话,备好行头。在行话里面一般进货都说是"打货",问价一般都会问"怎么拿"。很多进货的卖家会拿不透明的黑色袋子装货,再拖一个便携的小拖车,批发市场的店会更重视,因为他们知道这是经常打货的大买主才会备的行头。

（5）学会明察暗访。首先,观察一下市场里哪一家店的生意总是很好,那么这家店里的商品必定就有热销的理由。要学会让自己在那些人比较多的店里慢慢地挑选,顺便可以多观察一下究竟有哪一些东西卖得比较好,这有很大的参考价值。

(6)注意退换货时间。一般情况下,只要谈清楚,批发商会为你更换有质量问题的商品,但是一定要特别注意,因为批发市场的商品更新得比较快,所以千万不要错过换货的时间。

### 想一想

所在城市大的批发市场有哪些?分别位于哪些地区?

### (二)电子商务网站批发

#### 1. 网站批发的优点

像阿里巴巴这样的网络批发平台上不仅有批发送货,还有小额的拍卖送货,这是很多淘宝卖家喜欢的进货方式。

阿里巴巴有很强大的搜索功能,进货时可以最大限度地货比三家,与商家沟通时尽量使用贸易通,如果有什么纠纷,也能作为凭证之一。

第一次进货时也可以选择本地的厂家或公司,方便上门取货。

#### 2. 网络批发的缺点

网络取货不比批发市场,存在着一定的风险性,所以选择商家的时候一定要谨慎,一定要选择可靠的公司进行交易。

#### 3. 网站批发的注意事项

(1)注意实物与图片对版。网上进货,凭借图片和描述挑选,要注意是否有货不对版的情况。选择实物拍摄的图片能够降低一些风险,切忌过于乐观或者单凭想象。

(2)考虑退换货问题。第一次和厂商合作的时候,一定要按照支付宝的正常流程来操作,收到货之后再确认付款,而不要第一次立即汇款给对方。同时也要先问清楚退换货物的流程与细节,运费到底是由哪一方承担,做到心中有数。假如遇到退换货物问题的时候要学会及时沟通,及时退换。

(3)选择合适的物流发货。因为网上进货是通过物流发货,因此和厂商发货一样也需要注意选择合适的物流公司以及提货地点,以免造成提货成本的增加。

(4)考虑进货数量。网上进货一定有数量方面的要求,一般会要求一个最小起订量。如果凑不齐订量,可以找一些需要一起进货的店主进行联合进货,降低自己的进货成本和库存积压的风险。

(5)注意进货诚信保障。在网站进货时最好选择支持支付宝或是诚信通会员的产品。一般情况下,两年或三年以上的诚信通会员、诚信通指数达到近百或上百的都是比较值得信赖的,具体要看沟通情况。

（6）线下讨价还价。找到货源以后，不要在旺旺上聊一些关于价格和商品之类的问题，可以直接找到联系方式，打电话给商家或老板，直接在电话里面咨询价格以及款式，因为在阿里巴巴上很多的商家的标价是偏高的，打电话咨询还可以再便宜一点。

## 找一找

利用搜索引擎，查看有哪些电子商务供货网站？是否可信？

### （三）网络代销

网络代销就是店主无须采购，只需与网上提供代销货源的网站或供应商达成协议，将给供应商提供的商品图片等数据上传到自己的网店，向买家收取订货资金，再付给商家一定的资金，让其发货，代销者从中赚取差额。

#### 1. 网络代销的优点

（1）网络代销几乎不需要资金投入，很适合新卖家和小卖家。

（2）网络代销也不用准备仓库，不用自己负责物流。商家会在收到定金和资料后直接给买家发货，代销者省了邮寄的麻烦。

（3）网络代销省去了给商品拍照、撰写商品介绍的麻烦，通常从商家那儿拿到的商品图片质量都比较好，更容易吸引买家。

#### 2. 网络代销的缺点

（1）网络代销不能直接接触商品，所以对商品质量、库存和售后服务很难有较大的把握，在挑选商家的时候要尽量找一些比较正规的公司，根据自身的要求选择最合适的。

（2）网络代销虽然有一定的优越性，但涉及第三方交易，利润相对偏低，准备代销的卖家要做好一定的心理准备。

### （四）从厂家进货

一般来说正规的厂家货源充足，信誉度比较高，如果长期合作的话，通常都能争取到产品的调换和退货还款。可是大多数的厂家要求的起批量非常大，因此小规模的卖家不太容易直接从厂家进货。不过有一些不算热销的商品还是能够从厂家进货的。

如果卖家有一定的地理优势和经济优势的话，比如所在的城市是生产厂家比较集中的地方，或者有几家中小规模的厂。这样就可以考虑自己做经销商，直接从厂家进货。

#### 1. 从厂家进货的优点

从正规的大厂家选货，不但货源充足，而且服务态度和信誉有保证，价格也比较低。如果保持长期合作，通常都能争取到滞销换货。

### 2. 从厂家进货的缺点

厂家对一次拿货量和资金有很严格的要求,不太适合小量批发的客户。若进货量大,如果没有足够的销售能力,会造成商品积压。

### (五)与网下实体店家合作

#### 1. 与网下实体店家合作的优点

与实体店合作,可以利用他们的现有资源,从他们那里拿到价格实惠的商品。比如,一些网上化妆品实家与高档化妆品专柜的主管熟悉之后,可以在新商品上市前抢先拿到低至 7 折的商品,然后在网上按专柜 9 折的价格卖出。按照经常性的打折时段定期去打折商场或与厂家进行联系,建立一种长期的合作关系,即为店铺的经营寻找到一个稳定的货源地。

通常在实体店里销售的商品都是经过店主进货挑选的,所以在品种方面一般都比较丰富,而且款式也有很多。

#### 2. 与实体店合作的缺点

价格不可能像自己进货那么便宜,并且有的款式只有一件,假如实体店和网店在同一天卖出了,就不能及时发货。

#### 3. 与实体店合作时的注意事项

与实体店合作时需要注意以下几点。

(1)拍摄商品的时候要带上相关设备、背景以及灯光,在实体店客流量不大的时候去拍摄商品。

(2)在挑选款式的时候选择进货量大、货源充足的款式,以免出现断货情况。

(3)在拍摄图片的同时,要记下商品的名称、编号、尺寸等规格,要和图片一一对应,以免上错架。

(4)始终和店主保持联系,卖出之后需及时询问是否有货,缺货的商品倘若不再进货要及时下架。

(5)发货的时候要检查好质量再发货,以免造成退换的困难。

(6)倘若有必要的话,尽量与店主协商退换事宜,但是实体店退换比较困难,所以要注意规避质量因素产生的退换问题。

**想一想**

在你的周边,你最有可能与哪些实体店合作开展网络销售?

### (六)外贸产品

#### 1. 余单

一般外贸产品一批订单下来,国内的厂家会多安排一定比例的数量生产,以免因质量问题导致交货数量不足。在交完订单之后，剩下的多余数量就会压在仓库当中，这批货就叫作余单。通常国外的订单都要求在一定的时间内不允许出售余单商品，到期之后，厂家就会拿出来以较低的价格出售，但要注意因为已经积压了几年，余单是会有瑕疵品的，款式可能也有过时和不合适出售的，有的卖相也不是特别好。

### 2. 原单

厂商在有的时候因为种种原因耽误了交货，这个时候外贸订单就会整单被拒绝收货。为了挽回损失，厂商可能会以低价或成本价将这些原单流向国内批发市场。

### 3. 尾单

通常厂家在交订单之前，有一些面料和辅料还会有部分剩余，所以厂家可能会采购一些其他的面料来代替原有的面料，从而补充进去再生产一批，而这批货的版还是原版，但是做工和面料都会稍差一点，所以称为尾单。

### 4. 仿单

在厂家交订单的时候，通常品牌商也会一起来收回生产模板。但有一些厂家会应大批发商的要求，仿制一个生产模板，再用上国内的面料以及辅料来生产一批商品。仿单和原单相比还是存在很大的差距，仿得比较好的一般称为 A 货。

### 5. 剪标

真正的外贸商品，品牌商为了维护自己的品牌权益，都会要求厂家将剩余的数量剪掉吊牌、洗水标、商标等一系列能够辨认出"身份"的标志。一些不法商贩为了以次充好，也将尾单剪标，鱼目混珠。但仿单为了能有个好卖相，商标反而是齐备的，只是仿单与原品牌的商标略有不同。通常假的外贸服装衣内的洗涤带、成分标志或者缺少，或者与真货相比都有较大的差别，一般来说那些使用中文做标志的绝对是假货。

### （七）海外货源

货源的寻找不能仅仅局限在国内，完全可以利用网络的无国界来销售国外品牌。国外的一线品牌通常在换季或者在节日的前后，价格都非常便宜。

#### 1. 国外货源渠道的优点

相对于从国内购买，国外代购避免了买到在国内代加工的名牌、高精仿货的尴尬，可以保证买到来自国外的真正原产商品。

国外商品的款式更多，可选择范围更广。某些品牌至今尚未进入中国市场，只能通过国外代购或网购的方式。对于已经进入国内市场的品牌，国外代购可以买到很多国内暂时没有的最新产品或限量版。

#### 2. 国外货源渠道的缺点

购买的商品到手后如果发现不满意，退换货十分麻烦。售后服务无法像国内那样方便，没有售后保障。国外采购商品在长途运输过程，可能遭遇到丢失、损坏等意想不到的状况,快递时间过长,大约需要等待 7~15 天,甚至更长。

### (八)寻找特色货源

网上有很多出售民族特色商品的网店,对于地处少数民族、文明古城,或者有相关渠道的卖家来说,可以选择在这些地方购进有一定特色的商品来出售。

但是此类商品的进货渠道有一定的限制,首先需要当地具备一定的民族文化底蕴,才可能有相对特色的民族商品;其次也需要卖家能够发掘和拓展这些民族特色商品的独特性。有这两点作为基础,网上经营此类商品的利润是相当可观的。

对于小本经营的网店经营者来说,在进货的时候需要花时间细心留意、多看多听多了解。无论是以何种渠道寻找货源,低廉的价格、特色的产品、专业的服务才是最关键的因素,也是网上开店成功的基石。

## 小知识

# 关于商品代销

**一、如何搜寻代销网站**

由于网店代销不需要进货成本,因此很多新开店的卖家都喜欢采用这种方式,但却不知道在哪里寻找代销的商家。在网上寻找代销途径的方法主要有以下三种。

(1)搜索引擎搜索代销商信息

可以通过百度等搜索引擎来搜索代销商信息,如搜索"网店代销",就会找到大量网店代销的信息,这时再从其中对比与筛选出自己感兴趣的商品代销商。当然,如果卖家具有明确的商品意向,可以直接搜索"商品代销",如"化妆品代销"。

(2)关注淘宝论坛

淘宝论坛中有很多专门针对卖家服务与交流合作的板块,在其中除了可以学习其他卖家的开店经验外,还可以找到各种商品的代销与货源信息,如"天猫供销平台"中,就汇集了各类代销与货源信息。

(3)浏览相关论坛

目前有很多针对网店货源或者代销的专业论坛,其中也包含了众多商品的代销信息,可以进入这类论坛中来查找自己感兴趣的代销信息,这类论坛有"掌柜中国""代销之家"等。

**二、如何获取代销资格**

当找到代销商后,需要进入代销商网站(网店)中进一步对代销商提供的商品进行了解,同时查看代销协议,在这个过程中,除了查看代销商提供的各种信息外,与代销商的交流也是必不可少的,通常代销商都会提供 QQ、旺旺或电话等联系方式,卖家可以通过交流把自己对商品或代销存在的各种疑虑全部解决,并最终确定代销。

一般在确定了商品代销后,就需要在代销网站中注册并由服务人员开通代销权限,然后就可以获取代销商品的详细数据。绝大多数代销商都会将商品数据压缩成数据包,卖家只需下载数据包并通过淘宝助理,就可以将商品发布到自己的店铺中了。

三、如何下载代销数据包

取得代销资格后,网站(网店)客服都会主动引导卖家在网站中下载相关的数据包。如果对方太忙,也可以在其网站(网店)上查询相关页面,一般都会有数据包的信息,找到合适的版本下载即可。

采用网店代销模式,销售过程中货物是不经过卖家进货和发货的,因此一些不稳定的代理商,可能让卖家的网店无法经营下去。因此如果要代理销售,最好选择一些规模较大的代理商,并尽可能选择当地的代理商,这样卖家与代销商的交流也更加方便,以后一旦产生纠纷,在同一个地区,解决问题也可以省去很多不必要的麻烦。

## 二、规避进货诈骗

### (一)进货必须遵循的原则

新店主网上开店在进货的时候应该遵循以下几个原则。

#### 1. 诚实守信

店主在进货的过程当中一定要信守合同,做到诚实守信,保证合同的严肃性、合法性以及有效性,将网店和各种相关群体间的关系协调好,从而使自己店铺的销售更加顺利。

#### 2. 以需定进

根据市场的需求决定进货量,避免盲目采购。

#### 3. 勤进快销

勤进快销是加快资金周转、避免商品积压的先决条件,也是促进网店经营发展的必要措施。当然,也并不是进货越勤越好,需要考虑网店的条件及商品的特点、货销情况、进货方式等一系列的因素。

#### 4. 注意季节性

季节性商品又分为季节性生产、季节性销售和常年生产、季节性销售两种类型。季节生产、季节销售的商品采取季初多进、季中少进、季末补进的原则;常年生产、季节销售的商品则应淡季少进,旺季多进。

#### 5. 货比三家

可以向多家供货商咨询,然后从中挑选出各方面都比较适合自己的店铺销售的商品。

#### 6. 依照不同商品的供求规律进货

对于供求平衡、货源比较正常的商品采取少销少进,多销多进;对于货源时断时续、供不应求的商品,要根据市场的需求开辟货源,随时了解供货情况,随时进货;对于那些采取了促销措施,仍然销量不大的商品,则应当少进或不进。

### 7. 先进货后付款

进货之后再付款一是能够赚取更多的利息,二是可以起到规避风险的作用。

### 8. 防止不良存货

进货的时候要根据时尚潮流、消费者的需求等,科学地配货。要确定进货的数量、质量以及种类,什么时候补货及怎样确定补货的数量。要学会预测每种商品在一段时间内的销售情况,根据预测销售情况进货,可以减小库存压力。

### (二)规避进货诈骗技巧

#### 1. 要做好对供货商的网上审查

(1)查网站。一看其是否有独立的网站。有一定经营能力的供应商一般都有网站。二看其网站是否备案。短期行为的不良供货商一般是不会做备案的。

(2)查地址。网上的供货商一定有一个固定地址,即使是骗子也会胡编乱造出一个地址。我们可以利用搜索引擎搜一下公司地址,看该地址与公司名称所包含的地址是不是不相符。另外,还会有可能会搜索到一些受骗者曝光骗子公司的信息。

(3)查黄页。通常各地都会有企业黄页,查找供应商的公司名称。倘若有,看其是如何介绍的,是否和进货的商品类型相符。

(4)看执照。通过实体公司的名称还可以查到相关的营业执照,看一看这个公司是不是确实注册存在,也可以到各地的工商部门官方网站去查询,还可以给当地的工商部门打电话查询 。

(5)查电话。首先去查一下号码的归属地。假如归属地与公司所在地不符的,那么最好还是不要与之交易。其次,可以上网搜索这个电话号码,同样能够看出很多问题,比如这个电话对应的公司名称、公司地址等。

(6)查成交发货记录。任何公司只要正常运营,都会有快递或者邮政发货单号,要求该网站提供最近几个顾客的快递号或者 EMS,根据此号码,可在网上查询是否有成功发送的记录。由于不会显示顾客购物信息,快递公司或邮政部门一般不会拒绝此查询要求。

#### 2. 谨防价格陷阱

利益的诱惑,永远都是受骗的开始。合理的利润是公司生存的基础,如果报价低于普通报价一大截,甚至半价,一定是陷阱。一般来说个别商品低价不足为怪,如果全部商品是低价,一定是陷阱。

#### 3. 供应商是否告诉产品真伪、水货、行货的识别方法

骗子公司自己采用调换重要配件、以假乱真、以次充好、混淆行货、水货的伎俩进行

获利,他们绝不会清楚的告诉顾客识别产品的方法的。

#### 4. 留意汇款途径

实体公司进行交易的时候提供的是公司账号而不是个人账号。最好通过支付宝汇款或者货到付款。

进货时,不管通过哪种途径都要多用心、多用脑、多用耳、多用眼、多用时间,只有这样才能够避免上当受骗。同时还要牢记:低廉的价格、个性独特的商品、周到的服务才是网上开店的关键因素和成功秘诀。

### 拓展练习

加入天猫供销平台(https://gongxiao.tmall.com/index.htm),在天猫供销平台搜索感兴趣的商品,并查看该商品的详细信息,查看供应商招募要求。

### 任务实施

在学习前面的知识后,小惠做了以下工作:

(1)根据店铺定位和资源优势,选择拟采购的商品品类。

(2)利用搜索引擎、1688 等网站,查找采购信息。

公司/市场名称

| 品名规格 | 生产厂家 | 计量单位 | 数量 | 商品单价 |
|---|---|---|---|---|
|  |  |  |  |  |
|  |  |  |  |  |
|  |  |  |  |  |
|  |  |  |  |  |
|  |  |  |  |  |
|  |  |  |  |  |
|  |  |  |  |  |

质量标准、供方对质量负责的范围及期限

交货地点、方式

运输方式及运杂费负担

验收标准、方法及提出异议时间

结算方式及期限

违约责任

解决合同纠纷的方式

其他约定事项

## 任务三 学会规划商品并测款

### 任务导入

经过前面的学习,准备网上创业的王海涛已经充分了解了所在城市批发市场的分布,每个批发市场的物品种类、价格分布等情况,也通过搜索引擎对比了网上批发平台和代销平台的价格。经过几番对比之后,他决定从阿里巴巴采购女装进行销售,但是女装的品类那么多,价格差别也很大,是该选择单品销售还是多品类销售呢?各种价格的品类该进多少数量呢?是一次性采购以获得价格优势还是多批量采购以降低库存压力?采购回来的宝贝能否成为畅销品呢?

**问题与思考:**

1. 个人网店里的商品应该如何分类管理呢?

2. 你觉得可以通过哪些指标来判断商品是否适销对路?

### 任务解析

网络商品的供给和顾客的需求之间不可避免地存在差异,商店里堆放了大量用户不需要的商品,而用户需要的商品又很少。网店商品规划工作就是在明确目标客户群体的消费需求和网络市场特征的基础上,对要上架的商品品类比例、品种结构比例、规格比例、款式比例等进行规划。同时,也考虑季节性、销售周期性、需求预测等因素,制定不同阶段的核心促销商品计划。

### 知识探究

### 一、做好网店商品规划

商品规划是网络商店运营中最基础、常规的工作。丰富而富有弹性的商品组合是吸引网络消费者的重要因素,也是影响网店销售量和网络市场占有率的关键因素之一。

### （一）网店商品规划的概念

#### 1.网店商品规划的含义

网店商品规划是结合外部需求、外部竞争、内部优势，在企业既定经营目标指引下，整合公司的资金、技术、生产、渠道、营销等多方面的资源，以达到产品综合竞争优势最大化和产品组合创造效益最大化。网店商品规划的内容包括商品类别结构规划、商品系列化规划、商品定位规划、商品生命周期规划等。在进行商品规划时需要把握的基本原则是：在适当的时间和适当的地点，以适当的方式，按照适当的价格，提供适当数量和适当质量的商品。

#### 2.商品规划的目的

网络零售虽然不像传统零售商店那样受经营面积的局限，理论上可以无限量地上架商品。但是市场上商品成千上万，并且更新换代速度非常快。如何将有限的系统资源和网站页面上的黄金展位空间分配给畅销而又高利润的商品，是网络零售商需要考虑的重点问题。所以，如何使网络消费者在花费尽可能少的时间成本和精力成本的条件下，最大限度地满足其对网络商品选择的需求，并突出网店的特色，是商品规划的主要目的。

### （二）商品规划的方法

商品规划既是一门科学也是一门艺术，即使是最好的零售商，商品规划也会对其业绩产生巨大影响。传统商品规划的方法，如业态定位法、体系循环法、工作程序法、宝塔展开法、价格带状法、比例构成法、TPOS法、金手指方法等，通常也可以用于网店商品规划，但在实际运用中要注意根据网络商品的特点视具体情况灵活变通和改进。

（1）业态定位法。业态是以经营商品重点的不同而划分的营业形态。正常情况下，不同的业态有不同的商品构成。业态定位法是规划"卖什么商品"的基础，可以认为是商品规划的基本方法。在网上商店业态之中，可以按综合类网店、专门类网店、服务类网店等不同类型而实行不同的商品规划策略。

（2）工作程序法。工作程序法中商品规划的核心工作程序如图2.3.3所示，重点是对商品的调查、分析、改进。

（3）价格带状法。这里有两层含义，其一要求网店自身的商品类别价格层次十分清晰，同一类商品的价格上限与下限有指定目标；其二要求网店密切注意网上、网下销售同类商品的店铺价格，找出适合自己经营的价格空间，灵活有效的与对手竞争。

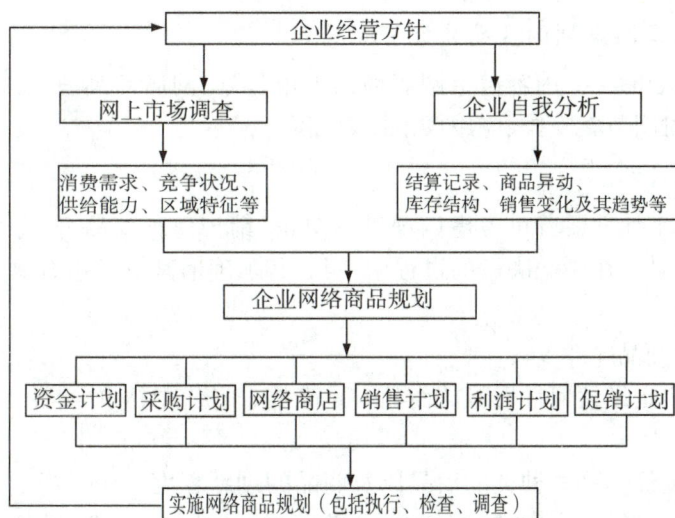

图 2.3.3 工作程序法

（4）比例构成法。网店与实体店铺一样,也需要注意同一品类的商品要适当掌握价格、单品数量的配置,并根据商品品种在营业额与种类中所占的比例不断进行分析,及时调整商品规划。例如,主力商品是网店的中心商品;辅助商品是增加网店的销售和顾客光顾频率和滞留时间的商品;连带商品是主力商品的关联性商品。虽然主力商品一般在种类上占 20% ,在营业额中占 75% ,但仍不能够取消其他两类商品。从网店的商品分工上看,有的商品是增加营业额的,有的商品是创新的,有的商品是刺激顾客的,有的商品是增加气氛的……只有把它们有机组合起来,才构成完善的网店商品图。

（5）金手指方法。主要用于同品类的商品组合上,以手指的五个指头说明。

五个手指从小拇指到大拇指分别代表新品牌、领导品牌、成熟品牌、低价品牌和自有品牌。在同类商品组合时,需要协调好上面五种品牌的关系,既能满足高品质客户需求,也能满足大众消费的心理,同时,还须充分照顾到求廉、求新顾客的要求。这种组合能适应不同顾客在不同时间、不同场合的要求,真正想其所想、求其所求。

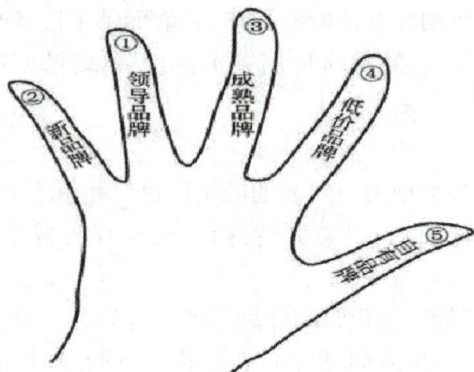

图 2.3.4 金手指法

### （三）网店商品规划的主要内容

网店商品规划的主要内容包括网店商品上市计划、网店商品线上规划以及网店商品的配置规则、时间节奏安排、应用场景规划等。

#### 1. 网店商品计划

网店商品上市计划要着重考虑四项基本决策：销售何种商品、储存多少商品、何时储存和储存在哪里。在制定决策的过程中，网店必须确信其商品组合具有独特性，并与网店定位一致。

1）销售何种商品

首先，必须决定经营何种质量的商品。是高档、昂贵，中档、中等价位的，还是低档、廉价商品。

其次，要决定经营哪些种类的商品以及商品的创新程度。应考虑的几个因素是：目标市场、流行趋势、形象、竞争、顾客细分、顾客反映、成本、营利性、风险、约束性决策和衰退期商品的撤出。

2）储存多少商品

早期的网络零售可以运用零库存运营，但实践表明，对于一些畅销品或热销品保持一定的商品库存量是很有必要的。因此，存储商品的宽度和深度是要计划的。品种宽度指零售商经营的不同商品大类的数量；品种深度指零售商经营的任何一大类商品的多角化程度。在制定经营品种的宽度和深度计划时，必须估测销售额和利润。

对网店来讲，在制定商品上市计划时必须考虑基本存货清单（针对销量稳定的常规商品）、模型存货计划（如时尚类商品）和确保不脱销商品（针对畅销商品）。模型存货计划是目前传统零售商们通常采用的一种手段，网络零售商也可以借鉴使用。例如，服装零售中针对时尚类商品制定计划比较困难，因为这些商品存在需求不稳定、款式变化快、规格和花色繁多的问题。通过模型存货计划不仅可以确定许多流行商品的规格和花色，还可以确定少数不太流行的商品的规格和花色。但目前国内的网店一般来说没有这样的工具支持，因此在制定此类商品计划时，要充分考虑基本满足日均销售或周销售的需求量，不要造成大量的库存，换季时及时采取促销手段，便于商品的及时更新。

实际上，任何种类的零售商，综合使用基本存货清单、模型存货计划和不脱销清单通常是一种好的战略。

3）何时储存商品

为了合理订购商品，必须预测一年内的网络商品销量和其他各种相关影响因素，如高峰季节，订货和送货时间、例行订货和特殊订货、库存流转率、折扣和存货处理的效率等。

网络零售商应根据订货和送货时间计划采购。计算一下处理一份订单要花多少时间，订单被送到供应商后，多长时间才能收到送货。这两段时间加起来，才能较好地确定再次补货的提前时间。

4）在何地储存商品

传统的商店常常选择将多少商品储存在销售现场，多少商品储存在库房，以及是否利用仓库，这种规划的合理性往往决定了在销售高峰值期间是否会造成货架的断档。对于网店来说，可以将商品储存在消费者相对比较密集的区域物流配送中心节点的仓库中。

上述商品上市计划，是网店商品规划的核心内容，其优劣与否，将会直接影响网络零售商的利润。

### 2. 网店商品线规划

1）功效规划——满足消费者功效需求

顾客选择网店的第一因素是其提供的商品能否满足顾客的功效需求。要做到这一点，要从顾客个性化需求的角度出发对商品进行分类管理，而不能从网店营销的角度进行商品管理。

2）价格带规划——满足顾客购买力需求

消费人群是符合梯形分布规律的，也就是高消费人群占少数，低消费人群占多数。从不同价格带的品类数分布来看，越是占多数的顾客群越要准备尽可能多的商品品种，才能满足不同顾客购买力的需求。

3）毛利区间规划——满足顾客认识度需求

顾客对网店商品的认知，大多来自媒体的宣传，越是大品牌的商品，顾客的认知度就越高，对该商品认知的顾客也就越多。而从营销的角度来说，由于网店竞争的影响，越是顾客认知度高的品牌商品，毛利率可能越低，因此就形成了用品牌商品吸客、用高毛品赚钱的营销策略。

### 3. 网店商品配置规划

网店商品配置需要按照商品组合的原则和网络营销方案，有计划、按比例、分波段将货品投放到网络零售平台，落实商品销售计划并把控库存。由于消费者借助网络销售渠道能够更好地表达其个性化需求的差异性，需要差异化的网络营销方案和网络商品组合方案。因此，网店商品配置规划首先要明确目标客户群体的消费需求和网络市场特征，在销售目标确定后规划需求总量，再开始计划具体的商品品类比例、品种结构比例、规格比例、款式配比等。根据销售周期与货品上市时间，对具体的销售量做分解、细化，配算订货、补货比例。同时要注意考虑不同商品的淡旺季销售周期、黄金假日销售时间段，以及可预计的库存数量等情况，依据季节性、销售周期性、需求量预测等因素，提前制定不同阶段的核心促销商品计划。

## 二、测试款式

选择的网货是不是适销对路，要经过市场的检验。因此，小批量采购上架或提前上图测试是必要的步骤。

测新款的前期准备是将商品图片处理好,做成单独一个版面,定好测试周期,然后将版面发布到店铺首页或者商品详情页最下面的部分,最后就是观察数据分析结果。

上架测款时,可通过生意参谋商品分析数据观察商品是否受欢迎,可重点关注以下数据。

商品页点击率,点击率是决定一款商品是否被潜在客户认可的最直接的参考数据;宝贝的浏览量及停留时间;收藏数和收藏率(收藏率＝收藏数/访客数)。

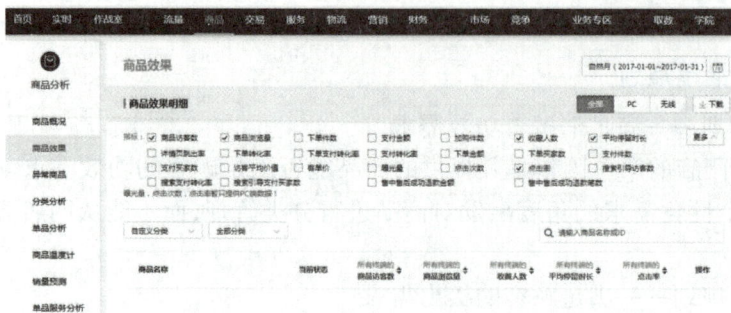

图 2.3.5　生意参谋商品分析

新品测试主要是为了检测即将要进货的或将投入生产的商品是否适合市场,只是样品图片并没有实际库存的,可采用夸张的高价格形式定价,消费者不会直接购买。

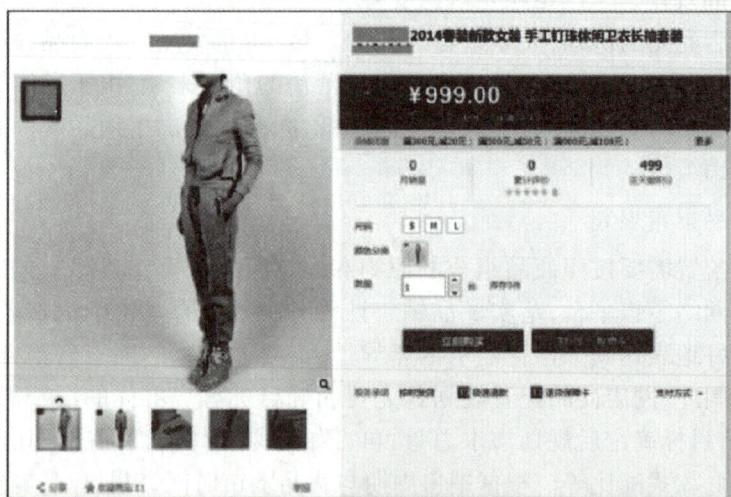

图 2.3.6　新品测款价格设置

如果是小批量采购测试款式是否受欢迎,及时补货和定制的,还可参考以下数据:销量和转化率;好评数量;回头客数。

小知识

# 生鲜店铺的品类管理方法

**全品类的分析**

在进行分析前,需要根据品类对平台的主要贡献,对产品进行分类。主要分为精品类、流量品类、盈利品类、结构品类。最简单的分类方法,按销量和销额维度进行四象限划分。

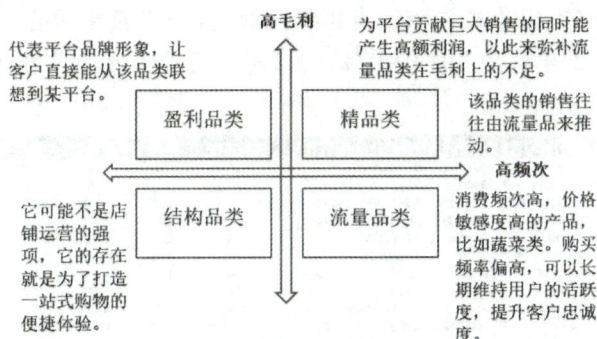

```
                        高毛利
                          ↑
代表平台品牌形象,让                    为平台贡献巨大销售的同时能
客户直接能从该品类联                    产生高额利润,以此来弥补流
想到某平台。                           量品类在毛利上的不足。
          ┌─────────┬─────────┐
          │ 盈利品类 │ 精品类  │        该品类的销售往
          │         │         │        往由流量品类来推
          ├─────────┼─────────┤        动。
          │ 结构品类 │ 流量品类 │                高频次
          │         │         │
          └─────────┴─────────┘
它可能不是店                            消费频次高,价格
铺运营的强                              敏感度高的产品,
项,它的存在                            比如蔬菜类。购买
就是为了打造                            频率偏高,可以长
一站式购物的                            期维持用户的活跃
便捷体验。                              度,提升客户忠诚
                                       度。
```

**图 2.3.7　生鲜店铺品类分析图**

在全品类分析基础上,要判断哪些品类需要调整,以及调整的方向,主要用到 SKU 占比与销额/销量占比进行对比。

| 品类 | SKU数 | SKU占比 | 销售额占比 | 销售量占比 |
|------|-------|---------|-----------|-----------|
| 特色品类 | 227 | 23.6% | 26.1% | 18.8% |
| 蔬菜 | 148 | 15.4% | 12.2% | 23.5% |
| 水果 | 76 | 7.9% | 12.4% | 9.8% |
| 肉类 | 89 | 9.2% | 11.6% | 10.9% |
| 禽蛋 | 54 | 5.6% | 9.3% | 8.8% |
| 水产 | 93 | 9.7% | 9.8% | 7.9% |
| 点心速食 | 115 | 11.9% | 6.3% | 7.5% |
| 乳饮西点 | 61 | 6.3% | 7.0% | 7.3% |
| 粮油副食 | 84 | 8.7% | 3.9% | 3.8% |
| 休闲食品 | 16 | 1.7% | 1.1% | 1.3% |
| 总计 | 963 | 100.0% | 100% | 100% |

**图 2.3.8　数据对比图表**

根据图表,我们可以从以下两个方向进行分析:

(1)品类之间的数据对比。比如"特色品类"有着绝对数量的 SKU 占比以及销售额、销售量占比,而"休闲食品"各个占比最小,这与特色生鲜平台的定位有关;"点心速食"SKU 占比达 11.9%,是否需要淘汰部分商品,是否符合品类规划。

(2)品类自身的数据对比。比如“蔬菜”SKU 占比 15.4%,销额占比 12.2%,而销量占比高达 23.5%。可以说明“蔬菜”整个品类是该平台的流量品类;当然,像“点心速食”“粮油副食”这样 SKU 占比远大于销额、销量占比的品类,即属于结构品类,需要重点优化。“水产”品类,SKU 占比与销额占比虽然相当,但通常水产都属于高单价的品类,其销额占比竟与 SKU 仅占 5.6% 的“禽蛋”品类相当,就需要具体去分析品类的商品结构。

**商品结构与商品组合**

分析品类主要考虑商品结构和商品组合,这里我们使用价格带法进行分析。

1. 将商品基本信息,包括商品货号,大类,小类,商品名称,月销售总额,月平均交易价格,金额占比(该商品销售额占该品类销售额的比例)以及金额叠加占比(比如 1 号商品金额占比 0.15%,2 号商品占比 0.85%,则 2 号商品金额叠加占比 1%)录入表格。我们以“海鲜水产”品类为例。

| 商品货号 | 大类 | 小类 | 商品名称 | 销售总额 | 平均价格 | 金额叠加占比 | 金额占比 |
|---|---|---|---|---|---|---|---|
| 1000000001 | 水产 | 水产干货 | 津品纯紫菜50g | 1434 | 7.6 | 0.15% | 0.15% |
| 1000000002 | 水产 | 海鲜制品 | 国联手打鱼滑200g | 7965 | 8.6 | 1.00% | 0.85% |
| 1000000003 | 水产 | 水产干货 | 深海小海带(丝菜)288g | 1404 | 9.7 | 1.15% | 0.15% |
| 1000000004 | 水产 | 刺身即食 | 即食海蜇丝原味360g | 6095 | 10.0 | 1.80% | 0.65% |
| 1000000005 | 水产 | 淡水鱼 | 小银鱼150g | 11033 | 10.1 | 2.98% | 1.18% |
| 1000000006 | 水产 | 贝壳类 | 蛤蜊肉120g | 2469 | 10.1 | 3.25% | 0.26% |
| 1000000007 | 水产 | 虾蟹类 | 天妇罗棒虾 10尾200g | 14418 | 11.0 | 4.79% | 1.54% |
| 1000000008 | 水产 | 水产干货 | 深海小海带288g | 2900 | 11.5 | 5.10% | 0.31% |
| 1000000009 | 水产 | 软体水产 | 免洗免切净墨鱼200g | 10459 | 12.7 | 6.21% | 1.12% |
| 1000000010 | 水产 | 刺身即食 | 美田屋芥末章鱼100g | 2946 | 13.0 | 6.53% | 0.31% |
| 1000000011 | 水产 | 海水鱼 | 舟山野生带鱼段(2—3两)350g | 15249 | 13.3 | 8.16% | 1.63% |
| 1000000012 | 水产 | 海水鱼 | 舟山野生小黄鱼(7—8条)300g | 2465 | 14.2 | 8.42% | 0.26% |
| 1000000013 | 水产 | 刺身即食 | 海藻沙拉(海草)400g | 5178 | 14.5 | 8.97% | 0.55% |
| 1000000014 | 水产 | 贝壳类 | 花蛤500g | 7860 | 14.9 | 9.81% | 0.84% |
| 1000000015 | 水产 | 贝壳类 | 海牡蛎肉(生蚝肉)200g | 2736 | 15.0 | 10.11% | 0.29% |
| 1000000016 | 水产 | 海水鱼 | 烧烤青花鱼80—100g一条 | 5480 | 15.3 | 10.69% | 0.59% |
| 1000000017 | 水产 | 虾蟹类 | 冰佳领地海捕虾仁红虾仁(100- | 8100 | 15.3 | 11.56% | 0.87% |

**图 2.3.9　录入商品信息**

2. 通过散点图来分析上表。横坐标代表商品平均交易价格,纵坐标代表销额叠加占比。每个点代表一个商品,点与点之间的高度差代表第二点贡献的金额占比。

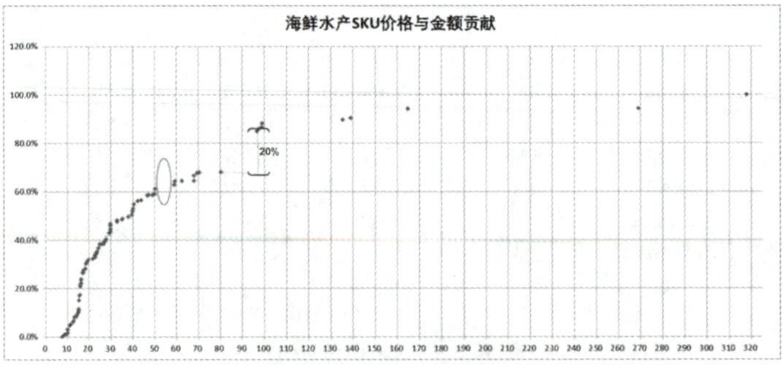


**图 2.3.10　散点图**

通过图表我们可以发现:

(1)水产类受价格带影响较小,高于 95 元的商品依然有很多爆款(一个商品的销售额占比约占 20%);单价高于 95 的商品仅有 8 个 SKU,但却贡献了约 35% 的销额,说明高价格带可以引进高价值的商品。

(2)50~65,80~95 价格带 SKU 空白,可适当引进。

(3)高产出价格带为 15~20 元的商品(该区域价格带曲线点很密集,说明该价格带商品较多;而且曲线非常陡峭,说明销额贡献占比也较高)。

从价格带角度出发,同一品类单品应满足价位分布要求,中间为主,兼顾高低。

以上,就是品类分析的基本方法之一。大家也可以通过商品 ABC 分级,商品周转率,商品品牌库等方法进行补充,优化品类。

**(资料来源:根据人人都是产品经理网@木易 Yang 文章整理)**

## 任务实施

在学习前面的知识后,小王做了以下工作:

1. 选择某一品类的竞店,记录每一款商品的积累销量、累计评论、库存量;

2. 利用 ABC 分类法对其全部商品进行分类。

| 商品名称 | 单价 | 累计销量 | 库存量 | 累计销量比例 |
|---|---|---|---|---|
|  |  |  |  |  |
|  |  |  |  |  |
|  |  |  |  |  |
|  |  |  |  |  |

## 💡 项目小结

本项目共有三个任务。在任务一中,了解了通过互联网渠道销售的网货具有价廉、丰富、真实的特点。特别适合网上开店销售的网货是那些附加价值高、新奇特、具有地域特色、价格合理、体积小、便于运输、线下不方便买到的商品。我们需要经常登录生意参谋查看自己所选类目的销售排行情况。

在任务二中,我们熟悉了八种进货渠道以及每种渠道的优缺点和注意事项。对于小本经营的网店经营者来说,在进货的时候需要花时间细心留意、多看多听多了解。为了进到市场所需的货物并尽快的销售出去,我们需要遵循一些进货原则,规避进货诈骗。同时还要牢记:低廉的价格、个性独特的商品、周到的服务才是网上开店的关键因素和成功秘诀。

在任务三中,我们知道了要经营好店铺,必须进行商品规划。通过业态定位法、工作程序法、价格带状法、比例构成法、金手指方法等方法规划网店商品上市计划、网店商品线规划以及网店商品的配置规则、时间节奏安排、应用场景等。在大规模进货或上架销售前，我们还应该通过生意参谋数据分析进行测款。

货源在网络零售中占据着很重要的位置，选择对的商品，找到好的货源，等于在网络零售中成功了一半。作为新手来说，一定要多看、多听、多问、多想，积累网络零售货源采购的方法和技巧。

## 项目练习

**一、选择题**

1. 以下哪个选品渠道不适合天猫店使用？（　　）

A. 自家地里种的农产品　　　　　　　B. 阿里巴巴一件代发

C. 当地厂家合作代运营　　　　　　　D. 从义乌小商品市场进货

2. 选择阿里巴巴进货时，不可避免会出现下面（　　）问题。

A. 有量的要求，商品质量的不可把握性

B. 货品的品牌价值高，但途径稀少，较难获得

C. 一手货源，较低进价，但供货不稳定

D. 质量、时间、数量等难以把控

3. 网店进货过程中，同一价格区的商品，首先考虑商品的（　　）。

A. 运输成本　　　　B. 售后服务　　　　C. 价格　　　　D. 品质

4. 小琳在日本留学，她想通过做代购来挣生活费，消费人群主要锁定为女性、女大学生，请为她选择出最最适合代购的产品（　　）。

A. 日本绿色有机农副产品

B. 日本卡哇伊和服、校服、lolita 服装等

C. 日本护肤品、化妆品

D. 日本家电

5. 以下说法正确的是（　　）。

A. 选品应该根据店铺特色与顾客人群定位进行选择

B. 网店商品种类应该越多越好，品类应该越齐全越好

C. 个人卖家选品应该选择蓝海品类市场，避免与大卖家的冲突

D. 选品应该在红海品类中，通过精准定位，选择蓝海商品来做

**二、判断题**

1. 从实施的角度来讲，品类管理就是充分地利用数据进行更好的决策。（　　）

2. 从消费者需求出发，提供满足消费者需求的产品和服务是品类管理产生的根源。

（　　）

3.同一品类,即使在不同的商店,都承担着相同的角色。　　　　　　　　（　　）

4.对新品的需求及评估由于很难以数据为基础,因而主要依靠采购人员主观判断。

　　　　　　　　　　　　　　　　　　　　　　　　　　　　（　　）

### 三、综合训练题

1.请对学校所在地或住地周边地区的各种可能用于网货采购的渠道进行考察（要求深入实地进行,学生可以 3～5 人组成一个小组）,撰写一份网络商品采购渠道分析报告。

2.实践活动

| 案例名称 | 网货采购 |
|---|---|
| 工作任务 | 　　小林和小李分头到批发市场进货,小李走进一家店,人很多,小李看中一件商品,大声地问老板:"你这个东西批发价是多少?"老板看了他一眼,没有搭理他,小李就走了。去了另一家店,小李问:"你这个东西最低价是多少?"这次老板报了个价:"50 元一个",接着问了一句:"你在哪里卖啊?"小李说:"我准备在网上卖,这个价格贵了。""那你出价多少?""25 元一个"小李说。"进货都不止啦,一看你就是不懂行的"老板说。结果两个人不欢而散。小李逛了一圈市场没能完成采购任务。<br>　　小林跟小李不同,在出发前,他做了准备,先在网上做好了市场调查,例如,查了一下他进货的商品大概是什么价位,主要有哪些类型,然后向做过生意的姑姑请教去批发市场拿货的沟通要领。到了批发市场,他心中有数,知道自己要采购哪些类型的商品,向老板询价也显得老成:"这个东西怎么卖?"老板说:"68 元一个"。小林:"给个实点的价。"老板:"50 元一个。"小林:"我再考虑看看,给张名片吧,我还有其他的东西要进,你这儿没有,我一起看完再来拿货。"出了店门,小林就在手机上记录下刚才的询价结果,最后货比三家,小林在批发市场上采购到了一批货。 |
| 完成时间 | 15 分钟 |
| 任务目标 | 了解市场进货方法 |
| 任务要求 | 1.小李在进货谈判中出现了什么问题?<br>2.为什么小林能顺利的完成任务? 在进货谈判中应该注意什么问题? |
| 研讨内容 | |
| 研讨成果 | |
| 讨论过程 | |
| 自我评价 | |
| 小组评价 | |
| 教师评价 | |

# 模块三　从新到优

## ——打造网店经营高技能

## 项目一　发布商品并优化商品详情页

### 任务导读

| 任务一　学习拍照 | 任务二　发布商品 | 任务三　优化商品详情页和店铺首页 |
| --- | --- | --- |
| 选择合适的摄影器材 | 上传预填材料 | 调整详情布局 |
| 玩转商品拍摄技巧 | 完善商品信息 | 完善详情页信息 |
| 简单处理商品图片 | | 精装店铺首页 |

### 学习目标

**知识要点：**

1.了解摄影器材选择方法。

2.掌握一般商品的拍摄和图片处理技巧。

3.掌握淘宝店铺商品发布流程,并合理利用其规则。

4.掌握淘宝店铺商品详情页优化技巧。

5.掌握店铺首页精装修模块的设置方法。

**技能培养：**

1.学会搭建摄影棚,能够使用手机拍摄小件物品。

2.能够处理好商品图片并在网店中发布。

## 任务一　学习拍照

### 任务导入

　　徐筱璐是武汉某高职学校的大二女生,自小就醉心西方古典文化,她的网店卖的全是复古风格的衣服。为了挑选到自己满意的商品,她甚至远赴广东淘衣服。找到衣服后,自己做模特,穿上,拍照,再上传到网店上。为了得到好的拍摄效果,她选择的拍照场景多半是在户外,换衣服时,就只能找个隐蔽的地方,楼道、树林、学校教学楼厕所都曾是她的"更衣间"。"没有窗户,非常热,提心吊胆地换,还曾引起小区保安的怀疑。"她说。

暑假期间,徐筱璐一边实习,一边打理网店。"我不走薄利多销的路,坚持自己的复古服装风格。比起经商,我更愿意做一个服饰文化的普及者。"这个女生的梦想很大。

**问题与思考:**

1. 要采集实体物品图片,应该准备那些摄影器材呢?

2. 怎样将不同类型的商品拍得好看、美观呢?比如服饰、数码类产品。

### 任务解析

在实体店中,顾客可以亲眼看到商品,亲手触摸到商品,甚至可以亲身体验到商品,而在网店中,顾客只能通过店铺中的商品照片来感受商品全部。照片拍得清晰、美观,就容易激发顾客的购买欲;反之,照片拍得模糊、阴暗,会影响顾客的购买欲。对于网店经营者来说,为每一件商品拍出至精至尖的照片是成功营销的第一步。

### 知识探究

"工欲善其事,必先利其器。"想要将商品"美"的一面展现在买家面前则需要将商品拍摄得好。要想拍摄出好的商品图,就需要对数码相机和拍摄场景、拍摄方法有一定的认识。

## 一、选择合适的摄影器材

### (一)选择数码相机

目前,数码相机是最方便拍摄网店商品照片的拍摄工具,但这并不意味着需要购买最顶级的数码相机,有一些硬件条件上的制约可以通过打光布景、拍摄经验和技巧来变通,也可以通过后期的图片美化来化腐朽为神奇,普通的数码相机对于新手卖家也是够用的。

#### 1. 了解数码照相机

1)像素与分辨率

电荷耦合元件(Charge - Coupled Device,CCD)是一种半导体器件,能够把光学影像转化为电信号。CCD上植入的微小光敏物质称作像素(Pixel),每个像素就是一个小点,而不同颜色的点(像素)聚集起来就变成一幅动人的照片。一块CCD上包含的像素数越多,其提供的画面分辨率也就越高。

由于CCD边缘照不到光线,因此有一部分拍摄时用不上。从总像素数中减去这部分像素就是有效像素数。因此阅读产品说明书时,要注意可用于实际拍的有效像素数,而不是总像素数。

2)镜头

镜头是指摄影机、照相机或放映机上由透镜组成的光学装置,用来在底片或屏幕上形成影像。镜头和快门镜头的好坏直接影响相机的好坏。

焦距,是光学系统中衡量光的聚集或发散的度量方式,指平行光入射时从透镜光心到光聚集之焦点的距离。短焦距比长焦距的光学系统有更佳聚集光的能力。但长焦距镜头具有放大、接近的效果,适合拍摄商品的图片。

光圈是影响曝光的重要机制之一,通常指镜头组内约 5~9 片的金属薄片所组合的控制装置,可以形成大小不同的圆圈以控制进入镜头内光线的多少。表达光圈大小是 F 值。光圈越大,单位时间进入的光线越多。在变焦镜头上会看到 9.2~28mm1:2.8~3.9 的标示,表示在焦距为 9.2mm 时的最大光圈是 F2.8,而焦距为 28mm 时的是大光圈则为 F3.9。

3)微距拍摄

微距就是将要拍摄的主体拉近、放大,重点在于将微小物体拍成想要的大小。在微距模式方面,各种数码相机能力不一。有的甚至可以贴近至 0.1 厘米左右进行拍摄。

4)其他功能

其他如消除红眼闪光、自平衡、曝光补偿等功能,对于各种环境下的拍摄会有较多应用。

自动白平衡主要针对不同环境下的感光程度而设计,不同的光源会产生不同程度的颜色偏差,可能使颜色偏蓝、偏黄,而白平衡修正可将其修正过来。

### 2. 相机的分类

1)轻巧型

特点是轻薄小巧,方便携带;使用的是潜望式镜头,可以做得很小,类似于卡片;集成度高,成像效果一般。

2)准专业型

特点是具备相对完整的拍摄功能,例如,手动档模式等;体积与重量较轻巧,型大且重些,价格适当。

3)专业级(单反)

单镜头反光照相机,是提供给专业摄影人士使用的高端相机。特点是成像品质一流;配套附件种类繁多,适合于不同场景拍摄;体积大而厚重。其价格也不菲。

图 3.1.1　数码相机类型

### 3. 网店购机基本原则

1）要有微距，方便拍商品细节

目前主流家用数码相机的像素都在 1000 万以上，完全可以拍出非常清晰的照片。多种拍摄模式、宽广的 ISO 值设定范围、高速准确地对焦则是必需的功能，而保证耐用性的金属外壳也是必不可少的考虑因素。

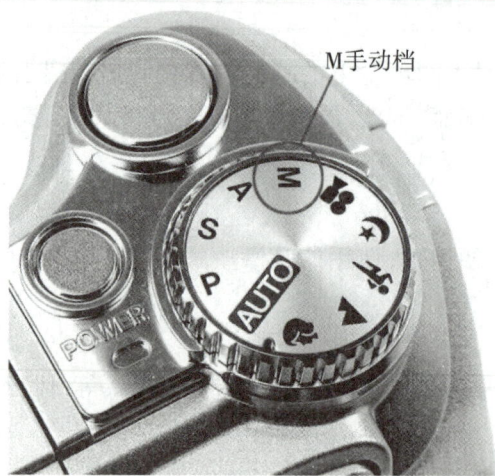

M手动档

图 3.1.2　数码相机手动模式（M 模式）

2）相机要有手动模式（M 模式）

手动曝光可以帮助拍摄者在偏亮或偏暗的环境下，拍出曝光合适的照片。手动模式，通常分为多种，包括快门优先、光圈优先、手动曝光、AE 锁等模式。

3）要有外接闪光灯的热靴插槽

在光线不足的地方，需要在热靴插槽上安装外置闪光灯进行拍摄，在按下相机快门的瞬间，拍摄信号会通过热靴插槽的电子接点传递到外置闪光灯上，从而使闪光灯闪光。

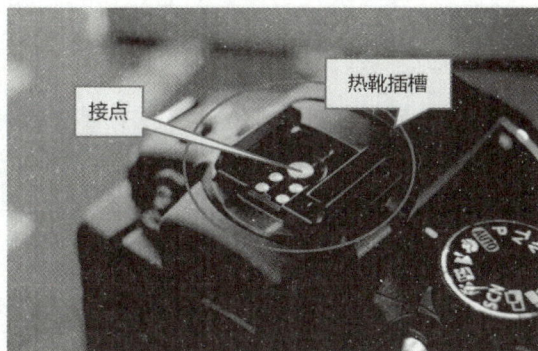

**图 3.1.3 数码相机热靴插槽**

选购带有热靴插槽的数码相机注意事项：

（1）确认热靴插槽内侧是否具备接点，没有热靴插槽的相机，只是具有了单纯的照明底座，无法起到需要的外接闪光灯作用。

（2）有些相机的外置闪光灯接点并不设在机身顶端，而是设在机身侧面，这类接点只能连接该相机制造厂商出产的闪光灯，不能连接使用多种外置闪光灯，因此不属于真正的热靴插槽。

目前市场上相机种类繁多，并且各品牌主流相机的性能也很详尽，在选购数码相机前，可以先到专业数码类网站了解对比，然后结合自己的需求，选购最合适的相机。

### （二）选购合适的三脚架

手持拍摄会因抖动而造成不同程度模糊，这个时候需要用三脚架来稳定。卖家可以根据所销售的商品的大小，来选择高脚三脚架或者矮脚三脚架。绝大多数三脚架都支持伸缩高度调整，这样更便于确定拍摄角度与位置。

### （三）选购适合的灯光器材

要在室内以及阴暗环境中获得更好的商品拍摄效果，辅助灯光是必不可少的。一般的商品拍摄可以有效地利用日光，但是对于室内的环境，则必须使用辅助灯光来帮助拍摄。

目前市场上的数码相机都带有内置闪光灯，能够应付一般的拍摄，不过其性能指标、可能无法完全满足拍摄的需要，这时就需要外接闪光灯来进行辅助拍摄，以达到更佳的拍摄效果。一般常见的专业影楼的闪光灯功率在 600～1200W，对于普通商品摄影者来说，采用 150～250W 的闪光灯就可以了。另外，一般的闪光灯色温都在 5600K 左右，如果同时购买一套灯具，可以测量一下它们的色温是否统一。

闪光灯的回电时间关系到拍摄时的连续性，因此，选购一款回电时间短的产品是不错的选择。

闪光灯需要合理地运用，拍摄某些商品如果使用闪光灯，那么拍摄出的色彩和色调可能与实物偏差较大。而一些本身具备反光材质的商品,更不宜使用闪光灯,如数码商品的屏幕、亮光家具服饰等。

### (四) DIY 摄影棚

为了获得完美的商品图片,许多卖家都纷纷打造起了自己的小规模影棚,以拍摄出专业的效果。

初期开店的卖家完全可以根据自己商品的体积与类型,自制一个 DIY 摄影棚。

### 小知识

## DIY 简易摄影棚

**纸盒摄影棚**

找一个纸盒,把它的一面剪掉,在剩下的三个面里面,平整地贴上白纸,一个简易的摄影棚就做成了。如果经营的是小件饰品,找一个鞋盒子就可以了;如果经营的是稍大的商品,那就找一个稍大些的盒子;如果经营的是大件商品,并且无法找到那么大的盒子,就只好用第二个办法了。

**铁丝框架摄影棚**

首先,计算出摄影棚的大小,如果需要 50cm×50cm×50cm 的摄影棚,那就把铁丝弯成 50cm×50cm 的正方形,一个正方体有六个面,要弯六个大小相同的正方形。为了保证摄影棚的牢固性,一定要选择较粗的铁丝,太细的话很容易变形。

正方形弯好以后,把它们绑在一起,做成一个正方体。每两个重叠的边都要结结实实地绑在一起。铁丝正方体做好之后,做一个白色的布套,白布千万不要太厚,否则影响用光。白色布套只要做五个面,然后在里面衬上一张白卡纸。这样一个自制的摄影工作室就做好了。

有了这个摄影棚之后,只要在它的两侧给出强弱适宜的灯光,就可以拍出精彩的商品图片了。

当然,摄影棚框架还可以用别的材质替代,例如木条、塑料管之类。

如果觉得上面两种办法都有些麻烦,还可以试一试下面的办法。找一面大镜子、一张靠背椅和一张大白纸就够了。在摄影时,将大白纸从椅面一直铺到椅背就可以了,然后将要拍摄的商品摆放到大白纸上,根据光线的需要来转动镜子。

### 拓展练习

分组动手制作简易摄影棚,个人准备纸盒(鞋盒即可),教师准备纸张。

## 二、玩转商品拍摄技巧

### (一)新手卖家摄影技巧

#### 1.选定拍摄的样式

相机不同的举握方式,拍摄出来图像有不同的效果。简单的举握方式有两种:竖举和横举。竖着拍摄出来的照片能够强调宝贝的高度,而横举拍摄强调的是宝贝的宽度。

#### 2.保持相机的稳定

拍摄时相机晃动导致拍摄出来的图像很模糊。拍摄时可以用双手握住相机,将肘抵住脚趾,或者是靠着一个稳定的物体,整个过程身体要放松,不要太紧张。

#### 3.利用合适的光线

摄影是光与影的完美综合,摄影缺少了光线就不能称为摄影。在拍摄时要有足够的光线能够照射到被摄主体上。光线过暗时拍摄,需要用较大的光圈来获得更多的光线,并且会延长快门的时间来增加曝光度。在这种情况下,离镜头较远的部分可能会被虚化,而且容易受到拍摄者身体抖动的影响,从而造成照片不清或虚掉。如果拍摄照片过度曝光会损失细节,这样的图片也没有办法做后期处理。

光线偏冷时拍出的图片会偏蓝,光线偏暖时拍出的图片会偏黄。当光线从物品背面投射的时候,相机物品的正面没有光线;从侧面投射的时候,会让物品的另外一半光线不足,看不清物品的整体或部分细节。所以光线要合适,不能过暗或过亮,不能偏冷也不能偏暖,要从商品的拍摄正面均匀投射,而且不能投射到易反光的商品表面。

#### 4.学会缩小拍摄的距离

有时只需要离被拍摄宝贝稍微近一些,能够得到比远距离拍摄效果更好的图片。有时并不一定要把整个宝贝全部照下来,试着对宝贝的某个非常具有特色的地方进行夸大拍摄,反而能够创造出具有强烈视觉冲击力的图像。

#### 5.学会时常变换拍摄的风格

同一种风格的图片,会给人一种墨守成规的感觉。拍摄时应该不断地尝试新的拍摄方法或者不同的情调,能够为宝贝增添光彩。还可以分别拍摄一些宝贝的全景、特写镜头等。

#### 6.善于增加景深

适当增加一些可以用于显示相对性的参照物,能够显示出宝贝的大小。比如拍摄一个毛绒玩具时,用矿泉水瓶子作为参照物,这样一来大家对它的大小就一目了然了。

#### 7.选择合适的商品拍摄背景

(1)背景颜色。最常用的背景颜色是黑色、白色和灰色 3 种,普遍适用于各种商品。如果商品的颜色比较奇特,选择中性的灰色基本都能够协调。注意,选择背景时物品颜色与背景色要有区别;避免背景杂乱无章,可以选择同色系不同深浅的来搭配;背景不要太艳丽,不然会有喧宾夺主的感觉;要和整体的网页风格一致,切不可不伦不类;背景中的点缀要简单,如果点缀物过大,可以利用近大远小的透视效果,把点缀物放到拍摄物的后面。

(2)背景材质。比较流行的材质有纸质、无纺布、植绒布、仿毛毡等,各有特色,饰品还可以选择有机板或玻璃排出倒影效果。

作为白背景的,最常用之一就是白纸,它的反光率非常高,光线平滑、颜色均匀,并且很细腻,但是缺点非常容易脏而且易被撕破,是易耗品。

其次是无纺布,无纺布有纸的平滑和布的柔和两种特点,上面一般带有小孔,可以用来拍摄大件商品,但是拍摄细节时小孔会比较明显,不细腻。无纺布不宜撕破,可以重复利用。

如果是外拍的话,那么作为白背景的白布就很好了,可以对折,虽说也有纹理,但是作为外拍模特等大背景,纹理是看不清的。

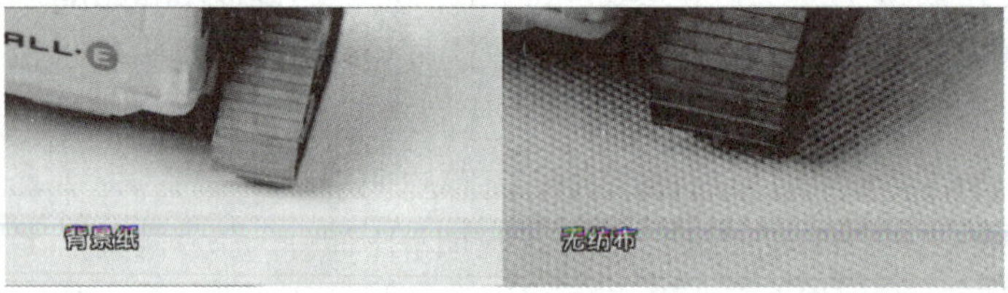

图3.1.4　背景纸与无纺布的对比

植绒布的表面分布有细细的短绒毛,一般在摄影棚内部都是使用植绒布背景,拍摄出来的图片感觉细腻,对光的扩散度也不错。黑绒布是非常吸光的,可以作为纯黑背景,其他如黑纸、黑无纺布等,都有一定的反光,不能营造纯黑的背景。

仿毛毡的表面有比较长的绒毛和纹路,有比较粗糙的感觉,如果希望拍摄出来的画面质感强,其是不错的选择。

有机板或玻璃可以拍摄触倒影的效果,但是要注意避免周围环境的倒影和光线的反射。

图3.1.5　植绒布与有机板的拍摄效果

### 8. 捕获细节

使用广角镜将"一切"东西都囊括在画面中总是很有诱惑力的,但是这样的拍摄会让你丢掉很多细微的地方,有时还是一些特别有意义的细节。此时,适当使用变焦镜头,使画面变小,然后捕捉有趣的小画面。

## 小知识

## 运用正确的闪光灯拍摄法

电子闪光灯又叫万次闪光灯。它发光照度高,但照明时间短(发光时间约为 1/5000 ~1/2000 秒,故快门对闪光灯无控制作用),能与高速快门同步(帘幕快门和钢片快门除外),并能连续闪光,便于快速摄影时使用,是使用得最多的人工光源。

闪光灯属于点光源,照度的强弱变化直接受光照距离的影响,即光照射距离越远,照度(被摄物体直接受光程度)就越弱。

店主可以按以下方法来使用闪光灯。首先确定拍摄对象与照相机的距离,然后按"闪光灯指数(GN)/拍摄对象与照相机的距离(M) = 应用光圈(F)"的公式进行计算,得到当时条件下所应该使用的光圈。比如,闪光灯指数为 24,拍摄对象与相机的距离为 3 米,那么,我们应使用 F8 光圈(24/3 = 8)。当然,也可以先确定拍摄时使用的光圈,然后变换上述公式,用"闪光灯指数/应用光圈 = 拍摄对象与照相机的距离"来确定拍摄距离。

闪光灯指数一般都印刷在该闪光灯的背面。使用闪光灯时,快门速度不得超过相机所支持的最高同步快门速度,但镜间叶片式快门可在任意快门速度下与闪光灯同步。

当然只要在现有条件下尽力拍出高质量的照片就可以了,没有必要投入大量的资金去购买昂贵的闪光灯。

### (二)常见商品的拍摄技巧

#### 1. 服装类商品拍摄技巧

拍摄服饰类商品,有卧拍、穿拍和挂拍 3 种选择。

1)整理好衣服

首先把衣服烫平整,根据服装质地和颜色,按照深色和浅色,粗棉、细棉、毛、丝和混纺几个类别分开,避免后期拍摄重新调整和变换拍摄方式。

2)前期布光准备拍摄

一般平铺拍摄用的是 2 ~ 3 个灯。一个主灯放在被摄体正上或者稍有些角度,输出一般事先调整好,数值为光圈 F11 左右,快门速度恒定 1/125 秒。被摄体左侧放单灯,右侧可以放单灯成一个反光板补光,左右输出要求不等,这样拍摄的图片自然。

3）服装的摆放和拍摄

服装摆放是个有难度的工作。T恤类、卫衣类从腋下到下摆的位置,可以根据衣服的版型把腰身部分的衣服叠一部分到后面;最好不要横平竖直的摆放在地上,可以选择倾斜一定的角度,能让图片看上去更生动;把领口或者袖口跟穿着时那样立起来,或者把衣襟撩起一点,以及把袖子或者衣服中间部分弄出个小褶,可以很好的营造出一些立体感。拍摄时,一般采用M档拍摄。不同类型的衣服稍作调整,比如深色棉质衣服,需要把曝光适当地加,纯白色衣服需要适当减少曝光。丝制、棉加丝类或者毛衣,在拍摄时有反光或者大量纹理,拍摄的数码相机分辨率不够或者反光等原因造成太阳纹。解决这个问题要适当调整光位,或者调整拍摄角度。相机的镜头与被拍摄物中心对准,一般成90°。

**图3.1.6　服装摆放拍摄效果**

4）后期处理

后期处理涉及相机输出格式和PS(Photoshop图片处理),用非压缩格式拍摄(RAW)的文件大,原始数据保留的更多,在PS里自带的BR软件中后期调整余地非常之大,比如色温、曝光、亮度、对比度直接先期调整。其次是在噪点上的控制,再次就是暗部细节的保留方面有优势。

调整好RAW原片后进入PS,这时工作就简单很多了,只需要裁剪、锐化、加标就完成了。在图片存储方面一般用WEB格式存储图片,这样可以精确控制图片大小,对存储图片空间有限的朋友很有帮助。

为了通过照片更加逼真全面地展现实物,通常需要对服饰的各个角度进行拍摄。无论哪种服饰,在拍摄时均要考虑如何能够全面地将服饰的各个层面展现出来。如果是品牌服饰,还可以单独拍摄品牌Logo以及服饰品牌。

在所有商品图片拍摄中,服饰类是最难拍摄的。由于不同的服饰材料不同,拍摄出还原色较好的图片,需要卖家通过多次拍摄来慢慢掌握。

**2. 鞋类商品拍摄技巧**

鞋子是淘宝网上销量比较好的类目,鞋子由于是成双的,因此拍摄时应该更加关注构图模式。

常见的拍摄技巧有 3 种,一是将鞋子以 45°角摆放,一远一近,错落有致,使得整个画面显得饱满;二是将鞋子一正一侧摆放,这样可以让买家看到鞋子的正面与背面效果;三是使用模特穿着后拍摄,让买家看到实际效果。

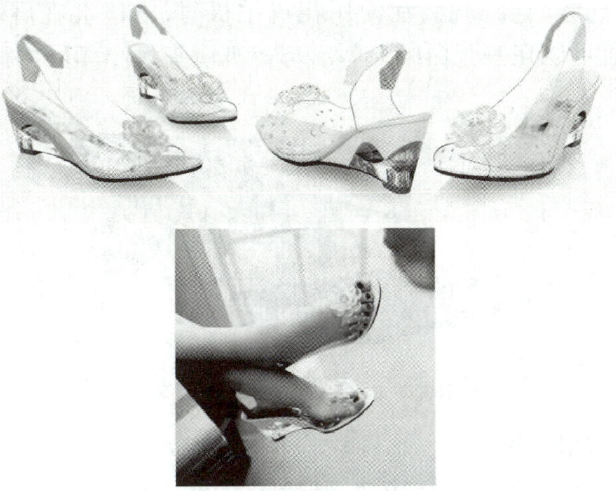

图 3.1.7　鞋子拍摄效果

### 3. 化妆品类商品拍摄技巧

化妆品类商品一般采用盒装或者瓶装,体积较小,在拍摄环境选择上非常方便,如一张桌子、一个凳子均可,为了彰显出质感,可以采用白纸作为背景。另外,很多化妆品采用透明玻璃瓶包装,在拍摄这些商品时,可以采用黑色背景纸,从而突出商品的轮廓与层次。

在拍摄采光方面,由于化妆品类商品体积较小,因此可以因地制宜的选择光源,如室内拍摄可以采用台灯、日光灯等。

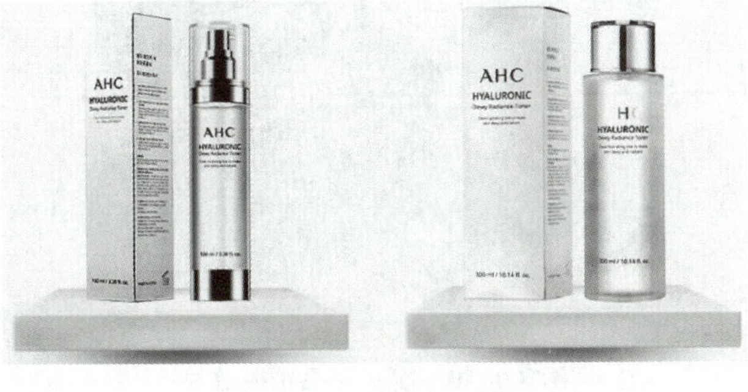

图 3.1.8　化妆品拍摄效果

### 4. 数码类商品拍摄技巧

在拍摄数码产品时应尽量采用纯白或者纯黑的背景。数码类商品同样不需要太大拍摄空间,可以采用鞋盒或者其他纸箱作为拍摄空间,这样做好处是拍摄出的照片布光均匀,而且可以避免由于数码类商品表面光滑而产生的反光或倒影。

对于表面反光的数码商品,不建议使用相机闪光灯,而采用布光比较广泛的光源,同时光源距离商品不易太近。

对于带有屏幕的数码类商品,在使用相机拍摄时,往往会在屏幕中留下相机的倒影。对于这种情况,可以在一张白纸上剪出与相机镜头大小相同的洞,然后将白纸套到镜头上来拍摄。

图 3.1.9　数码商品拍摄效果

### 5. 生活类商品的拍摄技巧

生活用品类商品覆盖的范围比较广,材质体积也不相同,需要根据不同商品的特性来进行拍摄,如体积大的需要较大的拍摄空间、材质较亮的不宜采用闪光灯等。

对于居家类生活用品,可以进行简单的搭配后再拍摄,这样更容易展现出商品在实际使用中的装饰效果。

拍摄生活类商品最重要的就是白平衡,也就是将商品的原色在照片中展现出来,这也需要卖家根据不同商品和不同环境来反复调整。

图 3.1.10　厨房用品拍摄效果

### 6. 箱包类商品的拍摄技巧

在拍摄箱包时,应该在包里放一些填充物,展示包包的立体感。箱包的拍摄可以是平面拍摄,也可以是模特背着拍摄。箱包的拍摄注意将细节展示到位,如拉链、Logo、挂件、箱包内部等。

为了便于买家了解箱包的实际大小,还应该摆放一些对比物,让买家有直观的感受。

图 3.1.11 箱包拍摄效果

#### 7. 水晶玉器类商品的拍摄技巧

在室外拍摄,要选择好光线,不要让阳光直射到商品。可以在旁边放些点缀物,如花草之类,增强图像的美感,吸引眼球。

用仿羊绒垫子(白色)拍摄物品时要很好地掌握相机的曝光度,否则拍摄出的背景大多发灰,有时候发白。

室内拍摄,建议使用太阳灯灯泡的台灯。但太阳灯灯泡照出来的照片会泛黄光,这时候要将白平衡调整到太阳灯的位置。一般有,日光、阴天、太阳灯、日光灯等几档。

图 3.1.12 玉器拍摄效果

**拓展练习**

使用手机在简易摄影棚里拍摄小件商品(书本、笔、眼镜、手表、饰品等)。

### 三、简单处理商品图片

一般情况下,拍摄完成的商品图片可能因为光线不好或者其他的原因,而出现瑕疵,如果不做处理直接上传会影响商品的形象。为了更完美地表现商品的特性,通常用软件 nEO iMAGING(光影魔术手)和 Photoshop 进行修改。

光影魔术手是一个对数码照片画质进行改善及效果处理的工具软件。它简单易用,不需要任何专业的图象处理技术,就可以制作出专业胶片摄影的色彩效果。它的缺点是功能不够全面,部分图片处理仍需要借助 Photoshop 才能完成。

Photoshop 是世界上公认的最好最全面的图片平面设计软件,该软件具有界面友好、图像处理功能强大等优点,缺点是操作较复杂,需要比较专业或熟练的操作技巧。

实际中,一般结合二者的优点综合应用。用光影魔术手来完成图片大小、图片亮度色彩、白平衡的调整、图片锐化、添加水印、批处理等,而用 Photoshop 来完成抠图等。下面分别使用两个软件来完成图片的一般处理。

**(一)光影魔术手处理图片**

**1. 图片的一般处理**

1)图片大小的调整

用市场上主流数码相机拍摄出来的图片分辨率较高,像素较大,而淘宝网站对商品图片的分辨率和大小都有一定的限制,所以必须要对图片大小进行调整。

(1)启动光影魔术手,选择要调整的图片。

图 3.1.13　启动光影魔术手打开图片

(2)工具栏中点击"尺寸",在弹出的对话框中输入合适的宽度和高度像素,或者调整百分比。选择后点击"确定",并保存。

**图 3.1.14 光影魔术手尺寸功能**

（3）在弹出的对话框中,还可以点击"尺寸"右侧的箭头,在弹出对话框中直接选择适合图片的尺寸,选择后保存即可。

**图 3.1.15 光影魔术手自动尺寸设置**

2）图片亮度色彩的调整

有时拍的商品图片昏暗、亮度不够,或者色彩不够亮丽,通过光影魔术手可以将图片的亮度、对比度、色彩进行相应的调整,使图片更加亮丽、鲜艳。

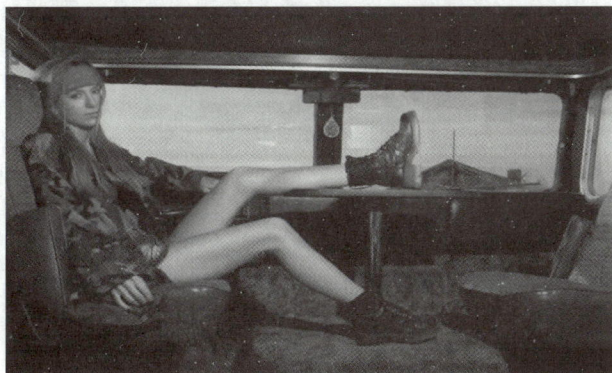

**图 3.1.16 示例图片**

比如,上面这张图片色彩有些暗,用光影魔术手打开后,在右侧有一栏"基本",有亮度、对比度、色度、饱和度等参数设置。此照片需要调光,点击"亮度调节",慢慢调节看看效果如何,点击确定。

图 3.1.17　光影魔术手基本调整

如果只是需要整体的调光,那么可以用"一键设置"中的"一键补光"。"数码补光"何"数码减光"是对相片的补光效果不明显的时候再使用。"清晰度",是对一些相片的立体效果进行修改,对一些过于模糊的图片做调整。

"色阶"的调整是对相片颜色深浅的最好反映。"曲线"是对相片各个位置的光暗以及对比度的调整,可以动手试试看一看效果,如果在中间位置要调光就在中间线调上,反之调向下,如果需要相片的旁边调光暗,就在中间线的下方角调高调低,上方角也是同样意思。

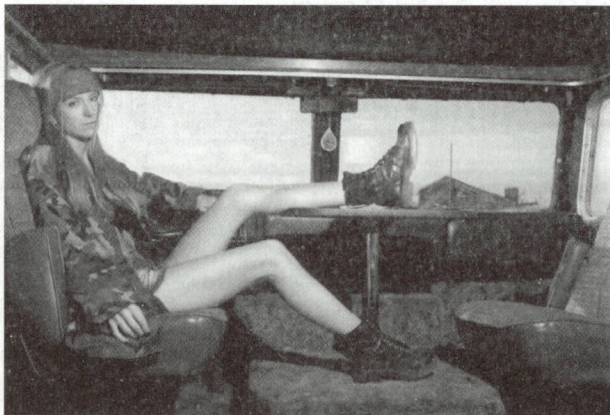

图 3.1.18　调整后示例图片

**图3.1.19 曲线调整示例图片左下方颜色深浅效果**

3）自动白平衡

自动白平衡功能对于略微有点偏色的照片,可以进行自动校正。

用光影魔术手打开图片,在右侧菜单栏一键设置中可以看到"自动白平衡""严重白平衡""白平衡—指键"三个选项。前两项均为自动选项,不需要设置参数,只要选择就可以看到照片中的变化效果,可以先使用"自动白平衡"和"严重白平衡"看能否修正效果,如果不能达到满意的效果,那就要用"白平衡—指键"了。

**图3.1.20 "自动白平衡"设置之后的图片效果对比**

"白平衡—指键"是针对相机白平衡表现不准确的色彩校正工具,可以比较精确地校正相机在拍摄现场时白平衡设置不当引起的照片偏色。点击打开该选项的对话框,在对话框底部有两个单项选择,"轻微纠正"和"强力纠正",这需要根据照片的偏色程度进行选择,一般出现了严重偏蓝或偏红要使用"强力纠正"才行。点击"使用方法"弹出使用说明。(请在左边的原图中移动鼠标,移动到一个实际颜色应该是灰色、黑色或者白色的物体上(这种灰色物体如墙壁、纸张、水泥等),然后点击鼠标左键,观察右边的校正结果即可。)

**小知识**

# 白平衡

白平衡英文名称为 White Balance。物体颜色会因投射光线颜色产生变,在不同光线的场合下拍摄出的照片会有不同的色温。例如以钨丝灯(电灯泡)照明的环境拍出的照片可能偏黄,一般来说,CCD 没有办法像人眼一样会自动修正光线的改变。在正常光线下看起来是白颜色的东西在较暗的光线下看起来可能就不是白色,还有荧光灯下的"白"也是"非白"。对于这一切如果能调整白平衡,则在所得到的照片中就能正确地以"白"为基色来还原其他颜色。

**图 3.1.21 "白平衡—指键"设置之后的图片效果**

4)锐化图片提高清晰度

数码相机成像的照片都会有点虚,质感不突出,但产品图的要求很高,尤其是在质感的体现上,因为在触摸不到产品的情况下,只能通过视觉来感受材质的质感。质感,就是将图片的细节对比更清晰,专业的描述叫作"锐化"。

在光影魔术手中打开图片,点击右侧一键设置的"一键锐化"按钮,即可得到锐化后的图片,如果一次点击效果不明显,可以多次点击。

**图 3.1.22 "锐化"效果对比图**

锐化工具可以快速聚焦模糊边缘,提高图像中某一部位的清晰度或者焦距程度,使图像特定区域的色彩更加鲜明。但前提是一定要适度。锐化不是万能的,过度锐化很容易使图片不真实。

### 2.图片美化效果

#### 1）给图片加边框

为了让图片看起来更有美感,可以给图片加上边框。在光影魔术手中打开图片,点击工具栏中的"边框"按钮,有多种边框可以选择,选择一个想要的边框效果,进入边框编辑界面,如"撕边边框"。在边框编辑页面中,选择喜欢的边框样式,左键单击即可看到效果,点击"确定"完成设计,然后保存即可。

如果需要从多个角度展示产品,可以利用"多图边框"来实现。点击"多图边框"进入编辑页面,然后添加相关图片,在左侧选择喜欢的样式,点击"确定"即可。

制作多图边框时需要注意:尽量将相关的商品图片放在一张图片上;选择适合自己商品的多图边框;图片不要太大,否则容易引起图片在宝贝描述中打不开或打开速度慢。

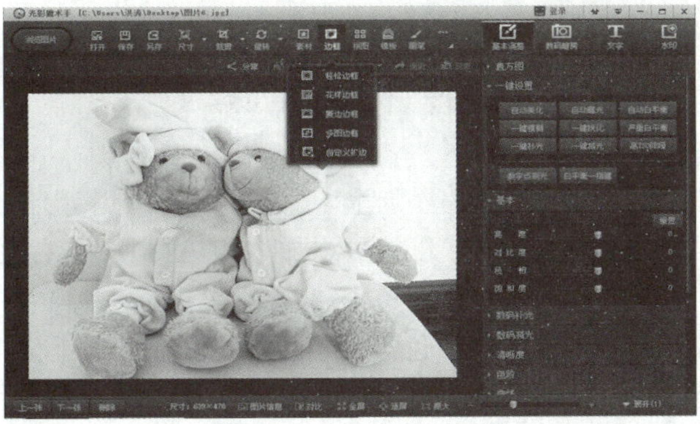

图 3.1.23　"边框"功能

图 3.1.24　"撕边边框"效果图

图 3.1.25 "多图边框"效果图

2）给图片加水印

为了防盗图或者美观需要给图片添加水印，水印分为"图片水印"和"文字水印"。

（1）文字水印。用光影魔术手打开想要添加水印的图片，在右上角单击"文字"选项。然后在软件右侧会出现文本框和工具栏，在文本框中输入想要添加的水印文字，在下边的工具栏调整文字大小、字体、颜色等，最重要的是调整透明度。也可以通过图片上的"文本框"调整位置、大小、倾斜度等。

（2）图片水印。添加图片水印需要事先制作好水印图片。点击软件右上方"水印"按钮添加图片水印。在"融合模式"中选择"正片叠底"，再通过下方的工具调整透明度、倾斜度和大小。

图 3.1.26 "文字水印"效果图

图 3.1.27　"图片水印"效果图

### 3. 批处理图片

为了提高工作效率,可以将一批图片做相同处理。打开软件,在界面的左上角找到"浏览图片",在弹出的对话框中,找到图片所在文件夹,打开,选择全部图片,然后点击"批处理",进入批处理动作页面。光影魔术手提供了很多动作选项。例如调整尺寸,添加边框,添加文字,添加水印等。选择需要的批处理动作,输入相应参数进入下一步,设定输出要求即可开始批处理。

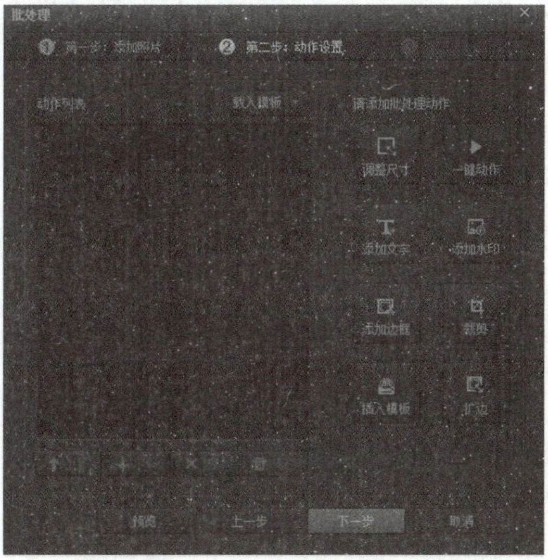

图 3.1.28　批处理图片

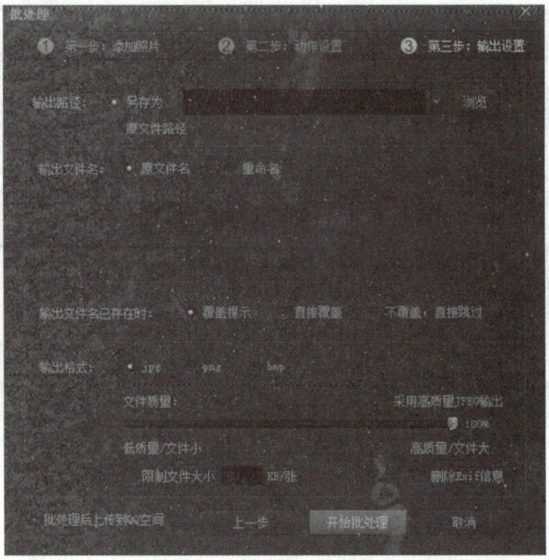

**图 3.1.29 批处理输出设置**

需要注意的是,要做批处理的照片本身的质量要比较高,并选用统一的背景,而且图片亮度比较平均,不需要做太大起伏的调节的,例如在摄影棚内照出的图片;或者对单张图片处理要求不高的,只需要改变图片大小或加上水印;对已经在 PS 里面调整好图片亮度以及背景,只需要加上统一的水印或者图框的情况下,也适合采用批处理方式进行图片处理。

**拓展练习**

准备 4 张宝贝图片,根据店铺的风格对它们进行批处理。要求如下:

(1)缩放宝贝图片。(放大或者缩小都行)

(2)校正产品颜色。(根据实际需求来校正)

(3)给宝贝加专有的水印。(结合图片水印和文字型水印,再加上个人淘宝店铺 Logo 或地址)

(4)给宝贝加漂亮的边框。(如果没有适合的,可以下载)

(5)存储图片大小要注意,不能超过 120KB。

(6)尝试使用批处理的超强功能。

**(二)Photoshop 处理图片**

Photoshop 功能强大,前面利用光影魔术手对图片所做的处理,Photoshop 当然也能实现,但由于其操作相对专业,对于一般卖家来说,只用它来处理一些复杂的工作,比如抠图。

**图 3.1.30　PS 基础界面**

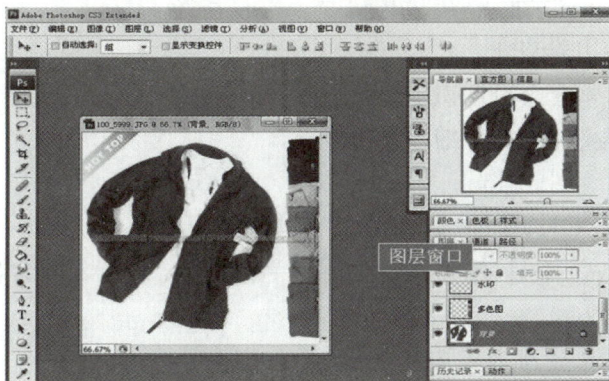

**图 3.1.31　PS 图层界面**

### 1. 抠图方法

最常用的抠图方法有:魔术棒法、色彩范围法、磁性索套法、(索套)羽化法、(索套)钢笔工具法和蒙板抠图法。

1)魔术棒法——最直观的方法

适用范围:图像和背景色色差明显,背景色单一,图像边界清晰。

方法意图:通过删除背景色来获取图像。

方法缺陷:对散乱的毛发没有用。

使用方法:

(1)点击"魔术棒"工具。

(2)在"魔术棒"工具条中,在"连续"项前打勾。

(3)"容差"值填入"20"。(值可以看之后的效果好坏进行调节)。

(4)用魔术棒点背景色,会出现虚框围住背景色。

(5)如果对虚框的范围不满意,可以先按 Ctrl + D 取消虚框,再对上一步的"容差"值进行调节。

（6）如果对虚框范围满意,按键盘上的 Delete 键,删除背景色,就得到了单一的图像。

2）色彩范围法——快速

适用范围:图像和背景色色差明显,背景色单一,图像中无背景色。

方法意图:通过背景色来抠图。

方法缺陷:对图像中带有背景色的不适用。

使用方法:

（1）颜色吸管拾取背景色。

（2）点击菜单中"选择"功能里的"色彩范围"功能。

（3）在"反相"项前打勾,确定后就选中图像了。

3）磁性索套法——方便、精确、快速

适用范围:图像边界清晰。

方法意图:磁性索套会自动识别图像边界,并自动黏附在图像边界上。

方法缺陷:边界模糊处需仔细放置边界点。

使用方法:

（1）右击"索套"工具,选中"磁性索套"工具。

（2）用"磁性索套"工具,沿着图像边界放置边界点,两点之间会自动产生一条线,并黏附在图像边界上。

（3）边界模糊处需仔细放置边界点。

（4）索套闭合后,抠图就完成了。

4）（索套）羽化法——粗加工

适用范围:粗略的抠图。

方法意图:粗略抠图,不求精确。

方法缺陷:图像边界不精确。

使用方法:

（1）点击"索套"工具。

（2）用索套粗略地围住图像,边框各处要与图像边界有差不多的距离;这点能保证之后羽化范围的一致性,提高抠图的精确性。

（3）右击鼠标,选择"羽化"功能。

（4）调节羽化值,一般填入"20",确定后就粗略选中图像了。羽化值的大小,要根据前一步边框与图像的间距大小调节。

5）（索套）钢笔工具法——最精确、最花工夫的方法

适用范围:图像边界复杂,不连续,加工精度度高。

方法意图:完全手工逐一放置边界点来抠图。

方法缺陷:慢。抠一个图连手脚指都抠的话,要 15 分钟左右。

使用方法：

钢笔工具法步骤如下：

（1）索套建立粗略路径。

①用"索套"工具粗略圈出图形的外框。

②右键选择"建立工作路径"，容差一般填入"2"。

（2）钢笔工具细调路径：

①选择"钢笔"工具，并在钢笔工具栏中选择第二项"路径"的图标。

②按住 Ctrl 键不放，用鼠标点住各个节点（控制点），拖动改变位置。

③每个节点都有两个弧度调节点，调节两节点之间弧度，使线条尽可能的贴近图形边缘，这是光滑的关键步骤。

④增加节点：如果节点不够，可以放开 Ctrl 按键，用鼠标在路径上增加。删除节点：如果节点过多，可以放开 Ctrl 按键，用鼠标移到节点上，鼠标旁边出现"—"号时，点该节点即可删除。

（3）右键"建立选区"，羽化一般填入"0"：

①按 Ctrl + C 复制该选区。

②新建一个图层或文件。

③在新图层中，按 Ctrl + V 粘贴该选区。

④取消选区快捷键：Ctrl + D。

注意：此工具对散乱的头发没有用。

6）蒙板抠图法——直观且快速

使用方法：

（1）打开照片和背景图。

（2）点击移动工具把照片拖动背景图。

（3）添加蒙版。

（4）前景色设为黑色，选择画笔"45"。

（5）这样就可以在背景上擦，擦到满意为止。如果万一擦错了地方，只要将前景色改为白色，就可以擦回来。

注意：

（1）制作的时候一定要精细，不断地调整笔刷的直径和软硬参数，不能凑合。

（2）蒙版是可以修的，发现那里不合适，就重新进入蒙版作修饰。

（3）如果整体图像都带有一个边缘，可以在蒙版中做一个像素的最低限度处理。

### 2. 实战演练——魔棒工具抠图

这里我们介绍一下魔棒抠图法，这是 PS 抠图方法里面最简单的一种，适合 PS 新手。其他方法将在相关课程中讲授。魔棒抠图法适合的情况是：背景是纯色，且主体物和背景有明显的色彩明度反差。

另外,我们还需要知道几个术语:

容差:所选取图像的颜色接近度,也就是说容差越大,图像颜色的接近度也就越小,选择的区域也就相对变大。

连续:指选择图像颜色的时候只能选择一个区域当中的颜色,不能跨区域选择。比如,如果一个图像中有几个相同颜色的圆,它们都不相交,当选择了连续,在一个圆中选择,这样只能选择到一个圆,如果没点连续,那么整张图片中的相同颜色的圆都能被选中。

我们先从简单的入手。在 PS 中打开下面这张照片,可以看到这是一张纯白色的背景,然后选择魔棒工具。使用魔棒工具点击图中的白色背景部分即可,然后删掉背景,扣图就完成了。

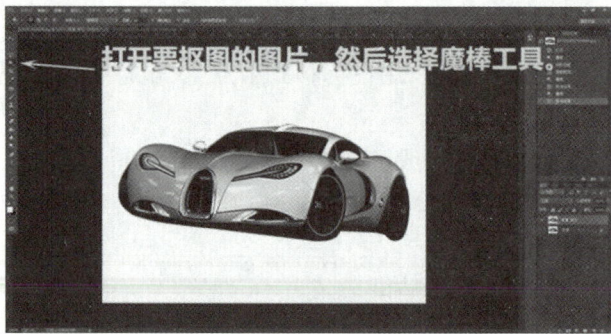

图 3.1.32　纯色背景图

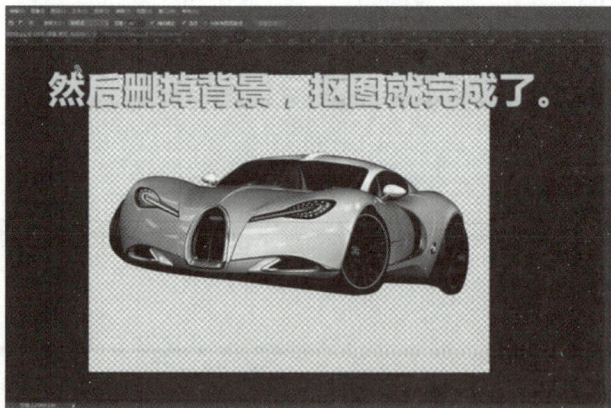

图 3.1.33　纯色背景图抠图完成

对于简单的图片抠图来说,魔棒是最快速、最简单的,但是它也会遇到一些问题,比如下图需要将花抠出来,使用魔棒时候,发现点击背景无法完全覆盖花朵,这是因为容差值过大造成的。

**图 3.1.34 图像与背景相近图**

那么,需要适当的改小容差数值,然后重新点击背景,就可以完全的选择图像了,至于容差值改到多小合适,由于每张图片都不一样,要慢慢尝试,找到最合适的数值。当图像绝大部分被留下时,删除背景即可。

**图 3.1.35 调整容差值后的背景选取**

**图 3.1.36 图像与背景相近抠图效果**

**拓展练习**

准备一张宝贝与背景色对比度明显的图片,利用魔棒工具抠图改换图片背景。

**任务实施**

在学习前面的知识后,小徐做了以下工作:

(1)铁丝制作摄影棚、购买太阳灯、购买三脚架;

(2)拍摄衣服图片:卧拍、挂拍和穿拍;

(3)利用光影魔术手处理图片大小、添加图片水印。

## 任务一　发布商品

**任务导入**

经过将近两个月的准备,小伟的网店初步装修完成,商品采购、拍照完成,现在万事俱备只欠商品上架了。小伟了解到发布商品看似简单,因为操作流程是固定的,但是要把商品发布好却是不容易,它不但要求发布人准确了解商品的基本信息,还要注意通过准确选择类目、合理组合标题、设置宝贝卖点、运费设置等操作达到营销目的,既不违反淘宝平台管理规定,又能最小成本的将产品推销出去。

**问题与思考:**

1. 你觉得哪些细节会影响商品的发布?

2. 你觉得有哪些因素会影响商品在淘宝搜索页中的排名呢?

**任务解析**

商品的发布流程并不复杂,但发布商品并不只是将商品上传到网页上那么简单,商品的名称、定价、描述等细节会影响到顾客是否能搜索到这个商品,顾客对商品的第一印象是否良好,是否会影响顾客的购买决定?

**知识探究**

淘宝网店发布商品主要分两步:上传预填材料和完善商品信息。

## 一、上传预填材料

进入"卖家中心"—"宝贝管理"—"发布宝贝"。

### （一）上传商品主图

本步骤需要上传 1 张商品主图、4 张商品正面图（最后一张要求百色背景），点击添加图片方框里的"＋"即可。上传图片前，应先将图片上传到素材中心，并做好分类，这样可以提高效率。如果未能提前上传，也可以点击右上角"上传图片"按钮，直接上传，还可以添加水印和调整图片宽度。

注意：宝贝主图大小不能超过 3MB；700px×700px 以上图片上传后宝贝详情页自动提供放大镜功能。商品图片中的一张设为淘宝直通车推广创意时，更新此图片会同步至淘宝直通车创意。

目前淘宝平台支持上传高清正面商品主图，直接快速智能识别及填充商品信息、智能选择发布类目。上传清晰商品正面图，还可以自动生成白底图。

如果有商品含条码，可选择上传商品条形码，这样可提高 70% 的商品识别准确率。

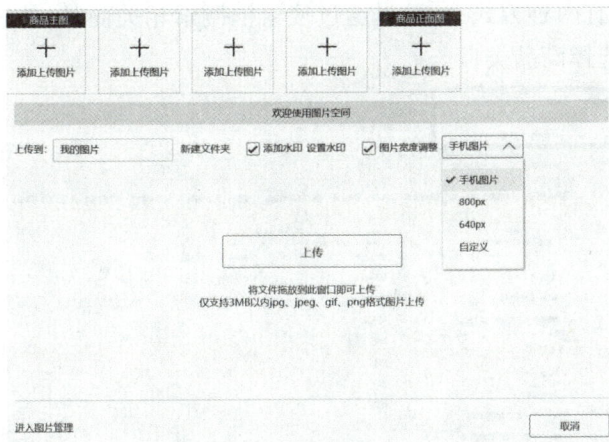

**图 3.1.37 商品发布上传图片**

上传商品图片之后，平台会自动识别类目，如果没有问题，可以进行下一步。如果不对，可以修改。

**小知识**

## 主图添加技巧

主图既显示在宝贝搜索页，也是买家进入详情页看到的第一幅图片，所以主图非常重要，必须要精致美观，体现买家关注的焦点，可以加边框和促销信息，并与背景要形成鲜明的对比。

主图最好能体现成交焦点词。宝贝图片不能盗图盗链,不能多次使用同一张图。

有些类目还可以添加宝贝长图。长图横竖比必须为2∶3,最小长度为480px,建议使用800px×1200px,若不上传长图,搜索列表、市场活动等页面的竖图模式将无法展示宝贝。在无线搜索结果页,发布了长图的商品会优先展示长图。

**图 3.1.38　主图体现成交焦点词**

### (二)添加商品类目

商品类目添加有两种方式,一种是通过搜索框搜索相关商品,然后确认搜索结果即可;另一种是手动选择商品类目。

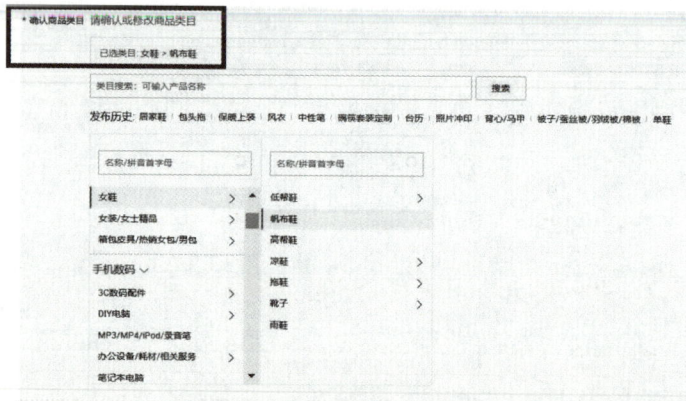

**图 3.1.39　商品发布选择类目**

在类目发布页面的最左侧的是一级类目,从左往右分别是二级类目、三级类目等,三级类目一般是商品品牌名。

如果不确定应该选择什么类目,可在类目搜索框中输入品类主关键词,点击快速找到类目,系统会列出所有匹配的类目,往往排得越靠前的越是优质类目。最右边也有对照的宝贝图片,选择最适合的。

如果不知道自己的宝贝属于什么类目千万不要凭空想象,错放类目轻则通不过审核,重则可能会导致商品被下架、删除或降权。

宝贝发布以后,如需修改宝贝类目,可在"出售中的宝贝"或"仓库中的宝贝"中点

"编辑",在打开的宝贝编辑页面点"编辑类目"即可修改宝贝所在类目。宝贝类目修改后,宝贝部分属性需要重新填写。

淘宝允许部分类目商品在发布后更换类目,但有些商品要更换类目只能重新发布,不能做直接变更。比如,虚拟类目限制更换成实物类目。需要注意的是,限制互转的类目会随着管控而增多,或大促活动期间会有临时限制互转;部分类目下更改一级类目会影响到之前累计的销量被清除。

### (三)添加品牌信息和货号

品牌名必须填写,货号可选填。品牌信息可以直接在下拉列表框中选择,如果没有合适的选型,需要进行品牌申请。

点击"点击申请",在弹出的页面的品牌名框中,输入需要申请的品牌名,然后点击"选择类目路径",在弹出的下拉列表框中选择正确的类目(一次只能选择一个叶子类目),然后点击"确定"—"查询"。点击后会出现#有查询结果#和#无查询结果#两种情况。

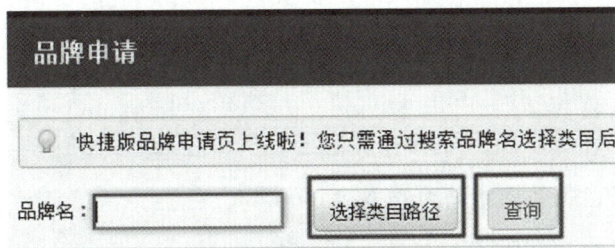

**图 3.1.40　品牌申请第一步**

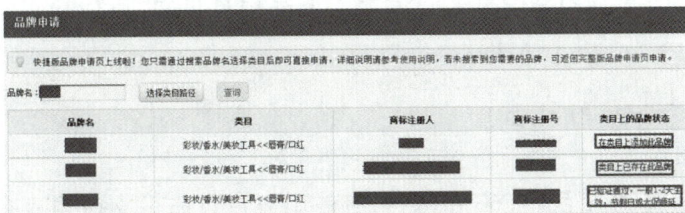

**图 3.1.41　品牌申请第二步**

#有查询结果#弹出类似的品牌名列表,最后一列#品牌状态#,会出现三种结果:

(1)"在类目上添加此品牌":如果想申请的是此品牌,就直接点击申请,会出现#申请挂载成功,明日生效#,然后只要等待明天直接在发布页使用发布商品即可。

(2)"类目上已存在此品牌":即商品发布页可直接使用该品牌发布商品,不需要重复申请。

(3)"已验证通过,一般1~2天生效,节假日或大促顺延":表示这个品牌已经有人申请在此类目使用,不需要重复申请,只要等待明天直接在发布页使用发布商品即可。

#无查询结果#,出现此种情况大致有以下两个原因:

（1）申请的品牌对应的商标使用范围不包含你选择的类目,此情况不建议返回完整版申请页申请。

（2）申请的品牌所对应商标比较新,淘宝网暂未收录该商标信息,这种情况可以使用完整版品牌申请页申请。

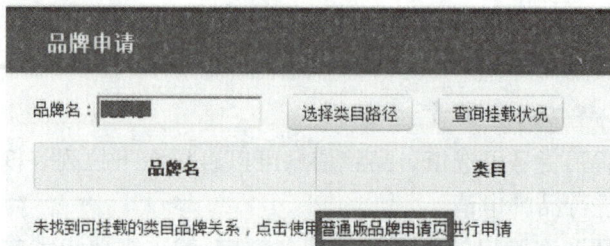

**图 3.1.42　普通版品牌申请页进入地址**

如果在发布商品时,没有所需的品牌名,又不想去申请怎么办? 大家仔细观察一下会发现,在品牌的下拉列表框中,有一些无意义的品牌名,可以暂时选择这些品牌发布商品。当然,卖家必须诚信经营,在熟练掌握商品发布之后,还是要去完善相关手续。

## 拓展练习

请大家查看完整版品牌申请页内容。

## 二、完善商品信息

点击"下一步,完善商品信息",进入完善商品信息页面,包括基础信息、销售信息、支付信息、物流信息和图文描述。

### （一）基础信息

#### 1.商品标题

最多允许输入 30 个汉字(60 个字符,游戏币类目目前可支持输入 60 个汉字)。为帮助卖家更好的填写商品标题,淘宝旺铺智能版提供了建议推荐词,以提升商品表达;违规自检工具,以保证商品合规。注意:标题中请勿使用制表符、换行符。若填入制表符、换行符,系统将自动替换成空格。

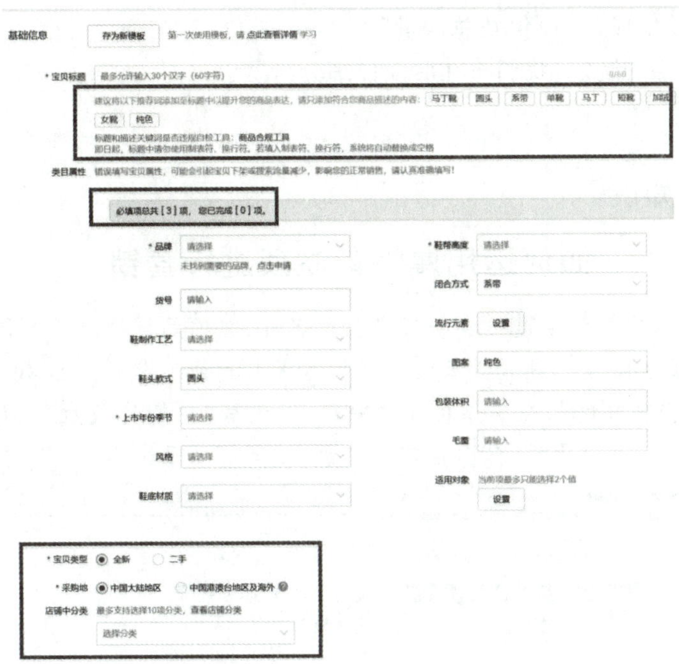

**图 3.1.43 商品基础信息填写**

商品标题是否准确与有效决定了宝贝排名的大部分因素。标题要尽量简单直接,还能突出卖点。要让买家看一眼,就能了解商品的特点,知道它是什么商品。一般可以设置为商品属性、促销或者品牌名称。

注意,宝贝标题添加的关键词需要和当前商品的类目、属性一致,不能滥用关键字,这会导致宝贝下架、扣分,甚至屏蔽,影响到店铺的推广与活动参加资格。

### 2. 类目属性

不同商品显示的属性不一样,要如实填写。属性要求必填 3 项。如果错误填写宝贝属性,可能会引起宝贝下架或搜索流量减少,影响正常销售!

### 3. 宝贝类型和采购地

如实填写。

### 4. 店铺分类

参看模块二——项目二内容。

### (二)销售信息

销售属性必须成套使用,在本例所选的女鞋类目下,颜色分类 + 尺码请全选或全不选,不能只设置一部分。

颜色、尺码、一口价、商家编码(选填)、商品条形码等信息(选填),如实填写。

在宝贝销售规格下,填写对应的价格及数量。可以批量添加,也可以分别添加。填写完成后,会自动生成"一口价及总数量"。

关于宝贝价格的制定,我们将在后面详细分析。

**小知识**

## 如何运用属性备注项进行营销

属性备注项本意是为了进一步解释说明该属性,在商品详情页的SKU中,将鼠标移到该SKU,停留几秒即可看到属性备注。我们可用其达到营销效果。如颜色属性,若我们选择"红色"—"玫红色",在属性备注项中,可以填写"热情奔放红",以体现喜欢改色系买家的火热奔放、阳光开朗、自由自在的个姓,提高商品吸引力。

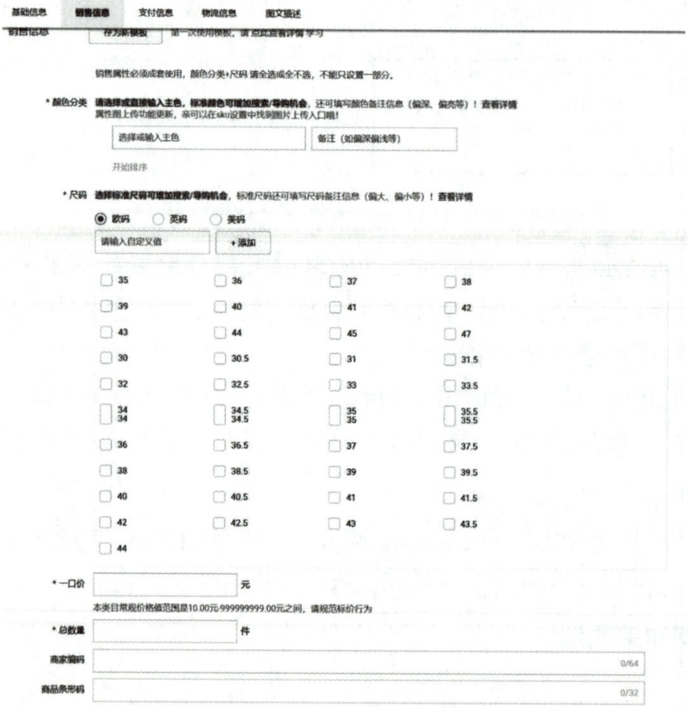

图3.1.44 商品销售信息填写

### (三)支付信息

**1.付款方式**

如实选择一口价或预售。

**图 3.1.45　商品支付信息填写**

### 2. 库存计数

两种选择:拍下减库存和付款减库存。注意:#拍下减库存#,存在恶拍风险;#付款减库存#,存在超卖风险。

### 3. 售后服务

如实填写。

## 拓展练习

请大家思考一下,为什么#拍下减库存#,存在恶拍风险;#付款减库存#,存在超卖风险?

### (四)物流信息

### 1. 物流配送

为了提升消费者购物体验,淘宝要求全网商品设置运费模板。运费模版就是为一批商品设置同一个运费。当需要修改运费的时候,这些关联的商品的运费将一起被修改。注意:如需要选择卖家承担运费,也需要到运费模板中设置"卖家承担运费"。

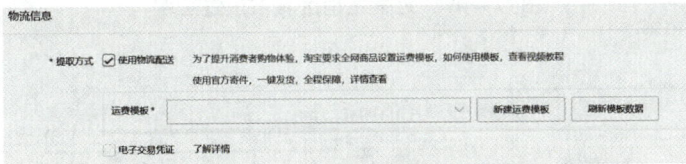

**图 3.1.46　商品物流信息填写**

商品发布设置运费模板有两种方式:直接复用已有的运费模板和新建运费模板。第一次发布商品时,需要新建运费模板。(运费模板还可以在"卖家中心—物流管理—物流工具—运费模板设置"中进行设置)

点击"新建运费模板",进入运费模板设置页面。"模板名称""宝贝地址""发货时间""是否包邮""计价方式""运送方式",都是必填写,不能为空。运费模板可以选择按重量或体积进行计费,但是只能选择一种,在更换时,之前的设置会被清空。

**图 3.1.47　新增运费模板**

运输费用请如实填写,建议卖家事先与合作物流企业谈好价格,降低成本。在运输方式下,点击"为指定地区城市设置运费"—"编辑"为不同区域设置不同的运费。还可以指定条件包邮。填写完整后保存即可。

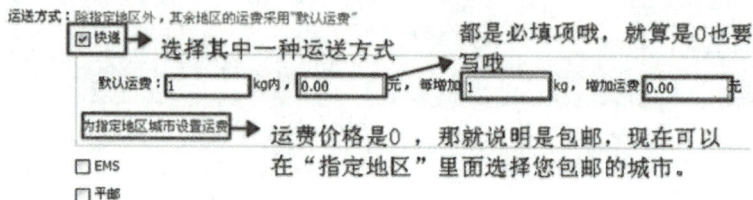

**图 3.1.48　设置运费模板运送方式**

**图 3.1.49　为指定地区城市设置运费**

**图 3.1.50　选择指定地区城市**

## 2. 电子交易凭证

电子交易凭证(简称电子凭证),指的是淘宝认证的一个代表一笔交易的短信(也可以是二维码)凭证,买家凭这个凭证可以获得相应的服务或者商品。凭证的生成、发送和使用状态会即时同步到对应的淘宝订单,作为淘宝平台后续交易纠纷处理重要依据参考。目前主要应用在O2O类的交易里。

### 想一想

为什么要在O2O类目中推出电子交易凭证功能?

### (五)图文描述

### 1. 商品描述

在这里,可以更改电脑端宝贝图片,设置主图视频比例为1:1或16:9、3:4,添加主图视频,添加电脑端描述、移动端描述。

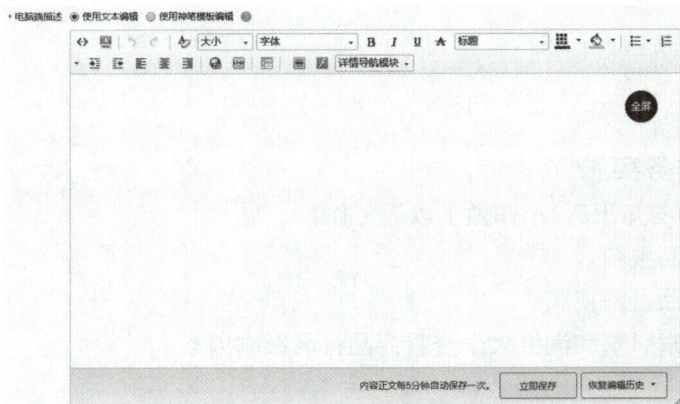

图3.1.51 商品描述信息编辑页面(电脑端)

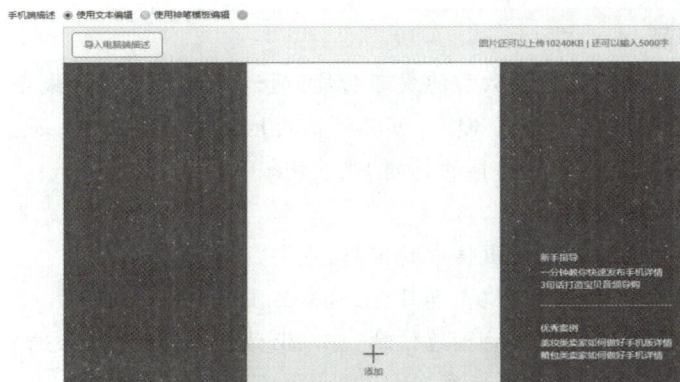

图3.1.52 商品描述信息编辑页面(无线端)

电脑端淘宝商品描述的容量是 25000 字，要尽可能地展示商品的卖点、细节，语言描述流畅、有特色。交易说明要详细，既可以让买家放心购买也可以避免交易纠纷。手机端商品描述可直接导入电脑端描述，但是图片需要符合手机浏览习惯，图片宽度保证在 480～1500px 之间，且高度不超过 2500px；建议手机端图片宽度 750px 图片上传会较好。

电脑端描述和手机端描述可以的手动编辑和使用神笔模板编辑。这部分将在任务三中详细介绍。

### 2. 上架时间

有三种选择：立刻上架、定时上架和放入仓库。上架时间是一个影响宝贝排名的重要因素，在时间选择上要慎重。在发布商品时，建议先放入仓库。关于上架时间优化将在下一模块详细介绍。

### 拓展练习

完成个人网店的商品发布。

### 任务实施

在学习前面的知识后，小伟做了以下工作：

（1）制作商品主图。

（2）拍摄商品主图视频。

（3）利用搜索引擎和淘宝大学查看商品排名影响因素。

### 知识拓展

**智能发布商品**

淘宝平台已对部分类目开放智能发布功能，通过一张商品图片或条形码，就能智能填充商品信息，属性回填率高达 80%，可轻松快捷地完成商品发布，还会根据不同商品各自特点，自动获得系统智能推荐的标题、热搜词。

PC 端操作步骤：

1. 进入千牛卖家中心 >> 出售中的宝贝，点击"智能发布"。

2. 上传预填材料，填写条形码、类目、上传商品图片。

在这个页面主要填写商品的预填信息，可以上传条码图片（非必选），可以快速识别出条码信息和类目，不用再手动填写。

如果没有商品条码图片，可以先选择好类目并填好品牌，并上传一张商品正面的完整图片(商品主图),注意要800px×800px以上。

3.完善商品信息

进入完善商品信息,系统已经通过上传的图片智能推荐商品标题关键词,回填部分属性。

这里请注意,虽然系统已经回填部分属性,但是务必检查和选择必填属性,不然无法完成发布!

确认完属性部分的内容填写,系统会再次优化标题关键字。同时需要自己填写商品的销售信息,包括颜色尺码和库存价格等信息,就可以进入下一步了。

4.填充商品图片及描述

在这个页面中,系统已经自动制作了商品主图、商品长图和透明素材图,只需要上传图文详情即可。

在图文详情制作中,只需选择图文详情模板——上传图片素材即可,系统会进行图像识别并自动排版,一键生成PC与无线详情。

5.商品发布成功

以上步骤完成后,商品就可以发布成功。

无线端操作步骤:

1.打开手机千牛APP,首页搜索"智能商品发布"(未全量,后期会陆续开放)。

2.点击"发布商品","打开条形码"扫描实物包装盒上的条码,然后上传商品图片。

3.输入标题、缺失的类目属性(部分未被智能识别)、描述、SKU、价格数量即可完成快速发布。

**淘宝助理发布商品**

2019年10月8日,千牛头条回复称,在提供替换的"批量发布商品功能"前,"淘宝助理"不会直接下线。因此,目前,"淘宝助理"依然是一个可以很好的提高商品发布效率的工具。

在不登录网页版淘宝卖家中心的情况下,利用淘宝助理可以完成宝贝创建、宝贝上传和宝贝更新等工作,但这不是我们使用淘宝助理的主要原因。淘宝助理更强大的作用能在于其批量发布功能。

1.下载安装淘宝助理

第一次使用淘宝助理时,首先要进行更新数据,这个操作需要一定的时间,请耐心等候。数据更新,可以保持淘宝助理和店铺数据一致。

2.批量导入商品

(1)点击"本地库存宝贝",注意:如果没有点击本地库存宝贝就导入数据包会出现"成功导入0个宝贝"。然后点击"导入csv"按钮,选择要导入的数据包中的csv文件,单击"打开",即可上传。

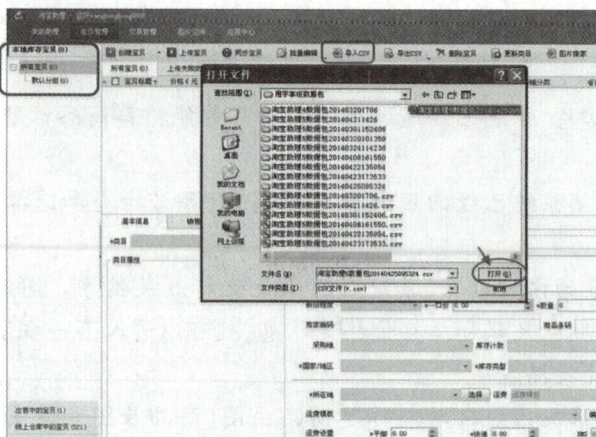

**图 3.1.53　淘宝助理 csv 文件导入**

![小知识插图]

## 小知识

### csv 数据包

做代销的淘宝卖家会收到供应商发过来的数据包,数据包的格式就是 csv。可以发现两个文件。一个是文件夹格式,一个是 Excel 文档格式的。第一个文件夹里面的文件是 tbi 格式的,是一种特殊的图片格式,但是目前不能预览,想要预览这张图片很简单,直接将 tbi 格式修改为 jpg 格式即可。第二个 Excel 文档,里面主要储存了宝贝的各类信息,可以在这里直接修改宝贝的价格,数量等信息。

(2)上传商品。成功导入商品后,勾选要上传的宝贝(注意:一定要整行信息变为蓝色背景,在宝贝前的方框中划勾不代表选中),点击"上传宝贝"按钮会弹出一个上传宝贝窗体,点击窗体下面的"上传",开始上传宝贝。

宝贝上传需要一定时间,请耐心等待,显示"上传成功"后就可以到网店后台查看上传成功的商品。

图 3.1.54 淘宝助理商品上传

**3. 批量修改**

如果要修改某些属性,先同时勾选要修改的宝贝,点击"批量编辑"进行批量修改。

修改宝贝信息后,别忘了保存,如果直接关对话框或转换到其他对话框,数据不会自动保存。

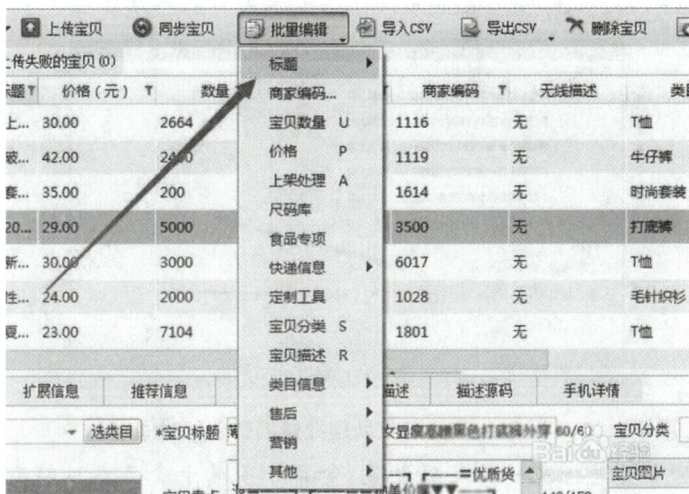

图 3.1.55 淘宝助理批量编辑按钮

标题修改方式有三种,一种是增加"前缀或后缀",直接勾选,然后添加需要的文字信息即可,第二种查找并替换,找到需要换的文字信息,全部替换即可,第三种是全部替换。

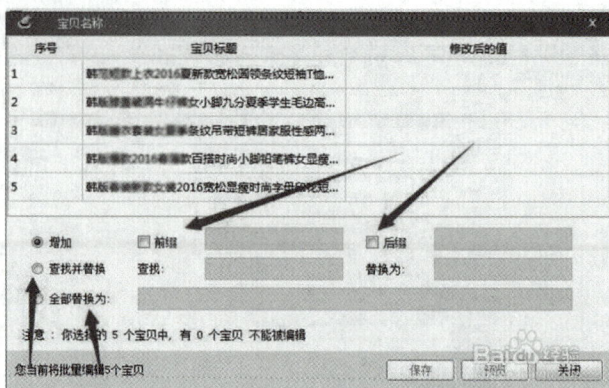

**图 3.1.56 淘宝助理批量编辑宝贝标题**

商家编码、宝贝数量及价格信息一般情况下都是不一样的,所以也很少用到批量编辑功能。

上架处理的内容主要是上架时间的定义,此处可以一次性给宝贝定义逐个发布。比如开始时间为 2021 年 5 月 30 日 0 点,每隔 10 分钟发布一个宝贝。保存后系统会根据定制时间每 10 分钟上架一个宝贝。这项功能非常有用,根据宝贝上下架时间对宝贝排名的影响程度之大,设置间隔发布宝贝可以带来更多的入店流量。

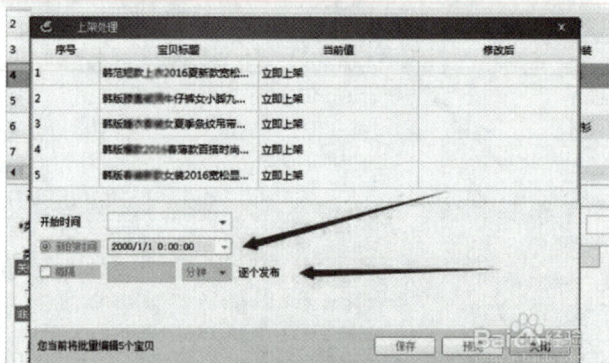

**图 3.1.57 淘宝助理批量编辑上架时间**

尺码库即对宝贝进行统一的尺码设置;食品专项属于食品类目特有;快递信息分为所在地设置、运费模板设置以及体积重量,一般宝贝的所在地和运费模板大部分是相同的。所以这两项用的也比较多。

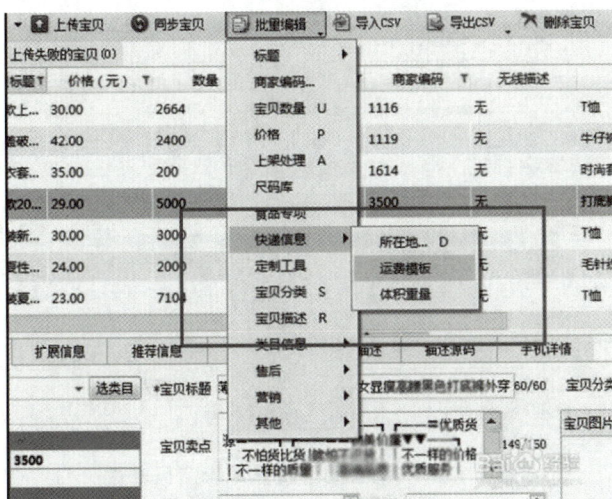

**图 3.1.58　淘宝助理批量编辑快递信息**

宝贝分类,可以批量对宝贝进行添加和替换分类操作。如果使用替换分类,勾选之后,默认替换掉之前宝贝勾选的所有分类信息。选择添加即在之前宝贝的分类基础上添加新的信息。

宝贝描述的批量编辑需要用到 HTML 代码,需要有基本的网页设计知识。宝贝描述的批量编辑也有三个类型,查找并替换、首位添加和使用新内容。很多店铺习惯在每款宝贝描述的首部添加关联宝贝信息或者店铺公告、品牌介绍等信息。这些信息就需要用到批量编辑,一次性在所有宝贝详情页面添加同一内容。

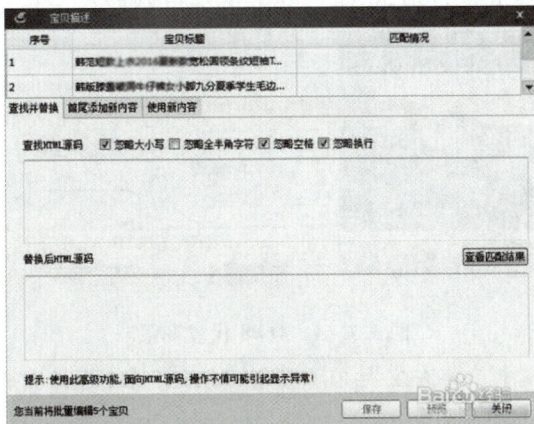

**图 3.1.59　淘宝助理批量编辑宝贝描述**

宝贝类目的批量编辑,必须是在同一类目下的宝贝才可以批量编辑,这个功能很少用到,类目信息是宝贝最基本的信息,一般设置好后不会修改。

宝贝属性也只能对同一类目进行修改,因为不同类目宝贝属性的选项不一样,比如女包和女装的属性肯定是不同的。

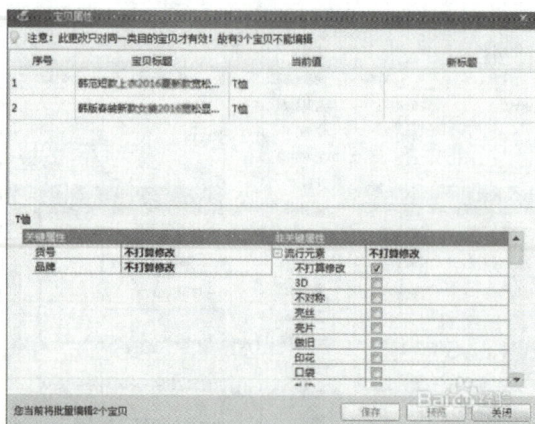

**图 3.1.60　淘宝助理批量编辑宝贝属性**

售后信息的批量修改包括保修,发票等。按照自己要求修改即可。一般电器类商品较常使用保修。

### 1688 淘货源一键铺货

一些淘宝中小卖家,会选择在阿里巴巴找货源,代发商家产品。在阿里巴巴平台找到可以代发的商品,申请成为合作供应商,即可使用"一键铺货"(也可以先进行一键铺货,再申请成为供应商)。

1.操作流程

(1)找到愿意代发的商品,点击"代发",再点击右下角"一键铺货",会看到可以传"淘宝/天猫"选项,可以直接传淘宝,也可以关联已有产品。

**图 3.1.61　1688 代发商品**

(2)新品发布,要选择"传淘宝",在弹出的对话框中,选择"官方传淘宝",点击"确认"。

其他三个选项,相对官方传淘宝功能更完善,但需要购买。新手卖家使用免费工具即可。

**图 3.1.62 官方传淘宝**

确认之后，会弹出商品信息已成功发布到淘宝草稿箱的提示对话框。可以点击"去上架"，进入淘管家后台。也点击"美化图片"，进入第三方应用页面。如果第三方应用授权登录淘宝账号的话，它可以帮卖家完成商品视频编辑、美化图片、标题优化、生成手机详情、打上主图标签等功能。

（3）在淘管家后台的"我的已铺货商品"可以看到刚刚传过来的宝贝，可以对其进行"立即上架""修改规格""图片美化"等操作。

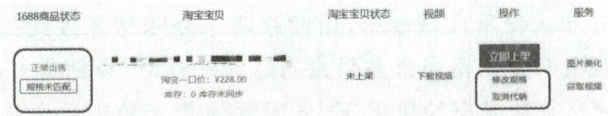

**图 3.1.63 官方传淘宝确认**

（4）点击"立即上架"，进入到淘宝商品发布操作页面，与新商品发布不同的是，这里已经回填了商品的大部分信息，包括标题、属性、价格、数量、电脑端和手机端详情页，这大大减少了商品发布的时间。

注意：铺货过来的商品不能直接发布，一是部分信息不完整，二是有些信息不能在淘宝平台出现。比如商品原标题中可能存在代发、代销关键字；商品详情中有代发、代销的宣传等，这必须进行修改调整。但是颜色、尺码等不能修改，修改销售属性后会提示不能上架。

另外，淘宝平台的商品属性与阿里巴巴的商品规格有时并不一致，需要对应关联。

（5）有的淘宝卖家可能之前已经通过数据包或其他方式完成宝贝上架，如果要让淘宝订单回流到 1688 分销管理后台，就要用到"关联宝贝"工具。

在 1688 分销管理后台——我的货源，找到数据包中铺货的产品，点击"关联宝贝"

即可。

**2.订单处理**

代销产品在淘宝店铺有人下单后,这笔零售订单会自动回流到1688淘管家后台,系统自动生成一笔对应的1688订单。

在"淘宝拉回订单"功能中,确认付款,供应商会在48小时内发出货品,相关物流也会实时同步给你和淘宝买家。买家确认收货后,这笔一件代发交易就成功完结。

如果一键铺货上架时改动了销售规格属性,或者因为其他一些系统原因,淘宝零售订单回流1688淘管家后台后,系统不能自动下单的,需要手动确认后再付款。

**3.管理合作供应商和代销商品**

传淘宝之后,系统就自动帮你和产品对应的供应商建立了代销合作关系,你可以进入分销管理后台,管理与你合作的供应商及已经铺过货的代销商品。

注意:

(1)合作方式:代销和经销。只要传淘宝成功,即可和供应商建立代销关系。如果想建立经销关系,需要前往商家代理加盟页面点击"申请经销"。经销:即传统的压货后二次售卖,分销商事先采购供应商的一部分货源,产品的所有权转移到分销商。下游产生订单后,由分销商直接发货给消费者。代销:即网络代发或一件代发,分销商只取得供应商的产品详情等数据,在网络店铺中销售,产品所有权仍在供应商。下游产生订单后,由供应商代替分销商发货给消费者。

(2)搜索供应商:输入供应商的旺旺号,即可搜索到某一供应商。注意,一定要筛选信用良好且合作稳定的供应商,仔细辨别该供应商是否值得信赖。

(3)使用代销分账。使用代销分账、国际分账等分账结算方式,当出现消费者确认收货前申请交易退款,而分销商尚未与供应商达成一致时,分销商可以在保证店铺的退款效率、不影响供应商货款安全的情况下,先同意消费者的退款申请;如存在影响供应商货款安全的情况,经系统预冻结货款对应金额后,也可实现先同意消费者的退款。

(4)终止合作:终止和单个供应商的合作后,从该供应商处代销的所有产品都将不再能订单回流,且立即生效,慎用。

(资料来源:知乎 Helios)

---

**任务三　优化商品详情页和店铺首页**

**任务导入**

小伟的商品发布成功了,但是小伟明白,网店商品是通过网页向顾客展示的,一般顾客在挑选商品时,首先会通过淘宝搜索框输入关键词进行搜索,进而对商品进行比较,再而进入商品的详情页了解商品,最后满意了才会购买。虽然通过类目调整、标题优化等方式可以增加宝贝被搜索到和被点击的概率,但是优化带来了流量之后,如何留住买家,提高销售转化率就越发重要了。商品详情页的描述不但要求发布人掌握商品的特性,还要对客人的购买心理进行分析,用专业的知识把商品最好的一面展示给顾客,以更好的介绍和推销商品,促成交易。

**问题与思考:**

1. 你觉得影响买家购买商品的因素有哪些呢?

2. 你觉得有哪些信息在详情页描述中是必不可少的?

## 任务解析

宝贝详情页是提高转化率的首要入口,一个好的宝贝详情页就像专卖店里一个好的推销员,面对各式各样的客户,一个是用语言打动消费者,一个是用视觉传达商品的特性,所以宝贝详情对提高宝贝转换率至关重要。我们必须记住虽然好的宝贝描述会让顾客第一眼感觉不一样,但起决定性作用的还是产品本身。

## 知识探究

# 一、调整详情页布局

优化宝贝详情页,从调整详情页的布局开始。宝贝详情页的布局的好坏,是决定买家在店铺的访问深度和访问时间长短的重要因素,也是决定是否加购、收藏、购买和再次光顾的重点。打造一张优秀的详情页,要用60%时间去调查构思,确定方向,然后用40%的时间去设计。

### (一)设计详情遵循的前提

宝贝详情要与宝贝主图、宝贝标题相契合,宝贝详情页必须是真实的介绍出宝贝的属性。假如标题或者主图里写的是"韩版女装"但是详情页却是"欧美风格",顾客一看不是自己想要的肯定会马上关闭页面。

### (二)设计前的市场调查

设计宝贝详情页之前要充分进行市场调查。做同行业调查,为规避同款。做消费者调查,以分析消费者的消费能力、偏好以及顾客购买关注的问题等。

#### 1.如何进行调查

利用第三方工具或生意参谋可以清楚地查到消费者的一切喜好以及消费能力、地域等很多数据。

### 2.如何了解消费者最关注的问题

去宝贝评价里面找,在买家评价里面可以挖出很多有价值的东西,了解买家的需求,购买后问题等。

### 3.调查结果及分析

根据市场调查结果以及自己的产品进行系统的分析总结。列出消费者所在意的问题、同行的优缺点以及自身产品的定位。

### 4.关于挖掘宝贝卖点

针对消费群体挖掘出本店的宝贝卖点。例如,有家卖键盘膜的店铺发现评价里中差评很多,大多是抱怨键盘膜太薄,一般的掌柜可能下次直接进厚一点的货。而这家掌柜则直接把描述里的卖点改为"史上最薄的键盘膜!"结果评分直线上升,评价里都是关于键盘膜真的好薄之类的评语,直接引导并改变了消费者的心理期望,达到了非常好的效果。

提炼宝贝卖点的范围非常广泛。比如,卖价格、卖款式、卖文化、卖感觉、卖服务、卖特色、卖品质和卖人气等。

### (三)开始准备设计元素

根据消费者分析以及自身产品卖点的提炼,根据宝贝风格的定位,开始准备所用的设计素材。详情页的布局模块、文案、网页主色调、字体、排版等。还要烘托符合宝贝特性的氛围,例如羽绒服,背景可以采用冬天的冰山效果。也就是说开始设计前要确立详情页的七大元素:布局、配色、字体、文案、构图、排版和氛围。

### (四)常见的宝贝详情页框架

登录"卖家中心"—"店铺管理"—"店铺装修"—"PC装修"—"宝贝详情页"—"布局管理",可以看到宝贝详情页详情页布局主要分为上、中、下三大部分。其中,上部店铺页头和下部页尾是淘宝平台统一样式和内容,不能更改。上部中店铺招牌和导航是在店铺装修时确定的。优化调整宝贝详情页主要指的是中间部分。中间部分又分为左右两部分,左侧的模块可以自由更改、添加。右侧默认模块包括宝贝基础信息、宝贝描述信息和宝贝相关信息。其中宝贝基础信息和宝贝相关信息不能更改,可以在宝贝描述信息和其下方添加其他模块。

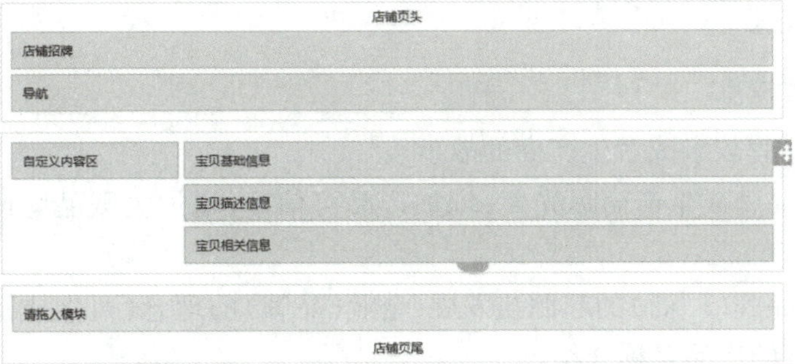

**图 3.1.64　淘宝旺铺详情页布局图**

那么,买家在宝贝详情页里主要关注哪些信息呢? 以女装为例,调查显示,买家关注的信息包括评价展示、做工细节、实拍图、尺寸信息、促销推荐、搭配建议等。具体关注程度如图所示。

| | 集市用户 | 集市购买比商城购买多的用户 | 商城购买比集市多的用户 |
|---|---|---|---|
| 评价展示 | 4.42 | 4.46 | 4.48 |
| 做工细节 | 4.39 | 4.44 | 4.34 |
| 实拍图 | 4.35 | 4.38 | 4.26 |
| 尺寸信息 | 4.28 | 4.36 | 4.33 |
| 穿着效果 | 4.23 | 4.18 | 4.24 |
| 宝贝介绍 | 4.01 | 4.05 | 4.07 |
| 基本信息 | 3.74 | 3.7 | 3.84 |
| 购物保障须知 | 3.47 | 3.48 | 3.58 |
| 促销推荐 | 3.41 | 3.61 | 3.74 |
| 搭配建议 | 3.2 | 3.09 | 3.15 |
| 品牌说明 | 3.1 | 3.11 | 3.37 |

信息对买家决定购买有多大的影响:
5分影响很大, 4分影响较大, 3分一般, 2分影响较小, 1分没什么影响

**图 3.3.65　买家在详情页中关注的焦点**

为了使详情页看起来更美观靓丽,可以使用一些特殊的编排,但需要通过 HTML 代码才能实现。还有一种更灵活的方式,那就是将所有商品图片与文字内容设计到一张图片中,这样只需直接在商品描述中上传图片即可,不但实现了灵活编排,而且只要通过插入一张图片就能完成所有操作。

**拓展练习**

搜集 3~5 个同行业交易规模较大的网店,观察他们销量最大商品的详情页,分析网页结构,并设计出个人网店商品详情页的框架图。

## 二、完善详情页信息

在确定了详情页布局之后,就要将各模块的内容填充进去。要注意文案的风格、正确的颜色、字体,还有排版结构,这些对赢得顾客消费信任感会起到重要的作用。

（一）写文案

### 1. 文案内容提炼

1）产品的品牌故事或者生产商的故事

好处：增加品牌或生产商曝光度；增加产品可信度；增加关联品牌或者其他系列产品曝光及购买。

可写内容：品牌（厂商）的起源与发展；企业（品牌）的理念（可做成图文）；关联品牌或者同一系列下的产品名称介绍。

注意：理念型的文字最好配上形象图；企业或品牌介绍最好加上商标或者企业对外宣传照。

2）产品亮点介绍（图片文字）或者设计诠释

好处：更好的了解产品；容易引起共鸣；增加图片的可读性。

可写内容：设计师语；产品剖析；文艺范形容词＋细节介绍；围绕核心点展开（例如一家做民族风女装的，那就围绕"民族风"这个点进行展开）疏导。

注意点：亮点介绍要分点写，安排好顺序（从上至下还是由内而外、先左及右等）；细节展示要配合细节图，这样才具有更好的可读性及参考性，同时也要兼顾好顺序。

3）属性细节文字描述

好处：可以赋予某些属性特定的含义，以此来提高客户黏度；补充发布产品宝贝中没有的细节属性，以便抓取；增加品牌形象。

可写内容：细节属性补充；某些属性的意象化（如颜色，每种颜色代表一种性格或者季节）；文学渲染（图片文字）。

注意点：看图说话，不仅要配图还得一一对应；尽量将一些跟属性有关的关键词写进去，如尺寸、颜色等。

4）原料或原产地描述

好处：让顾客更好的了解产品；可以添加一些关联性关键词（如洗发水原料：玫瑰花或者某某地的花草等）；增加客户认可。

可写内容：原料特点介绍及与产品的关联和功效（如洗发水融入了花香，有清新发香提神醒脑的功效）；原产地介绍（从地理环境等角度证明其唯一的独特性）。

注意点：在描述时要实事求是，不可过大夸张其功能或功效；慎用功能性词，尤其是非功能性产品，可以把功能词放到图片上。

5）功效介绍及 Q&A

好处：展现功效，促进转化；解决部分客服问题，减少工作量。

可写内容：主附功效；使用方法；制作工艺；清洗或者维修等等附加内容；快递等服务类问题。

注意点：实事求是，不做假；最好图配字。

### 2. 文案描述注意事项

（1）文字叙述要流畅。

（2）描述语句要符合基本语法。

（3）错别字会让顾客觉得店主粗心或者是对顾客不尊重，应尽量避免错别字。

（4）文字叙述要有亲和力，不能太生硬。

（5）一定要有欢迎词。

（6）可以通过编辑器设置文字的大小、颜色和粗细等。

## 小知识

# 智能文案

如果实在不知道怎么写文案，不妨试试智能设计工作台的智能文案功能。千牛后台的店铺管理中，点击"智能设计"进入智能设计工作台，找到"智能文案"，输入详情页链接或商品 ID，可以一键生成营销文案。

### （二）想色彩

一个宝贝详情的色系是能够给消费者传达心理暗示的一种最直接的方式。淘宝店铺中宝贝详情页的背景色是白色的，当然也可以通过插入代码的方式更改颜色。需要注意的是详情页的背景色要与店铺的主色调一致，与宝贝对比度明显。如果还没确定店铺主色调的，可以从产品本身提取、从 Logo 中提取、从产品联想属性提取颜色。

除了网页背景色，图片颜色需要特别注意。比如，女性服装，为了体现柔和的效果，常常采用一个小技巧：取服装的主色调作为基色，将其变淡后铺为背景色，这样图片效果比较悦目。如下图，绿色的连衣裙衬出模特优雅的身姿，而极浅的绿色背景，既让模特跳出了画面引人注目，整体画面色彩又显得很谐调、清新。

**图 3.1.66　女装宝贝详情页图片背景色**

图片的背景要尽量干净,太杂乱的话,容易喧宾夺主,掩盖了宝贝的风采。要想取得干净的背景,一般有两种方法:一种是以蓝幕、白幕为背景拍摄模特,然后以抠图的方法抠出人物,再替换上纯净的背景色;另一种就是在拍摄照片时,聚焦在人物身上,将背景模糊化。

为了突出宝贝主体,除了纯净化背景外,还可以采用色彩对比的方式。如下图,衣服是的冷色调,背景就采用了暖色调,对比鲜明,主体被突出;反之,衣服是红色等暖色调的,背景就用蓝色等冷色调。

图3.1.67　女装宝贝背景色彩对比

**（三）定字体字号**

字体就是文字的风格样式,字体也是文化的载体,不同字体给人的感觉也不同。合理的字体字号不但能对产品起到解释说明作用,方便阅读,还能起到引导作用。

**1. 美工常用的设计字体**

（1）宋体:客观,雅致,大标宋古风犹存,给人古色古香的视觉效果。

（2）微软雅黑:平平稳稳。在网页设计中这款字体使用的非常平凡,这款字无论是放大还是缩小,形体都非常的规整舒服。在设计过程中建议多使用雅黑,大标题用加粗字体,正文用常规字体。

（3）方正中黑:中黑系列的字体笔画比较锐利而浑厚,一般运用在标题文字中。但这种字体不适用于正文中,因为边缘相对比较的复杂,文字一多会影响用户的阅读。

（4）方正兰亭:兰亭系列的字体有大黑、准黑、纤黑、超细黑等。因笔画清晰简洁,这个系类的字体就足以满足排版设计的需要。可以通过对这个系列的不同字体进行组合,不仅能保证字体的统一感,还能很好的区分出文本的层次。

（5）汉仪菱心简/造字工房力黑/造字工房劲黑:这几个字体,有着共同的特点,字体非常的有力而厚实。基本都是以直线和斜线为主。适合广告和专题使用。在使用这类字体的时候可以使用字体倾斜的样式,让文字显得更为活力。在这三种字体中,菱心和造字工房力黑在笔画、拐角的地方采用了圆和圆角。而且笔画也比较的疏松,更多的有些时尚而柔美的气氛。而劲黑这款字体相对更为厚重和方正。这类字体使用在大图中偏多,效果比较突出。

另外,在移动端有固定的字体样式。

iOS 系统,常选择华文黑体或者冬青黑体,尤其是冬青黑体效果最好。

Android 系统,英文字体采用 Roboto,中文字体采用 Noto。

### 2. 字号

字体大小的选择是用户体验中的一个重要部分,过大过小都会影响用户体验。在设计宝贝详情页的时候,可以根据文字在页面中的不同位置和不同等级来分别使用不同大小的字体。相对来说,内容标题可以使用较大的字体,内容小标题可以采用次一号的字体,内容正文则可以采用正常大小的字体。

对于不同的分辨率,不同的显示器尺寸,不同的 Dpi,乃至不同的浏览器设置,都会对最终在浏览器上展现出来的文字大小带来影响。大多数专业的网页设计人员,都习惯使用 14px 或 12px 字号。这是由于 Windows 系统中默认的宋体字最合适的大小是 12px 或 9px,再大可以使用 14px 或者 16px,如果再大,那在显示器上就会出现严重的影响视觉的锯齿。一般都使用双数字号。

移动端常用的字号有:

(1)导航主标题字号:40~42px。

(2)内文展示:大的正文字号 32px,副文是 26px,小字 20px。

### 3. 文字颜色

网页中的文字分为三个层级,主文、副文、提示文案等。在白色的背景下,字体的颜色层次其实就是黑、深灰、灰色。常用的色值是#333333;#666666;#999999。

### 4. 字体字号注意事项

(1)一般不超过 3 种字体。

(2)配合主色、图片和文案风格选择字体。

(3)点部分加粗或加大字号。

(4)字体颜色的深浅不要太复杂,以免影响阅读。

(5)字号大小使用得体,不宜过大或过小。

(6)一些字体和图库是有版权的,请注意合法使用。

### (四) 列结构

文字写好了,图片也做好了,那么怎么才能把他们有机的结合在一起呢? 这就需要有一个正确清晰的整体结构布局。

一般来说,一个完整的宝贝描述包括以下层次结构:

欢迎词→宝贝描述图文→关于宝贝的补充说明→优惠说明→运费及快递说明→售后服务说明→联系方式。

### 1. 图文描述

在撰写宝贝描述时,要尽量在有限的空间内将宝贝全面的展示出来,让顾客轻松的了解到宝贝的各方面信息。图片与文字穿插结合,可以形成良好的叙述效果。但图文结合应注意保持图文整齐,不杂乱;图片使用同一规格,不要出现左右错位或大小不一。

## 2.图片展示

### 1)空间顺序的多图展示

空间顺序的多图展示指的是用户可根据商品属性的不同,将其分作不同角度向用户展示。空间多图可以由内及外展示,也可以由远及近。

### 2)产品使用的多图展示

产品使用的多图展示是指使用多个图片来展示产品的使用方法,给买家详细介绍产品的使用技巧。如下图所示展示了真空压缩袋的使用方法。

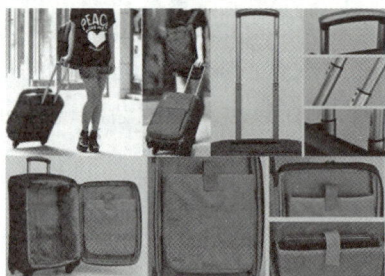

图 3.1.68 空间顺序的多图展示

图 3.1.69　产品使用的多图展示

### 3)产品细节的多图展示

宝贝的一些细节和特殊卖点,用多图的形式来展示,可以达到"实物与图片相符"的最大化。例如下图中放大展示了彼得兔毛绒玩具的细节做工,使顾客能够"近距离"的观察宝贝。

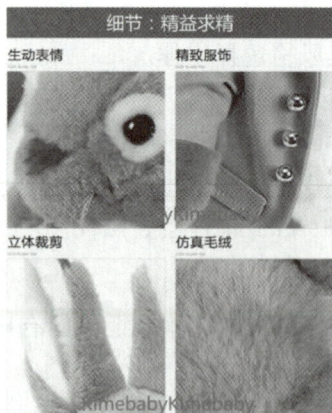

图 3.1.70　产品细节的多图展示

## 3.让图片生动表达宝贝特色

看似静止的图片也可以拍摄出活灵活现的效果,如果经过构思和设计,平面的东西也可以表现出各种三维空间中的元素来,把这些方法运用到宝贝的拍摄和加工上,就能得到更好的欣赏效果。

1）声音的图片表达

要使用图片来表达声音，可以根据宝贝的声音属性来选择一个参照物，根据参照物在不同声音环境下的不同反应，就可以表达各种声音效果。例如，在听音乐时，人物以情不自禁表现出来的动作表达音响设备高品质的声音效果。

**图 3.1.71　声音的图片表达**

2）时间的图片表达

宝贝的时间属性可以通过日历、钟表、沙漏等计时工具来表达，如下图所示。

**图 3.1.72　时间的图片表达**

3）空间的图片表达

宝贝的空间属性也可以通过参照物来进行表达。如下图所示以卫星和地球模型为参照物来表示导航仪的信号覆盖范围。

图 3.1.73　空间的图片表达

4）触觉的图片表达

网购时，由于买家对宝贝只能看得见，而摸不着，因此会缺少手感和质感上的判断。此时可以利用图片尽量为买家表达出触觉效果。

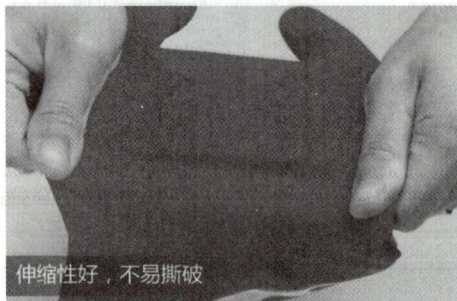

伸缩性好，不易撕破

图 3.1.74　触觉的图片表达

5）味觉的图片表达

食品类的宝贝需要通过图片来表达味觉，从食品被拿到手中到各种撕开、夹住和切开等动作，都可以很好的满足味觉的表达需要。

A good mood　share the fun
带来好心情　分享有乐趣
你一颗，我一颗，鸭梨之下也要寻找自己的小自在

图 3.1.75　味觉的图片表达

6）服务的图片表达

服务也可以使用图片来表达，例如可以用微笑的电话接线员来表达良好售后服务，利用飞机来表达快递的速度等。

图 3.1.76　服务的图片表达

## 三、精装店铺首页

在"模块二"—"项目二"—"任务二"中进行了店铺首页的初装修,当时由于商品不丰富,一些模块不能添加或无法体现其特色。在发布多款商品之后,应回到 PC 端店铺基础页首页和移动端店铺手淘首页进行完善和优化。

### (一) PC 端基础页首页图片轮播全屏轮播全屏款图

图片轮播全屏轮播全屏款图的设置方法基本一样。鼠标移到"图片轮播"模块,点击右上角"编辑",弹出图片轮播设置对话框。在"内容设置"菜单栏中,点击"图片地址"后面图片标志,插入提前准备好的轮播图片,在"链接地址"中输入商品链接地址。可重复添加 3 ~ 4 行,单击"保存"。

"显示设置"可以设置模块名称是否显示(名称可改)、模块高度和切换效果,根据店铺整体背景设置即可。

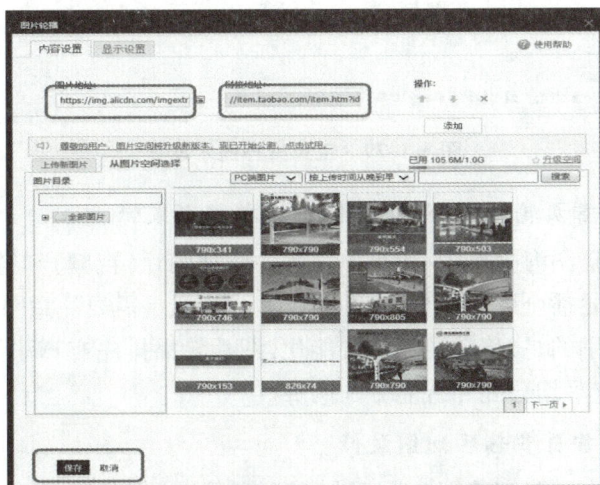

图 3.1.77　图片轮播内容设置

### （二）PC端基础页首页宝贝推荐

宝贝推荐分为自动推荐和手动推荐。自动推荐可以设置推荐排序、被推荐宝贝类别、被推荐宝贝关键字、被推荐宝贝价格范围和被推荐宝贝数量。

手动推荐可以按分类、关键字或价格区间查找，也可以直接在所有宝贝中逐一选择。添加完后点击"保存"。注意：宝贝推荐有数量限制。

宝贝推荐可以设置是否显示模块名称（名称可改）、展示方式和营销信息。

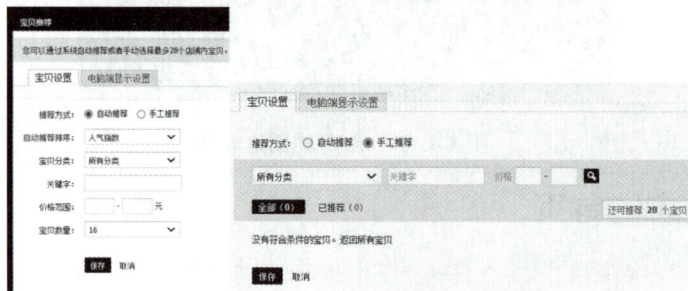

图 3.1.78　宝贝推荐内容设置

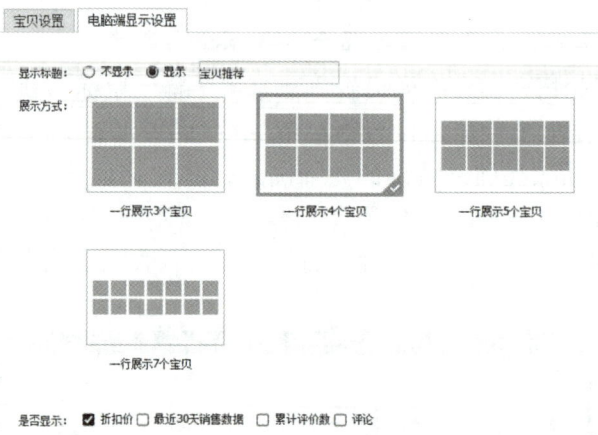

图 3.1.79　宝贝推荐显示设置

### （三）移动端首页轮播图/海报单图海报单视频装修

移动端首页轮播图海报单图/海报单视频的添加图片（视频）和链接设置方法与PC端基础页首页图片轮播全屏轮播全屏款图基本一样，只是需要注意图片（视频）大小、格式的要求。但更特别的是，移动端更加智能化，图片轮播排序有算法排序和固定排序两种，流量分配方式有平均分配和智能分配两种。

### （四）移动端首页多热区切图装修

多热区切图是在一张宣传图片上添加多个商品链接。添加多热区切图模块后，按照要求上传图片。然后再热区管理对话框中，点击"添加热区"，此时，再添加的图片上会出现一个方形选区,选中该活动图形,按住鼠标左键,拖动方形选区调整到合适位置和大小,在热区管理对话框中输入商品链接,即可完成商品超链接。可以继续添加热区。

图 3.1.80 多热区切图添加

### (五) 系列宝贝/鹿班智能货架装修

系列宝贝是将多个商品合理组合在一个框架内,可以快速的发布多个商品。系统提供了三种样式,选择合适的样式,输入主题标题和副标题(比如热卖榜单);然后选择一张契合主题的图片(宽度 1200px,高度 591px 的图片,支持 jpg/png 格式,大小不超过2 兆)。添加商品时,可选择手动添加(必须添加 5 个商品)和千人千面。流量分配方式有智能分配和平均分配。设置完,点击"保存"即可。

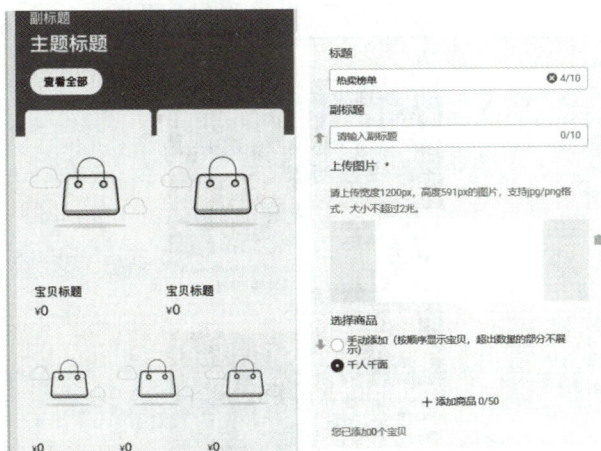

图 3.1.81 系列宝贝模块添加

如果觉得系列宝贝样式单一或不符合店铺主题和商品特色,可以使用鹿班货架,里面提供适合多个行业的货架样式,并且提供定制服务。选择合适的货架,设定好展现商品的数量(1~9 个)、展现的图片(第 1~5 张宝贝图片,智能模式下,系统会自动选择合适的图片),预览效果确认后单击"保存"。在装修页面输入鹿班货架的模块名称,单击"保存"即可。

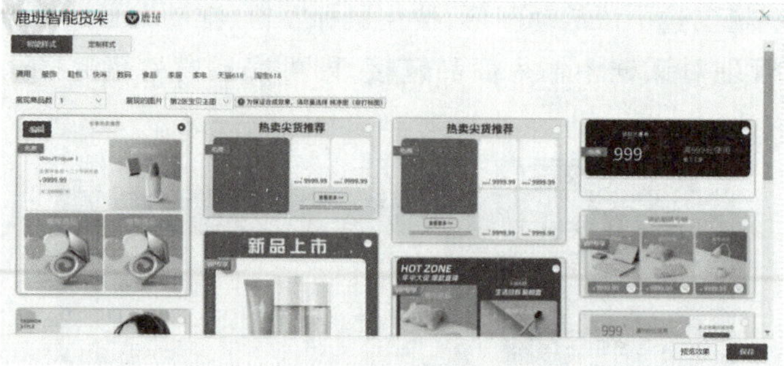

**图 3.1.82　鹿班智能货架模块添加**

### （六）智能宝贝推荐装修

智能宝贝推荐可添加 50 款宝贝向目标用户推荐。模块添加后,然后选择样式,有 1 排 1、1 排 2、1 排 3 和鹿班样式。Banner 图要求 1200px×376px,大小不超过 2 兆。输入 Bananer 链接,常用链接(店铺首页)、商品链接、宝贝分类、优惠券、店铺故事承接页、自定义页面链接均可。选择推荐商品可使用手动添加(按顺序显示,超出数量部分不显示)和千人千面。添加商品时,可以使用宝贝分类、价格区间和商品 ID 搜索添加,也可以输入商品 ID 批量添加。添加的商品可以调整显示顺序,设置好后点击"确定"。检查一下信息有没有错误,点击"保存"—"发布",即可显示在手淘首页。

**图 3.1.83　智能宝贝推荐显示效果**

### （七）排行榜和店铺热搜装修

这两个模块是淘宝平台根据店铺销售的数据表现自动呈现的,如果添加了这两个模块,买家在手淘首页会看到该模块。两个模块均有官方样式和鹿班样式供选择。对于新店来说,未有销量和进店的情况下,可以不添加这两个模块。

图 3.1.84　排行榜和店铺热搜显示效果

## 拓展练习

1. 自行编写商品描述并美化商品的图片。
2. 优化店铺 PC 端基础页首页装修。

## 任务实施

在学习前面的知识后,小伟做了以下工作:

(1)查看生意参谋市场行情(需订购)。

(2)修改视频和图片。

(3)查看竞店宝贝详情页评论内容,并做好记录。

| 竞店名称 | 店铺DSR评分 | 商品标题 | 商品链接 | 商品价格 | 促销活动 | 月销量 | 累计评价数量 | 与描述相符评分 | 评价标签及数量 | 追评数量 | 图片评价数量 |
|---|---|---|---|---|---|---|---|---|---|---|---|
| | | | | | | | | | | | |
| | | | | | | | | | | | |

**知识拓展**

## 淘宝神笔

淘宝神笔,是一款制作宝贝详情的工具,适合新手店长,没有美工的店长,在神笔,可以用免费的宝贝描述模板,通过简单替换图片,就可以制作自己想要的宝贝详情。

选择一款已发布的商品,点击"编辑商品",找到电脑端或手机端描述,选择"使用旺铺详情编辑器",进入淘宝神笔宝贝详情编辑器。

淘宝神笔里面提供了各品类不同风格的模板(有免费,有付费),根据店铺定位和商品特征,选择一款合适的模板点击"购买"或"试用"即可进入详情编辑页面。

图 3.1.85　神笔编辑器模板类型

装修时添加基础模块、设计师模块。添加模块后,只需在相应的模块中把模板图片、链接、文案替换成需要发布的商品的图片、链接和文案,然后保存即可。

图 3.1.86　神笔编辑器模板模块编辑

## 💡 项目小结

本项目共有三个任务。在任务一中,学习了拍照的基本知识,首先从选择合适的摄影器材开始。我们要了解像素、CCD、光圈等基本知识,选择一款合适的相机。要拍摄出效果好的照片,还需要灯光器材、单脚架等,我们可以自己 DIY 简易摄影棚。拍摄时,我们要注意光线、角度、背景、细节等问题,针对不同商品的特征,拍摄出突出商品卖点的图片。由于网店平台的规定和拍摄时多少会存在一些问题,我们需要对拍摄的照片进行简单处理,比如用光影魔术手调整图片大小、亮度色彩、白平衡、锐化、添加水印、批处理等,而用 Photoshop 来完成抠图,为后面的商品发布提供图片素材。

在任务二中,我们完成了商品的发布。在商品类目、宝贝标题、宝贝主图、宝贝物流等方面,我们不但了解了平台的管理规则,还特别体现了营销效果。

在任务三中,我们进一步优化了商品描述。从消费者关注焦点出发,对详情页的布局、文案、配色、字体和排版构图进行了优化。然后我们精装修了 PC 端店铺基础页首页和移动端手淘首页。发布多款商品之后的精装修店铺首页,展现效果更精致,内容更充实。

商品发布是本书的重点之一,它所包括的知识点对应着电商最热门的几个岗位,如美工、运营等,希望大家可以把学习的知识运用到实践中,通过实践掌握这些知识。

## 🕐 项目练习

**一、选择题**

1. 产品拍摄中常用的布光方法不包括(　　)。

A. 交叉布光　　　　　　　　　　B. 蝴蝶光

C. 鳄鱼光　　　　　　　　　　　D. 轮廓光

2. 当顾客第一次光临店铺时,其关注的通常是产品的(　　)、相关说明、价格、卖家信誉、店铺的专业性与整体感觉等。

A. 标题　　　　　　　　　　　　B. 图片

C. 店面　　　　　　　　　　　　D. 产品质量

3. 在发布商品时,下面说法正确的是(　　)。

A. 为了争取多曝光,完全相同的商品,使用一口价形式发布,再使用拍卖形式发布

B. 为了争取多曝光,完全相同的商品,使用一口价形式多发布几次

C. 同一件商品,不同颜色,不同尺码分开发布

D. 对于不同的商品,必须在商品的标题/描述/图片等方面体现商品的不同

4. 以下哪个标题是可以在淘宝发布的正确的商品标题? (　　)

A. 自家茶山特产安吉白茶铁观音大红袍 500g 包邮

B. PRADA 高仿 A 货时尚简约春夏新款手提笑脸包

C. 全网最低价时尚春夏款雪纺蝙蝠袖连衣裙

D. 秋装新款文艺复古刺绣蕾丝吊带长裙

5. 宝贝三要素是指(　　)。

A. 标题、图片、描述　　　　　　　　B. 旺旺、支付宝、描述

C. 图片、支付宝、旺旺

**二、判断题**

1. 商品发布的形式有三种,分别是:一口价、拍卖、团购。　　　　　　　　　(　　)

2. 一般来讲,一个优质的宝贝标题包含促销词、属性名词和热搜关键词。　　(　　)

3. 编辑宝贝描述时,为了提升效率,可以用 Word 编辑好相关文字内容,再复制到描

述里。 （　　）

4.在淘宝上无须缴纳消费者保障金就可以开店铺销售女装。 （　　）

5.平邮包裹的到货周期较长,顾客通常要 7~15 天才能收到购买的商品,但是提供了网上查询物流进程的服务。 （　　）

### 三、实作题

登录中华人民共和国邮政局网站(www.spb.gov.cn)查询：

1.邮政普通包裹资费的管理规定。

2.重庆市合川区到上海市黄埔区的快递服务价格。

3.特快专递(EMS)的资费。

## 项/目/二　营销店铺和商品

### 任务导读

| 任务一　打造优质客户体验 | 任务二　利用营销工具推广店铺 | 任务三　管理网店交易 |
|---|---|---|
| 物质体验 | 做好 SEO 优化 | 处理网店订单 |
| 流程体验 | 使用站内营销工具 | 提高网店信用 |
| 商品包装体验 | 运用站内社交媒介 | |
| 服务体验 | | |

### 学习目标

**知识要点：**

1. 掌握物质、流程、包装和服务等客户体验点打造的方法。

2. 掌握 SEO 优化的技巧。

3. 会使用站内常用营销工具。

4. 了解站内社交媒介使用方法。

5. 掌握网店订单处理流程。

6. 掌握信用评价提升技巧。

**技能培养：**

1. 优化并提升商品搜索排名。

2. 会使用店铺宝、优惠券等营销工具。

3. 会设置直通车计划进行推广。

4. 利用站内营销工具制定店铺营销方案。

5. 会处理店订单、发货和处理客户投诉。

## 任务一 打造优质客户体验

### 任务导入

小伟的团队已经做好了所有准备工作,店铺终于正式的开张。运气不错,商品发布第一天,旺旺就响了,有顾客上门。但是当顾客问他,"价格还能不能再便宜一点?"小伟说,"价格已经是最低了,不能再便宜了。"顾客说再看一下就没消息了。终于有一个顾客在没有询问的情况下,下单购买了。小伟在高兴之余,发货时把商品颜色发错了,小伟的店铺迎来了开张以来的第一个差评。

**问题与思考:**

1. 如何与客户就价格问题进行沟通呢?

2. 如果你的店铺被差评了,该如何处理解决?

### 任务解析

在互联网上开网店,出售的不仅仅是商品,更是一种伴随商品的服务与体验,当买家再次光临店铺可以为店铺带来 25% ~85% 的利润,而吸引他们再次光临的主要因素就是服务质量的好坏与店铺所能带来的客户体验。

### 知识探究

每家公司都会提供某种客户体验,个人网店也不例外,无论卖家在创造体验时是有意还是无意。这种体验究竟是完美、糟糕还是在业内处于平均水平,完全要取决于卖家自己。要成功给顾客带来优质的服务体验,要制定服务标准,并合理运用服务体验点。

为了真正取得长期的成功,需要将零售全过程纳入客户体验的定义:它是客户与公司和品牌互动方式的总和,这种互动不是发生在某时某刻,而是自始至终贯穿于整个的交易过程。

网店交易过程主要包含购买、发货、送货、售后、跟踪服务五个方面,是店铺与客户接触的全过程。

### 一、物质体验

物质体验是引来客户、留住客户的窗口,也是后续体验能够发挥作用的基石,网店物质体验包含商品、价格、描述、形象 4 个方面。

## （一）商品

囤货是每个店铺都不愿意见到的现象,因此要保证店铺的商品既能满足需求又不囤积,就需要从客户的需求上分析,打造优质丰富的商品体验。

客户在挑选商品时,主要从是否是正品品牌、是否好用、售后服务如何、挑选款式、价钱是否实惠等几方面入手。

### 1. 是否是正品品牌

作为卖家,商品是店铺发展的根基,绝对不要夸大其词。当然有些买家也知道店铺中的商品并非正品,只因其价格低廉,由于卖家将其说成正品,那他们自然是当正品看待,而购买后一旦发现商品并非介绍的那样,自然心里会不开心,轻则店铺失去了一个回头客,重则影响了店铺的信誉。

### 2. 是否好用

是否好用,或者说是否实用,也就是说店铺内的商品是否是顾客真正需要的。

有一家店铺是经营手机生意的,虽然卖家有自己的实体店,但由于许多顾客对于网购电子商品还存在许多顾虑,因此店铺生意不是太好。发现这情况之后,卖家店铺进行了扩张,不但经营手机,还附带销售一些手机周边产品,例如读卡器、挂件、高亮手机膜等。出乎意料的是,这些周边产品的销量远比手机的销量大得多。

### 3. 售后服务如何

售后服务是整个交易过程的重点之一。对于每件商品,都要根据商品特性提供相应的售后服务。

售后服务和商品的质量、信誉同等重要,在某种程度上售后服务的重要性会超过信誉,因为有时信誉不见得是真实的,但顾客发出的售后服务评论却是无法做假的。对于网店经营者来说,在商品售后服务上要主动出击,不要等商品出现问题后顾客找上门才解决,这样不仅使顾客产生抵触心理,更是对店铺形象的损害。

### 4. 款式是否丰富

在网上选择店铺时,如果进入的店铺商品不是很多,或者商品的款式很单一,消费者可能就没有什么购买欲望了,而去一家商品丰富的店铺挑选时,就自然而然地被该店铺所吸引。

在布置店铺的时候,由于顾客不能切实地了解店铺的情况,可以与其他店铺建立合作关系,引用其他店铺的商品,当然切忌与同一城市的店铺合作,避免不必要的竞争。

### 5. 价钱是否实惠

实惠并不代表廉价,作为卖家,一定要对店铺商品进行准确的定位,要根据商品实际的材质、款式等条件为基础,参照其他店铺或商场的价格进行定价。

## （二）网店商品定价技巧

在前面商品发布一节,我们说宝贝价格如实填写即可,其实这样是不能体现店铺宝贝的价格优势的。在定价方面,卖家首先要做好价格规划,同时还要掌握几种定价技巧。

### 1. 全店宝贝价格全方位规划

基于店铺定位将商品在价格上进行分类管理,可以简单分为低、中、高三类。

1)低价位引流量

低价位的商品可以凭借其价格优势为店铺带来大量的流量和成交转化率。卖家可以选择几个款式新颖的宝贝设置较低的价格,以吸引买家的目光,达到引流的目的。在一个店铺中,低价位的商品类目应该占据所有类目的 10% ~ 20%。

**图 3.2.1　同类商品定价差异效果**

那么价格设置多少才算合适呢？很简单,在淘宝搜索框中搜索和店铺宝贝差不多的宝贝标题或关键词,在搜索结果页中,将鼠标移至和自己店铺宝贝一样(相似)的图片上,这时图片下方会出现"找同款""找相似"的按钮,点击即可进入相关页面。然后点击"价格从低到高"排序,可以查出同款商品的价格区间,再参考销量、信用等指标,设置自己商品具有竞争优势的价格。

**图 3.2.2　低价商品定价找同款**

2)中等价位盈利

在一个淘宝店铺里,中等价位的宝贝类目应该占据所有宝贝类目的 60% ~ 75%。中等价位的宝贝数量多、类目齐、价位适中,买家对价位的接受度高,宝贝的成交率也高。因此,从某种程度上来讲,中等价位的宝贝是整个店铺的"镇店之宝"。

中等价位定价考虑因素:

(1)主力消费群体的实际消费水平,同一品牌商品的定价高于或者低于全网均价3~5元。

(2)商品类目细分。比如按质量、材质等角度划分,通过细分提高专业程度。

3)高价位定位品牌

一般而言,淘宝店铺要有低价位商品引来引流量,但也必须有高价位商品,这部分商品主要用于提升店铺的档次。高价位的商品是满足一些高端消费群体对优质商品的需求。

### 2. 商品定价

1)习惯定价法

市场上有许多商品因为买家时常购买,就形成了一种习惯性的价格。习惯定价法是一种完全依赖于市场和买家的定价方法,市场和买家掌握了商品定价的主动权,而卖家处于被动地位,如果卖家长期采用这种定价方法,必定不利于店铺的发展。

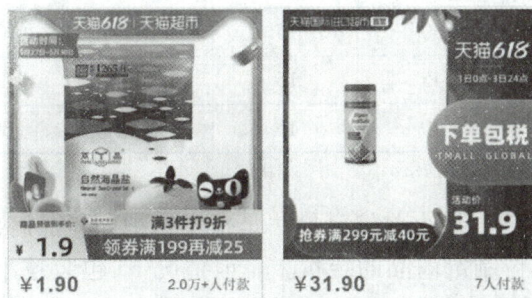

图3.2.3　习惯定价法

2)成本加成定价法

这是按商品的单位成本加上一定比例的利润制定商品定价的方法,即商品定价 = 商品成本 + 商品成本 × 成本利润率。

成本加成定价法在一定程度上受定价者主观因素的影响,商品定价和市场行情容易产生冲突,最终会影响商品的销售和店铺的利润。甲定价高、销量低,总利润低于乙。丙虽然销量高、但价格低,所以总利润也低于乙。

表3.2.1　成本加成定价法不同定价对利润影响

| 卖家 | 进价(元) | 利润率 | 定价(元) | 月销量(件) | 利润(元) |
|---|---|---|---|---|---|
| 甲 | 200 | 80% | 360 | 30 | 5400 |
| 乙 | 200 | 50% | 300 | 100 | 10000 |
| 丙 | 200 | 20% | 240 | 150 | 6000 |

3)保留安全定价底线法

安全定价法也叫"满意价格策略"。安全定价法主要是针对消费者在网上购买商品的时候,担心出现质量问题引起的退换货不便的心理,卖家把商品本身的价格和确保消费者正常使用的费用总计,降低消费者的消费风险,提升消费者的购物满意度与安全感。

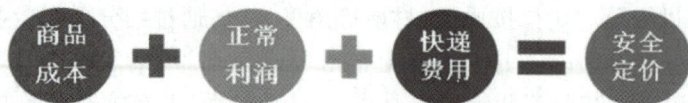

**图 3.2.4 保留安全定价底线法**

安全定价法并不是代表商品的定价完全没有任何的风险。在安全定价法中,店铺的正常利润为商品成本的 30% ~ 60%,而商品成本为变量,当商品成本发生变化时,会直接影响商品的安全定价。

**表 3.2.2 安全定价法对利润影响**

| 商品成本(元) | 利润率 | 正常利润(元) | 快递费用(元) | 安全定价(元) | 月销量(件) | 店铺利润(元) |
|---|---|---|---|---|---|---|
| 100 | 30% | 30 | 15 | 145 | 1000 | 45000 |
| 100 | 45% | 45 | 15 | 160 | 600 | 36000 |
| 100 | 60% | 60 | 15 | 175 | 300 | 22500 |

4)消费者心理定价法

(1)最小单位定价法。最小单位定价法是指卖家把同一品牌的商品按照不同的数量包装,取最小包装单位制定商品的定价。一般情况下,包装越小,实际的单位数量商品的价格越高;包装越大,实际的单位数量商品的定价越低。最小单位定价法有两种分割策略:

①用较小的单位报价。例如,茶叶每千克 10 元报成每 50 克 5 元,大米每吨 1000 元报成每千克 1 元等。

②用较小单位商品的价格进行比较。如"××防晒特别好,一点点就能涂全脸,30 毫升足够用一个夏天,每天只要 1 块钱。"

(2)数字定价法。数字定价法是直接利用整数或者是零数对消费者心理的影响进行定价的方法。数字定价法主要分为尾数定价法、整数定价法和弧形数字定价法。尾数定价法一般以零头结尾,给消费者以有整有零、定价公平公正的感受;整数定价法是指采用凑整为零的方式,只要整数不要零头,给消费者以实实在在的感受;弧形数字定价法是选用一些消费者喜爱的数字来制定商品价格的策略。顾客对于带有弧形线条的数字,像 0、3、5、8、6 不会感到带有刺激感,而对于像 1、4、7 这样的数字则会有一种刺激感。

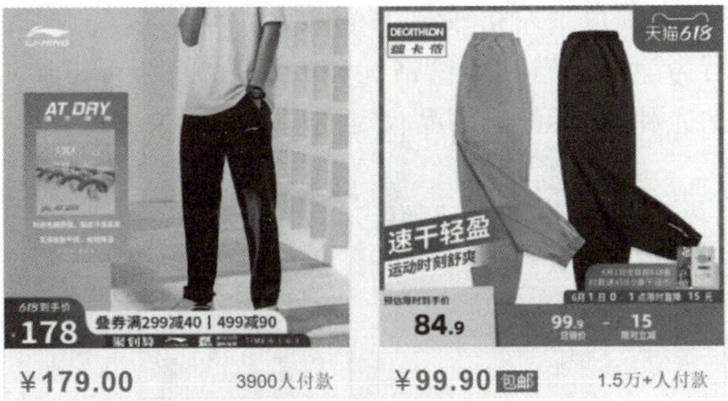

**图 3.2.5　尾数定价法对销量的影响**

（3）招徕定价法。招徕定价法是卖家抓住消费者求廉的心理，有意将商品价格定得低于市场的平均价格，部分商品甚至低于成本价，以招徕消费者增加销售量的一种定价方法。比如，商品大甩卖、大拍卖、清仓处理等。

招徕定价法适用于日常用品，数量适中，降价幅度大时，但要注意商品并没有质量问题。

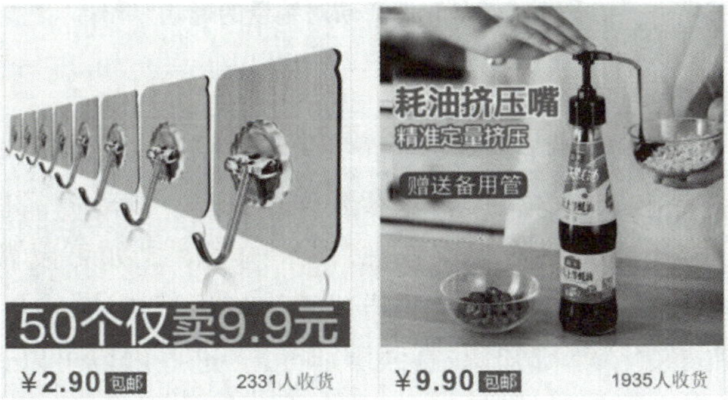

**图 3.2.6　招徕定价法对销量的影响**

5）促销式定价

（1）统一促销。统一促销是指整个店铺的商品全部按照一个价格销售。比如全场满 9.9 元包邮、全场××元、全场 5 折等。统一促销是为了提高店铺的销量而采取的一种促销定价策略。

2）特价促销。特价促销是指卖家将少数的商品以降价的形式吸引消费者购买的定价方式。特价商品凭借偏低于市场价、接近成本价的价格优势，同时也迎合了消费者的求廉心理，对消费者而言，更具有吸引力和号召力，很容易在同类商品中脱颖而出，进而占据市场的大部分份额。比如，一元起拍、限时打折等。

3）满额促销。满额促销是指卖家对在本店消费了一定金额的买家实行一定的优惠，这种促销方法能提高消费者对店铺的好感，在一定程度上能提升消费者的再次消费以及多次消费。比如买 2 送 1、满××元减××元等。

注意：价格设定以后，尽量不要频繁调整价格，那样一是会引起消费者反感，导致消费者复购率下降,造成老顾客流失;二是会影响促销活动的报名。平台不允许短期内先提价再打折降价的行为。如果想利用价格优势吸引消费者,可以通过在主图透出促销信息并搭配优惠券来让利,在不影响商品权重的情况下做价格调整。

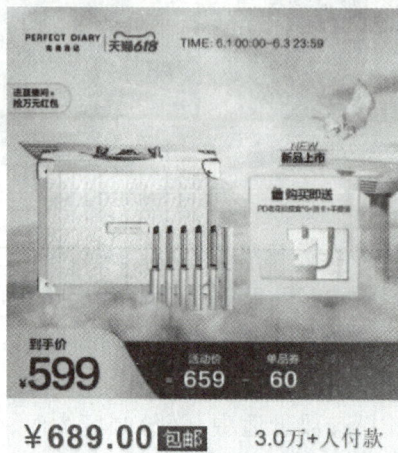

图 3.2.7　大促活动对销量的影响

### (三) 描述细致准确

关于商品详情页的描述我们在上一项目中详细介绍了。卖家应该对商品标题或关键词,店铺信誉度,商品材质、尺寸、风格等参数详尽描述。同时商品描述起到的作用除了告知基本事项以外,还要能消除买家顾虑、促进购买。比如可以做一些提醒型描述(主要包括适用人群、赠品、服务承诺、支付方式等)、知识型描述(宝贝的寓意、使用与保养注意事项、宝贝相关文化、基础知识、真假辨别等)。这些内容可以让顾客产生信赖心理,还能吸引顾客再次光顾。好的描述可以节省大量回答顾客提问的时间,更可以避免一些交易纠纷。

### (四) 店铺规模专业

在网上购物的顾客大多数都是选择非常专业的、规模较大的店铺,因为这种店铺销售的商品在通常情况下都是正品,而且售后有保障。店家的信誉度高,不用担心被骗;还有一点是,在挑选商品时,漂亮的店铺能使顾客在购物时心情更舒畅。

怎样让店铺显得专业呢? 第一,必须装修店铺。装修精美是吸引顾客前来购买的关键所在。店铺的装修不需要太多的点缀,但一定要让顾客感觉到店铺的专业与正规。如果实在不知道如何装修店铺,可以投入一定的资金聘请一些专业人员进行装修。第二,顾客至上。能做到专业装修的店铺很多,但能处处体现客户至上、方便客户联络,以及传达良好形象的店铺却不多见。要做到顾客至上其实并非难事,关键是要多为顾客着想。顾客对于店铺装修的期望,无非就是希望它专业、可信、交流方便、商品清晰、分类明确等。

## 二、流程体验

网店的流程体验主要包括购买、发货、送货、售后、跟踪 5 个方面,是店铺与客户接触的全过程。流程体验代表了一家店铺的"软实力"。

### (一) 购买流程

许多买家可能对于网上购物流程并不是很熟悉,为此,首先,要耐心地指导买家如何购买;其次,也是更重要的一点,是要消除顾客购买过程中担心受骗的顾虑;最后,在整个购买过程中都要尊重顾客。

要让顾客体验到一个顺心、安心的购买流程,以下几点是每一名客服人员必须做到的。

(1)熟练操作整个购买环节,不能一问三不知。

(2)熟知操作上的每一个步骤,帮助客户快速完成交易。操作流程不仅仅局限在交易平台中,有些顾客在购买时可能存在浏览器异常、支付异常等问题,客服人员也必须懂得一些基本硬件操作知识。

为了便于交流和提高工作效率,可以制作常见问题解答页面或小册子供顾客查阅,对于第一次接触的顾客,要耐心接待,不要轻易放弃。

### (二) 发货流程

发货流程是买卖双方都不能亲身操作的,因此在处理商品发货的过程中。要尽量避免产生一些不必要的问题。

要让顾客体验到发货流程顺心,主要做到以下几点。

(1)商品在包装时候仔细点,避免换货情况发生。

(2)商品数量、规格一定要点清楚。

(3)切勿随意包装商品,这样会让顾客严重怀疑商品的质量。用一些干净的、正规的包装盒或包装纸包装。

(4)要避免配货混乱、包装随意以及延误发货的问题发生。在发货时。可以在包装盒表面注明发货清单、人性化感谢函、包装警示贴等。

(5)当有顾客投诉时,避免抱有"运输问题都是快递问题,与自己无关"的心态。

(6)热心查、催件。

在正式发送商品之前,一定要选择一家长期合作并且口碑良好的快递公司,不仅快递员服务态度要好,而且送货要及时。

### (三) 售后流程

售后问题是最能让顾客体验到店铺优秀服务的关键。在交易过程中,不发生矛盾是卖家所期望的。但一旦发生问题,一定要避免与顾客争执。因为这样不但不能有效地处理问题,而且还会激发矛盾。

因为顾客与客服在专业技术上肯定不能相比较,而且在商品出现问题后,顾客本身就比较担心或急躁,客服人员一定要有耐心,做到以下几点。

(1)避免与顾客发生争执。

(2)避免不解决、逃避和拖延问题。

(3)时刻保持耐心、温和的态度来解决问题。

### (四)跟踪流程

跟踪服务更多的是为了发展忠实的顾客,要打造省心的跟踪流程体验,应做到以下几点。

(1)顾客收货后,要及时询问收货情况。

(2)到货一定周期内,询问顾客使用情况以及商品质量。

(3)相关的新产品到店后通过微信、旺旺、QQ、E-mail等方式告知顾客。

(4)授予各种形式的客户荣誉,如 VIP 客户、钻石客户、金卡客户等,使其可以终生享受优惠服务的权利。

(5)以顾客发展顾客,给予推荐新买家的客户一定的酬谢。

(6)邀请客户参加店铺活动。

## 小知识

## 商品的包装与发货

目前淘宝网上很多店铺都是通过快递公司、邮局以及物流托运公司进行发货的,不同的发货方式的资费、速度、覆盖网点及保价服务也不一样,我们需要根据实际发送的商品和买家的需求,做好商品的物流包装,选择合适的送货方式。

## 三、商品包装体验

为了保护商品在运输过程中不被损坏,卖家在发货前,应对商品进行适当地包装。此外,买家看到商品时,最先看到的是包装,所以一个精美的包装可以给买家留下一个好的印象。

### (一)选择商品包装材料

卖家在选择包装材料时,不仅要考虑其美观性和适用性,还要考虑包装材料的成本。一个好的包装应该具有成本低、防潮、防震、防水、简洁大方的特点。

#### 1.商品内包装

商品内包装是最贴近商品的一层防护对物品直接具有保护作用。常见的商品内包装材料有以下几种。

1）OPP 自封袋

OPP 材料具有透明度高、可降解等特征,使用方便、美观大方,广泛使用于服装、食品、印刷、文具、化妆品、纸张等行业。还可根据客户需要印刷各种图案及打蝴蝶孔、飞机孔。但 OPP 自封袋密封性差、较脆,不能反复使用。

2）PE 自封袋

PE 袋可以与食物直接接触,对人体比较安全。PE 自封袋密封性好,质地柔软,不易破损,可以重复使用。还可以用于邮票、小化妆品、纽扣和螺丝等商品。

3）热收缩膜

热收缩膜具有较高的耐穿刺性,良好的收缩性,可以紧贴商品,牢固且具有防水、防潮、防尘的作用,广泛应用于医药、食品、五金、玩具、化妆品、礼品、电子元器件、地板和装饰材料的包装。

4）防静电气泡袋

一般用于电子产品,有抗静电 PE 材料制成,可以防止产品在生产、搬运和运输中因碰撞或静电引起的损坏。

5）镀铝气泡信封袋

利用镀铝膜防潮、防水,利用气泡袋缓冲作用,广泛应用于集成电路、光盘、计算器、电子组件、光学镜头和陶瓷等物品的运输。

6）气泡膜

气泡膜是一种增加缓冲性能的内包装,由于中间充满空气,所以很轻,富有弹性,具有隔音、防震、防磨损的性能,为电子产品、化妆品、音响制品的首选。

7）珍珠棉

珍珠棉是一种新型环保的包装材料,具有隔水防潮、防震、隔音、保温、可塑性能佳、韧性强、循环再造、环保、抗撞力强等诸多优点,亦具有很好的抗化学性能,是传统包装材料的理想代替品。

8）海绵

海绵是日常生活中较为熟悉的一种包装材料,具有保温、隔热、吸音、减震、阻燃、防静电、透气性好等特点。

9）报纸

为防止商品在运输过程中因挤压而变形,如果顾客对于包装没有特别的要求,可以使用一些旧报纸填充,经济实用。

## 2. 商品外包装

物流商品的外包装不仅要结实耐用,而且要美观大方。常见的外包装材料有纸箱、塑料袋或纸袋、编织袋等。

1）纸箱

纸箱是应用最广泛的包装制品,其优点是安全性强,可以有效地保护商品。缺点是大大地增加了包裹的重量运输费用也就相应增加。纸箱按用料不同,分为瓦楞纸箱、单层纸板箱等。

纸箱的体积因商品的大小而改变,纸箱通常有"小心轻放""怕湿""向上""堆码极限""怕晒""防潮""质量安全""禁止翻滚""不可践踏""注意防火""易碎物品""绿化环境""怕热""食品""防异味"等多种图案或文字提示,提醒使用者注意,以保护内装物品不受伤害。

建议新卖家或生意较少、且有时间的卖家自己做箱子。自制纸箱也有自己的独特优点:一是成本低,可以充分发挥旧纸箱、纸板的再利用价值;二是适用性强,可以制作符合物品外形的任意尺寸的纸箱。

此外,快递公司对纸箱基本无要求,而邮局对纸箱的基本要求有以下几点:

(1)箱体必须结实,不容易破损;

(2)箱体外表不能有与双方地址资料无关的图案或文字;

(3)箱体必须能方便邮局盖章并且不会掉色;

(4)纸箱的基本尺寸要求是长宽高之和不少于30厘米。

2)塑料袋

对于一些不怕挤压且质地较软的商品,如衣服、抱枕、帆布包等,就可以采用快递公司提供的塑料袋,能够有效防水防尘。

3)环保袋

用一些外观时尚、设计独特的环保袋作为商品的外包装,不仅可以给买家带来意外的惊喜,也让人感到卖家的细心,从而提升店铺的形象。

有创意的卖家可以自己在制作环保袋,既节约成本又能发挥自己的创意。想要体现个性的卖家可以在包装上加推广,加深买家对自己的印象。

**(二)商品包装技术**

虽然网店卖家做不到生产企业那样拥有专业的包装技术,但在保证物品能够准确、及时、完整地送到买家手里的同时,也可以凭借自己的智慧在包装上花一些巧妙的心思,这样也能够得到买家的认可和喜爱。

对于一些贵重物品或易碎物品来说,包装是一个重要的环节。按包装的技术可以分为防潮包装、防震包装和防破损包装。

### 1. 防潮包装

很多物品都需要做好防潮包装,如茶叶、衣服、字画等。可以通过添加干燥剂和其他的防潮材料(玻璃、陶瓷、塑料、金属等)达到防潮的目的。

### 2. 防震包装

防震包装又称缓冲包装,为减缓内包装受到损坏、震动或冲击而采取的防护措施包装。防震包装方法有:悬浮式包装、全面防震包装、部分防震包装、捆扎及裹紧技术,要选择高强保护材料,来防止内装物受外力作用破损。

### (三)发货方式

淘宝店铺的发货方式主要有3种:平邮、快递和EMS。

#### 1. 平邮发货

平邮是最慢的但是实惠,全国7天到30天,全国各地只要有邮局的地方就可以送到。平邮不像快递送货上门,邮递员事先会将通知单发送至你的家庭信箱或门卫,用户需要凭通知单和收件人身份证去就近邮局领取包裹。

平邮的关键是地址要详细,并且邮编要准确,这点很重要。平邮的时间很难控制,而且容易有突发事件让买家没有收到邮单,不知道货物已经寄到,从而耽误收货。

#### 2. 快递发货

随着快递公司的普及、网点规模的扩大,发货收货也是点对点、人对人,快递费用也逐渐透明化,因此是目前淘宝网店最常用的方式。

需要注意的是,在遇到比较偏于地区的卖家要求发快递的时候,一定弄清楚快递公司的配送范围,以免发生送不到货的情况。大件物品委托物流公司运输,费用要便宜很多。

#### 3. EMS 发货

邮政特快专递服务。该业务在海关、航空等部门均享有优先处理权,为用户传递国际、国内紧急信函、文件资料、金融票据、商品货样等各类文件资料和物品。

优点是网络强大,全国2000多个自营网点,任何地区都能到达;配送时间也比较快,3~5天都能到达;货物丢失损坏率较低,安全性较高。缺点是资费相对快递公司较高。

## 四、服务体验

服务体验代表了一家店铺的"魅力",包括了客服人员的服务及时性、亲切性、专业性、灵活性、主动性、诚信性、感恩心态等多个方面。

卖家除了是店主,还有一个身份就是店铺的客服。虽然网店客服不用和买家面对面交流,但是通过文字交流也需要让买家体会到店铺的热情和服务周到。客服一般分为售前、售中和售后三个阶段类型。

### (一)售前服务——让顾客看得开心

售前服务一般分为狭义和广义两种。狭义的售前服务就是指每天店铺开始营业前的一些准备工作;广义的售前服务几乎包括了售中、售后服务以外的所有店铺经营工作。从服务的角度讲,售前服务是一种以信息交流、感情沟通、态度改善为中心的工作,必须全面、细致、准确和实用。售前服务是店铺赢得顾客良好第一印象的开端。

### 1. 良好的服务态度

客服人员要积极主动。当看到有买家发来消息,要及时响应,主动向买家询问,有什么需要或者疑惑。

顾客与客服人员交流主要是通过阿里旺旺,如果客服同时与多个顾客交流,可以预先设置自动回复信息。例如"由于线上咨询商品的顾客大多。请稍等,马上给您处理,非常抱歉。请您谅解! ××店客服人员"。

### 2. 足够的知识储备

这里要求客服人员具备店铺和产品知识、营销知识、心理学知识和公关礼仪知识。当买家对商品提出一些疑问的时候,客服应该有针对性地给予解答,对于不确定的问题,应弄清楚之后再回答。买家还没有决定买哪件宝贝的时候,客服可以向买家了解他的需求,然后主动的介绍合适的商品,并且主动告知一些买家比较关心的商品信息。客服要根据买家的需求推荐合适的商品,而不是推荐价格高的商品。

### 3. 有效的沟通技巧

沟通时首先要体现亲和力,尊重买家的意愿,多使用征求的语言,比如"这件商品适合您吗?""您觉得呢?"等。大多数购买家电、电子产品等高价值商品的目标顾客为男士,适合用礼貌用语。例如您好、欢迎、请、多谢、再见等。而一些购买服装、化妆品、饰品等商品的顾客多为女士,适合用亲切用语,如姐姐、MM 等。其次要善于倾听,当买家未问完时,不要去打断。回答买家提问时,找出其中的关键词,回复中引用,会让买家觉得你对他说的话很关心。再次要注意控制情绪,理性沟通。客服人员会遇到各种类型的买家,有的温文尔雅,有的挑三拣四,交流时要冷静、理性,不要和顾客起冲突。最后,交流时可以适时地赞美顾客,比如赞美顾客的账号头像,"亲,您的 ID 好有个性哦""亲,您的 ID 很容易记哦,如果早点认识您的话,我们可能早就是朋友了哦"。还可以赞美顾客所在地、感兴趣的产品等。如"亲,您是 ××市的啊,哪里的 ××很出名哦""亲,您的健康理念很超前哦,现在很多人还没有防辐射意识呢"。但要注意,赞美顾客的话不能过量,必须恰到好处;如果过量了,反而会引起顾客的反感。

## (二)售中服务——让顾客买得称心

售中服务是指在买卖过程中直接或间接地为销售环节提供的各种优质标准服务。售中服务与顾客的实际购买行动是相伴的,是促成商品成交的核心环节,售中服务的目的是为顾客提供性价比较高的解决方案。

如果说售前服务使潜在的顾客产生购买意向,初步做出购买决定,那么售中服务就是使这种意向和决定转变为购买行为,实现交易。

### 1. 与买家保持适当的距离

一些买家选择网上购物是因为不喜欢实体店里过于热情的服务人员。服务应该做到热情周到,但有时也需保持一定的距离。不断的劝说、赞美、促销反而让顾客觉得虚假,适得其反。交流中在基本介绍产品的相关信息后,留一些时间给顾客自己思考,只需适时解答和补充顾客疑问即可。

### 2. 善于把握成交时机

买家购买意愿比较明确时,特别是买家已经把商品加入到购物车,还没付款时,客服要注意及时促成交易,以防时间久了,买家因心态、环境和他人的影响而改变主意。

### 3. 学会修改商品价格

买卖双方可以讨价还价的,但如果店铺中商品是不议价的,要注意措辞,避免给顾客带来态度强硬的感觉。可将单纯的降价变为赠品、会员卡等。如果成交价格与发布价格相比有变化,客服要在买家下单后及时更改价格,以协助买家完成付款。价格修改在"卖家中心"—"已卖出宝贝"中。

### 4. 交易完成后适时感谢顾客

如针对咨询少、短时间内下单的买家可以说,"谢谢您对我们的支持,没想到您是一个那么豪爽的人,更谢谢您对我们的信任,请您放心,我们产品的品质一定会让您满意的";针对咨询多、注重细节的买家可以说,"谢谢您对我们的支持,感觉您在生活中也是一个细腻的人,很注重生活的品味"。交流中注意多使用幽默的话语,配上生动的表情,恰到好处的赞美顾客。

### (三) 售后服务——让顾客用得放心

售后服务是指商品销售完毕后对消费者使用负责的一项重要措施,也是增强产品竞争力的一个办法。售后服务可以有效地建立与顾客之间的联系,获得顾客的宝贵意见,以顾客亲身感受的事实来扩大影响。

### 1. 仔细检查待出售商品

将买家拍下的商品正确的挑选出来,注意商品质量完好,规格、颜色、大小、数量等准确,避免漏配赠品、说明书、小配件等。使用合适的包装材料、包装方式和发货方式发货。

### 2. 随时跟踪包裹去向

发货后及时通知买家,货物寄出后要随时跟踪包裹去向,如有运输意外要尽快查明原因,并和买家解释清楚。

### 3. 送货到达及时告知

货到后即时联系买家,首先询问对货品是否满意、有没有破损。如对方回答没有,赶紧请对方确认并评价。这就是所说的"先发制人",买家对货品满意还会给出差评吗?如果真的有什么问题,也会因为卖家的主动询问而使气氛缓和,更有利于解决问题。

### 4. 及时评价顾客

买卖完成后,需要对买家做出真实的评价,卖家可以对买家做出好评、中评和差评3

种评价。建议对买家好评,并留下内容评论。

### 5.明确的退换货政策

在顾客购买之前就应明确告知本商品的退换货规则,这样做对于卖家来说,可以规避交易纠纷的发生;对于买家来说,也可以提前判断是否要购买。卖家在制定退货政策时,一是要遵守国家规定,二是要符合平台的规则,可以通过加入消费者保障服务来体现商品的质量,或者制定较为宽松的退换货政策让买家觉得店主对自己的产品有信心,从而决定购买。

作为中间商,卖家还需要注意,要与供应厂商就退换货协商,要求他们提供相应的退换货服务。

### 6.认真对待退换货

碰到前来退换货的顾客,尽量和对方商量双方都能接受的方案,而不是以自己的规定为由拒绝。即使要拒绝,也要依据淘宝规则或权威第三方规定实行。因运输而造成货物损坏或产品本身问题导致买家要求退换货时,我们应尽量答应买家的要求,说不定这个买家以后会成为你的忠实客户。

### 7.用平和的心态处理投诉

货物运输力所不能及等各种原因,都会不可避免地导致各种各样的纠纷,尽量和平解决问题,如果真正遇到居心不良或特别顽固的买家,我们也要拿起合法武器,去据理力争。

### 8.妥善处理中差评

由于影响店铺评分、搜索排名,并直接关系销量升降,商品评价,尤其是中差评已成为卖家的维护重点。常见的中差评可分为两类,一类引发于买家对商品质量、物流或售后服务问题的疑虑与不满,可通过解释沟通、退换货及补偿服务等方式解决;一类则属于买家故意为难或同行恶意评论,可通过提请平台方介入的方式解决。卖家要明白,低比例差评能增加评价的真实度,调整买家预期,降低退货及售后风险。

### 9.管理买家资料

这点是非常重要的,是许多店铺忽略的地方,随着信誉的增长,买家越来越多,我们需要对买家的联系方式、货物发出与到货时间、买家的性格等进行系统的资料统计,简单地在 Excel 中制作一个管理顾客的电子表格即可。

### 10.定时联系买家并发展潜在的忠实买家

交易真正结束后,不要以为大事告吉,就此冷落了买家。适时地发出一些优惠或新品到货的信息,可能会吸引回头客;每逢节假日用短信或旺旺发一些问候用语,增进彼此的感情。当然也有买家不喜欢这些,自己要适度掌握并随机应变,尽量挑选自己认为比较随和的买家去发展,从而使其成为忠实的买家。

由于买家的性格各不相同,再完美的售后服务也无法使每一位买家都满意,但只要认真履行卖家的职责就能赢得买家的光顾。

## 小知识

## 淘宝新手开店怎么妥善处理中差评?

要处理中差评,首先要了解买家给中差评的原因,以及要知道是不是恶意评价以及淘宝网恶意评价受理范围、恶意评价维权发起条件。

**淘宝官方删除恶意评价介绍**

1. 恶意评价定义及维权受理范围

恶意评价,是指买家、同行竞争者等评价人以给予中、差评的方式谋取额外财物或其他不当利益的行为。

淘宝网恶意评价受理范围如下:

(1)不合理要求:需双方聊天举证号,证明评价者以中差评要胁为前提,利用中差评谋取额外钱财或其他不当利益的评价。

(2)买家胁迫:专业给中差评,且通过中差评获取额外钱财或不当利益给出的评价。

(3)同行:与同行交易后给出的中差评。

(4)第三方诈骗:第三方诈骗所产生的评价。

(5)泄露信息或辱骂:擅自将别人的信息公布在评语或解释中,在评语或解释中出现辱骂或污言秽语,损坏社会文明风貌等行为,淘宝网将删除评语或解释中辱骂或污言秽语部分文字,但是评价不删除。

2. 恶意评价维权发起条件

(1)必须双方互评的订单;

(2)受理的时间范围为评价产生的 30 天内。

3. 恶意评价维权发起路径

登录"淘宝首页—联系客服—自助服务—违规受理—不合理评价"人工在线渠道进行发起即可。

**买家给差评后如何解决**

收到差评后,应及时联系买家,诚恳地解释,耐心地沟通,了解买家因为什么原因给差评,是质量不好,宝贝描述不符,还是款式不满意,或者是客服人员态度太差,或者送货太慢。

1. 质量不好或宝贝描述不符

首先应该清楚,这是卖家的错误,正是因为失误,买家才给差评的。应该真诚地道歉,然后和气地和买家商量解决办法。

如果买家要求换货，应该爽快地答应，并主动承担买家寄回东西的邮费。并且在下一次发货时，应该更加注意，验货时多留一个心眼，更加仔细地检查，保证客户收到东西能够满意，须知再宽容的客户两次收到不满意的货，都会很气愤的，到那时就毫无挽回的余地了。

要是买家觉得换货太麻烦，想直接退款，那也应该表示理解，并且尊重客户的选择，爽快地答应，然后第一时间退款，并且承担客户损失的邮费，店铺的错误不能由客户来买单。

新手往往不愿意客户退货，因为好不容易来了一单生意，到头来却是竹篮打水一场空，还反倒贴了邮费，心里不舒坦。这时候应该提醒自己，这单生意黄了还有机会再来，这个客户要是走了，怕是永远也回不来了。要是新手们稍不明智，拒绝退款，那最后得到的恐怕只能是一个退款纠纷和一个影响极坏的差评。更严重的是，从此失去了一个客户，甚至失去了这个客户的亲友来小店买东西的机会，得不偿失。

建议：卖家主动承担来回运费进行退换货，不要有任何拖延，态度诚恳道歉。

（1）如若买家不退换货执意给差评。

解释话术如下：

亲，这个确实是我们的问题，由于我们仓库的人员没有及时将宝贝做分拣，所以导致发到您手上的宝贝有些残次，在不影响第二次销售的情况下，我们随时欢迎您进行退换货，我们承担来回运费，确实给您造成不便了，在此作为店主我郑重承诺，后续购买的买家放心绝对不会发生类似情况，本店承诺宝贝质量问题本店永久提供售后服务。

（2）如若遇到线头等问题给中差评

解释话术如下：

亲，您发现衣服上有线头确实给您的购物体验带来了不适，您也认可衣服质量是没有任何问题的，我们的衣服都是自己工厂直接生产的，我们请了很多老婆婆帮我们剪线头，这些老婆婆没有什么生活来源，小店利薄也只能给婆婆每件1元钱，老婆婆视力不太好肯定会漏剪，您多多担待，这点小问题就别在意了，我们一起把店铺做好了，给老婆婆更多的收入。谢谢您了。

**2. 款式不满意**

这个就主要是客户的问题了，但是切记不要因此觉得客户无理取闹，而是应该和气地和客户商量，尽量说服客户换货，相信客户能感受到我们的诚意，并因此对我们的小店留下不错的印象。

建议：这种情况给中差评无非有两种：

（1）退换货但不想承担邮费

解释话术：

亲，我们店铺7天无理由退换货服务从未改变过哦，如果是质量问题我们承担来回运费给您退换货哦，但是您说不合身要我们承担运费给您退换货，小本生意我们亏不起呀,如果您一定要我们承担运费退换货否则就给差评的话,我们也没有更好的解决办法了,请各位买家朋友谨慎挑选哦。

(2)不退不换,不退货退款

解释话术:

亲,如果您不喜欢这件衣服我们可以提供7天无理由退换货的,但是您不要退换一定要我们做补偿,这个我们真的不能满足您的,不是我们的质量问题,您一定要我们赔偿确实办不到啊,请后续的买家仔细的看下我们的宝贝描述,别误拍咯。

3.客服人员态度差

听到这个原因,别急着解释,先诚恳地道歉,然后向客户说明可能是客服一次接待的人太多了,没有及时回信息,客服人员有时候要同时接待几个客户,真的很辛苦,真恨不得多生几双手来,心平气和地和客户解释,相信客户一定能够理解的。

建议:

(1)如果真是咨询太多无法及时回复,旺旺可以调皮的给对方来一个回复。

参考话术:左一个叫亲,右一个叫亲,俺就一张嘴,亲过不来呀,亲,别急,等会马上过来亲你哦。

(2)如果买家就是不改差评怎么办?

参考话术:

亲爱的,真的很对不起,由于我们客服团队的服务不专业,没有及时的解决您的问题,您的这个差评是我们客服团队的警钟,作为店主我代表全店在此郑重的向您道歉,那个对您无理的客服已经被我严厉的批评了,扣了半月的工资,我们一如既往的履行我们7天无理由退换货、30天包修、90天内提供售后服务的承诺,如果这款宝贝有任何问题您可以直接联系旺旺:××直接找我。

4.送货太慢

得到这样的差评,卖家很冤枉,感觉很委屈,但必须冷静下来,诚恳地向客户道歉,然后是耐心的解释。

参考话术:

亲,这件事确实是我们的问题,没预料到××快递又抽什么风了,我已经跟他们老板联系上了,他让我转达对您的歉意,如果您下次能再光顾一次小店,他亲自给您打包裹,第一时间给您发出,确实对不起了,拆包裹的时刻是最幸福的,耽误了那么久的幸福时刻,给您添麻烦了,宝贝有后续问题及时联系我们,优先处理哦。

**遇到恶意中差评怎么办?**

1.敲诈勒索

表现方式,加QQ聊天威胁,不给钱就不改差评。

解决办法:

妥协!假装妥协,在旺旺上引导对方主动告诉你他的QQ或通过核实确认的方法让对方承认QQ聊天的那个人对应的是这个旺旺,对方肯定不会直接告诉QQ号让你加的。

例如:在旺旺上聊天:"亲,您QQ加我了吗?是不是×××啊?"

"刚才加我的那个是你吗?××××的对吧?"

2. 不合理要求

(1)退10块钱给我,不给我就给差评。(直接申诉吧,肯定删除的)

(2)这个宝贝我不满意,你要给我满意的答复。

这样的人无非就是要钱,如何规避?

例如:在旺旺上聊天:

"亲,这个问题不能再谈谈吗?可以退换的,能不给差评吗?"

"不行,质量太差了,我接受不了,懒得退换货。"

"那您要怎么解决呢?"

"你自己看着办,不好好解决就给你差评。"

"亲,你看下支付宝账户,我给你转20元钱了,收到了吗?"

"恩,看到了,好了。"

这就OK了,拿着聊天记录维权去吧。

3. 过度维权,小二介入判支持卖家,买家恶意中差评

解释话术:

各位买家朋友,小店亏本经营,这位亲还恶意挑刺,他自己不喜欢这个宝贝我同意他退,他非要我承担来回运费,维权了,淘宝官方已经判断了不支持他,他过度维权了,气急败坏给我了个差评,我也没有办法。我再次承诺,本店售后服务非常标准,7天无理由退换货,不影响二次销售都可以退换的,请各位亲放心消费。

4. 遇到同行

解释话术:

亲们,请大家记住这个买家,他买了我们的宝贝,什么都没问,也没有联系我们直接给了中差评,经过我跟淘宝官方的联系核实,此人为同行,看到我们的宝贝卖得好他就恶意来竞争,真是可耻的行为,本店本着全心全意为消费者服务的理念经营着,遇到这样的同行真的让我们卖家很伤心,不过官方已经回复我了,已经对该卖家警告处理了,请大家放心消费。

## 拓展练习

1. 分小组,讨论提炼店铺的体验点,并制定服务标准。

2. 利用学到的价格制定知识,重新修改已发布商品的价格。

**任务实施**

根据所学知识,小伟做了以下工作:

(1)合理设置商品价格;学会讨价还价技巧。

(2)仔细阅读小知识:淘宝新手开店怎么妥善处理中差评? 掌握各种应对话术。

(3)和同学一起模拟讨价还价场景。

将参加实训的学生分成若干谈判小组,分别代表卖家和买家进行模拟谈判,直到双方达成一个满意的协议。

(1)谈判策略:己方的市场价和低价、预测买家的低价。

(2)讨价还价:注意对方的用语和语气。

(3)应如何让步、让步的节奏,如何说服对方让步。

(4)谈判陷入僵局如何应对?

(5)如何结束讨价还价?

## 任务二　利用营销工具推广店铺

**任务导入**

经过一段时间的运营,小伟的店铺渐渐有了一点人气。但小伟明白,虽然店铺已经有了流水,但在竞争日益激烈的网络零售市场里杀出一条血路来,还要借助各种推广渠道和营销战略规划。

如何能让客户更好的知道我们? 如果没有好的营销工作来支持,还是无法让顾客最终选择我们,促成交易成功。可又如何能让客户更好的选择我们呢?

**问题与思考:**

1.淘宝有哪些方法或工具可供卖家进行营销推广? 这些方法或工具都具有哪些效果?

2.如何参与或使用站内营销工具?

**任务解析**

新手开店,最大的劣势就是店铺人气和流量低,而且淘宝平台上有数万家店很多卖家都经营者同类商品。因此,如何尽快提高自己的店铺人气是最重要的任务。

**知识探究**

无论实体店还是网店,为了提高知名度都要做好营销推广。营销宣传到位了,顾客的浏览量上升了,也就意味着店铺的人气提高了。有好的产品还要独具匠心的宣传,要充分利用营销来提高店铺商品的成交量。

# 一、做好 SEO 优化

淘宝 SEO 就是淘宝搜索优化,指的是在了解淘宝搜索引擎工作原理的前提下,研究淘宝站内的排名规律,通过有针对性的优化,使目标宝贝在买家搜索目标关键词时出现在宝贝排名的首页甚至前几名,从而获得源源不断的免费流量。

## (一) SEO 优化的逻辑起点

要了解 SEO 的作用,先回想一下买家的网购的使用习惯。买家在淘宝平台上进行购物时,大多会选择在搜索框中直接输入购物意向的关键词来选择想买的商品。比如有买家要买牛仔连衣裙,其会在搜索框中输入"牛仔连衣裙",然后点击搜索,很快就转到淘宝的搜索引擎推荐出一个排序的结果页。买家会从这个结果当中找到认为适合自己的那款宝贝,然后点击进去浏览。

搜索结果页中有上百页商品,还有右侧的掌柜热卖商品。那么买家会选择谁呢?一般来说,买家会通过综合、人气、销量、信用和价格属性进行排序,然后浏览排序页面的前几个或前几页的商品点击查看,如果没有合适的商品,就会更换关键词再次搜索。也就是说,如果卖家的商品不能排到搜索结果页的前几个或前几页,那么被买家发现的机会就很小了。

图 3.2.8　牛仔连衣裙搜索结果页截图

那么,搜索结果页的商品排序是怎么出来的呢? 这就需要了解淘宝商品搜索排名的影响因素。

## (二) 淘宝商品搜索排名影响因素

### 1. 描述质量

描述质量是指网店的商品描述质量,主要包括网店的商品标题、类目、属性、详情页等描述的质量。描述质量的优劣对用户体验存在极大影响,进而影响搜索排名。

### 2. 相关性

相关性是指搜索关键词与网店要素之间的相关性匹配程度,用于反映两者以上要素之间的关联性。包括类目相关性、标题相关性和属性相关性。

(1)类目相关性:用户搜索关键词与店铺商品所属类目之间的相关性匹配程度。

在用户通过关键词进行搜索时,平台优先展示与该关键词相关性最大的类目的商品,放错类目将不被展示,甚至会被降权。

(2)标题相关性:用户搜索关键词与商品标题之间的匹配程度,匹配程度越高,则相关性越大,将被优先展示。

(3)属性相关性:用户搜索关键词与商家发布商品时选择的属性之间的匹配程度,匹配程度越高,则相关性越大,将被优先展示。

### 3. 服务质量

服务质量是在网络零售平台中,买家与卖家在交易过程中,卖家所提供服务能够满足买家需求的程度。

现在主流网络零售平台对于卖家的服务质量的考核主要分为店铺 DSR 得分和店铺服务指标。

(1)店铺 DSR 得分是店铺买家就商品与描述相符、卖家服务态度、物流服务质量三项指标对卖家进行分项评分的算术平均值。

(2)店铺服务的核心指标主要有品质退款率、纠纷退款率和退货退款自主完结时长,这些指标与店铺商品质量和整体服务有关,对搜索排名存在极大影响。

### 4. 权重

权重主要包括店铺权重和商品权重。影响网店商品详情页搜索排名的权重为商品权重,店铺权重是多种权重组成的一个综合权重。权重越高,排名越靠前。

商品权重主要由商品人气、商品产出和作弊处罚三个方面决定。

(1)商品人气:即商品交易转化能力,这一能力的体现源于从买家浏览、收藏加购到最终成交转化的整个阶段。影响指标有:曝光量(展现量)、点击率、加购率、收藏率、转化率、销量(支付件数)等。

(2)商品产出(坑产):搜索某关键词所对应的商品单位曝光产出,即该搜索关键词所对应的单位曝光量下商品所能成交的金额。由如下三个指标决定:点击率、转化率和客单价。近 30 天商品产出高意味着商品对平台流量使用的效率高,平台倾向于把流量给到商品产出高的商品。

(3)卖家存在以下问题:类目错放、属性错选、标题堆砌、重复铺货、描述不符、SKU作弊等,会导致商品搜索排名靠后、商品下架、删除/整体店铺搜索排名靠后、店铺屏蔽、冻结账户、关闭账户等处罚。

店铺权重除受商品权重影响外,还包括活动权重(包括直通车、钻石展位、折八百、天天特价、聚划算、中国质造等)、品牌权重、售后权重(退款率、退款速度、纠纷率、评价质量、客服服务质量)等。

### 5. 下架时间

(1)越接近下架时间的宝贝排名靠前。

(2)编辑、修改图片和详情页对下架时间不影响。

### 6. 产品页面

(1)首图好坏——避免买家看到差的图片、牛皮癣。

(2)宝贝详情页关联数量——只有头部关联数量有效,一个 ITEM 链接算一个关联,如果超过第三屏没有展现宝贝,影响质量权重。宝贝头部关联最多设置 6 个。但宝贝详情页底部关联不影响权重。

### (三)新店铺商品排名优化技巧

对于新手卖家来说,销量、转化率、好评率等商品权重和店铺权重指标数值相对较低,那么如何优化好其他影响因素就显得更为重要了。

### 1. 相关性优化

相关性因素包括类目相关性、标题相关性、属性相关性。其中类目相关性和标题相关性在发布商品任务中(模块三—项目一—任务二)有所提及,这里还需要再补充几点。

1)标题关键词优化

标题是影响商品曝光和点击的重要组成部分,也是拉低商品权重的重灾区。

那么在制定宝贝标题时如何选择关键词呢? 关键词挖掘的途径有:系统打标词;平台推荐词和生意参谋;第三方工具。

系统打标词是平台根据关键词的投放效果,给关键词附上推荐理由,也就是为关键词打标,出现在商品发布时商品标题填写框下方。打标词往往是网店可以重点选择的。相对来说是优质关键词,但也要根据不同推广时期的推广重点有所选择。比如网店主要针对无线端进行推广时,那么就可以多选择锦囊词和手机标关键词。

第三方工具非常多,这里就不一一介绍。重点介绍平台推荐词选择和生意参谋选词方法。

(1)淘宝首页系统推荐词

淘宝首页搜索框下方的词主要是反映淘宝网现在要主推的类目和关键词,对于大卖家把握市场风向标是很重要的。若卖家的主营类目属于小类目,参考价值则不大。

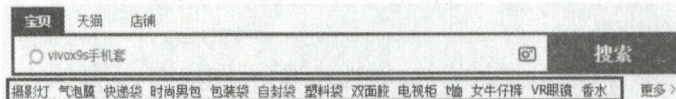

| 宝贝 | 天猫 | 店铺 | | |
| --- | --- | --- | --- | --- |
| ○ vivox9s手机套 | | | 📷 | 搜索 |

摄影灯 气泡膜 快递袋 时尚男包 包装袋 自封袋 塑料袋 双面胶 电视柜 t 恤 女牛仔裤 VR眼镜 香水 更多>

图 3.2.9 淘宝首页系统推荐词

（2）淘宝搜索下拉框词

这些都是淘宝系统推荐的词，搜索流量巨大，属于标题中必备的关键词。

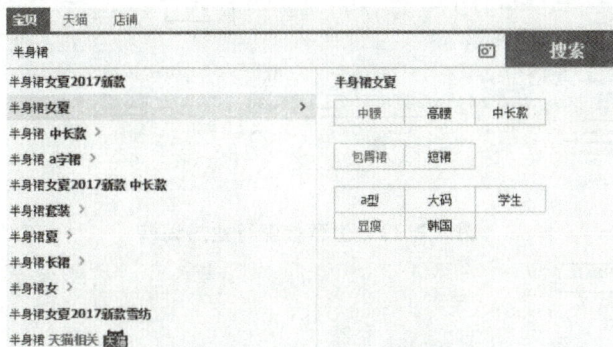

**图 3.2.10 淘宝搜索下拉框词**

（3）淘宝搜索结果页的长尾词

在关键词搜索结果页属性筛选条件下方有一些长尾关键词，这些词也是其他买家常用的搜索词，搜索流量大。

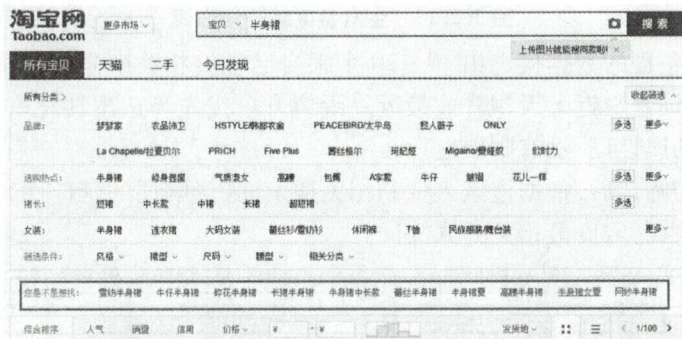

**图 3.2.11 淘宝搜索结果页的长尾关键词**

（4）参考同行标题

在关键词搜索结果页会看到很多卖家的宝贝，排在前面的宝贝就是做得比较好的。选择几个或几页宝贝，将其标题复制到 Excel 表，找出共性词为己所用。

当然，当商品有销量后，利用生意参谋搜集相关指标数据，做出统计调整。

（5）利用生意参谋和 Excel

挖掘关键词之前需要对关键词类别有所了解。虽然业内未对关键词的类别划分形成统一标准，但主流搜索引擎中常见的关键词类型为：核心词、品牌词、属性词、营销词和长尾词。

第一步：进入生意参谋—市场行情—行业热词榜—热搜修饰词，下载无线端热搜修饰词和飙升修饰词最近七天和最近一天数据。

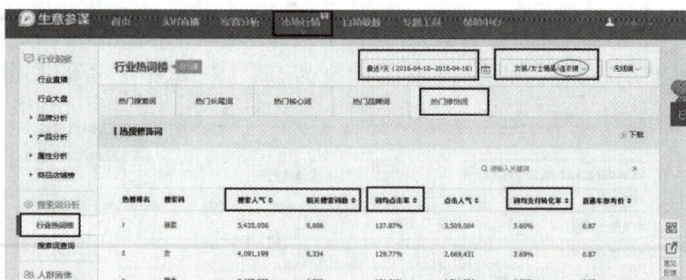

图 3.2.12 生意参谋行业热词榜

图 3.2.13 生意参谋飙升修饰词

第二步:从整理的数据挑选出 10~20 个跟自己宝贝相关度高的修饰词。先匹配热搜词,了解哪些词是最近七天飙升或最近一天飙升。优先筛选出转化率、点击率高于平均值并且飙升的属性词,没有则次之。

确定上面的筛选后,根据搜索人气和相关搜索词(影响词的延伸性),从高到低选择出 10~20 个跟自己宝贝最相关的修饰词。

图 3.2.14 Excel 筛选关键词

第三步:根据确定好的属性词,逐个到搜索词查询查找。

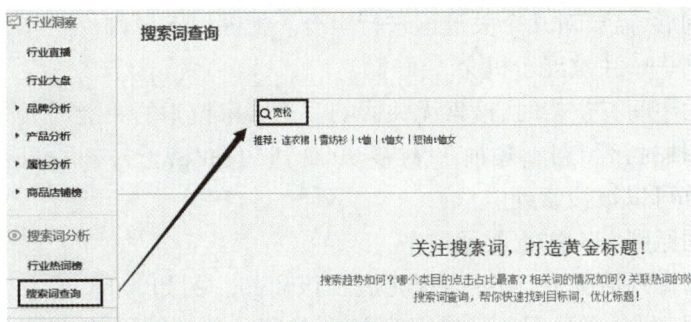

**图 3.2.15　生意参谋查询关键词**

**图 3.2.16　生意参谋关键词查询结果**

第四步:导出所有属性词搜索出来的相关关键词数据,并进行整理,找到 5 ~ 10 个产品核心关键词。

根据搜索人气优先进行排序,然后按照转化率、竞争度依次参考选择合适的核心关键词,主要关注搜索人气和转化率,竞争度其次考虑,因为不管哪个标题都会包含最热的词和最冷的长尾词,需要做的是对词的人群进行精准分析。

**图 3.2.17　Excel 筛选搜索后的关键词**

第五步:分析核心词的人群特征和发展趋势(既要有增长性又要和目标人群、产品定位相同),确定最后核心词(一般三个)。

第六步:关键词组合。

找好关键词后,需要对几个关键词进行组合。把握以下原则。

①空格原则——注重展示机会

在关键词的中间有空格时,搜索无关影响。当买家搜索的关键词为"短袖衬衫"时,不管标题是"短袖衬衫""衬衫短袖""衬衫 短袖""短袖/格子衬衫",只要含有"短袖衬衫"这四个字,都可以被搜索到。

②紧密排列原则——注重展示顺序

关键词紧密排列情况下,淘宝会优先展示该商品。例如,如果买家搜索"长款毛衣链"。下面两个标题:"高品质正品韩国毛衣链 韩版长款项链 女葫芦玫瑰花朵钥匙"和"高品质正品 韩国猫眼石项链 韩版长款毛衣链 女葫芦玫瑰花朵钥匙"会优先展示第二个。

③杠杆原理——注重热词效用

也叫前后原理,就是说标题最前和最后面的词权重最高,搜索引擎是从前后向中间抓取。

④偏正组合原则——注重可读性

修辞词在标题前面,名词放后面,如2021新款女鞋高跟皮鞋。

由于宝贝标题的重要性,有些卖家希望将更多的热词加入到自己的宝贝中,出现了一些违反规则的事情,适得其反。制定宝贝关键词时需要规避一下误区。

①关键词堆砌。比如卖靴子的,切勿把"靴子""长靴""长筒靴""高筒靴"等词都堆上去。

②滥用品牌名。标题中不要故意堆砌一些品牌,比如宝贝卖的不是耐克、阿迪达斯,标题出现耐克、阿迪达斯,可能会被屏蔽。

③滥用特殊符号。关键词用符号括起来会导致宝贝在淘宝的搜索结果中权重下降。

④敏感词。如果标题中有"高仿""山寨"等一些词汇的话,系统会自动过滤。

⑤关键词组合无逻辑。

⑥关键词组合台宽泛,无特色。

(6)商品标题优化的频率

当商品的日点击量达不到理想值时,可以根据流量来源分析对商品标题进行调整。每一次修改的词数最好不要超过三个,且不能频繁修改。频繁改动会延长商品审核和上架时间,影响转化,还可能因此降低权重。

2)属性相关性优化

属性相关性是指当买家搜索一个关键词时,淘宝会优先展示这个关键词匹配的属性的宝贝,比如搜索圆领T恤,淘宝会优先展示所有属性里选择圆领的T恤。

商品属性包括系统属性和自定义属性。系统属性优化的原则就是"详细"和"准确"。自定义属性是指在不触犯平台既定规则的前提下,尽可能多地包含关键词,尤其是在标题中和系统属性中没有包含到的关键词。

属性相关性优化还包括商品详情页优化,要对商品详情页的文案、图片、视频和描述进行优化,这也可以提升描述质量。具体内容参见"模块三—项目一—任务三"。

### 2. 下架时间优化

为了鼓励新卖家入驻淘宝,淘宝平台将宝贝下架剩余时间多少的因素融入到淘宝搜索排名结果中,宝贝下架剩余时间越少,其获得权重就越高,排名就有机会提前。宝贝的上下架时间对淘宝宝贝搜索排名影响一直都很大,科学设置上下架时间可以给店铺带来更多的流量和成交。

1)上下架周期概念

淘宝商品的上下架周期为 1 周时间,刷新时间为 15 分钟。例如,某款宝贝上架时间是周一上午 10 点 10 分,那么在第二周周一上午 10 点 10 分下架,如果在此时间的前 15 分钟搜索这款商品,它的排名会非常靠前。因为上下架时间是周期性的,所以宝贝下架的最佳时间也就是宝贝上架的最佳时间

需要注意的是,宝贝并不是真的被下架,而是一个周期结束后以 1 周开始另一个新的周期,只是时间的改变,不是宝贝状态的改变。

对于新卖家来说,不要同一时间把店铺的所有宝贝上架,因为流量只有在 1 周后才会有变化和提升,其他时间相对较少。卖家可以把流量平均分布到 7 天,确保 1 周之后,每天都有上下架宝贝。

2)淘宝规则

(1)淘宝搜索结果页中,一个结果页面最多展示同一个店铺的 2 个宝贝

买家搜索一个关键词后,自然搜索中最多展现同一店铺 2 个宝贝,因此,店铺同一段时间尽量不要堆积多个同款宝贝或者相似宝贝,至少间隔 15 分钟以上,进而让多个宝贝更大概率展现于前三来获取更大流量。

(2)淘宝搜索结果页同一个页面最多展示同款产品 4 个宝贝

多家店铺出售同一款产品,但是一页中最多展示 4 个同款宝贝(竞争度小的产品除外,会多个展现),因此,需要针对店铺上下架宝贝在不同成交时间段或不同访客时间段进行宝贝分布,进而提升自家店铺宝贝在页面展示机会。

3)下架时间制定

卖家该如何确定宝贝的最佳上架时间呢? 建议卖家通过两条主线去解决问题,第一条主线是测试宝贝的销售高峰期和时间段,确定宝贝在什么时间上架;第二条主线是观察竞争对手的同类型商品的上下架时间,确定宝贝最优上架时间段。

(1)从全网开看,从周一至周日搜索人数逐渐减少,周一和周四为极大值,周六最小值,其次为周日或周五。周末虽然自由时间,但多大多数人都选择外出或者家里睡觉,上网逛淘宝的时间反而最少。

(2)从一天时间段来看,访问了高峰时间段是早上 10:00—12:30,下午 14:00—17:

30,晚上20：00—23：00,凌晨00：00—01：00 访客虽少,但竞争力非常小。

对于个人店铺来说,需要找准主力消费群体,不同消费群体的消费高峰以及时间段是不同的。

（3）找准对手。选择竞争对手时,不要按照销量排名去找,排名高的有可能那是靠活动、低价等方法获得的,这并不是真正的竞争对手。要看人气排名,因为人气排名需要权重的积累和人气的积累,这才是你真正的竞争对手。

观察对手的上下架时间则要通过第三方软件,如店侦探,可以查看已发布宝贝的下架时间、类目、价格变化、在线人数、关键词展现效果等。

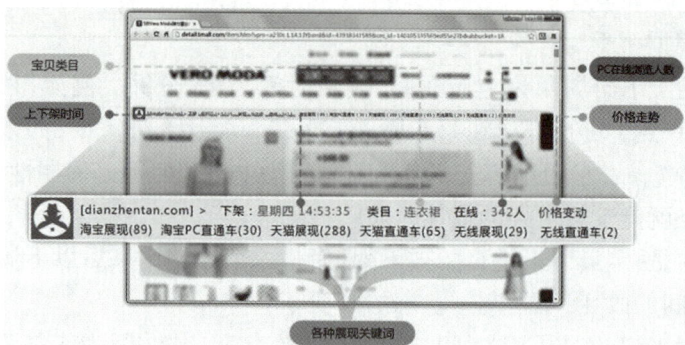

**图 3.2.18　店侦探观察对手商品下架时间和投放关键词**

④在宝贝成交的黄金时间段,尽量保证15分钟刷新一次,30分钟上新,确保宝贝的上新时间不断层,同一宝贝能多次享受销售高峰带来的流量上架时间分钟数最好错过5或者5的倍数,因为大部分人都是定时上架,定时只能是5和5的分数,相对这些时间的竞争就大一些,不一定都要放在高峰期,放几个宝贝在白天其他时间也可以。

### 3. 产品页面优化

在前面的项目中,我们详细讲解了商品详情页的描述与优化,这里从营销角度再提及几点注意事项。

（1）主图内容要与标题、描述相一致。大家看下图最右侧商品主图是否违反了平台规定。

**图 3.2.19　主图与标题是否一致**

（2）主图需体现消费者搜索的关键词中的成交焦点词,但不能撒谎欺骗消费者。看下图是否违规。

**图 3.2.20　主图描述与实际是否一致**

（3）详情页是否设计有导航或分类,导航是否清晰。

（4）详情页头部关联指的是在具体介绍宝贝信息前,链接的其他推荐宝贝。最多设置 6 个,多了既影响排名也影响买家体验。

**图 3.2.21　详情页头部关联**

**拓展练习**

根据所讲理论知识,再次优化宝贝标题(截图优化前后的宝贝标题)。利用店侦探工具,观察竞争对手商品关键词表现和上下架时间,制定宝贝上架计划。

## 二、使用站内营销工具

做好选品、图片美化、SEO 优化等内功后,适当的营销推广也是必要的。淘宝站内提供了相当多的推广方式。营销中心中集合了多种传统有效的营销工具,如直通车、超级钻展、天天特价、淘金币等,同时,淘宝平台还推出了自运营工具,如淘宝直播、短视频、发订阅等。

这么多的活动和营销工具,卖家又该如何选择呢?对于新手卖家来说,应该挑选一些常用的工具,并且设计贴现个性的活动或营销方案。

### (一)发订阅

在手淘中,"微淘"从底部 tab 升级至顶部导航,改为"订阅";"店铺微淘"升级为"店铺动态",由关系权益模块和内容模块构成。

#### 1. 订阅功能

打开手机端淘宝,会看到整个手淘框架由推荐/订阅两个部分组成,形成公私域互补矩阵,倡导消费者深度运营,开启私域增长新引擎。

推荐,平台级公域产品,以商品信息流为载体,基于消费大数据,提供消费者购物发现性。

订阅,平台级私域产品,商家粉丝会员运营阵地,提供消费者确定性店铺回访阵地。

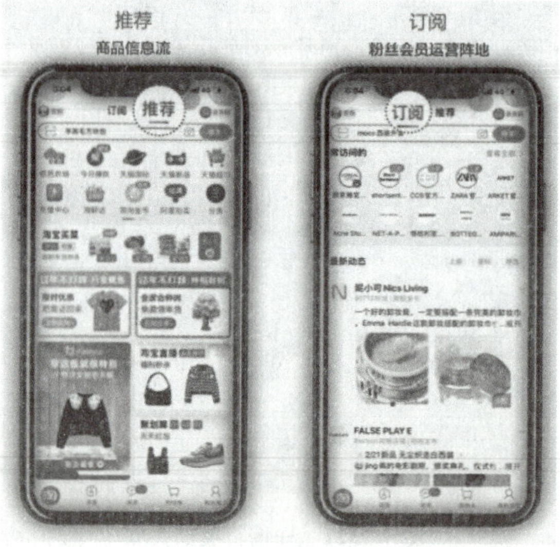

图 3.2.22　订阅和推荐在手机淘宝首页位置

#### 2. 订阅玩法

在订阅后台,有四大类玩法:货品动态、导购内容、人群权益、互动玩法。

"货品动态"为商家基础供给,一图对应一宝贝,提高进店效率,包含类型有:多品上新、多品预上新、新品买赠、新品首发和清单。

"导购内容"适合有一定内容制作能力的商家,好看的内容可以建立货品认知实现种草效果,包含类型有:图文搭配、图文评测、视频配搭和视频评测。

"互动玩法"可以促进粉丝活跃,除了货品外,通过一些互动玩法来提升粉丝联结,当前主要有:店铺派样、盖楼(开发中)和小程序开放(开发中)。

"人群权益"可以提升粉丝会员转化,未来支持人群精细化运营做定向投放,当前主要有:粉丝专享券和会员专享券。

图 3.2.23 千牛工作台订阅发布工具

### 3. 订阅运营

卖家可以通过以下几种方式进行订阅运营。

1)粉丝拉新和促活

卖家在店铺做好订阅引导,积累粉丝基数;通过淘内各渠道运营粉丝,提升粉丝活跃,即关系亲密度。有了一定度活跃粉丝,卖家运营订阅才有价值。发订阅,建议日更。

2)粉丝数据查看

卖商家可以在用户运营中心后台,查看粉丝数据,包含粉丝分层数据(粉丝总数、亲密粉数、活跃粉丝数、沉默粉丝数)、粉丝新增状况等。

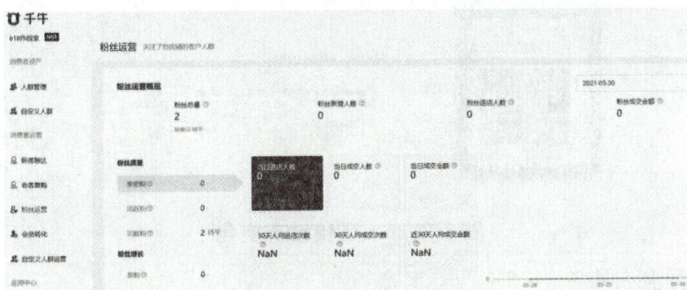

图 3.2.24 粉丝运营统计

3)粉丝流量来源

积累粉丝后,卖家可以在订阅通过以下几个地方获得流量,包含:

(1)我的淘宝-订阅列表(积累粉丝即可)。

(2)订阅-常访问账号(积累活跃粉丝即可)。

(3)订阅-最新动态(发订阅后可以触达粉丝)。

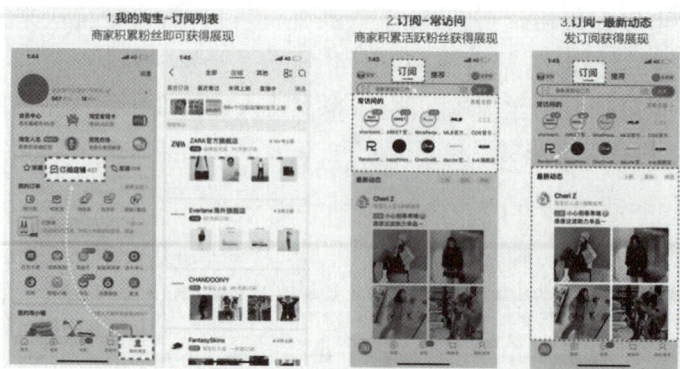

图 3.2.25　粉丝来源

### 4.店铺动态

店铺动态中,粉丝权益模块,是当商家配置粉丝专享券之后,将在店铺动态同步展现粉丝专享券模块,对所有用户可见,但仅粉丝可领。可为商家提升非粉转粉效率、粉丝转化能力。内容模块,是为提升消费者无线端阅读体验,信息流区域由原九宫格样式改为四宫格,与订阅同步。

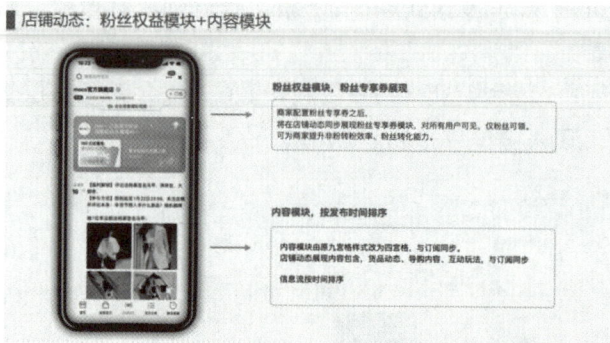

图 3.2.26　店铺动态变化

4.图文搭配的应用

图文搭配是一种高效导购内容类型,通过短图文真实分享商品搭配方案,帮助粉丝建立货品认知。

图文搭配适合服饰、家装品类商家使用,仅符合服饰、家装品类卖家可在后台使用。

登录千牛工作台,选择"内容运营中心"—"发订阅",点击"图文搭配"。在弹出的对话框中添加搭配图片及描述。

注意:添加搭配图片要求:

(1)图片数量:支持 3~9 张。

(2)图片要求:图片需为 1:1 比例,大于 750px × 750px,小于 3MB,支持 jpg 或 png 格式。

（3）图片上传后，需增加至少 1 个标签，每个标签需挂靠 1 个宝贝。

（4）每条搭配内容，最少需添加 1 个标签；每张图最多可添加 3 个标签。

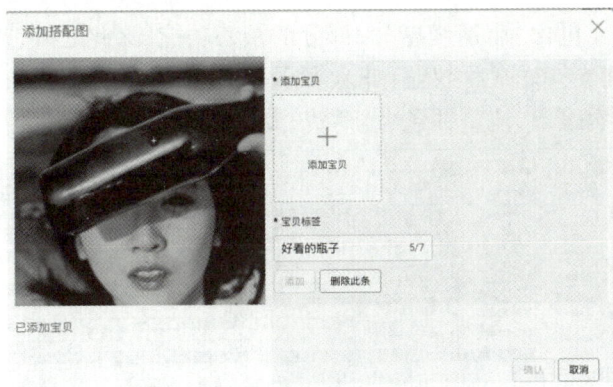

图 3.2.27　图文搭配添加搭配图

添加搭配描述要求：144 个字之内，会在订阅信息流及店铺动态中展示，文字要求真实感受，人格化趣味性介绍搭配法则，而非冷冰冰的说明性和营销文字。

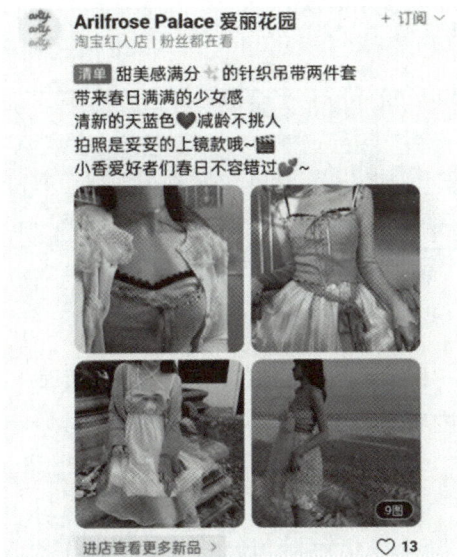

图 3.2.28　图文搭配添加完成效果图

### 拓展练习

根据店铺主营商品，进入内容运营中心使用多品上新、图文搭配功能发订阅。

**（二）店铺宝**

店铺宝支持多样化玩法，包括满件打折、满元减钱、送赠品、包邮、送权益等优惠方式。店铺宝需要订购,目前 45 元／季度。

### 1. 店铺宝功能

店铺宝 1.0 功能包含"店铺优惠"大部分的核心功能,除此之外,支持部分商品或全店商品送权益,目前支持送 9 种权益:虾米音乐 VIP、彩票、优酷会员、现金红包、支付宝红包、黄金红包、外卖粮票、流量钱包、淘话费、淘金币。

图 3.2.29　店铺宝功能

### 2. 店铺宝设置教程

(1)进入卖家千牛工作台"营销中心"—"我要推广",选择店铺宝,进入活动设置页面。注意:活动时间最长可设置 180 天。

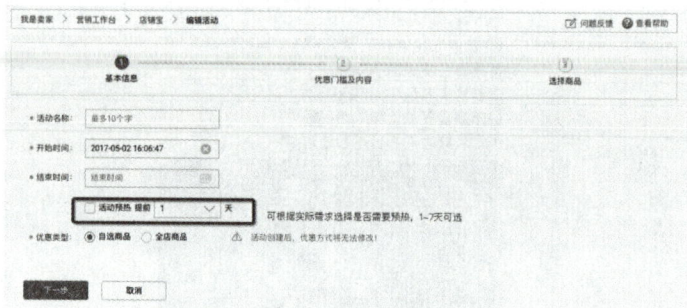

图 3.2.30　店铺宝基本信息设置页面

(2)填写优惠门槛及内容。

图 3.2.31　店铺宝优惠门槛及内容设置页面

注意:"包邮"请谨慎选择,勾选包邮后,参加活动的商品对应运费模板将失效;"送赠品"需要将赠品发布到"其他 – 赠品类目"或"其他 – 搭配类目"下,支持宝贝 ID 名称及编码搜索,最多可选 8 个商品;"送权益"选择对应权益类型,点击关联模板,出现三种状态:选择发放、权益已用完[点击右上角新建模板(需要进入客户运营平台创建权益),创建完毕刷新后,点击发放即可]、权益领取截止时间需要比活动结束时间大 30 天(考虑到消费者点击确认收货后,才发放权益,存在较长的时间差)。

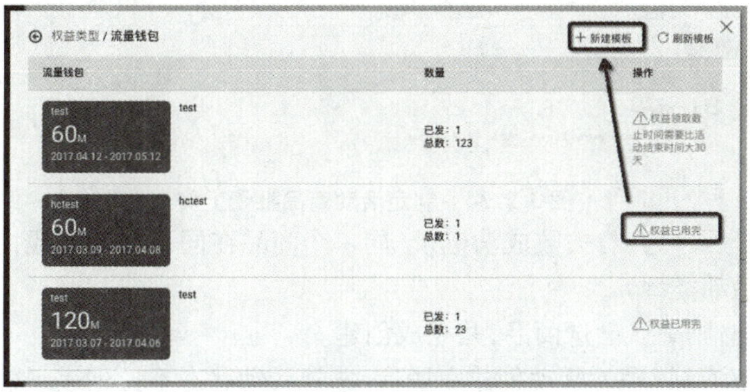

**图 3.2.32　权益关联设置页面**

(3)逐级设置优惠:最多支持 5 级优惠,优惠力度需逐级增加。

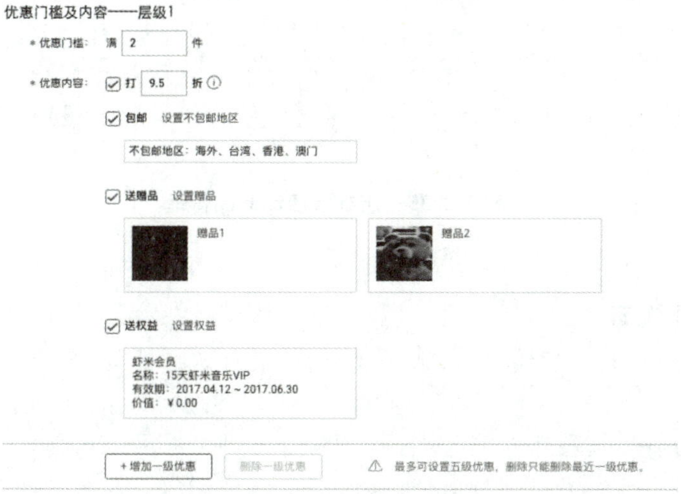

**图 3.2.33　店铺宝优惠门槛层级**

(4)选择活动商品。若创建为"全店商品活动"类型,则活动创建完毕;若创建为"自选商品活动"类型,操作如下:

①下载模板,进行商品批量上传。

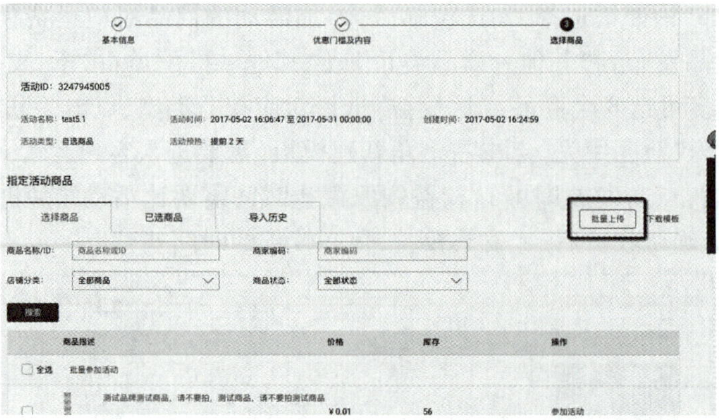

**图 3.2.34　制定活动商品批量上传**

②上传完毕后,可查看失败成功记录(同一个商品在同一个时间段内不允许参加多个自选商品的活动类型)。

若没有问题,则确认已选商品,并完成创建。

(5)活动及商品管理。活动创建完毕后,选择活动状态下拉列表,找到对应活动,可根据需求,进行活动修改、暂停、重启、删除及商品管理操作。

**图 3.2.35　店铺宝活动商品管理**

### 拓展练习

根据上述操作,进入营销中心,选择我要推广,订购店铺宝 15 天免费试用,进行店铺宝推广设置。

### (三)优惠券

优惠券是一种虚拟的电子券,卖家可以在不用充值现金的前提下针对新客户或者不同等级会员发放不同面额的优惠券。

所有的优惠券创建及设置都是通过官方营销工具"优惠券"来实现的,用户需要通过"卖家服务平台"订购才能使用(可以免费试用 15 天),目前的价格是 45 元/季,81元/半年,158 元/年。

#### 1.优惠券的类型

优惠券包括三种类型:店铺优惠券、商品优惠券以及包邮券。

店铺优惠券:全店通用,买家购买全店商品可凭券抵扣现金。

商品优惠券:定向优惠,买家购买特定商品可凭券抵扣现金。

包邮券:特色服务,买家购买全店商品可凭券享受包邮权益。

### 2. 优惠券的功能

优惠券的功能点主要体现在通过满就送、会员关系管理维护老客户和通过创建优惠券买家领取功能主动营销新客户这两大方面。

### 3. 优惠券发放形式

(1)满就送优惠内容增加店铺优惠券选项。

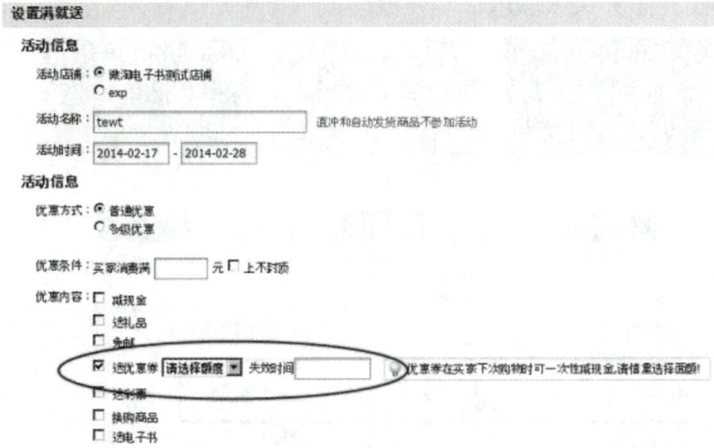

图 3.2.36　满就送活动设置

注意:通过满就送送出的优惠券无法设置使用条件,即单笔订单大于优惠券 0.01 元即可使用。

(2)通过会员关系管理的会员营销精准发放店铺优惠券。

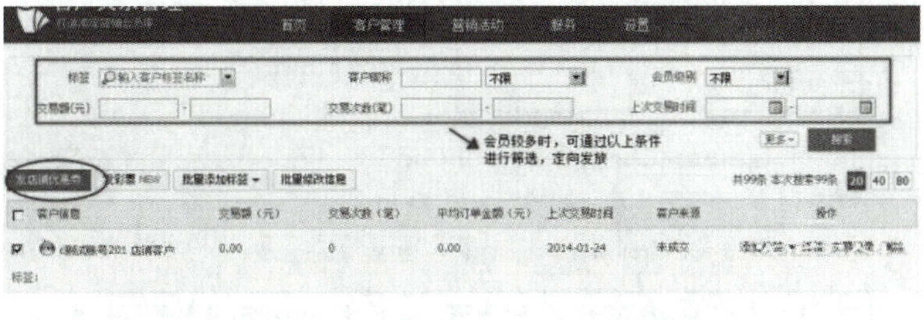

图 3.2.37　会员营销精准发放店铺优惠券

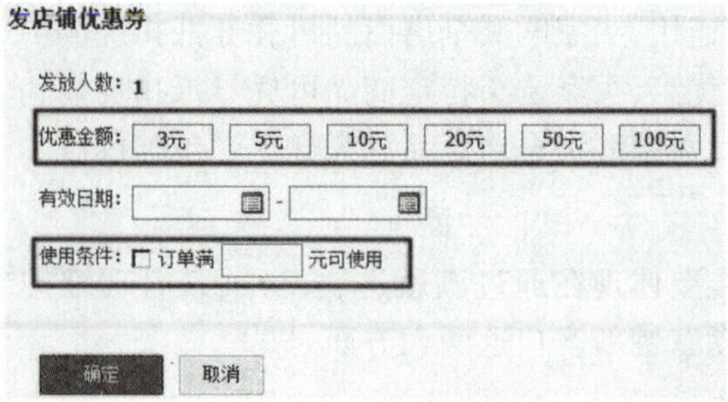

图 3.2.38　店铺优惠券设置

（3）通过创建优惠券买家领取活动发放。

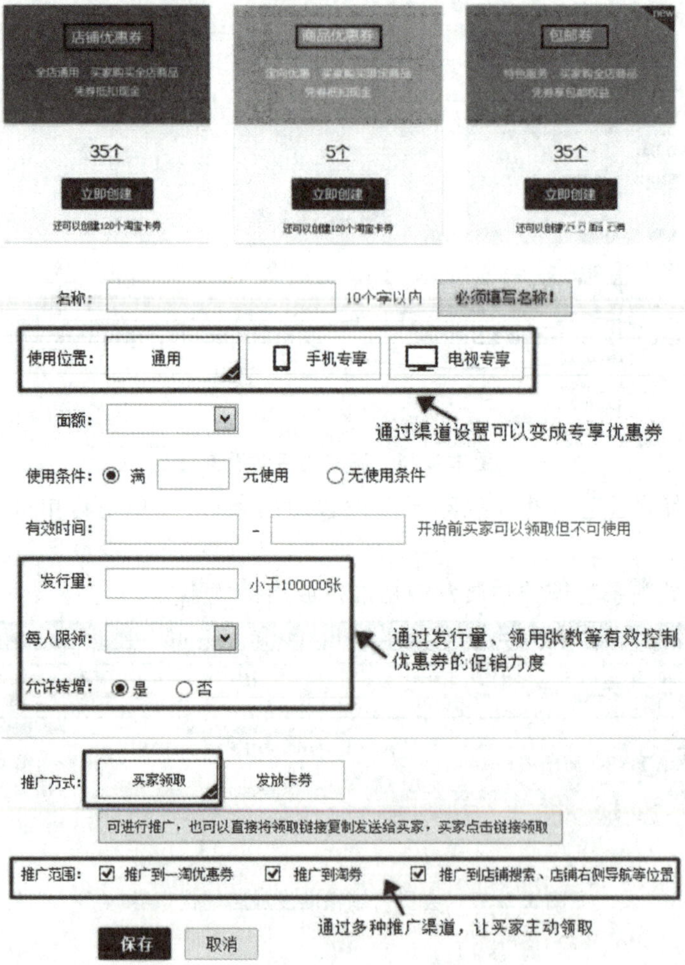

图 3.2.39　创建优惠券买家领取活动

除了官方的推广渠道外，卖家也可以拷贝优惠券代码进行店铺、论坛等推广。

图 3.2.40 优惠券代码推广

### 拓展练习

根据上述操作,进入营销中心,选择我要推广,订购优惠券 15 天免费试用,进行优惠券推广设置。在店铺装修中,在 PC 端和移动端添加优惠券模块。

## (四)直通车

### 1.直通车基本概念

淘宝直通车是为专职淘宝和天猫卖家量身定制的,按点击付费的效果营销工具,为卖家实现宝贝的精准推广。卖家在直通车推广账户中添加定位意向用户搜索的关键词,当用户搜索相同或相关关键词后,产品就有机会展现,进而促进点击与成交。直通车显示特征如下图所示。

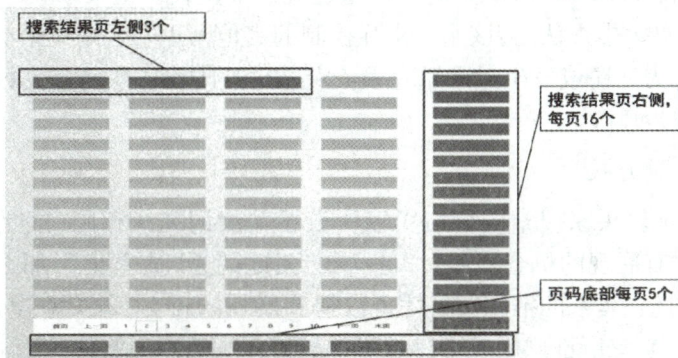

图 3.2.41 直通车在淘宝搜索结果页显示位置特征

目前直通车主要提供智能推广、标准推广两种推广方式。

智能推广:直通车提供智能托管的功能,卖家只需要进行简单的计划设置,即可开始推广,系统根据卖家选择的宝贝或者趋势词包,智能匹配高品质流量。

标准推广:可以根据不同的营销诉求,在直通车通过自主选择关键词、精选人群、创意进行投放,同时系统也会为卖家提供推荐的方案,以实现投放效率的优化。

### 2.加入直通车推广的条件

(1)店铺状态正常(店铺可正常访问)。

（2）用户状态正常（店铺账户可正常使用）。

（3）淘宝店铺的开通时间不低于24小时。

（4）商品类目在允许推广的范围内，详见"商品推广类目准入明细"。

（5）店铺综合排名（指阿里妈妈通过多个维度对商家进行排名，排名的维度包括但不限于商家的类型、店铺主营类目、店铺服务等级、品质退款率、成交量、店铺的历史违规情况等，以及阿里妈妈认为不适宜加入直通车的因素。店铺综合排名仅适用于淘宝/天猫直通车准入，阿里妈妈不对外公示具体的排名结果）。

（6）店铺如因违反《淘宝规则》或《天猫规则》或《飞猪规则》或《飞猪国际服务条款规则》中相关规定而被处罚扣分的，还需符合以下条件。

表3.2.3　店铺违规后加入直通车条件

| 违规类型 | 当前累计扣分分值 | 距离最近一次处罚扣分的时间 |
|---|---|---|
| 出售假冒商品 | 6分及以上 | 满365天 |
| 严重违规行为<br>（出售假冒商品除外） | 大于等于6分，小于12分 | 满30天 |
| | 12分 | 满90天 |
| | 大于12分，小于48分 | 满365天 |
| 虚假交易（严重违规虚假交易除外） | 大于等于48分 | 满365天 |

（7）未在使用阿里妈妈或其关联公司其他营销产品（包括但不限于钻石展位、淘宝客、网销宝全网版/1688版等）服务时因严重违规被中止或终止服务。

（8）经阿里妈妈排查认定，该账户实际控制的其他阿里平台账户未被阿里平台处以特定严重违规行为处罚或发生过严重危及交易安全的情形，且结合大数据判断该店铺经营情况不易产生风险。

### 3. 关键词匹配方式

（1）精确匹配。买家搜索的词与卖家所设置关键词完全相同（或是同义词）时，卖家推广的宝贝才有展现的机会。如卖家投放的关键词为"连衣裙"，那么只有当买家搜索"连衣裙"的时候，卖家的推广宝贝才可以得到展现的机会，若买家搜索的是"白色连衣裙""裙子"等，卖家所推广的宝贝没有展现的机会。虽然用精准匹配带来的流量会少了很多，但是带来的流量都是非常精准的。

（2）广泛匹配。广泛匹配是指搜索关键词完全包含推广关键词，或者包含部分字面顺序颠倒或有间隔关键此时，商品均有机会展现。广泛匹配是最宽泛的匹配方式，也是默认的匹配方式。

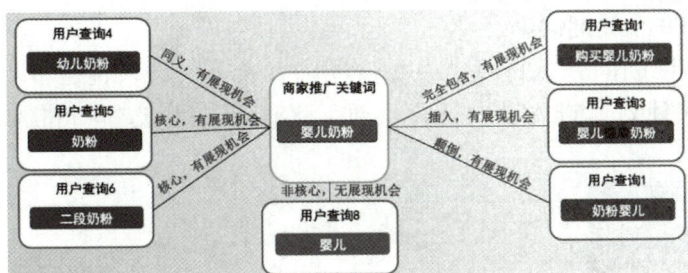

**图 3.2.42 广泛匹配**

#### 4.广告排序

排序是指用户搜索关键词时,搜索结果页的推广商品按照一定的规则排序后,根据排序结果在优势的广告位置按照排序结果进行展现。

直通车是根据关键词质量分和出价获取的综合得分,并根据综合得分确定宝贝的排名。综合得分 = 出价 × 质量分。

### 小知识

# 关键词质量分

质量得分是系统估算的一种相对值,质量得分分为计算机设备质量得分和移动设备质量得分。质量得分是搜索推广中衡量关键词与宝贝推广信息和淘宝网用户搜索意向三者之间相关性的综合性指标。以 10 分制的形式来呈现,分值越高,可以获得更理想的推广效果。其计算依据涉及了多种因素,包括相关性(关键词与宝贝本身信息的相关性,包括宝贝标题、推广创意标题;关键词与宝贝类目的相关性;关键词与宝贝属性的相关性)、买家体验(直通车转化率、收藏 & 加入购物车、关联营销、详情页加载速度、好评 & 差评率、旺旺反应速度)等。

关键词推广质量得分越高,就可以用相对更少的推广费用把更优质的宝贝信息展现在更适当的展示位置上,使买卖双方获得双赢。卖家可以查看任意关键字的质量得分,而且还可以通过多种方法来提高质量得分。

#### 5.直通车扣费机制

直通车按点击收费(CPC),只有买家点击了商家的推广信息后才进行扣费,单次点击产生的费用不会大于商家设置的出价。单次点击扣费 = 下一名出价 × 下一名质量得分/您的质量分 + 0.01 元。

#### 6.直通车标准推广应用

(1)一个标准推广可以新建 8 个推广计划,一个推广计划可添加 500 个宝贝,每个宝贝可以添加200个关键词。

（2）进入千牛工作台，选择营销中心，点击"直通车"，进入直通车首页。找到标准推广，点击"新建计划"，进入计划设置页面。此时，还可以选择标准推广与智能推广类型。

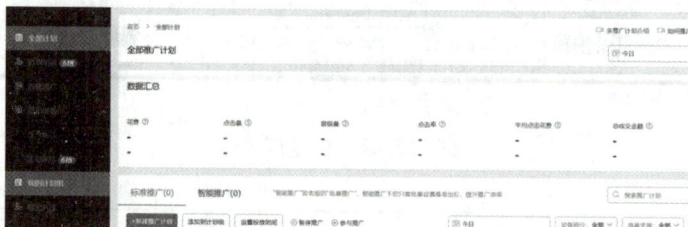

图 3.2.43　直通车推广后台

（3）点击"新建推广计划"，进入推广设置页面，此时，仍可以选择标准推广与智能推广类型。本例选择标准推广。在投放设置，填写计划名称和日限额。有日限额时，可以选"智能化均匀投放"（优选高质量流量进行展现，延长推广宝贝的在线时长，提升宝贝转化效果）和"标准投放"（系统会根据您的投放设置展现您的推广）。

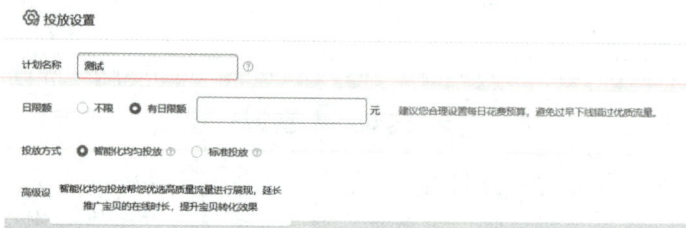

图 3.2.44　直通车投放设置

计划名称仅为方便记忆及区分不同计划。合理设置每日花费预算，避免过早下线错过优质流量。

在高级设置中，可以设置"投放平台/地域/时间"。

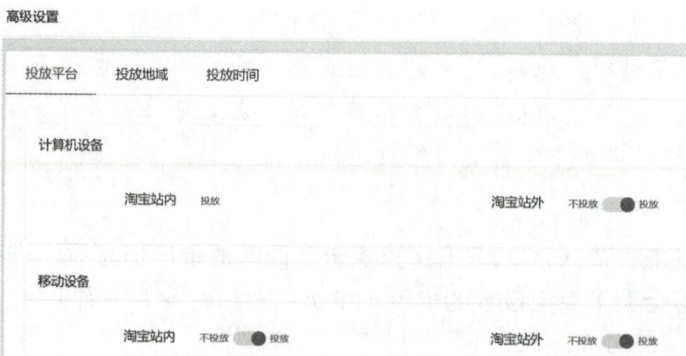

图 3.2.45　直通车高级设置投放平台

**图 3.2.46　直通车高级设置投放地域**

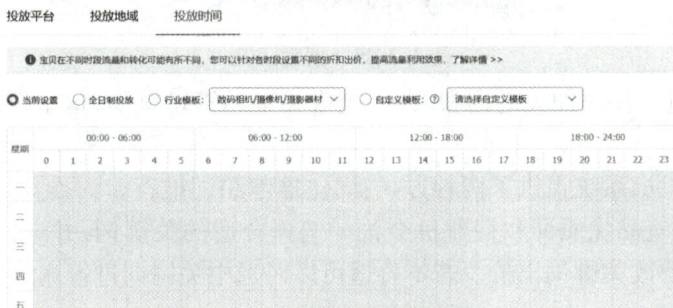

**图 3.2.47　直通车高级设置投放时间**

（4）单元设置中添加要推广的宝贝。根据宝贝的属性及当前所处的阶段，系统匹配了对应的营销场景，可在首页左侧—营销场景入口进行不同营销场景的宝贝管理。

系统提供了按照类目添加和按照宝贝名称搜索添加。根据宝贝的数据表现，选择合适的宝贝加入推广。

**图 3.2.48　添加推广宝贝**

（5）创意预览，目前默认使用主图，可以在新建完成后在创意板块进行更换设置。开启智能创意后，享受智能标题改写和卖点摘要功能。可以点击"保存并关闭"后期再添加关键词，也可以点击"进一步添加关键词和人群"。

**图 3.2.49　创意预览**

（6）点击"进一步添加关键词和人群"进入关键词管理页面,这里可以添加关键词、精选人群和创意。

①添加关键词,系统提供了两种方式:词包推荐和词推荐。词推荐又分为综合推荐词、精准引流词、竞品优质词和行业机会词。选择合适的关键词,并选定匹配方式添加关键词至右侧,修改关键词出价。若不合适可以对选中关键词进行删除。

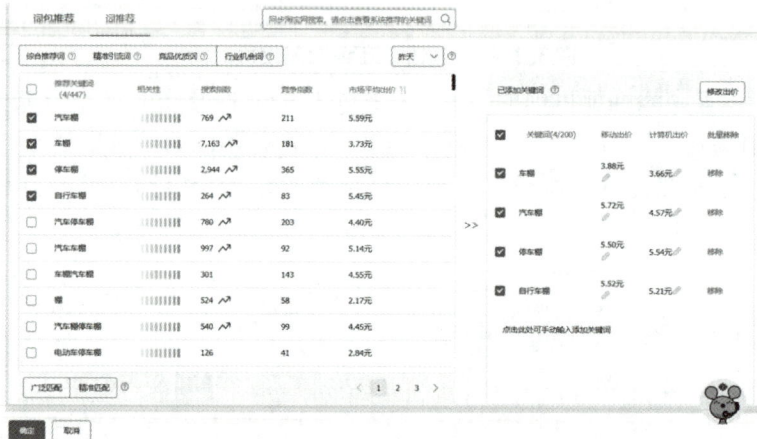

**图 3.2.50　创意预览**

添加关键词后,在关键词管理页面可以进行修改出价、为关键词添加标签、添加关注等操作。

②精选人群提供添加人群和修改溢价功能。点击"添加人群",弹出添加精选人群对话框,可以设置"行业人群榜单"（包括效果榜单、热度榜单和场景榜单）和"自定义添加"（宝贝定向人群、店铺定向人群、行业定向人群、基础属性人群和达摩盘人群）。根据实际情况选择意向人群及溢价比例。

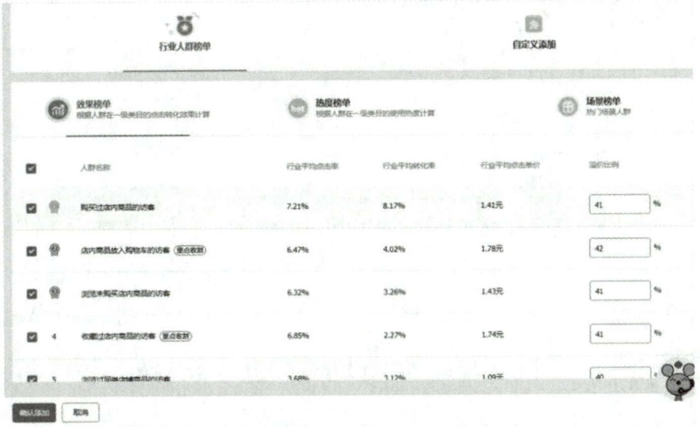

**图 3.2.51　添加精选人群**

③点击"添加创意",可以添加视频、图片和标题,以及选择投放平台。可以选择一张已有图片,作为宝贝推广的创意信息,支持 jpg、jpeg、png 的图片格式,单张图片大小需控制在 500KB 以内。

"编辑营销卖点"是系统根据相关商品(包括产品和服务)可能的卖点、市场热词等分析得出并供你参考,根据推广商品的实际情况选择并确认输入相应热点词后,系统会帮助你使用这些词组成多种创意标题匹配消费者搜索意图,以期提升创意点击率,更好地进行宝贝推广。

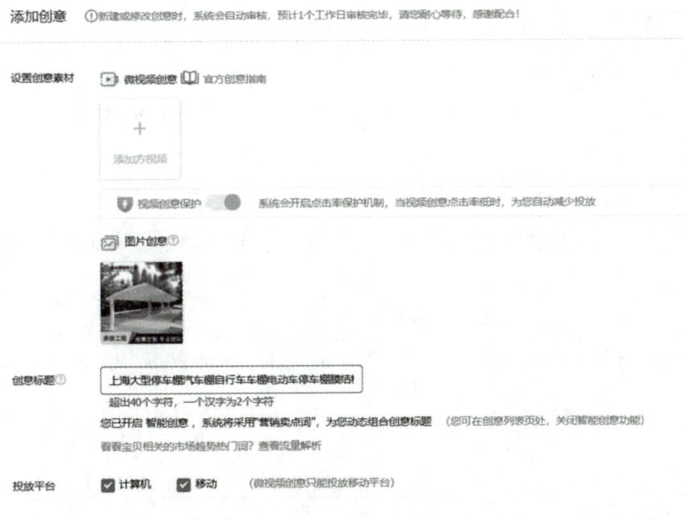

**图 3.2.52　添加创意**

至此,直通车标准推广计划建设完成,在"数据汇总"中可以选择计划推广的数据表现。当然,推广计划可以设置为参与和暂停。

**图 3.2.53 推广计划数据表现指标选择**

小知识

# 万堂书院

万堂书院是淘宝网搜索竞价产品——直通车的官方培训中心,成立于 2009 年 10 月 10 日。

万堂书院服务内容:

以在线学习视频、在线培训形式为主,集直通车产品、运营、小二、卖家讲师经验之精华。容线上视频、在线授课、名人讲堂、卖家经验、经典专题。

万堂书院线下车友会:

直通车车友会,同城卖家学习联盟。已经在全国 26 个城市建立,每月定期举办线下培训交流会。

万堂书院下设几大板块:

音频学习课程、在线报名课程、名人讲堂、车友会、卖家经验等。

拓展练习

根据上述操作,进入营销中心,选择直通车,进行直通车推广设置,并记录一段时间后的推广效果。

## 三、运用站内社交媒介

### (一)参与友情店铺合作

为了能够将自己的店铺和宝贝推出去,我们可以和其他卖家一起合作,利用特色友情链接,相互推荐商机。

### 1. 选择合适的友情链接

友情链接模块位于淘宝店铺的左下角位置,在这个区域内店家可以提供一些别的店铺的链接,最多可以设置 35 个店铺友情链接。

从利益角度来说,我们应该和自己店铺销售相关的店铺建立友情链接,而不是逮到谁就链接谁,这里所谓的相关可以有很多方面。

(1)宝贝用途相关。例如,某店铺销售漂蜡产品,漂蜡一般会用在婚礼上,或者情侣生日宴会之类的活动上,因此这样的店铺适合与销售婚纱婚礼用品的店铺做链接,两家店铺可以相互推广。

(2)宝贝相互配套。例如,某店铺是销售手机附属商品的,譬如手机套、充电器等零配件,那么该店铺可以和销售手机的店铺做链接,并且商定彼此推广。

(3)潜在用户群体类似。例如,一家网店是销售日韩原单名牌产品的,价格比较昂贵,那么它可以和销售高级皮草的店铺做链接,因为他们的客户群体相似。

### 2. 管理友情链接

友情链接需要管理,毕竟只有 35 个限额,店主应该尽可能地将每一个友情链接都发挥出应有的作用。

店铺之间需要事前约定绩效标准,事后做好统计工作。因为友情链接作为展位,不同位置的广告效果不同。从实际使用效果来看,友情链接的第一条和最后一条是点击率比较高的,这样的黄金展位理应留给最有价值的店铺,所以店主在好位置上可以对合作店铺有一些要求,譬如月评价量或者成交量要达到多少数额,如达不到条件,可以与对方协商或通知对方一下再删除。

### (二)增加店铺收藏量

淘宝网提供一种叫收藏的功能,该功能主要针对买家设计的,收藏分为店铺收藏和宝贝收藏。如果有很多人收藏了宝贝,那么也间接的收藏了店铺,店铺及产品被收藏的次数多越能证明店铺的人气及浏览量情况,同时是提高人气宝贝排名的一个重要指数。那么如何提高店铺收藏量呢?

### 1. 店铺定位必须非常明确

店铺一定要针对特定的目标人群,因为只有店铺有明确的风格、明确的调性,这个店铺才会真正的吸引特定的目标人群。

### 2. 设置好收藏的按钮

要在店铺的明显位置设置收藏按钮,即使买家没有想到收藏,看到收藏按钮的时候,也会得到提醒。尤其是当收藏按钮设计的个性化、有调性的时候,这个收藏的提醒作用会更加的明显。

### 3. 收藏有礼

不管是送红包,还是优惠券、淘金币,收藏有礼,利用利益引导消费者。

**（三）手淘直播**

手机淘宝直播是阿里巴巴推出的直播平台,定位于"消费类直播",用户可边看边买,涵盖的范畴包括母婴、美妆等。

直播营销是指在现场随着事件的发生、发展进程同时制作和播出节目的营销方式,该营销活动以直播平台为载体,达到企业获得品牌的提升或是销量的增长的目的。

直播营销是一种营销形式上的重要创新,也是非常能体现出互联网视频特色的板块。对于卖家而言,在当下的语境中直播营销本身就是一场事件营销,直播也能体现出用户群的精准性,实现与用户的实时互动。

**（四）店铺装修中社交模块的应用**

**1. 为店铺添加旺铺关联**

在宝贝详情页中添加旺铺关联推荐,这样买家在浏览该页的主展示宝贝时,可以看到店铺中推广的其他宝贝,借此提高宝贝的曝光率。也可以给买家更多选择,为多笔交易打下基础。

登录淘宝网卖家中心,进入装修页面,在页面列表中选择"默认宝贝详情页",打开宝贝详情页的装修页面。

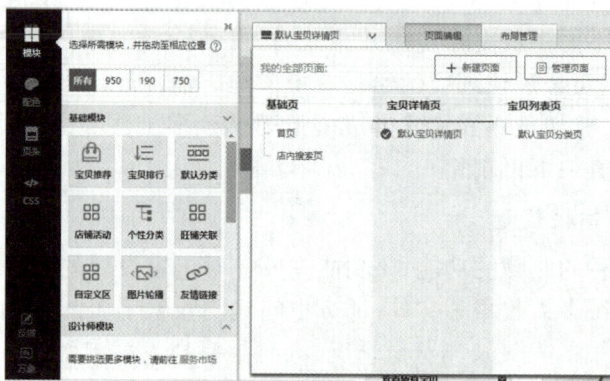

图 3. 2. 54　默认宝贝详情页

在左侧的模块选择栏中选中"旺铺关联"并拖移至 190px 大小的页面布局模块中。

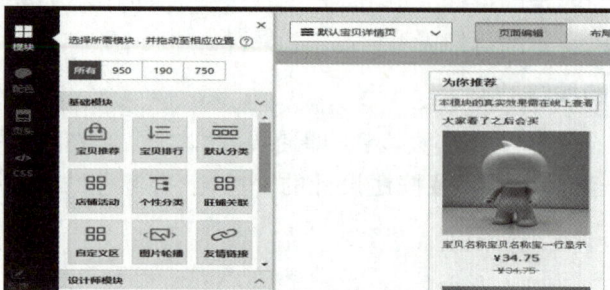

图 3. 2. 55　添加旺铺关联推荐模块

将鼠标移至旺铺关联推荐模块中,鼠标呈十字方向状,点击右上角的"编辑"按钮,在弹出的页面中设置相关参数并保存。

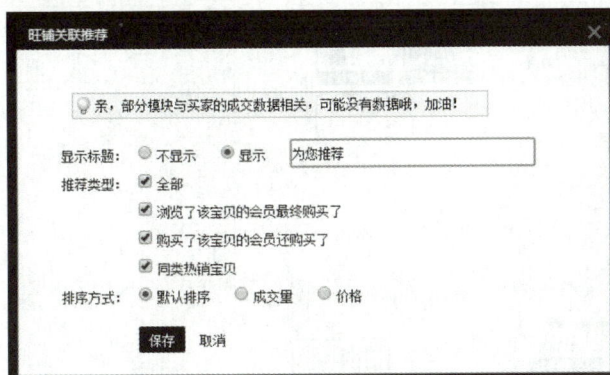

**图 3. 2. 56 旺铺关联推荐参数设置**

### 2. 为店铺添加自定义区模块

淘宝为用户提供了一个支持 HTML 源码编辑的自定义内容模块,在该模块中用户可充分发挥自己的才能,将自己的店铺装修的美轮美奂。

首先添加自定义内容模块。登录淘宝网——卖家中心,进入装修页面,在页面列表中选择"默认宝贝详情页",打开宝贝详情页的装修页面。

在左侧的模块选择栏中选中"自定义区"并拖移至 190px 大小的页面布局模块中。

(1)添加自定义广告图片。将鼠标移至"自定义区"模块中,鼠标呈十字方向状,点击右上角的"编辑"按钮,在弹出的对话框中输入"欢迎光临",然后单击"插入图片空间图片"。

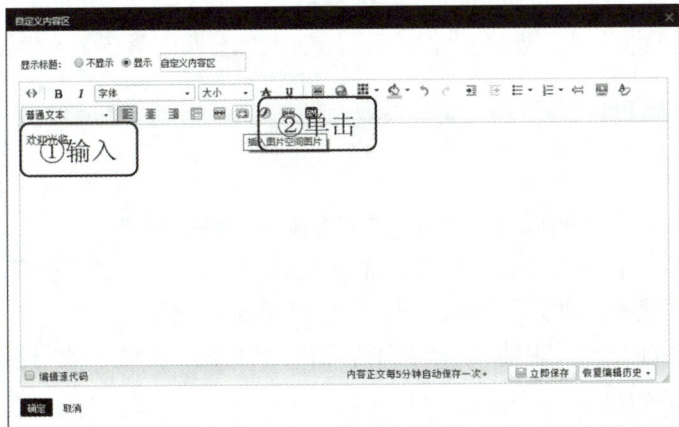

**图 3. 2. 57 自定义内容区对话框**

在打开的图片空间中选中要插入的图片,然后单击"插入"按钮插入图片。在"自定义区"对话框中单击"完成"按钮后,再单击"确定"按钮。

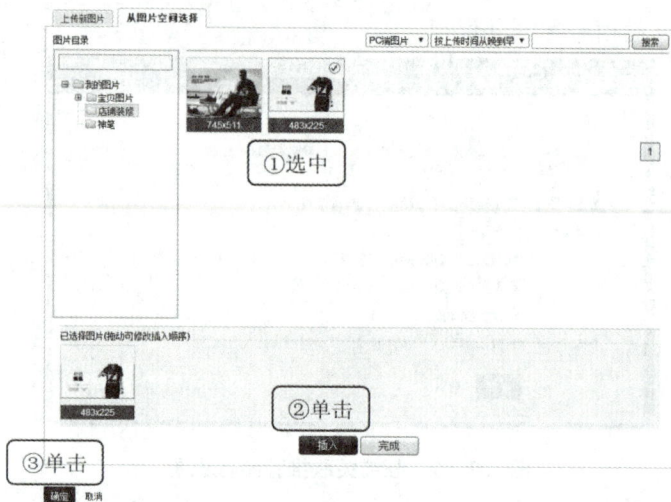

图 3.2.58　自定义内容区插入图片

此时,自定义区在店铺中的显示效果如下图。

图 3.2.59　自定义内容区插入广告图片效果

(2)为图片添加收藏店铺链接。在我们为店铺中的图片添加了收藏超链接后,当买家单击该图片时,就可自动打开收藏界面,方便其收藏店铺。

登录淘宝网,打开个人店铺,鼠标右击店招右上角的"收藏店铺"链接,在弹出的菜单中选择"属性"命令。

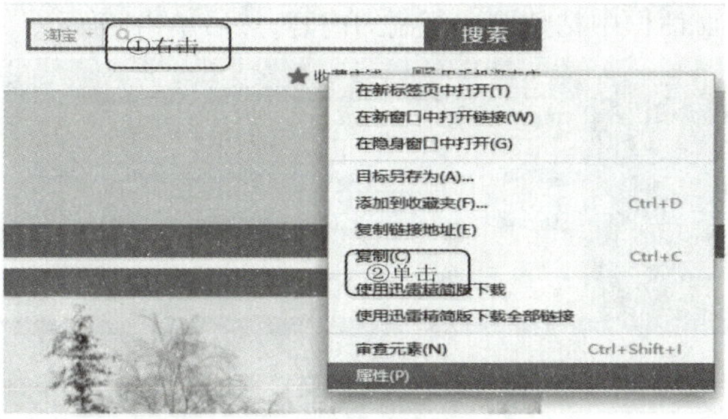

**图 3.2.60 查找收藏店铺属性**

再打开的"属性"对话框中复制"地址"栏中的内容。

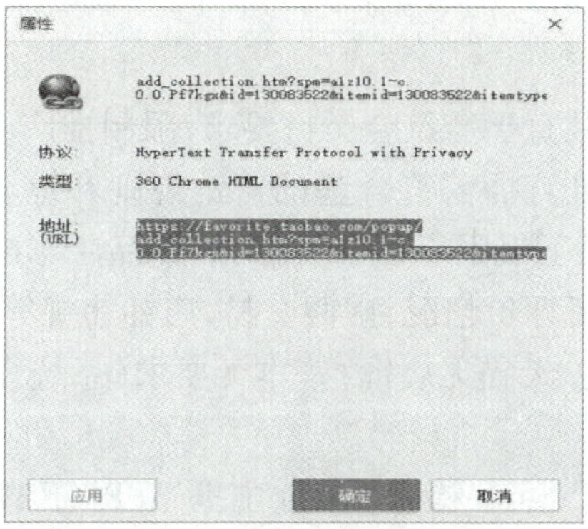

**图 3.2.61 收藏店铺属性详细内容**

进入卖家中心—店铺装修—默认宝贝详情页,将鼠标移至"自定义区"模块中,鼠标呈十字方向状,点击右上角的"编辑"按钮,在弹出的对话框中选中图片,单击工具栏中的"插入链接"按钮。打开"链接"对话框。

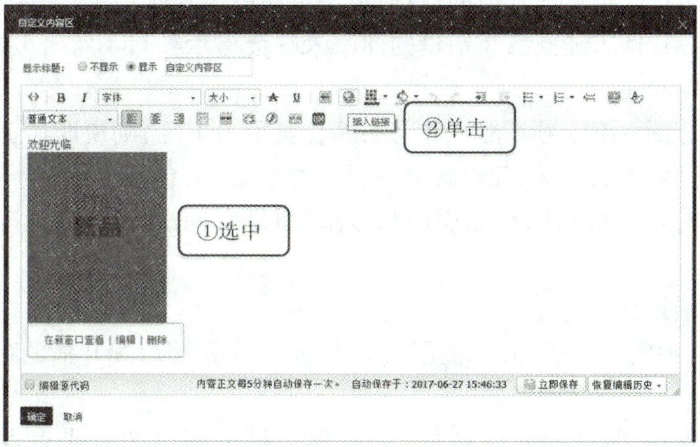

**图 3.2.62 自定义区对话框**

在"链接地址"对话框中粘贴刚才复制的内容,然后单击"确定"。

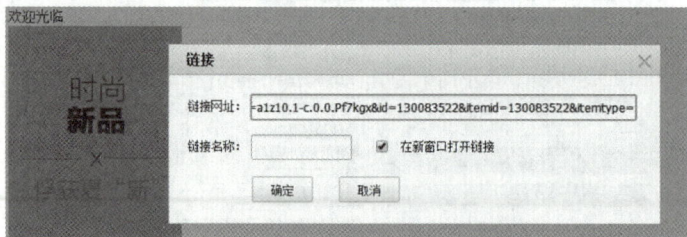

**图 3.2.63 粘贴链接地址**

返回"自定义区"对话框,单击"确定"按钮保存设置。

返回店铺装修页面,发布店铺后,设置生效。

### 3. 手淘直播的开通与播放

(1)直播入驻条件

①淘宝或天猫店铺入驻直播需符合类目要求,限制推广商品类目无法入驻。

②淘宝或天猫店铺入驻直播需符合基础营销规则和综合竞争力的要求,会从店铺的综合数据进行校验,包括不仅限于以下数据:店铺品牌影响力,店铺 dsr 动态评分,品质退款,退款纠纷率,消费者评价情况,虚假交易,店铺违规等。(系统自动校验)

③达人入驻直播(淘宝/天猫无店铺)基本无要求(系统自动校验)。

(2)入驻入口

①iOS 手机可通过 APP Store 检索"淘宝主播 APP"下载软件点击页面的"立即入驻"即可。

②安卓手机应用市场搜索下载"淘宝主播 APP"入驻。

(3)注意事项:

①入驻提示类目不符合说明店铺类目暂不支持开通直播;若同行限制推广类目成功入驻直播,说明对方是邀约开通的,目前无法主动申请开通。

②新入驻店铺,且店铺商品无销量的商家入驻会提示类目不符合要求,需要先有销量过 24 小时后再入驻。

③入驻直播提示:该账号不能入驻您的综合竞争力不足,则说明店铺的综合数据不符合直播要求,目前无法开通;建议提升店铺的综合数据,包括不仅限于以下数据:店铺品牌影响力,店铺 dsr 动态评分,品质退款,退款纠纷率,消费者评价情况,虚假交易,店铺违规等。

(4)入驻直播操作步骤

①淘宝主播 APP 下载后,商家使用店铺主号,达人使用后续开播的账号登录淘宝主播 APP。

②勾选协议并根据提示进行实人认证。实人认证通过即时代表直播发布权限已开通。

建议:开播前请先学习直播规则。直播规则视频讲解学习地址:淘宝主播 APP – 我的 – 体检中心 – 规则学习查看视频讲解。

(5)发起一场手机直播操作步骤

发起直播前要确保手机端具备直播的基础条件:下载或更新到最新的"淘宝主播 APP"、确保网络稳定流畅、手机设置中允许淘宝主播 APP 使用麦克风、情况允许下加补光灯及防抖效果,以保证直播质量达到最佳效果。

① 打开淘宝主播 APP,在"更多工具"中,创建预告。

② 点击上一步创建好的预告,调整画面。直播清晰度选择"流畅 360P",右上角可选择"调整美颜"或"开启闪光"。底部选择"分享"把直播分享给他人。

③右下角点击"开始直播",开始后手机界面左滑可以随时看到数据调整直播效果。

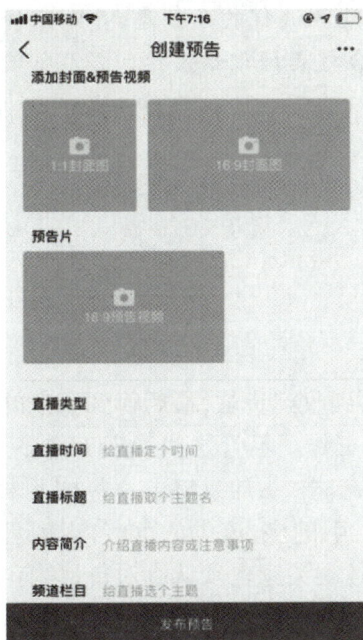

图 3.2.64 淘宝主播 APP 创建预告图

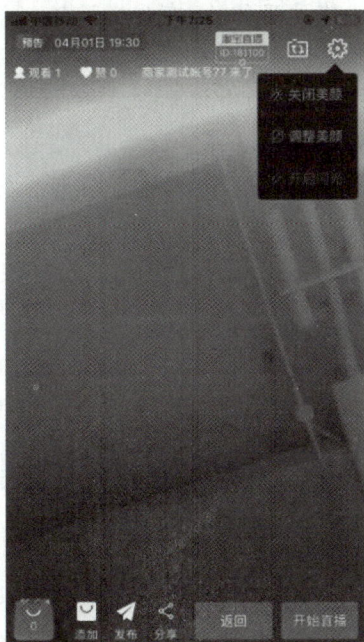

图 3.2.65 淘宝直播调整画面

## 拓展练习

根据所学理论知识,制定店铺推广计划。

## 任务实施

根据所学知识,小伟做了以下工作:

(1)进入卖家服务市场,学习营销推广工具的使用教程。

（2）进入万堂书院学习直通车推广知识。

## 任务三　　管理网店交易

### 任务导入

经过一段时间的推广之后，张婷的网店果然迎来了订单的爆发。少数订单张婷还能处理，但是订单多了之后，各种情况也随之而来，有直接下单的、有备注改信息的、有要退订的、有要退货的、有要投诉的……对于订单处理流程的不熟悉，导致张婷手忙脚乱。有没有快速处理订单的方法呢？买家一言不合就差评该如何挽回呢？如何引导买家修改差评呢？没有订单心急，订单多了心烦。

**问题与思考：**

1. 订单处理有哪几种情况？各自处理流程是怎样的？

2. 卖家如何修改差评呢？

### 任务解析

商品成交过程就是从商品上架到完成交易，再到收到货款，最后得到买家的好评的过程。在这个过程中，卖家要做很多重复、单调的工作。不管这些管理工作多么烦琐，每一个卖家都必须认真对待。很多网店不断的引流、推广，却忽略了一些拍下未付款的订单，也没有去做催付工作使得订单有效率下降。引的多，流失的也多，店铺只能不断的烧钱。另外，网店经营过程中存在的风险很多，各类买家也须认真对待，稍有不慎，努力付诸东流。

### 知识探究

## 一、处理网店订单

从网店的业务流程来看，"订单处理"属于售中和售后客服人员的工作范围。大致包括下单、催付、付款、发货、物流等几个环节。

**（一）询单拍下/静默下单注意事项及处理流程**

#### 1. 注意事项

询单拍下：买家进店后，通过旺旺向卖家客服发起咨询，售中客服解答顾客的各种询单问题后,顾客拍下订单。

静默下单:买家下单前没有咨询任何客服,选择好自己要的产品直接拍下。

不管买家采用哪种方式下单,客服都要核对购买属性和收货地址,特别要留意订单备注留言。可以通过机器人自动发核对信息,如果没有得到买家回复或有疑问的,要及时进行旺旺核对或者电话沟通进行处理。处理时可能会遇到以下订单状态。

下单后未付款的:建议让顾客重拍订单,征求顾客意见关闭拍错的订单,客服备注:"顾客信息错误,重拍订单。"这样做为以后分析订单情况提供证据。

下单后已付款的:让顾客提供需要修改的信息,客服马上修改。

### 2. 处理流程

(1)进入千牛工作台交易管理模块,点击"已卖出的宝贝",里面会出现近三个月的订单(点击"三个月前的订单"查看以前的订单),订单状态有:等待买家付款、等待发货、已发货、退款中、需要评价、成功的订单和关闭的订单。

**图 3.2.65　订单状态**

对于已付款的订单,直接点击"发货",进入发货信息填写页面。对于有备注的订单,要查看备注信息,做好标记。比如买家有具体的颜色、款式等要求,提醒库房出库时按照备注信息出货;若是要修改收货信息,可在发货页面修改收货地址。

**图 3.2.66　订单备注标记**

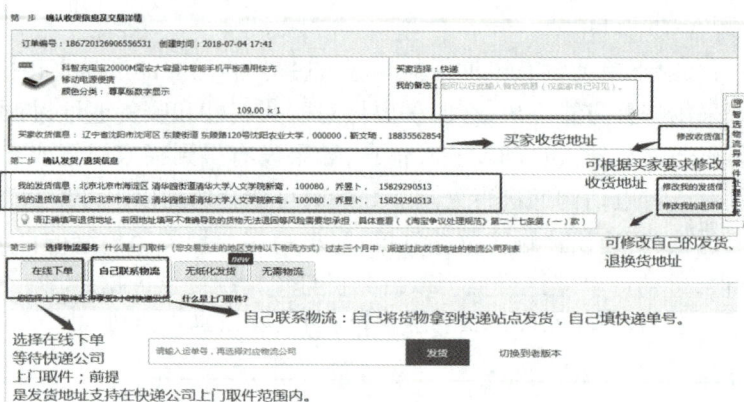

图 3.2.67　订单发货信息填写

（2）发货页面中,首先确认买家收货信息,特别注意备注信息。如果买家提出收货信息修改,在"修改收货信息"中进行修改。其次,确认发货/退货信息,也就是卖家的发货/退货地址,这在店铺注册时已经填写了,也可修改。比如代发代销的店铺,发货地址与店铺注册时的地址就不一样。然后选择物流服务,有"在线下单""自己联系物流""无纸化发货""无须物流"。

如果选择"在线下单",那么要选择配送公司。查看快递公司配送范围、运费后,选择合适的公司点击"选择",然后选择取件时间(比如 2 小时快速上门),点击"确认下单"等待物流公司上门取件即可。

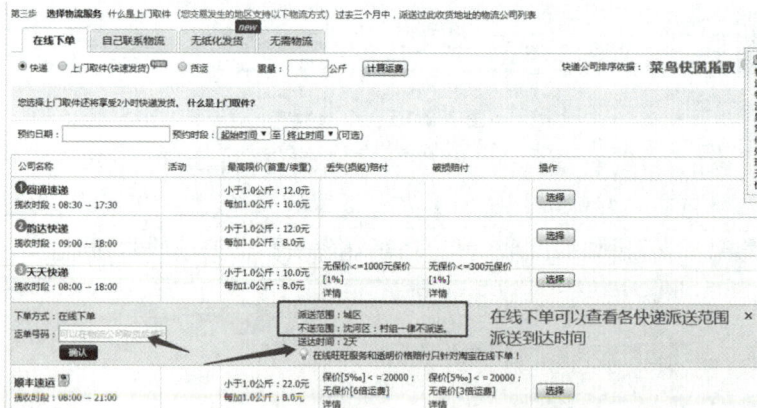

图 3.2.68　在线下单选择物流快递公司

如果选择"自己联系物流公司",输入快递单号(提前与快递公司联系好,保留快递单号在卖家手里)后,系统会自动识别所属快递公司,确认无误,点击"发货"按钮。

**图 3.2.69　选择自己联系物流公司**

若选择"无纸化发货",快递单号实时获取,但卖家无须打印物流单据,而由上门揽件的快递公司为商家打印电子面单贴单。注意:要使用电子面单需提前在"物流管理"模块中开通"电子面单"功能。在这个页面,选择合作的快递公司,点击"发货",然后等待快递公司上门取件。

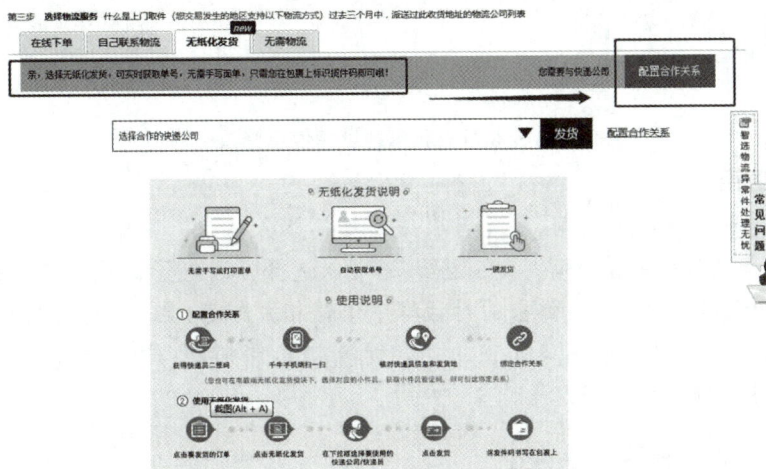

**图 3.2.70　选择无纸化发货**

一些虚拟商品或同城商品,可以采用无须物流方式。此时,不需要点击发货。但要特别注意:由于淘宝对于虚假交易的严厉打击,淘宝对无须物流发货的商品会给予特别关注。淘宝官方会通过店铺相关的数据,例如访客停留时间、时间段的访客数、页面访问深度、流量来源等相关的数据去判断是否存在着虚假交易。卖家需要保留好无须物流发货的一些相关的凭证,以及一些能够证明自己属于真实交易的一些证据,以便出现需要申述的情况。

**小知识**

**卖家地址修改**

千牛工作台"物流管理"—"物流工具"—"地址库",填写地址信息,点击"保存设置"即可。

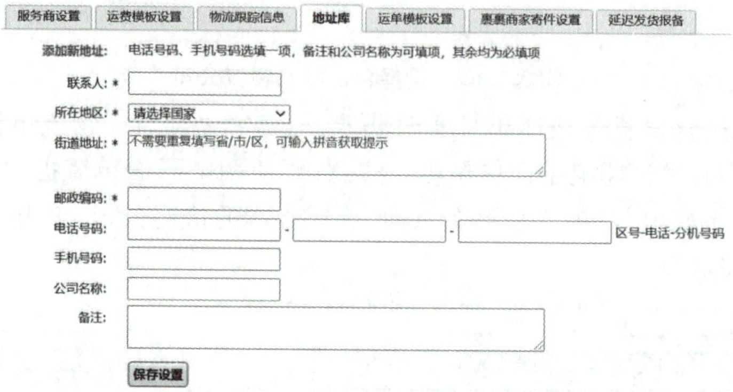

图 3.2.71　卖家地址库信息修改

**开通服务商**

在选择服务的快动公司前,要先与服务商签订服务协议。在服务商设置中,选择合适的服务商,点击"开通服务商"。在这里,还可以选择开通电子面单。要向选择开通的服务商申请开通电子面单,在弹出的对话框中填写相关信息,点击"确认"即可。若服务商同意,那么卖家就可以使用电子面单了。对于新卖家来说,建议开通电子面单,因为新卖家往往没有准备打印机。

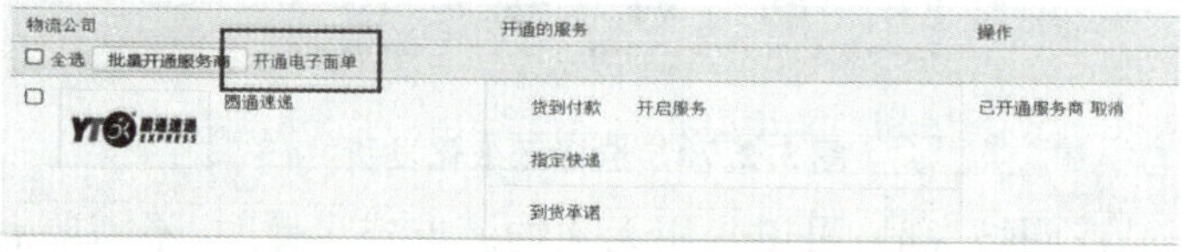

图 3.2.72　服务商开通

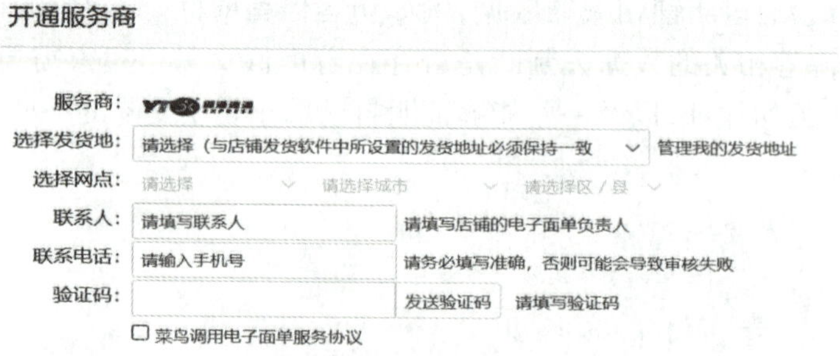

**开通服务商**

图 3.2.73　电子面单申请

**运单模板设置**

卖家需要打印快递单据时,可以使用该功能,事先编辑好要显示的内容保存,发货时直接打印即可。

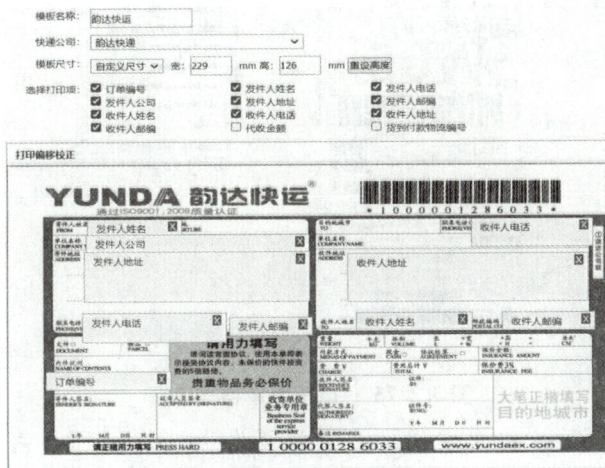

**图 3.2.74　运单模板设置**

**菜鸟发货平台**

菜鸟发货平台是淘宝与其他物流平台联合打造的物流大数据服务处理平台,目的是可以为消费者提供更加优质的物流服务,能够提升淘宝卖家的服务质量。其优点是提升整个物流运输的效率,节省成本,有效维权。菜鸟发货平台是一种新型的物流运输模式,平台将所有的快递公司融为一家,采用统一的包装。不过目前它只支持拆单,不支持合单。没有多店铺授权关联取号。不支持取号后取消取号。但对于小卖家来说,有很大的吸引力,因为他快递费便宜。

在千牛工作台找到"物流管理"——"菜鸟发货平台"。第一次使用时要点击免费开通,绑定淘宝店铺。平台提供淘系订单发货和非淘系订单发货。发货前,需要初始化打印设置。

"打单发货"——"新增快递面单"与"开通电子面单"步骤一样。

"快递单模板设置",针对的是淘系订单。选择面单格式,一联单和二联单要同时设置。选择好后,点击"保存设置"。

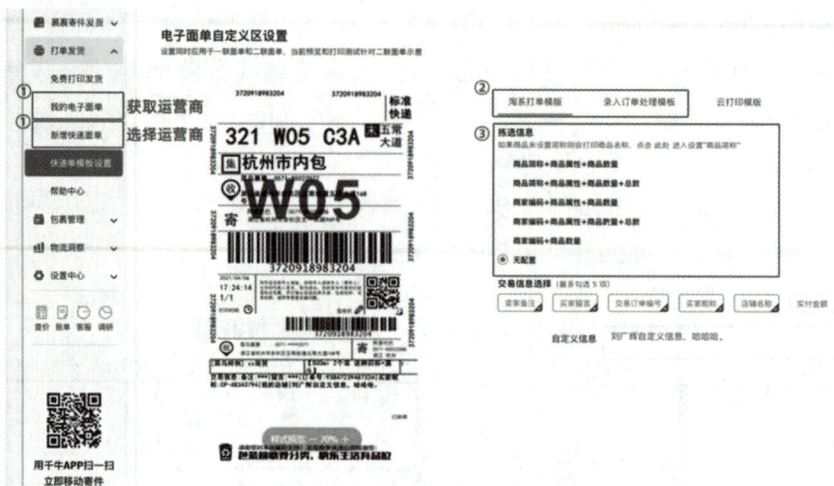

图 3.2.75　电子面单格式设置

打印初始化设置后,"打单发货"中,选择要发货订单,点击"免费打印发货"或者"打印快递单",进入快递单样式设置页面。选择一联单或二联单后,点击"打印快递单"完成发货,等待快递公司上门取件。运费会在支付宝中扣除。

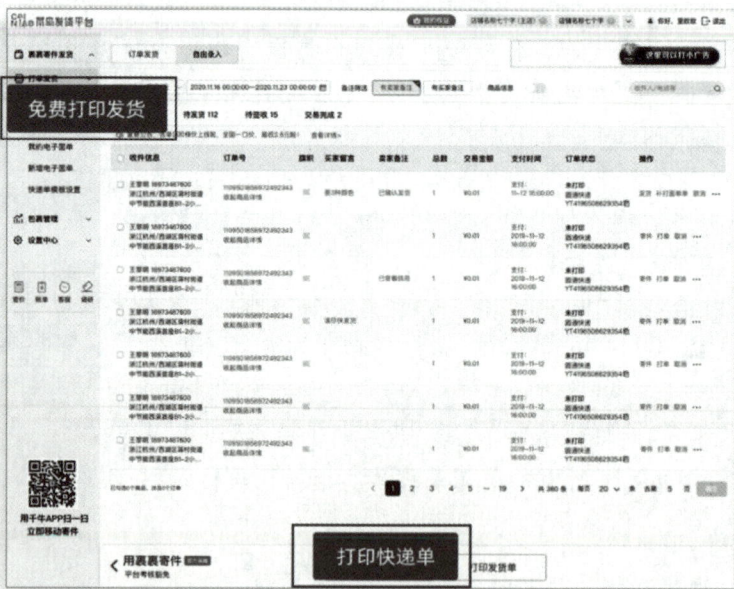

图 3.2.76　快递单设置

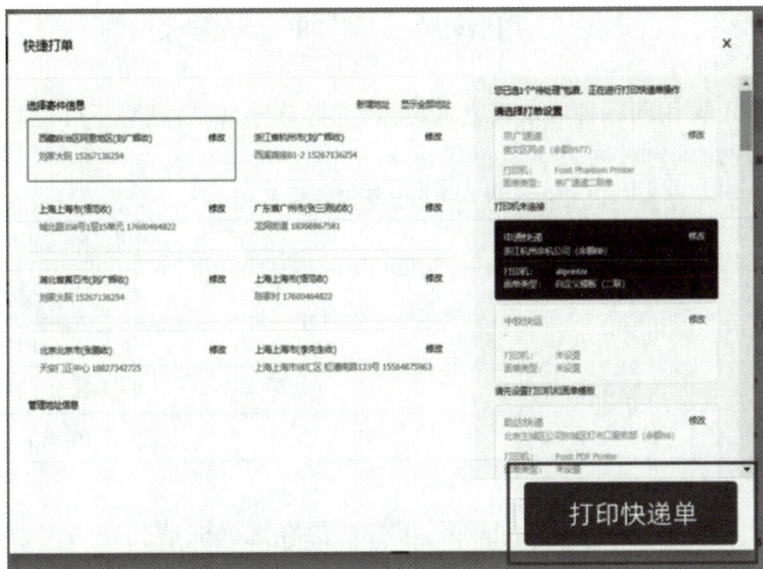

**图 3.2.77 打印快递单发货**

## 拓展练习

处理买家订单,并利用菜鸟发货平台发货。

### (二)订单催付

卖家经常会遇到买家拍下却迟迟没有付款的情况,这会严重影响店铺的成交转换率。对客服来说要做以下工作。

#### 1.催付的工作流程

1)了解买家未付款原因

一般情况下,未付款原因有服务问题、支付问题、发现更低的价格、发现更好的产品等。

2)根据原因采取对应的策略

(1)买家忘记支付密码:主动热情的帮助买家了解找回密码的方法,并跟踪催付。

(2)买家支付宝余额不足:帮助买家设置支付宝绑定银行卡的方法,或者了解买家方便充值的时间,提前再次催付。

(3)新手卖家:截图告知买家不明白的地方的操作流程,解决买家问题。

(4)支付宝网银升级:了解升级时间,主动告知买家。

(5)买家对商品存在疑虑:询问买家利益,告知商品优势和相关服务保障。

(6)议价不成功:了解买家心理预期,强调性价比,找到情感共鸣,赠送优惠券、赠品等。

（7）服务未完善：态度亲切、用语得体；多笔订单，合理修改运费。

3）催付的时间和频率

大的订单不要用同一种方法反复催付，要把握分寸，催付频率不可过高。一般会按照下单时间，设定催付时间。

表 3.2.4　催付时间点

| 下单时间 | 催付时间 |
| --- | --- |
| 上午单 | 当日 12 点前 |
| 下午单 | 当日 17 点前 |
| 傍晚单 | 当日 22 点前 |
| 半夜单 | 次日 10 点后 |

4）催付工具

（1）免费工具：旺旺（拍下时间较短，客户仍然在选择的情况）；站内信（旺旺下线，订单金额较小的买家，当买家再次上线的时候会收到催付提醒）。

（2）付费工具：短信（针对于拍下时间稍长，没有付款的客户，或者已通过旺旺催付过一次但是仍然没有付款，订单即将到期关闭的买家）；电话（针对拍下时间稍长，订单金额较高的买家，可以通过电话方式进行催付）。

（3）第三方软件：现在服务市场上有很多种第三方软件，可以自动识别订单状态对买家进行催付动作。

5）催付话术

催付话术在整个催付环节是最重要的部分，针对不同的情况，要制定不同的催付话术。

（1）拍下核对地址和快递后即可催付款

话术：亲，很高兴看到您拍下产品了，××××××××××××地址对吗？发×××快递您能收到吗？为了给您尽快发出，请尽快付款呢！

（2）满足包邮条件改好运费后催付款

话术：亲运费给您改好了呢，尽快付款吧！付款后才能尽快给您安排发货哦！

亲折扣已经帮您改好啦，申请了好久呢，亲尽快付款吧，期待您付款的好消息哦！

（3）咨询完相关问题后催顾客拍下并付款——强调爆款和库存

话术：亲，还有其他方面的问题吗，这款是咱家的爆款呢，很多亲都在抢购呢，咱家是拍下减库存的哦，为了防止您拍下的宝贝被别的亲抢走，就尽快拍下付款吧。

亲，这个宝贝很热销的，同一时间很多买家购买，您的眼光真好，不知道亲是哪方面还有疑问呢？有没有需要我帮助的地方？

（4）拍下订单后，根据店铺当天的发货时间前 20 分钟催付款，（如果顾客下线了，适当的时候可以电话联系）——强调发货

话术：您好，我们已经在安排发货了，看到您的订单还没有支付，这里提醒您现在付

款我们会优先发出,您可以很快收到包裹哦!

（5）交易关闭前半小时内催付款,必要时可电话联系

话术:您好,看到您在活动中抢到了我们的宝贝,真的很幸运呢。您这边还没有付款,不知道遇到什么问题呢,再过一会就要自动关闭交易了呢（拍下 3 天内不付款交易自动关闭）。有别的买家会在有货的时候支付掉,那您这边就失去这次机会了。

6）备注结果

催付动作后,将结果进行备注,对于催付仍未完成付款的客户根据备注适时进行再一次催付,已提升店铺成功付款率。

### 2.官方催付工具的应用

催付工具有很多,这里我们通过设置店小蜜自动催付功能来提醒买家付款。注意:人工接待的买家由客服催付,全自动机器人接待或静默下单的买家可指定跟单助手或人工客服。

（1）通过千牛工作台—"客户服务"—"阿里店小蜜"进入店小蜜设置页面。

店小蜜可以提供售前到售后全通路的一体化的免费的店铺咨询管理服务。包括商品管理、店铺诊断、数据统计、跟单助手、营销增收、质检培训、店铺管理等,功能非常强大。

（2）我们需要设置的是"跟单助手"功能。

点击"跟单助手",有"极速模式"和"标准模式"可以选择。极速模式适合新手、主营商品少于 50 款、每天顾客少于 500 个,希望回复简单咨询的店铺。标准模式适用于熟练掌握机器人使用方法、有成熟客服团队、主营商品多于 50 款、每天顾客多于 500个、希望精细回复咨询、邀评的店铺。这里我们选择"标准模式"。

（3）接待方式有"全自动接待设置"和"智能辅助接待设置"。

在全自动接待模式下,机器人将自动接待所有买家咨询,尤其适合夜间无人或大促流量暴增的时候开启,确保买家咨询能被及时回复。

智能辅助接待模式下,机器人将辅助客服接待,在客服接待过程中提供话术推荐,并自动回复客服尚未接起的买家咨询,适合在日常接待时使用,提升平响及客服接待效率。

选择"全自动接待模式",输入"欢迎语",如"欢迎光临,有什么可以帮您?"。依次设置后续功能。

"卡片问题",有"智能预测 + 人工配置"和"全部由人工配置"两种方式。第一种方式下,系统会智能推荐最多 5 条自定义问题,还可以人工配置最多 4 条,一共最多有 9 条卡片问题,并且人工配置的卡片优先展示（人工配置部分,拖拽可调整位置）。第二种方式下,可以人工添加最多 9 条卡片问题（可拖曳调整问题位置）。

推荐的卡片问题,可以点击"✎"添加。选择好问题,点击"确定"。

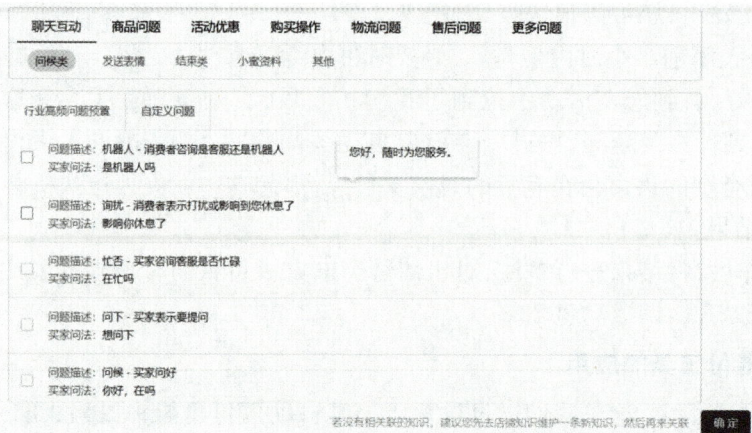

图 3.2.78　卡片问题

"商品推荐",需要先开通智能商品推荐功能。在店小蜜"营销增收"—"智能商品推荐"中设置。

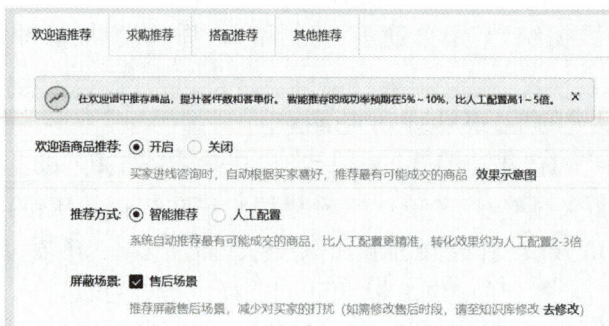

图 3.2.79　商品推荐设置

"相关问题推荐"—"机器人无答案时",点击"开启",这样当机器人答不上来时,会根据语义进行相关问题推荐。"答案引导转人工时"点击"开启",当答案尾部添加引导转人工话术时会进行相关问题推荐。

图 3.2.80　相关问题推荐设置效果

"转人工配置"—"机器人转人工"建议设置为"自动",当机器人答不上来时系统会自动转接人工,无须买家点选。设置引导语以及转人工失败时的服务方式。

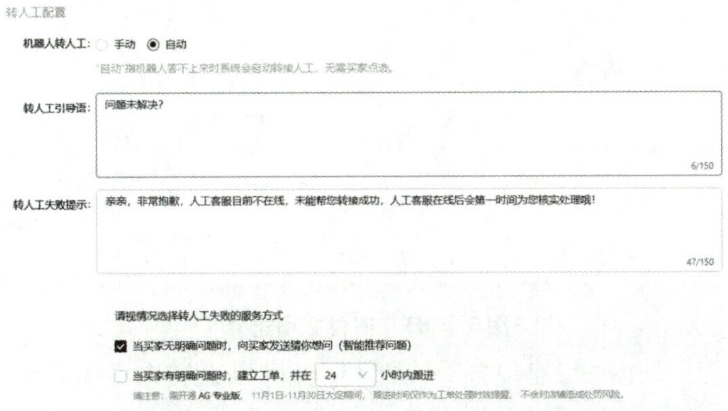

图 3.2.81 转人工配置

"重复答案转人工"勾选的问题类型,当买家咨询命中后会直接进入人工接待。

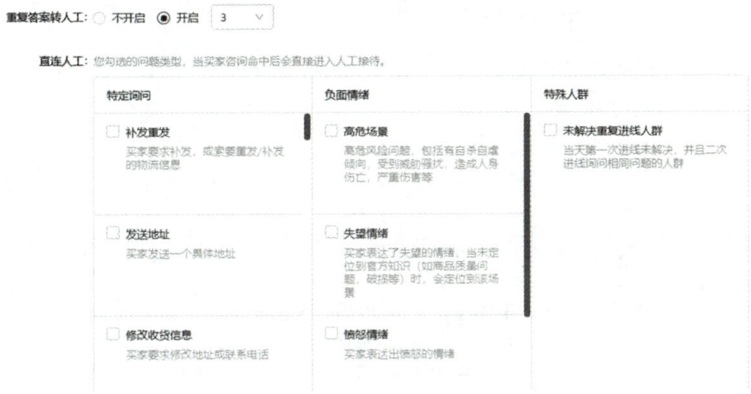

图 3.2.82 转人工配置

(4)标准模式下有"配置面板""任务列表""数据看板"模块。默认进入的是"配置面板"。里面提供了"促进增收"(三种情形下的催付、催拍)、"直接增收"(老用户唤醒)和"售后服务"(催收、邀评、物流等)。

点击"'催付'下单未支付"模块中的"新建任务",在弹出的对话框中,需要催付渠道。

注意:小蜜自动是跟单助手自有催付,店小蜜一键启动时默认开启。催付过程通过后台进行发送,不唤醒对话框,可以在聊天记录中查询发送记录。可以跟千牛自动同时生效,设置好催付时间,可实现二次催付。

千牛自动催付是小蜜自动催付的配置升级,卖家不仅可以选择不同商品使用不同话术,还可以设置不同场景的催付话术。

外呼自动可以提供站外的呼叫工具,但需要提前购买外呼流量包。

图 3.2.83　催付渠道选择

（5）选择小蜜自动的"新建任务"。催付任务可以设置多个策略，不同的商品建议设置不同的话术。另外，随着订单的增多，催付任务会越来越多，合理的命名催付任务，也便于后期维护。

图 3.2.84　小蜜自动催付设置页面 1

设定催付任务的有效期、生效时间和时机、自动发送时段、目标人群、涉及商品等项目。

注意：用户/商品的不同圈选策略，对转化率的提升效果页不同。不勾选特定条件，默认为全店通用催付话术，从功能上来说，特殊圈选的用户/商品策略，比无圈选的策略要胜出。因此，建议卖家圈选特殊用户或商品。比如，"特定订单金额"选项在店铺进行满减活动时的催付效果更好。圈选用户/商品以后，要填写具体条件。如订单金额区间、商品分类等。

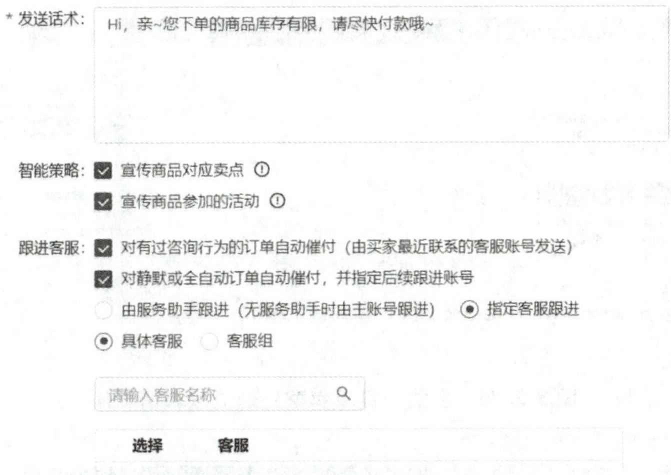

**图 3.2.85　小蜜自动催付设置页面 2**

填写话术，如"Hi，亲～您下单的商品库存有限，请尽快付款哦～"。

智能策略可以勾选，也可以不勾选，因为都是算法智能生成的，无须设置。但要注意：个别商品因商品详情或标题问题，无法生成卖点。商品参加的活动可以从"问答知识配置—活动优惠—智能活动学习"自动获取。

在跟进策略中，可以选择跟进订单的类型，建议全选。还可以选择跟进的客服人员。如果选择指定客服跟进，有"具体客服"和"客服组"选项。客服组需要在子账号中设置客服分组。子账号设置将在后面知识中介绍。

填写完整后，点击"开始任务"即可。

催付的任务和效果，在"任务列表"和"数据看板"查看，及时分析催付效果并进行改进。注意，部分数据的保存有时间限制，如"场景汇总效果"数据只保存 90 天。

### 拓展练习

1. 针对不同和人群，设置催付话术。

2. 利用店小蜜催付。

### （三）退款退货订单处理

店铺经营中，不可避免的会发生退款退货的情况，在客服沟通之后，买家必须要退款退货，在千牛工作台中操作流程如下。

#### 1. 发货前买家申请退款的处理流程

千牛工作台，"客户服务"—"退款管理"，或"交易管理"—"已卖出的宝贝"中，选中要退款的订单，点击"请退款"，在弹出的对话框中，选择"同意退款"，然后弹出支付宝支付密码页面，输入密码后，退款成功。

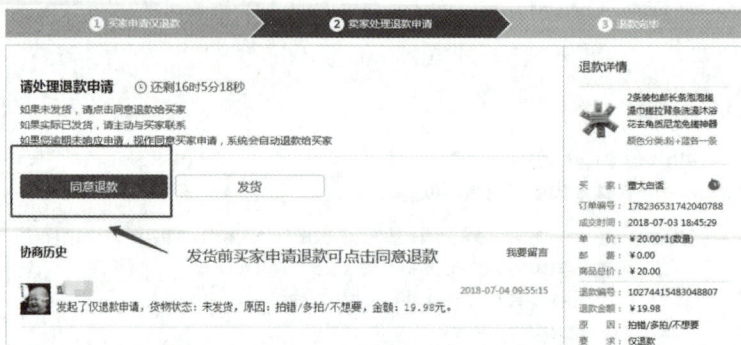

**图 3.2.86 发货前订单卖家处理退款申请页面**

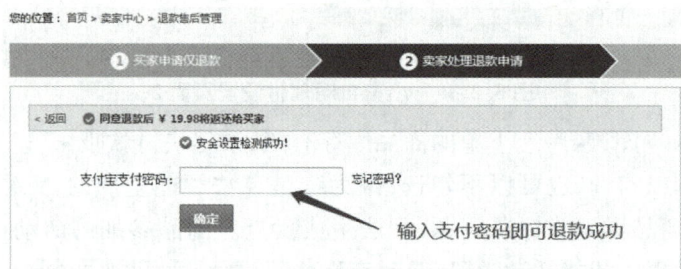

**图 3.2.87 卖家支付宝密码确认页面**

### 2. 已发货的退款订单处理流程

千牛工作台,"客户服务"—"退款管理",或"交易管理"—"已卖出的宝贝"中,选中要退款的订单,点击"请退款",在弹出的处理退款申请处理页面对话框中,选择"同意退款",然后弹出支付宝支付密码页面,输入密码后,退款成功。买家收到卖家的确认退款信息后,要在淘宝后台中操作退货给卖家,填写退货物流单号。卖家要在确认收货时间内,确认收货。如果买家退回的货物不能满足退货要求卖家可以拒绝退款。

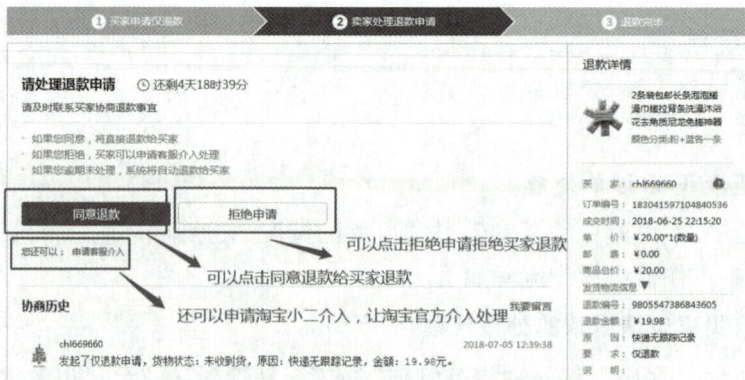

**图 3.2.88 已发货订单卖家退款处理页面**

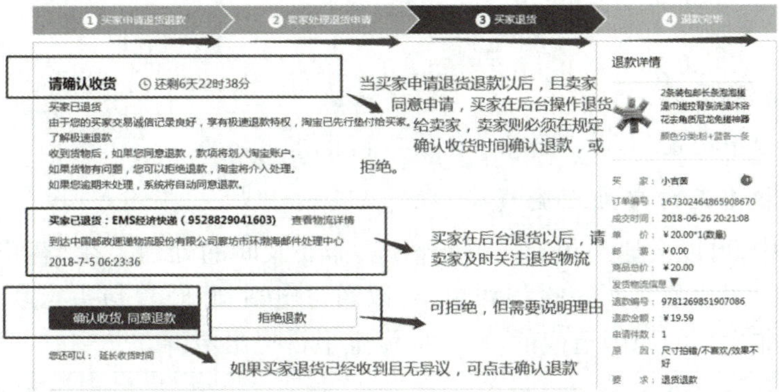

**图 3.2.89　已发货订单卖家确认买家退货页面**

当然,卖家在处理退款申请时,可以选择"拒绝申请",这时会弹出"拒绝原因对话框",选择拒绝原因,输入拒绝说明。上传凭证,点击"拒绝申请",买家会收到拒绝退款的提醒,但是买家有再次申请退款和申请客服介入的权利。卖家也可以直接申请客服介入。

买家退货流程与上述流程相同。

**图 3.2.90　已发货订单卖家拒绝退款原因页面**

如果顾客拒收,接到快递通知,询问一下拒收原因,根据单号,到网店管家查询出ID,备注拒收信息。让快递寄回我们,到时收到包裹后,备注已收到拒收件,单号写上。

为了降低卖家的退款退货率,千牛工作台也提供了"售后工作台""价保管理""退差管理"(仅支持万人团活动)功能。售后工作台可以进行"订单错误挽留""自动同意退货申请""已收到货仅退款0秒退"功能,设置好后可以快速的处理退款订单。退款效率、纠纷退款笔数以及纠纷退款率既会影响买家体验,也会影响卖家服务,进而影响店铺DSR评分和商品排名,所以自动化工具的使用,可以有效降低这些因素对店铺的不良影响。

**拓展练习**

千牛工作台中设置"售后工作台"各项功能模块。

### （四）维权售后订单处理流程

店铺经营中,可以会遇到买家投诉的情况,需要及时的处理。在"客户服务"—"投诉管理"页面中,可以看到买家投诉详情,可以通过电话、旺旺等与买家联系,处理好相关事宜。如果非卖家的原因造成的,可以向淘宝平台提出申诉。

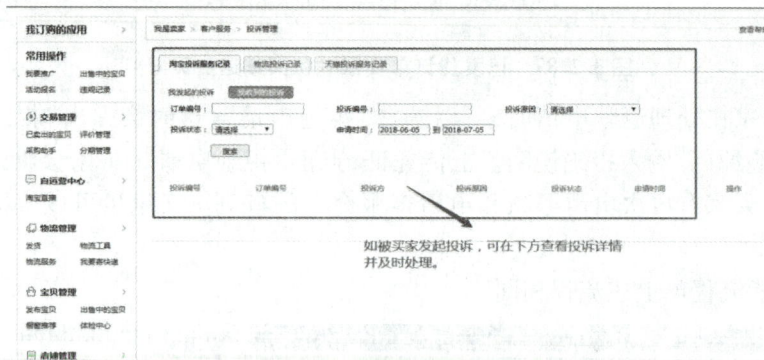

**图 3.2.91　投诉管理页面**

**图 3.2.92　申诉页面**

**小知识**

## 退单处理时长对卖家的影响

**淘宝处罚**

延迟发货:卖家在宝贝描述中没有明示发货时间,并在买家付款后未能在 72 小时内完成发货以及在买家付款后表示不能在 72 小时内完成发货。淘宝会进行一次性扣除 3 分的处罚。

闪电发货：加入闪电发货的卖家，出售虚拟商品的卖家未在 1 小时内完成发货，或出售实物商品的未在 24 小时内发货的。如违背闪电发货承诺的商家，淘宝会进行一次性扣除 6 分的处罚。

如商家因以上等一般违规行为，每扣 12 分即被处以店铺屏蔽、限制发布商品及公示警告 12 天的节点处罚。

**资金成本损失、退款率增加**

如客户发起退款申请时已发货，这会造成物流成本损失、提高店铺的退款率。店铺近三十天退款率是影响排序的一个因素，退款率明显高于同行业水平的淘宝会根据情况给予一定降权处理。若一个自然月内纠纷笔数达到 6 笔，纠纷退款率达到 0.6%，下个自然月将会加倍收取消费者保障金，以示警告。

**售后问题增加**

买家发起退款、换货、修改地址等各种申请，增加售后问题发生的可能性和频率。

# 二、提高网店信用

信用评价和店铺评分共同构成了淘宝平台的店铺口碑评分。其中信用评价包括信用积分和评论内容，店铺评分商品是否与描述匹配、卖家的服务、物流质量等三个方面，也称为 DSR 评分。

## （一）店铺评分

### 1. DSR 评分含义

DSR（Detail Seller Rating）动态评分是指买家通过支付宝成功完成交易后，买家对本次交易的卖家进入以下 3 项评论：宝贝描述相符、卖家的服务态度以及物流公司的服务态度。

图 3.2.93　某店铺 DSR 评分截图

### 2. DSR 动态评分对店铺的影响

店铺 DSR 动态评分作为衡量店铺的整体水平的数据指标之一,并且评分的高低直接影响宝贝的搜索排名,进而影响店铺的流量和成交转化率。

如果店铺的评分过低,直接影响店铺参加淘宝官方活动的报名资格,并且全店的宝贝会被搜索降权,还会间接影响买家的购买意愿。

表 3.2.5 部分活动对 DSR 评分的要求

| 活动名称 | DSR 动态评分要求 |
| --- | --- |
| 聚划算单品团 | |
| 淘金币 | |
| 天天特价 | |
| 免费试用 | 近半年 DSR≥4.6 |
| 清仓 | |
| 一元起拍 | |
| 手机淘宝 | |

### 3. 淘宝 DSR 动态评分规则

(1)店铺动态评分是匿名的,就是卖家看不到买家打的分数,买家也不能修改动态评分。

(2)同一单号的商品,不论数量的多少,只记为 1 次动态评分。

(3)同一买家一月最多进行 3 次动态评分,超过 3 次不计分。

(4)DSR 动态评分在买卖双方互评后,至少 30 分钟后才会显示。

(5)若买家将已做出的信用评价删除或修改,店铺评分不会就此被删除或修改。若买家未评价后续系统产生默认好评,也不会产生默认店铺评分。

(6)店铺评分(DSR)与买家给出的信用评价(好中差评)无必然应对关系;给出好评的买家未必都给的是全 5 星的店铺评分。

### 4. DSR 动态评分的计算

DSR 评分是连续 6 个月内所有买家给予评分的算术平均值。

计算公式如下:

公式 1:单项 DSR 动态评分 = 该项总分数/该项评分总人数;

公式 2:总分数 = 5A + 4B + 3C + 2D + E(其中 A～E 为各星级评分人数);

公式 3:总人数 = A + B + C + D + E;

公式 4:单项 DSR 动态评分 = (5A + 4B + 3B + 2D + E)/(A + B + C + D + E)。

例如,某淘宝店铺主营女装,店铺 DSR 各星级评分的百分比如图所示,参与评分的总人数为 507 人。如何计算物流服务质量的总分数?

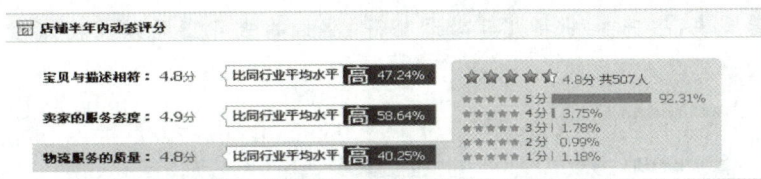

**图 3.2.94 某店铺半年内 DSR 评分截图**

物流服务质量评分的总分数为：

$5 \times 92.31\% \times 507 + 4 \times 3.75\% \times 507 + 3 \times 1.78\% \times 507 + 2 \times 0.99\% \times 507 + 1 \times 1.18\% \times 507 = 4.8505 \times 507 = 2459.2035$。

## 小知识

# DSR 评分的影响

**解析 DSR 动态评分计算公式**

假设店铺目前评分为 $P$，评价人数为 $N$，新增一个顾客评分为 $X$，评价后得分为 $F$，则：

(1) 评价前总分为：$P \times N$

(2) 评价后总分为：$P \times N + X$ ——$X$ 介于 $1 \sim 5$ 之间。

(3) 又因为评价后总分也可记作：$F \times (N+1)$

所以式(2)与式(3)相等，得到：

$P \times N + X = F \times (N+1)$，式子变形可以得到：$F - P = (X - F)/N$；

分析：$F - P = (X - F)/N$。

(1) $F - P$ 表示动态评分的增加，其中 $F$ 是评价后得分，$P$ 是评价前得分。

(2) 若要求 $(F - P)$ 大于零，必须 $(X - F)$ 大于零，其中 $F$ 必须要大于 4.5。这个数据告诉我们，若要求店铺评分上升，必须要求顾客给 5 分，否则 DSR 评分一定下降。

(3) 由于 $X$ 小于 5，$F$ 大于 4.5，所以 $(X - F)$ 最大值是 0.5。当店铺评价人数在 500 以上时，每给一个好评最多增加 0.001 点信誉（$0.5/500 = 0.001$）。这是个很令人绝望的数值。但反过来说，$(X - F)$ 最小值是 -3.5，也是说，顾客每给一个 1 分评价，至少需要 7 个以上的全 5 分才能抵消。

(4) 推而广之：如果客户给 4 分，需要 1 个 5 分才能抵消；客户给 3 分，需要 3 个 5 分才能抵消；客户给 2 分，需要 5 个 5 分才能地下；客户给 1 分，需要 7 个 5 分抵消——以上是最保守数据，实际偏差有可能会达到 10 倍以上。

**预期 DSR 动态评分的计算**

通常而言，每个淘宝卖家对店铺 DSR 动态评分都有相关的预期值，一旦当店铺 DSR 动态评分出现"飘绿"的情况，店铺 DSR 动态评分值就会严重不达标。此时，淘宝卖家就应该引起高度重视,并且将宝贝与描述相符、卖家的服务态度以及物流服务质量3项数据分开深入分析。

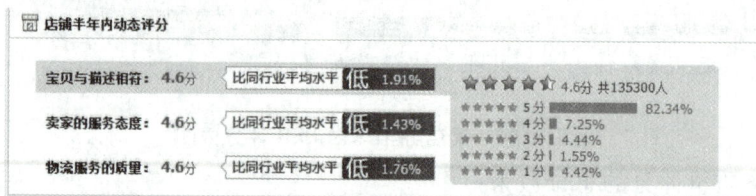

**图3.2.95 某店铺半年内DSR评分低于平均水平截图**

店铺DSR评分的提高主要是要全面提升店铺全5分评分。请看上图,已知该店铺的宝贝与描述相符DSR分值为4.615,并且比同行业平均水平低1.91%,可以计算出同行业平均水平为:

$4.615 \div (1 - 1.91\%) = 4.705$

那么,需要多少个顾客的5分评分才能与行业持平呢?

我们利用DSR的计算公式,采用假设法来核算。

假设有10000人会给5分评价,那么店铺DSR评分为:

$[10000 \times 5 + (5 \times 82.34\% + 4 \times 7.25\% + 3 \times 4.44\% + 2 \times 1.55\% + 1 \times 4.42\%) \times 135300] \div (10000 + 135300) = 4.641$

假设有20000人会给5分评价,那么店铺DSR评分为:

$[20000 \times 5 + (5 \times 82.34\% + 4 \times 7.25\% + 3 \times 4.44\% + 2 \times 1.55\% + 1 \times 4.42\%) \times 135300] \div (20000 + 135300) = 4.665$

假设有40000人会给5分评价,那么店铺DSR评分为:

$[40000 \times 5 + (5 \times 82.34\% + 4 \times 7.25\% + 3 \times 4.44\% + 2 \times 1.55\% + 1 \times 4.42\%) \times 135300] \div (40000 + 135300) = 4.703$

也就是说,该店铺至少需要40000个5分好评才能与行业持平,这需要多么艰难努力啊。因此,提升DSR评分应该注重日常积累,提升买家体验,让买家感受到不仅仅是交易的关系。

**(二)信用评分**

淘宝会员在淘宝网每使用支付宝成功交易一次,就可以对交易对象作一次信用评价。评价分为"好评""中评""差评"三类。

**1. 信用评级规则**

(1)每种评价对应一个信用积分,"好评"加一分,"中评"不加分,"差评"扣一分。

(2)若买家最初给的是中、差评,在规定时间内买家可以重新修改。

(3)在自然月中,相同买家和卖家之间的评价分不超过6分(以淘宝订单创建的时间计算),超出积分范围的评价不计分。(解释:每个自然月同买卖家之间评价计分在[−6,+6]之间,每个自然月相同买卖家之间总分不超过6分,也就是说总分在−6和

+6 之间,例如买家先给卖家 6 个差评,再给 1 个好评和 1 个差评,则 7 个差评都会生效计分)

(4)若 14 天内(以淘宝订单创建的时间计算)相同买家卖家之间就同一商品,有多笔支付宝交易,则多个好评只记 1 分,多个差评只记 -1 分。

(5)其他情况:若命中低价商品管控规则可能导致评价不计分。消费者给予商家的评价若商品属于闲置商品或试用商品(如付邮试用、免费试用),则评价不计分。

目前,卖家信用度分为 20 个级别。

| 1星: 4-10个好评 ❤ | 1钻: 251-500个好评 |
| --- | --- |
| 2星: 11-40个好评 ❤❤ | 2钻: 501-1000个好评 |
| 3星: 41-90个好评 ❤❤❤ | 3钻: 1001-2000个好评 |
| 4星: 91-150个好评 ❤❤❤❤ | 4钻: 2001-5000个好评 |
| 5星: 151-250个好评 ❤❤❤❤❤ | 5钻: 5001-10000个好评 |

| 1皇冠: 10001-20000个好评 | 1金冠: 500001-1000000个好评 |
| --- | --- |
| 2皇冠: 20001-50000个好评 | 2金冠: 1000001-2000000个好评 |
| 3皇冠: 50001-100000个好评 | 3金冠: 2000001-5000000个好评 |
| 4皇冠: 100001-200000个好评 | 4金冠: 5000001-10000000个好评 |
| 5皇冠: 200001-500000个好评 | 5金冠: 10000001个好评以上 |

图 3.2.96 卖家信用评分等级

### 2. 提高网店信用的方法

(1)提升商品质量。只有商品质量提升上去了,收到差评的概率才会越来越小,尽可能做到让每一个客户都对商品满意,那么信用等级自然就会上去了。

(2)保证服务态度。很多店铺获得的差评中,服务态度占了很大比例。

(3)从买家差评中反思。有些买家的差评真的是在提意见,跟这类买家要进行适当的交流,看能不能跟这群买家进行协商沟通消除差评。当然也有恶意差评的买家,对于这类买家可以找到平台的客服进行申诉。

(4)客服在买家订单确认发货后,要及时提醒顾客发货的物流和发货时间,提提醒顾客签收包裹之前要拆包验收,避免因快递问题导致售后纠纷。也可以委婉的提醒顾客满意产品给予 5 分好评,如有质量问题及时联系售后处理。

## 小知识

## 评价生效时间和修改评价规则

**评价生效时间**

(1)互为好评:互评后 30 分钟,评价会全网展示。

(2)双方互评,但有一方/双方给出中评/差评:互评后会有 48 小时协商期,其间评价仅在卖家后台展示且为"生效中"状态;协商期过后,评价会全网展示。

(3)仅一方评价,且为好评;另一方超时未评价:交易成功的 15 天过后,评价会全网展示。

(4)仅一方评价,且给出中评/差评;另一方超时未评价交易成功的 15 天,再加 48 小时协商期,评价会全网展示。

**修改或删除评价的时间**

(1)主评 – 好评,不能修改;若中评/差评改为好评后,也不可修改或删除。

(2)主评 – 中评/差评,仅一次机会,可以选择改为好评或删除评价。

(3)店铺评分(DSR),不能修改,即使中评/差评改为好评或删除评价,DSR 也不变。

(4)追加评价,不能修改,若主评被删除,则追评不再展示。

(5)评价解释,不能修改,若评价被删除,则评价解释不再展示。

(6)评价中的视频/图片,仅可删除不可修改。

注意:是否可修改或删除,均是指做出评价的操作者。

## (三)千牛工作台评价管理操作

### 1. 数据概览

通过千牛工作台"交易管理"—"评价管理"进入评价管理页面。默认展现的是店铺评价数据概览。内容包括待办事项、信用评级统计、店铺动态评分、评价治理(主要针对恶意评价的处理)、当前信用升级需要的积分等。

### 2. 评价管理

可以在评价管理中查看买家给出的评价,并进行回评、解释以及处理异常评价。

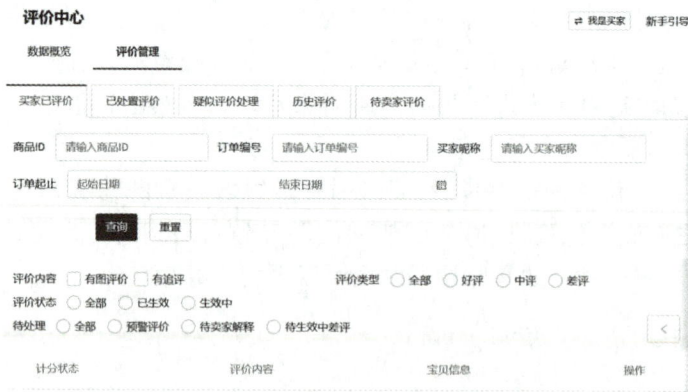

**图 3.2.97　卖家信用管理页面**

### 3. 异常评价投诉受理范围

如果遇到买家恶意评价,可以向淘宝工作人员申诉。

(1)利用评价要挟,包括:

买家索要好评返现:卖家店铺无任何好评返现承诺,买家要求必须好评返现,否则就给负面评价/中差评,其买家目的是利用负面评价来要挟敲诈商家。

利用中差评谋取额外钱款或不当利益:双方沟通过程,买家存在主动利用中差评要挟为前提,胁迫卖家提供额外钱款利益或其他不当利益(包含优惠券、返现等)。注:若买家未出现上述要挟、胁迫卖家等恶意行为则不在受理范围。

(2)对未收到货商品虚假评价:买家实际未收到货物,但对商品做出的评价。注:买家单纯对商家服务或物流体验进行评价不属于该场景受理的范围。

(3)评价泄露隐私:评论内容带有泄露信息,如姓名、电话、住址、微信号等行为的评价。注:若商家存在主动引导消费者泄露信息行为,一经核实则驳回投诉,并保留对账户处罚的权利。

(4)评论内容中出现辱骂或污言秽语:评论内容带有侮辱性字眼或词汇等行为的评价。

(5)广告评价:评论内容以发广告为目的的评论,评论内容带有联系方式、QQ/微信、其他店铺名称或跳转链接以及图片引导等行为的评价。注:卖家商品包装上自带的二维码不属于广告评价处理范畴。

(6)无意义评价:评论内容与交易的商品、体验、物流、服务等不相关的评价内容。包含诗词段子、刷单炒作和蹭淘气值等行为的评价。

(7)涉政/暴恐/毒品及枪支信息:评价内容包含涉政反动、枪/管制刀具及军警用品、危险化学品等信息。

(8)色情及低俗内容信息:评价内容包含色情淫秽、血腥暴力等低俗信息。

(9)其他违反国家法律法规信息:评价内容涉及非法用途工具/服务、赌博/博彩、伪造票证等。

投诉提交后将由工作人员介入审核并在 1~3 个工作日内进行答复,您可以登录"卖家中心—评价管理"查看投诉具体进度及结果内容。

### 4. 指导买家修改评价

1)电脑端

指导买家登录淘宝网站,进入"我的淘宝"—"评价管理"—"给他人的评价"进行操作;或卖家点击"给他人的评价",复制该链接发给买家,买家即可快速进入评价管理页面进行操作。

图 3.2.98 卖家信用修改页面

2)移动端

　　将手机淘宝 APP 更新到最高的版本,打开手淘 APP,进入"我的淘宝"—"我的订单"——"评价"—点击"全部评价",找到对应评价,点击右上角"..."后会弹出操作选项—选择"改为好评"/"删除评价",对中差评进行修改或删除。

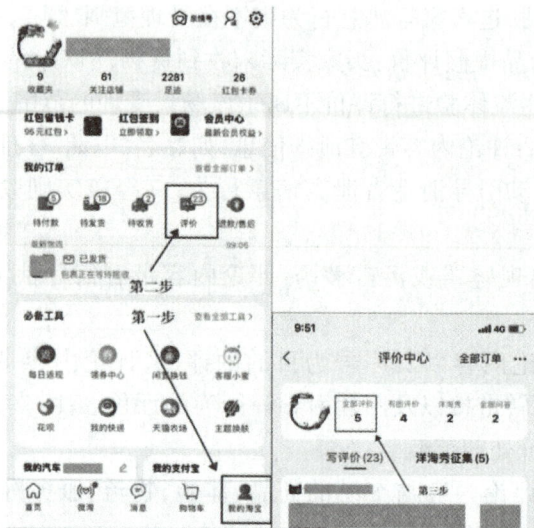

图 3.2.99　买家手淘"我的淘宝"及"评价"

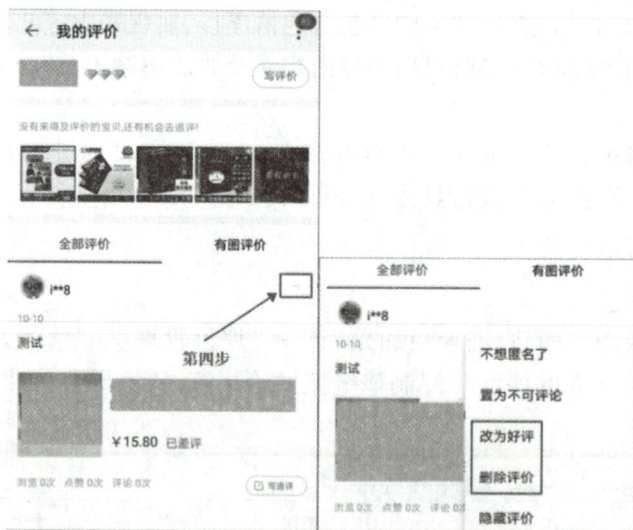

图 3.2.100　买家手淘评价修改页面

注意:

(1)修改或删除评价会立即生效,商品页面显示可能有 2~24 小时滞后。

(2)目前图片/视频仅支持在电脑端操作删除。

**案例精选**

## 违禁商品不能卖

有一天,小白在淘宝上看到有卖烟标,便联系卖家小龙询问商品的具体情况。小龙直白的跟小白说,"实际是香烟,你要不要?"小白想着确实自己有需要,便与小龙达成了交易。小白收到后,发现香烟是假烟,便申请不退货退款且表示商品是禁售品,要求淘宝处罚小龙。小龙不同意,表示交易前小白明明知道是香烟,现在再来说商品是禁售要求不退货退款肯定不行,自己可以同意退货退款。双方一直争执不下,申请了淘宝介入。淘宝介入后,根据双方举证核实,商品属于禁限售,交易支持撤销处理,但由于买家购买前即已知道商品属于禁限售且收货后以"禁限售"的理由申请不退货退款,因此交易做退货退款处理,来回运费卖家承担,且对小龙和小白都进行相应处罚。小白后悔不已,早晓得就不要贪心了,现在还多了一个账户处罚,哎!

**拓展练习**

1. 处理店铺中的买家评价。
2. 制定评价挽回方案。

**任务实施**

根据所学知识,小伟做了以下工作:

1. 学习订单处理流程,使用第三方工具提高处理速度。
2. 登录千牛工作台查看评价治理规则,努力修改/删除差评。

**知识拓展**

## 用好千牛工作台快速响应顾客

淘宝开店,客服这一环节至关重要,如果客服的工作量越来越大,响应速度变慢将直接影响着店铺的动态评分。淘宝网为卖家提供与买家交流的工具:千牛工作台。

千牛工作台不仅集成了即时沟通工具(旺旺),而且还有商品管理,店铺流量实时监控工具等。千牛工作台分为PC版和手机版。

一、千牛工作台下载安装

登录淘宝网,单击页面底部的"淘宝特色"——"旺旺/旺信"超链接,进入阿里旺旺下载页面。单击顶部的"阿里旺旺"后面下拉列表按钮,选择"千牛"点击,进入千牛首页,点击"下载使用",选择电脑端(Windows 版或 Mac Beta 版)或手机客户端点击下载即可。按照安装提示,几分钟后即可安装成功。

二、千牛工作台阿里旺旺的使用

(一)千牛的系统设置

要使用千牛,卖家需要先对千牛进行系统设置,包括基础设置和接待设置。

(1)登录千牛后,选择右上角的"设置"下拉列表中的"系统设置"选项,如图 3.2.101 所示。

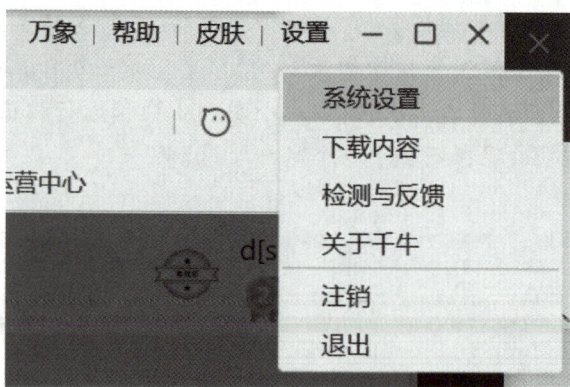

**图 3.2.101　进入千牛设置**

(2)打开"系统设置"对话框,在这里可以根据需要设置相关信息,如图 3.2.102 所示。

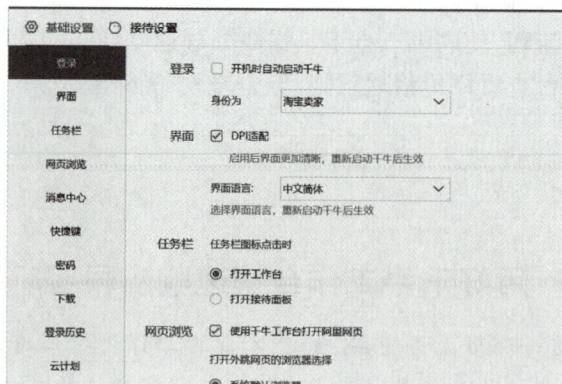

**图 3.2.102　系统设置界面**

(二)千牛的分组功能

很多卖家的千牛上有很多买家,但是没有管理,显得杂乱无章。当卖家将促销活动全部群发时,很容易招致买家的反感,一不小心还会被投诉禁用。千牛的分组功能可以解决这个问题。

(1)登录千牛,选择"我的好友",选中某个分组点击鼠标右键,在弹出的列表中选择"添加组"选项,如图 3.2.103 所示。在名称文本框中输入合适的分组名称,如"售后"。

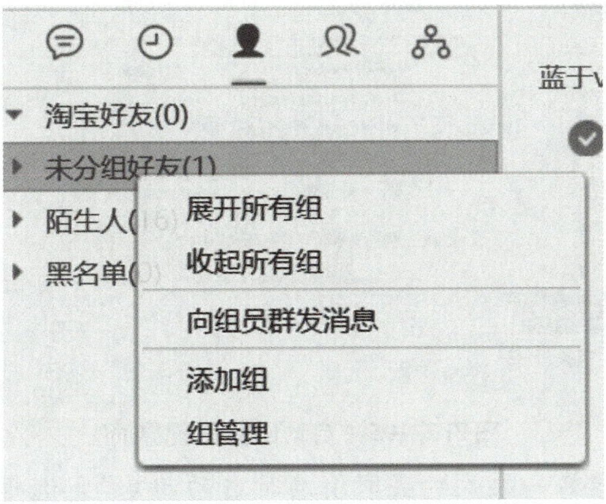

**图 3.2.103　添加组**

(2)可以在分组中添加子组,也可以重命名、删除(子)组。这些操作在组管理中同样可以进行,如图 3.2.104 所示。

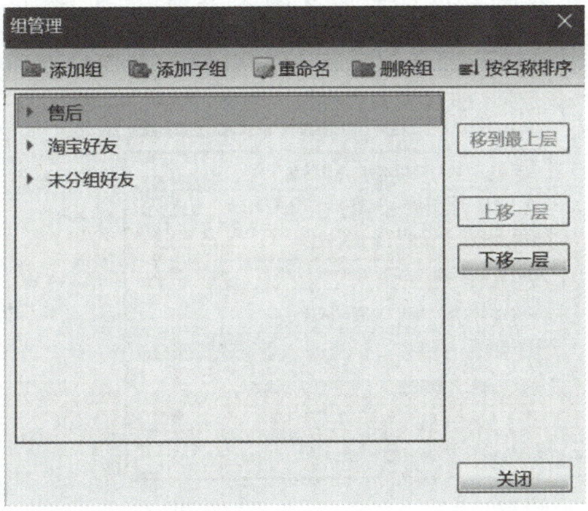

**图 3.2.104　组管理**

(三)设置千牛自动回复、快捷回复

无论卖家在不在计算机前,都要设置自动回复,这样买家就可以第一时间收到卖家的回复。淘宝规则里,旺旺的回复速度也是评价卖家的参考指标之一。卖家给买家的第一感觉应当是服务的速度和专业,因此卖家一定要回复得迅速、详细、专业。如果卖家不在线或比较忙时,可以设置好快捷语,这样不用几秒就可以回复买家。

(1)登录千牛,选择"设置"下拉列表中的"系统设置"选项,打开"系统设置"对话框,切换至"接待设置"界面,单击左侧的"自动回复"选项,单击右侧界面中的"自动回复"按钮,如图3.2.105所示。

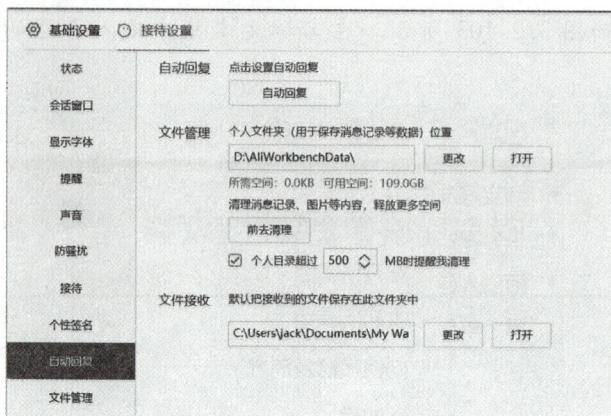

**图3.2.105 自动回复设置界面**

(2)单击选中"当天第一次收到买家消息时自动回复"复选框,单击"新增"按钮,打开"新增自动回复"对话框,输入自动回复的文本内容。

(3)勾选"当我的状态为'忙碌'时自动回复"复选框,单击右侧的"新增"按钮,添加自动回复内容。

(4)使用同样方法输入其余的自动回复的文本内容,如图3.2.106所示。

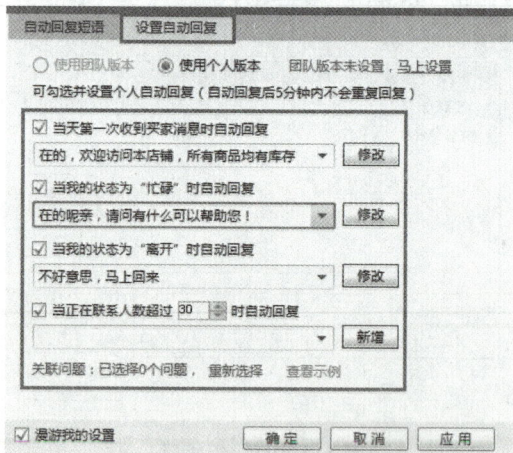

**图3.2.106 自动回复设置结果**

(5)任意打开一个好友的对话窗口,在输入栏工具条上有"快捷短语"工具,如图3.2.107所示。

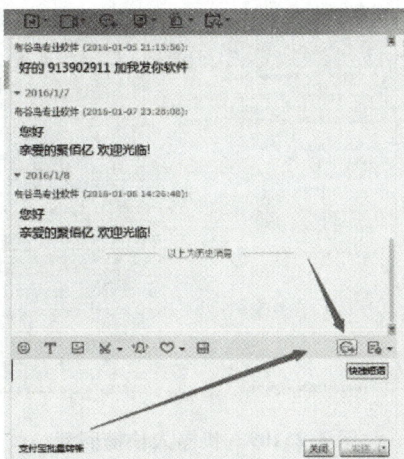

**图 3.2.107　聊天对话框中设置快捷回复**

（6）然后点击"新建"输入内容或"导入"就可以了，如图 3.2.108 所示。

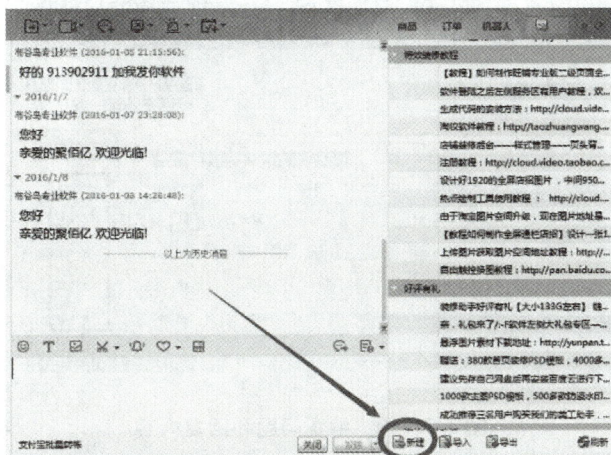

**图 3.2.108　新建快捷回复**

（7）对于一些常见问题，客服忙的时候可以启用机器人自动回复。在图 3.2.107 界面，点击右上角"机器人"标签，点击"配置回复"按钮，进入配置回复后台页面，如图 3.2.109 所示。

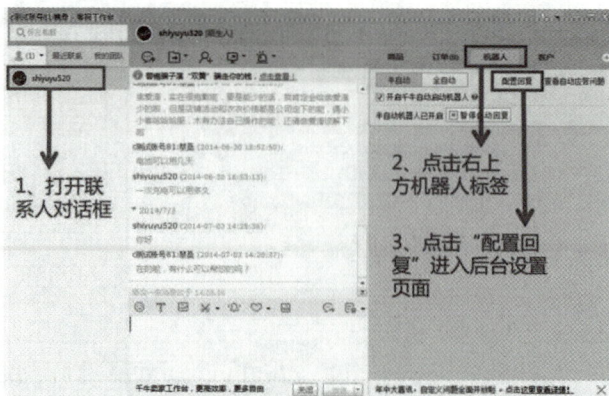

**图 3.2.109 机器人快捷回复**

(8)在配置回复后台界面,旺旺提供了通用问题和推荐回答,还可以自定义问题和回答内容,如图 3.2.110 所示。

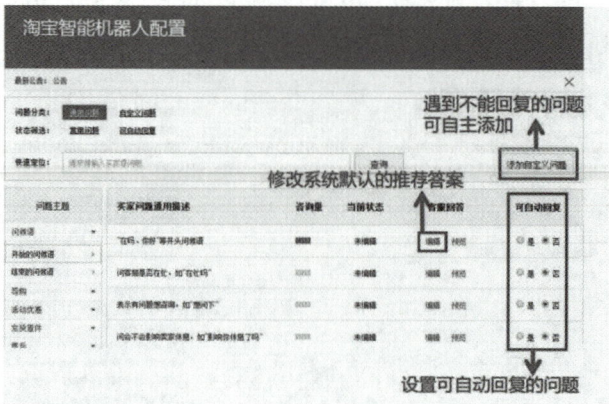

**图 3.2.110 编辑问题和回复内容**

客服回答:对系统默认推荐的回复内容进行编辑修改,编辑完一个问题需要点击保存。子账号经授权后修改内容不会同步到主账号。主账号修改会同步子账号,但不同步之前修改了问题的子账号的这个问题的答案。

可自动回复:进行授权是否允许机器人自动回复。选择是,意味着当有人咨询这个问题,机器人都进行自动回复,不需要人工处理。

添加自定义问题:遇到机器人不能回复的问题时,可以在后台配置页面进行自主添加。

(四)巧用千牛群推广

卖家可以经常在群里和群友们聊天沟通,让大家慢慢地认识自己,接受自己。当卖家达到一定等级时,就可以建立自己的群了。这就需要卖家有一定的沟通和召集能力,并有充足的时间来打理。

(1)单击主界面上的"我加入的群"标签,就可以看到卖家的工作群,如图 3.2.111

所示。

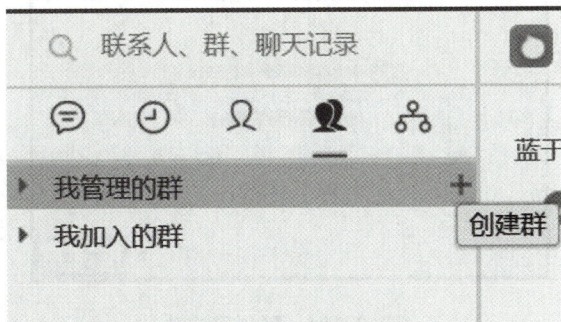

**图 3.2.111 创建群**

(2)单击"创建群"按钮,就会弹出"创建群"对话框,如图 3.2.112 所示。

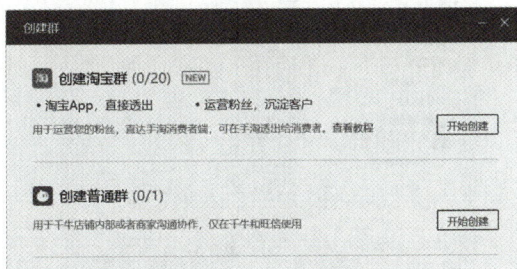

**图 3.2.112 开始创建群**

(3)"创建群"对话框中有"创建淘宝群"和"创建普通群"两个选项。其中,"创建淘宝群"用于运营卖家的粉丝,直达手淘买家端。"创建普通群"用于千牛店铺内部或商家沟通协作,仅在千牛和旺信使用,卖家可根据需要创建。这里以选择"创建普通群"为例讲述创建群的过程,单击"创建普通群"右侧的"开始创建"按钮,弹出"启用群"对话框,如图 3.2.113 所示。

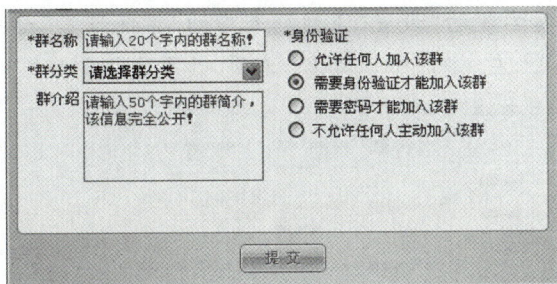

**图 3.2.113 群名、分类设置**

(4)在"群名称"文本框中输入群名称,选择"群分类",这里单击选中"需要身份验证才能加入该群"单选项,单击"提交"按钮,打开提示对话框,单击"立即邀请成员加入"按钮即可邀请新成员,如图 3.2.114 所示。

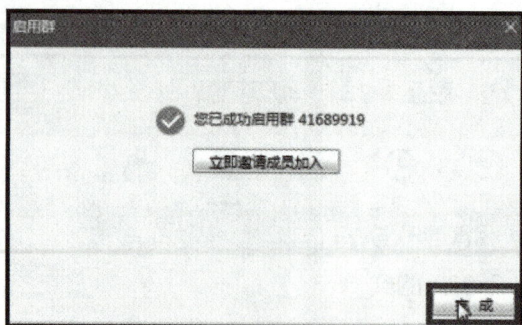

**图 3.2.114　群创建成功**

(5)单击"完成"按钮,即可完成开通旺旺群,如图 3.2.115 所示。

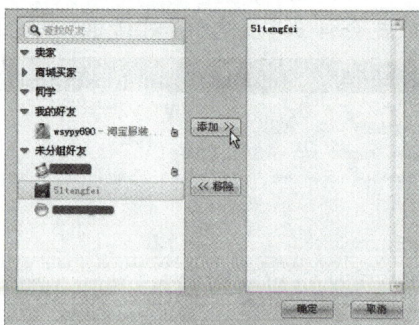

**图 3.2.115　邀请群成员**

**(五)利用千牛状态信息为店铺做广告**

如果卖家不特别设置千牛的状态,一般默认为"我有空"或"机器闲置"。而经过设置以后,卖家的状态就会含有具有宣传效果的标语。很多卖家运用自定义状态来宣传店铺的优惠活动或热销商品,这在很大程度上增加了店铺的访问量,进而提高了商品的销售量,是推广店铺的一条捷径。

(1)登录千牛,选择右侧的"设置"下拉列表中的"系统设置"选项,进入"系统设置"对话框,选择"接待设置"左侧的"个性签名"选项,如图 3.2.116 所示。

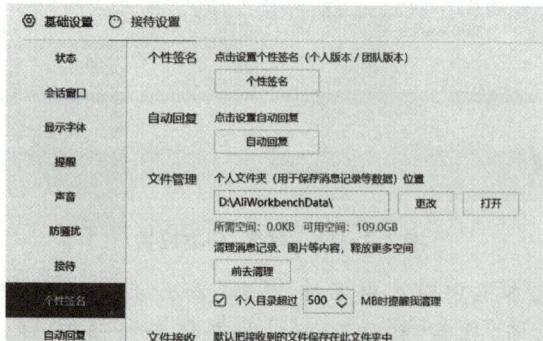

**图 3.2.116　个性签名**

（2）单击"个性签名"按钮，打开"个性签名"对话框，单击底部的"新增"按钮，如图3.2.117所示。

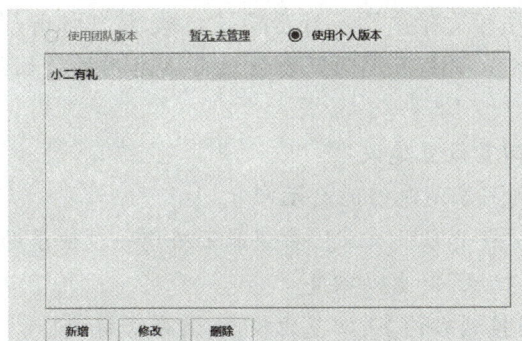

**图3.2.117　新增签名**

（3）弹出"新建个性签名"对话框，输入内容，如图3.2.118所示。单击"保存"按钮，即可设置个性签名。

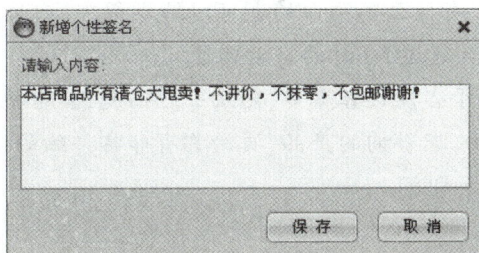

**图3.2.118　签名内容输入**

（4）当添加了两条以上的自定义状态后，勾选"滚动显示"前的复选框，在"时间"后面的下拉菜单中选择滚动显示的时间间隔。设置完后，单击底部的"确定"按钮，自定义状态信息即可设置完成，如图3.2.119所示。

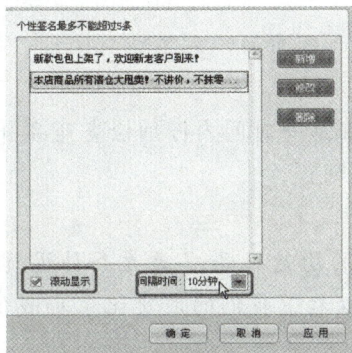

**图3.2.119　设置滚动个性签名**

（六）巧用恰到好处的旺旺表情

大家都知道整个交易过程从售前到售后一个环节都不可以忽视的，在与买家的交谈过程中,卖家的回答与处理方式都是决定交易成功的主要原因。

在买家咨询的时候,礼貌用语一定要习惯用上"您好,欢迎光临小店!""亲,您好""您请稍等,我看下库存有没有货""不好意思""抱歉,请您谅解"等。

在礼貌热情回答的基础上巧用旺旺表情是非常有用的。切记不要滥用,否则适得其反。

(七)常见问题及回复设置建议

1. 当天第一次收到买家消息时的自动回复。

欢迎光临旗舰店!我是客服××!希望能带给您一段快乐的购物时光!

2. 当我的状态为"忙碌"时自动回复

(1)由于同一时间接到咨询多,回复比较慢,请亲谅解哦!

(2)请亲把问题一并列出,我们会及时给您详尽的回复的,谢谢亲的配合!

3. 当我的状态为"离开"时的自动回复

亲,我现在不在电脑旁边哦/接听电话中/外出补充能量中……您有看好的宝贝先拍下,默认发圆通快递。有什么不明白的也可以给我留言,回来后第一时间给您回复

4. 当正在联系的人数超过50时的自动回复

(1)亲,不好意思由于咨询顾客爆多,无法一一回复,非常抱歉。

(2)亲可以自助购物,您咨询的产品,页面都有非常详细的宝贝描述,不附赠其他产品,已经是最低价格,拍下即可。

5. 个性签名:

××店新店开张,全场包邮,满200送精美礼物,亲,您还在等什么!

6. 问候

亲,您好,欢迎光临××旗舰店。我是客服××。请问您看中哪些宝贝,有什么可以帮到您吗?

7. 快递:

亲,我们默认发圆通快递!您那可以到不?

8. 发货时间:

亲,拍下付款后,我们会在第一时间内仔细检查商品并给您寄出,请您耐心等待哦!发货后一般3~5天可为您送到!

9. 问质量

(1)亲,我们商城所售出的均是正品,7天无条件退货,质量问题包退换,让您完全没有后顾之忧,而且亲,您可以看下我们的成交记录和我们的客户评价,群众的眼睛都是雪亮的哦。

(2)亲,质量您可以放心的哦,绝对没有问题!

10. 讲价格

(1)亲,店铺是不议价的哦!

（2）亲，店铺只能够修改运费，不能更改价格的哦！请谅解！

（3）亲，我们都知道好货不便宜，便宜没好货，其实如果我们换一个角度来看，最好的产品往往也不是最便宜的，因为您一次就把东西买对了不用再花冤枉钱，而且用的时间久，带给您的价值也高，您说是吗？

11. 退换货

（1）我们的服务政策：7 天无条件退货，15 天无理由换货，只要在规定时间内提出，寄回商品不影响二次销售（包括吊牌一并寄回），都是允许的。

（2）亲，非质量问题的运费是要由您来承担的哦！

退货地址：杭州市萧山区××××××××××，收件人×××××，服务热线：0571－××××××××××

请连同发货单与包装盒一起寄回，保障产品的完整，并在售后服务卡上注明您的 ID 号与订单编号，随衣服一起寄回！

12. 尺码选择

（1）在我们每个商品页，都会有该品牌的尺码表一览表，您可以根据尺码表对应您的身高等情况，找到最合身的那一个型号。

（2）如果商品页面没有特别说明，一般都是和平常穿的尺码一样的，您可以参照该品牌尺码表判断一下。也可以联系客服为您提供一些建议，我们很乐意为您效劳！

13. 关于补拍运费

（1）亲，您需要补拍运费的哦！（运费补拍连接）运费多少就补拍多少数量，如江西 8 元，就补拍数量 8。

（2）非质量问题的运费是要您承担的哦！

14. 客户购买完成后

（1）确认客户的收货信息正确，并告知我们的快递和客户确认是否可到。

（2）离开时应主动与客户道别，有始有终。例如：谢谢您的光临，祝您生活愉快！

## 💡 项目小结

本子情境共有三个任务。在任务一中，了解了网店交易过程主要包含购买、发货、送货、售后、跟踪服务五个方面，是店铺与客户接触的全过程，我们通过物质体验（商品、价格、描述、形象）、流程体验（购买、发货、送货、售后、跟踪）、服务体验（售前、售中和售后）三个方面总结了提升顾客体验的着重点和注意事项，为营销网店和商品打下良好基础。

在任务二中，我们熟悉了网店营销推广的几种工具。首先要做好内功，也就是要根据买家购买习惯，从描述质量、相关性、服务质量、权重、下架时间、产品页面等 6 个方面做好商品 SEO 优化，可以说已经覆盖了网店运营的全过程和全方面。另外，淘宝平台还提供了众多的营销工具,如订阅、满就送、优惠券、直通车等,以及社交营销媒介,如友情链接、店铺收藏等。

在任务三中,我们了解了网店订单的类型及其处理流程。订单发货前,要与买家确认信息,有修改的要先修改。发货前还要开通服务商并设置运单模板,可以使用菜鸟发货平台提高效率。售中客服还应做到及时催付及催付话术,学会使用机器人处理买家订单。对于买家的退款退货订单、维权售后要及时处理,尽量挽回。我们还学习了店铺评分和信用评分的含义,明白了评分对店铺的重要性,学会如何处理异常评价和指导买家修改评价。这对提高商品排名有重要的影响。

商品营销与店铺推广涉及网店运营的方方面面,它对网店的成功运营有重要的影响,建议大家仔细阅读相关知识点,多尝试、多总结,尽快将产品销售出去,将信用度、好评率、转化率等指标提上去,数据越多,后面的拓展空间也越大。

## ⏰ 项目练习

**一、选择题**

1. 以下哪个标题是可以在淘宝发布的正确的商品标题(　　)。

A. 自家茶山特产安吉白茶铁观音大红袍 500g 包邮

B. PRADA 高仿 A 货时尚简约春夏新款手提笑脸包

C. 全网最低价时尚春夏款雪纺蝙蝠袖连衣裙

D. 秋装新款文艺复古刺绣蕾丝吊带长裙

2. 淘宝的 DSR 是指(　　)。

A. 商品详情页的质量、发货的速度、促销活动的力度

B. 宝贝与描述相符、卖家的服务态度、物流服务的质量

C. 日均成交量、日均浏览量、日均客服咨询量

D. 月均店铺转化率、月均店铺浏览量、月均成交量

3. 下面哪一组属于自主访问流量(　　)。

A. 购物车　　　　　　　　　　　　B. 一淘搜索

C. 搜索引擎　　　　　　　　　　　D. 商城首页

4. 下列哪种情况不违反淘宝规则(　　)。

A. 没有报名淘金币,放置淘金币的标识

B. 强调"全网最低价格"

C. 标题中出现"特价包邮"

D. 未经授权使用明星的照片

5. 关于双方评价,以下描述哪个是正确的(　　)。

A. 双方互评后需等待 30 分钟才能看到已评过的宝贝

B. 双方互评后需要等待 60 分钟才能看到已评过的宝贝

C. 在交易双方已经互相评价的情况下,如果一方给予另一方的评价是"中评"或"差评",则评价内容将在交易双方全部完成评价 24 小时后再显示的并计分

D. 如果仅一方作出"中评"或"差评",而另一方未评价,则评价内容将在评价期满的 24 小时后自动显示并计分

6. 买家申请退货,卖家超过（　　　）天未处理,退款协议将生效,交易进入退货流程。

A. 5　　　　　　　　B. 7　　　　　　　　C. 15　　　　　　　　D. 20

7. 在淘宝"我的收藏"里,顾客不能收藏哪些内容?（　　　）

A. 收藏宝贝　　　　B. 收藏好友　　　　C. 收藏店铺　　　　D. 收藏博客

E. 商城店铺和商城商品

8. 当快递公司给顾客送货时,以下哪种说法是错误的?（　　　）

A. 顾客可以找人代签收　　　　　　　　B. 顾客必须本人签收,不可以找他人签收

C. 我们可以在快递单醒目处提醒并且注明顾客本人签收,但顾客可以委托他人帮忙代收

9. 客户在订购时发现商品的颜色拍错了,客户在跟客服交流时应该怎么处理?（　　　）

A. 让其申请退款重拍

B. 投诉维权要求退款

C. 让淘宝小二介入处理

D. 让客服修改订单属性或在订单备注好提交仓库

10. 买家在店铺里拍下商品而且付款了,在客服发货前又想申请退款,买家什么时候可以申请退款?（　　　）

A. 买家付款后三天内,卖家还没点击发货的,买家可以申请退款

B. 买家付款以后就可以申请退款

C. 买家不能申请退款,只有卖家去点了发货之后,买家才能申请退款

D. 买家拍下以后就可以申请退款

**二、论述题**

1. 店铺流量来源主要依托于付费流量,该店铺流量来源是否健康? 原因是什么?

2. 店铺转化率低于同行业情况下,如何优化提升?

# 模块四　从营到管

——踏上网店管理新征程

## 任务导读

| 任务一　设置网店组织结构和岗位职责 | 任务二　制定网店招聘计划和管理制度 |
| --- | --- |
| 设置网店组织结构 | 招聘和培训网店员工 |
| 制定岗位职责 | 制定网店管理制度 |
| 学会设置子账号 | |

## 学习目标

**知识要点：**

1. 掌握网店组织结构设置流程。

2. 熟悉常见网店组织结构及各岗位职责。

3. 了解网店招聘需求预测和供给预测方法。

4. 掌握网店招聘策略。

5. 掌握网店客服管理制度的内容要求。

**技能培养：**

1. 能够利用子账号设置并管理网店员工。

2. 能够制定网店招聘策略并制定客服管理制度。

## 任务一　设置网店组织结构和岗位职责

### 任务导入

随着运营和推广的不断开展，小伟的网店越做越好，销量和信用累积不断上涨，采购、上架、交流、发货一系列流程，自己忙的一塌糊涂。另外，激烈的竞争也让小伟觉得，自己在选品、美工、客服等方面的知识和技能上还有很多不足，小伟需要请几个人帮助自己经营网店。

但是要当一个团队的领导，小伟可没有经验，他向商盟里面的盟友咨询。盟友告诉他，管理一个团队可不简单，首先要规划好网店的组织架构，然后是网店的业务流程、部门设置及职能规划，还有要协调员工与员工之间的关系，实现团队协作……当然这还不够，作为快速变化的网络经营店铺，还要经常给团队进行一些培训，让团队了解淘宝运营最新规则和技术。小伟觉得自己肩上的担子更重了。

**问题与思考：**

1. 请问一家淘宝店通常会设立哪些部门，这些部门主要职责是什么？

2. 如果你是小伟，组建团队需要注意什么？如果出现决策的分歧时该怎么处理？

### 任务解析

一个初具规模的网店需要配备完整的团队，才能保证高效的运转。网店经营者需要根据业务流程合理规划组织结构，设置必备的岗位和工作职责。当然，有些岗位是可以兼任的，这要结合店铺的实际运作、领导能力和成本控制情况。

### 知识探究

组织结构是企业的流程运转、部门设置和职能规划的基本结构，组织结构的合理构建和调整，反映了企业对业务管理系统化的思考逻辑。科学有效的组织结构是确保管理效率的基础，是店铺实现短期经营目标和长期战略目标的制度平台。岗位是组织要求个体完成的一项或多项责任以及为此赋予个体的权力的总和，是组织结构的具体执行载体。在不同的企业里，都存在一些关键性岗位，这些岗位直接关系到企业的正常运营。

## 一、设置网店组织结构

### （一）网店组织结构设计原则

#### 1. 围绕目标任务原则

目标任务是指店铺为了保证完成经营任务、实现经营指标，把每一位员工的力量集中起来组成一个整体，而且使各自明确自己的任务，围绕店铺的总目标运转。因此，每一个组织和这个组织的每一部分都与特定的任务、目标有关，否则就没有存在的价值。

#### 2. 机构层次适度原则

受规模大小的限制，各个店铺在职务层次、岗位数量、员工的人数上均会有所不同，因此组织阶层的编排及各部门的职务也应随之不同。要在适应网购流程的前提下，减少业务环节，精简机构和人员，更好地为产品的销售服务。

#### 3. 人员责权统一原则

明确组织结构内各个职能人员的责任及权限，做到责权分明、责权统一。

### 4. 合理人才配置原则。

店铺经营需要设置哪些职位,其职位的功能、职权如何,必须明确,然后应对职位进行编制,否则职位设置目的不清楚,易造成用人不当和人力资源的浪费。另外,在编排人员的时候,要按照在职人员的职务、经验、能力,量才而用,不可量人而用,更不可因人而设岗,根据组织的实际需求合理配置人员。

### 5. 符合商品特性原则

有些产品,如流行产品,时间性、季节性非常强,因此,在建立店铺组织体系时,应当强调部门、岗位设立的合理性,相互协作的速度以及对市场信息的反馈速度。

## (二) 网店组织结构设计流程

### 1. 查找优势

网店企业首先要从战略角度出发,分析行业竞争趋势和关键的因素,结合自身资源和能力优势,明确以什么组织能力可以打败竞争对手、赢得客户。

### 2. 细分价值链

根据所选择的组织能力,明确在价值链不同环节中(产品组织、设计美工、营销推广、客户服务),哪个部门或岗位应被赋予更大的决策主导权、哪个部门应扮演支持角色、哪个部门只要做好执行工作就行。

在明确各单位在价值链环节中的不同角色后,网店才能决定不同单元的权责和考核指标。

### 3. 岗位职责和汇报关系

一旦确定各个单元所扮演的角色后,网店才能设定各部门/单元的职责和权限,并且明确彼此之间的汇报关系,以确保决策和执行的质量及速度。

### 4. 绩效考核标准

绩效考核必须与该单元赋予的权责相称,不然就会出现有权无责或有责无权的情况。随着组织能力的明确和权力中心的理清,网店就可以确定合适自己的组织结构。

在选择组织结构时,网店必须要清楚每种组织结构的适用条件以及它们的优缺点。从网店经营的业务流程来看,一个一般性的网店中应该设置运营部、技术部、推广部、客服部、供应链部和人事财务部等六个部门。在各部门下,分别配置相应的岗位和人员。

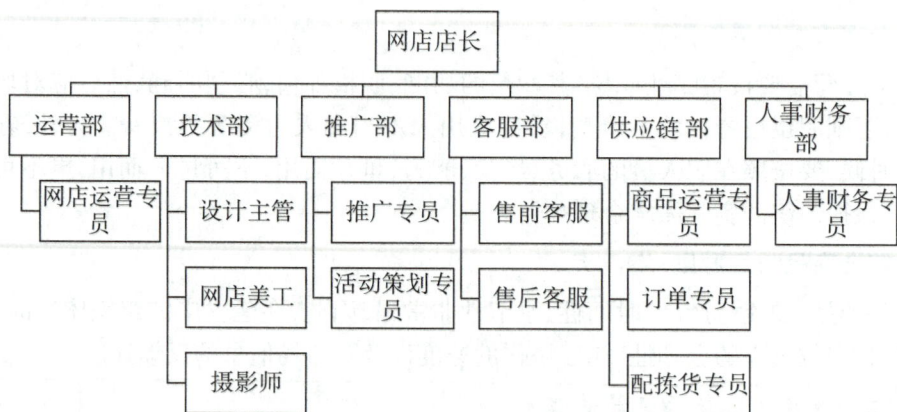

图 4.1.1　网店组织结构图

## 二、制定岗位职责

岗位职责就是一个岗位所要求的需要去完成的工作内容以及应当承担的责任范围。

### （一）网店店长

（1）负责网店整体规划、营销、推广、客户关系管理等系统经营性工作。

（2）制定网店目标，带领团队完成企业销售目标。

（3）协调各部门关系，充分发挥团队协作能力。

### （二）运营部

（1）负责网店日常整体运营。

（2）负责网店日常店铺营销，策划店铺促销活动方案。

（3）负责网店日常维护，保证网店正常运作，优化店铺及商品排名。

（4）负责收集市场和行业信息，提供有效应对方案。

（5）客户关系维护，处理相关客户投诉及纠纷问题。

### （三）技术部

负责商品资料准备，配合各个部门完成售前以及售中的技术工作。

（1）具有网页美工设计能力和平面设计能力。根据主题需要进行店铺美化。

（2）熟悉 Dreamweaver、Photoshop 等相关设计软件，负责网络店铺视觉规划、设计。

（3）商品拍摄、图片处理，负责网站产品模特后期图片的处理和排版。

（4）熟悉淘宝货品上架、宝贝编辑等功能，负责宝贝描述文字的撰写，配图文字的撰写。

### （四）推广部

（1）负责店铺活动的策划及报名，包括淘宝站内推广、站外活动策划广告宣传，流量分析,数据分析等。

(2)负责促销活动文案的构思和撰写。

(3)研究竞争对手的推广方案,向运营经理提出推广建议。

(4)负责网店产品标题的编辑和修改等。

### (五)客服部

通过即时通讯软件回答客户的问询,促成交易,处理订货信息,处理客户有关商品、服务等投诉,提高顾客满意度与忠诚度。

(1)通过在线聊天工具与淘宝上的顾客沟通,解答顾客对产品和购买服务的疑问,达成双方愉快交易,处理订货信息。

(2)熟悉淘宝的各种操作规则,处理客户要求,修改价格,管理店铺等。

(3)客户关系维护工作,引导用户下单,促成二次营销。

(4)负责客户疑难订单的追踪和查件,退款退货,维权投诉等。

(5)为网上客户提供售后服务,并以良好的心态及时解决客户提出的问题和要求,提供售后服务并能解决一般投诉。

(6)配合淘宝店铺和独立网站的推广宣传,在各种群和论坛发贴宣传、推广店铺。

### (六)供应链部

(1)负责网店备货和商品的验收、入库、盘点、对账等工作。

(2)负责与合作的快递企业的日常联系与关系维护。

(3)准确无误的核对面单与商品货号、数量等。

(4)负责商品发货包装。

### (七)人事财务部

负责网店人员招聘及相关制度制定,绩效考核及工资核算等。

## 三、学会设置子账号

网店的团队建立之后,所有员工如何为同一个网店工作呢？这就需要用到子账号设置功能。子账号业务是淘宝平台提供给卖家的一体化员工账号服务。店主使用主账号创建员工子账号并授权后,子账号可以登录旺旺接待顾客咨询,或登录卖家中心帮助管理店铺。并且主账号可对子账号的业务操作进行监控和管理。

进入卖家中心,点击左侧模块栏"店铺管理"—"子账号管理",打开子账号管理页面。可以看到,子账号具有多店绑定、员工管理、客服分流、安全设置和监控查询等功能。

**图 4.1.2　子账号管理页面**

淘宝子账号是赠送的,不能通过购买获得。免费子账号的数量是有限制的,不同等级卖家赠送数量不同。

| 编号 | 身份 | | 判定标准 | 免费数量 | 说明 |
|------|------|------|----------|----------|------|
| 1 | 卖家<br>(包括分销商) | 0-5心 | 主账号通过开店认证 | 10 | 赠送数量已经包括旺旺分流改版赠送的1个;<br>赠送的子账号可以一直使用,不用付费;<br>若同时满足1和2,则名额取最大值;<br>若同时满足1和3,则名额取最大值;<br>若同时满足2和3,则名额叠加送15个;<br>针对淘宝集市企业卖家,赠送数量2016年4月后台逻辑修改,详见表格标注 |
| | | 1钻-3钻 | | 50 | |
| | | 4钻-5钻 | | 300 | |
| | | 1-5皇冠 | | 800 | |
| | | 1-5红冠 | | 800 | |
| | | 淘宝集市企业卖家 | | 0-5心 免费28个<br>其余等级同集市卖家 | |
| | | 天猫(非红冠) | | 800 | |
| | | 天猫(红冠) | | 800 | |
| 2 | 品牌商/供应商 | | 主账号有品牌商/供应商编辑 | 10 | |
| 3 | 摄影市场服务商 | | 主账号通过开发者认证<br>并在摄影市场发布过服务 | 100 | |
| 4 | 其他服务商 | | 主账号通过开发者认证 | 100 | |
| 5 | 买家 | | 买家身份 | 无 | |

**图 4.1.3　子账号赠送数量标准**

### 1. 员工管理模块

在员工管理模块中,可以进行添加或修改部门、新建员工、管理岗位权限、审核任务等操作。

(1)设置部门结构。按照设置好的店铺组织结构,在子账号首页选择"员工管理">"部门结构">"新建">,新部门会出现再"部门"列表中,鼠标移到该部门,点击下拉单,可以新建子部门/重命名/移动到/删除。根据店铺组织结构需要,搭建客服部、人事财务部、运营部等一级部门以及下一级部门。

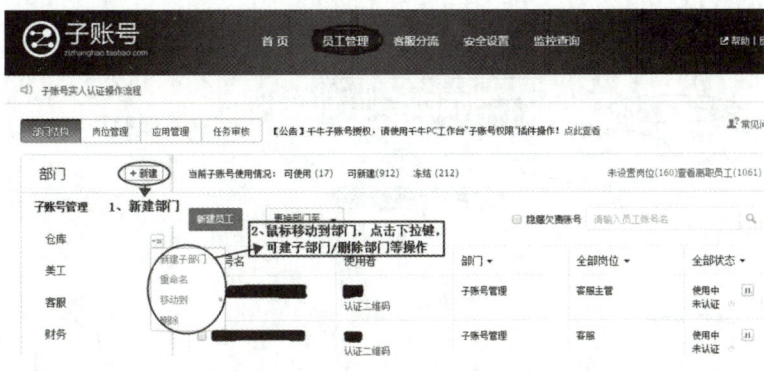

**图 4.1.4　子账号新建部门**

（2）设置岗位权限。根据店铺里所有员工的工作职能,在岗位管理中有预设的岗位权限,比如客服、运营、美工、仓储等,每个岗位有固定的基础权限。如某个子账号需要在基础权限上补充权限,可以点击"新建自定义岗位"建立子岗位并补充权限。

**图 4.1.5　子账号设置岗位权限**

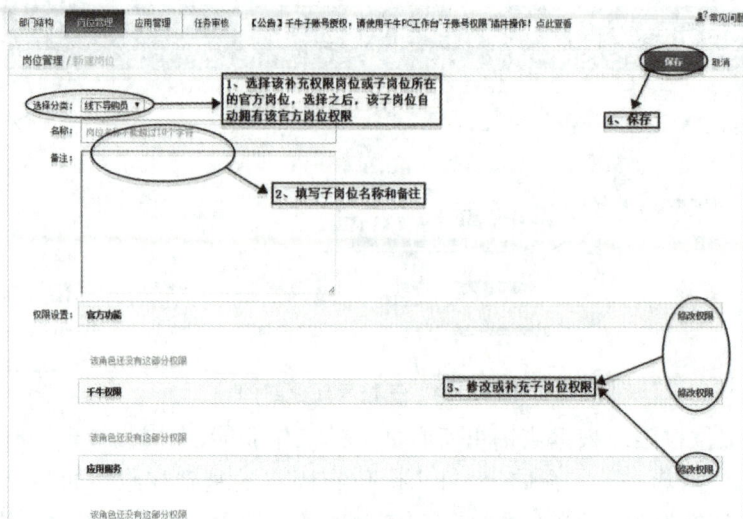

图 4.1.6　设置新建子岗位权限

图 4.1.7　新建子岗位权限设置效果

（3）新建员工并授权。在"员工管理"—"部门结构"下点击新建员工，按提示将员工和子账号信息录入即可。注意："子账号名称"创建之后不能修改。"子账号使用人"名称认证之后不能修改，可以解绑之后重新认证。"证书允许开启"是指该子账号可以在几台设备上使用。

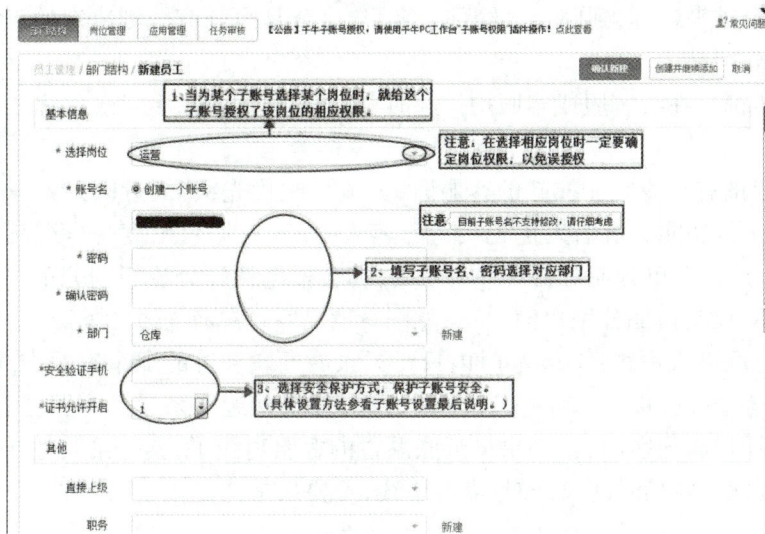

图 4.1.8　新建员工

至此,主账号对员工账号的创建、授权设置已全部完成。员工可以使用子账号登录卖家中心进行店铺管理的相应操作,也可以登录阿里旺旺进行沟通交流了。为子账号设置安全保护,需要安装钱盾。

子账号名称的格式是"主账号:子账号名称"。比如,淘宝会员 tb12345 用这个账号开了一家店,那么主账号就是 tb12345,子账号是 tb12345:子账号名称。

(4)任务审核,可以对员工提出的申请进行管理。

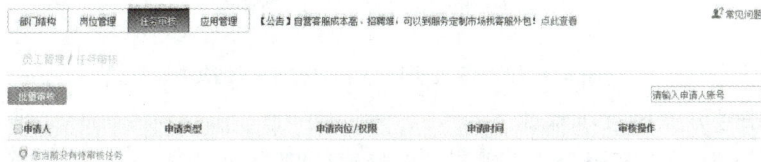

图 4.1.9　任务审核

### 2.利用客服分流模块提高服务效率

客服分流是将从不同入口(店铺首页、商品详情页、联系人列表等)进来的买家咨询通过一定的规则分配到指定客服的过程。从客服的角度来看,分流关乎买家咨询流量的分配,关乎到客服每天的接待量,关乎客服的绩效考核;从买家角度看,分流设置关乎到买家能否在最短的时间内找到问题的答案、能否获得良好的服务体验。

注意:主账号和子账号均需要登录千牛工作台客户端才能处理买家留言或咨询。主账号如果要参与客服分流,必须先将主账号分配到某一个客服分组中。

由于天猫、淘宝平台上的商家数量众多、行业跨度及客服团队规模差异巨大,因此淘宝网提供了一套可以兼容多种客服场景的分流系统,商家可以根据自身情况对客服分流策略进行设置。

一个买家进来咨询,到底会分给哪个客服,这个是由分流规则决定的。淘宝网客服分流的基础规则是:

(1)当店铺无在线客服或客服均挂起时,离线消息根据后台设置的离线消息处理规则分配;

(2)当店铺有在线且非挂起的客服时,分流分配优先级:最近联系人 > 有专属客服且开启优先接待功能 > 机器人优先接待 > 客服分组(根据繁忙度/权重等逻辑分配,若有设置商品分流、订单分流等特殊分流规则,那会根据特殊分流规则分配,分配优先级:人群(灰度中,仅支持部分用户使用) > 意图 > 商品 > 订单状态 )。

(3)最近联系人逻辑:①24 小时内只要买家最近联系过的那个客服在线,不管挂起与否都会由这个客服接待;②24 ~ 72 小时之间,如果最近联系过的客服挂起了,会把买家分给别的没挂起的客服;③如果最近联系过的客服离线了,会分给其他在线且没有挂起的客服,因此若要长时间离开时,需要下线,不要只是挂起。

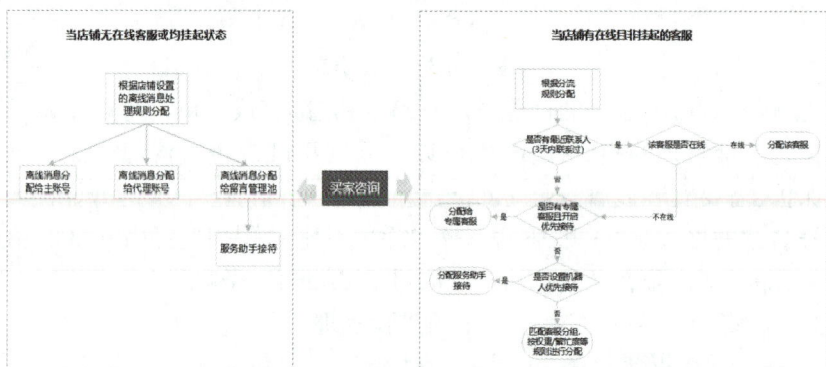

**图 4.1.10　淘宝子账号客服分流基础规则**

客服子账号分流设置步骤如下:

点击子账号首页"客服分流"进入客服分流管理页面,提供有基础设置、高级设置、留言管理池和分流自查工具功能。

(1)在基础设置中,点击右上角"新增分组",输入分组名称。对于规模较小、不需要区分售前售后的淘宝小店来说,建设一个客服分组即可;对于规模大一些、需要区分售前售后的店铺来说,一般新建两个客服分组"售前分组"和"售后分组",然后将售前客服和售后客服的账号添加到对应的分组中(注意:一个客服最多只能添加到一个客服分组)。

(2)点击"修改",进入"设置接待客服"页面,添加参与分组的员工子账号。员工子账号可以设置客服等级(1 ~ 5 级),等级越高消息分配到子账号的概率越高。

"设置接待客服"页面还可以进行"批量移除客服""批量移组"(要先设置若干个分组)、"批量等级设置"设置。

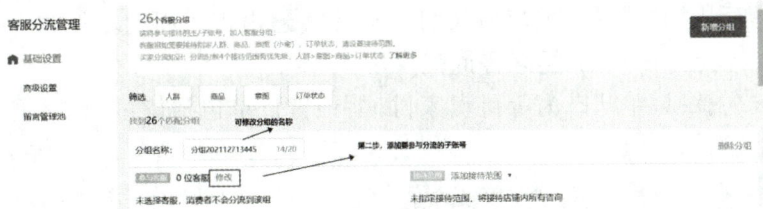

图 4.1.11　客服分流添加分组

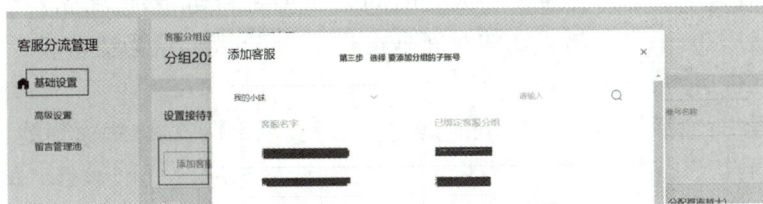

图 4.1.12　客服分流添加子账号

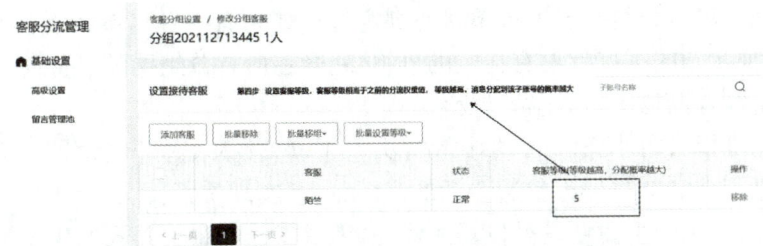

图 4.1.13　客服分流子账号的等级设置

（3）客服组如需要接待指定人群、商品、意图（小蜜）、订单状态，要先设置接待范围。在客服分流管理页面，点击"添加接待范围"，有"接待指定订单状态""接待指定咨询意图（店小蜜转交）""接待制定咨询商品、品类""接待指定人群（cem）"等选项。

图 4.1.14　客服分流子账号接待范围添加

①接待指定订单状态

可以看到有 6 种订单状态。

无活跃订单：包括在本店无订单记录、订单状态为交易关闭、订单状态为交易成功但是时间是售后周期之外(目前售后周期为 3 天)(超出售后周期之外的订单淘宝大数据认为这个订单是不活跃的,再来咨询就算是复购)。

已拍下未付款:订单状态为等待卖家付款(预售订单包括待付定金/尾款),以及货到付款订单的已拍下。

已付款未发货:订单状态为等待卖家发货。

已发货:订单状态为等待卖家确认收货,以及卖家部分发货。

交易成功:订单状态为交易成功但是时间是在售后周期之内,比如,一个买家的订单状态为交易成功,但是交易成功的时间是在昨天,那么我们认为消费者再来咨询很有可能是来咨询售后的。

售后流程中:包括待卖家同意、待买家退货、待卖家确认收货、卖家拒绝退款。

卖家根据自己店铺对售前/售后咨询的分类,选择相应的订单状态。比如:如果售前组绑定无活跃订单、已拍下未付款,如果买家在该店无订单,或者订单状态为已拍下未付款,那么就会被分配到售前组。

注意:售前/售后分组都要把订单状态绑定好!如果有一种订单状态没有被绑定到分组,那么该种状态的买家就没有指定的分组,就会在所有分组中随机分配。

②接待指定咨询意图(店小蜜转交)

意图分流是指当店小蜜全自动接待解决不了、转接人工时(包含留言管理池再分配),算法识别消费者与机器人整通会话的意图分类,实现按意图分流到指定旺旺分组。所以,意图分流使用的主要场景是机器人优先,消费者已经跟机器人产生了沟通。

注意:意图分流时不会关注消费者的订单状态,只会关注消费者聊天中的意图。

消费者意图有多种情况,分为售前五大类、售中四大类、售后四大类。具体分类请参看 https://www.yuque.com/lryk5q/ltxwkc/yrzs1v。

③接待制定咨询商品、品类

如果店铺里的商品种类丰富,或者一些商品需要由专精的客服来接待,当买家咨询时,客服 A 还需要转交职能相关的客服 B,对买家再进行一次人工分配。比如是医药店铺类,国内国外旅行线路店铺类。这时就需要开启商品分流功能。

首先,在"高级设置"—"全店调度"—"开启商品分流"选择开启后点击"保存"。

**图 4.1.15　全店商品分流策略设置**

其次,开始设置商品绑定的规则。

回到"基础设置"页面,点击"添加接待范围"—"接待制定咨询商品、品类",跳出商品选择器。

**图 4.1.16 商品选择器**

商品选择器支持按照分类筛选商品和按照商品 ID 关键字搜索商品,筛选或搜索到商品后,点击"添加到本组",则来自该商品的咨询会流入该客服分组;点击移除,即可移除该商品。

注意:商品分流前一定要设置宝贝分类并将宝贝加入分类中,没有分类的商品,这里拉取不到,无法分流。

④接待指定人群(cem)

人群分流的核心目的是,不同人群属性的客户,可以用不同的客服来接待。比如商家可以将买家分为会员买家和普通买家进行接待,或者按照区域分类买家进行接待。将能力强的客服单独开辟一个分组,然后将店铺的高级会员人群绑定到这个分组,提供优质服务。

点击"添加接待指定人群",跳出人群选择框。这里的人群拉取的是客户运营平台中创建的人群(ecrm. taobao. com),勾选后即可绑定相应人群。点击"修改人群设置",可以跳到客户运营平台新建、修改人群,回来后刷新即可。

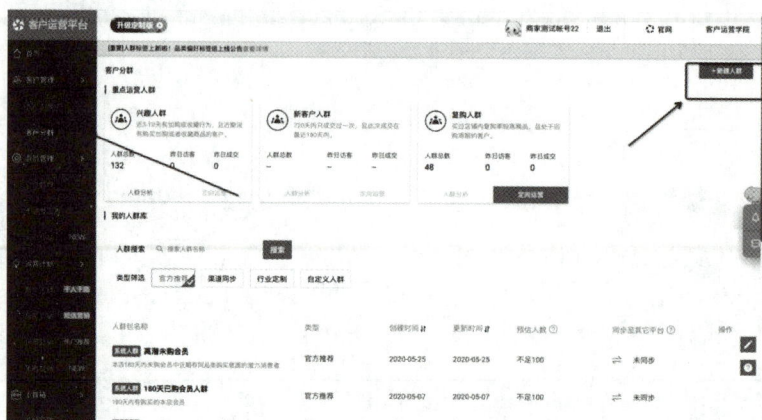

**图4.1.17 客户运营平台客户分群设置**

## 小知识

# 订单、意图、商品、人群分流一起用，匹配优先级是什么？

在分组匹配维度中，有四种匹配策略：订单、意图、商品、人群，那么当商家使用了两种及以上的分配策略的时候，是如果匹配的呢？

其实，这四种策略是有匹配优先级的，优先级是人群＞商品＞意图＞订单。也就是说，后台会优先匹配人群规则，在匹配中的分组里，再去匹配商品规则，依次类推。这样可能比较抽象，举个例子：

比如商家一共有四个分组：

A组绑定a商品和无活跃订单、拍下未付款，B组绑定a商品和付款未发货、已发货、交易成功，(注意：售后流程中没有绑定任何一个分组)C组绑定a商品，没有绑定订单状态，D组绑定b商品和售后订单状态。

由于优先级上商品＞订单，因此：

－如果一个人从a商品进来咨询，会先进行商品匹配，然后A＋B＋C三个组会胜出；之后再匹配订单状态，如果这个人是拍下未付款，则分配给A组，如果是售后流程中，则会在A、B、C中找到一个分配。

－如果一个人从c、d等其他商品来咨询，那么商品分流没有命中，直接进订单分流。

(4)高级设置中有"机器人配置""离线消息处理机制""全店商品分流策略"功能。

①机器人设置

机器人将可用于咨询接待和回复留言，合理利用机器人能有效降低客服人力成本。

首先，在"千牛"—"客户服务平台"—"智能托管接待"中，选择机器人。

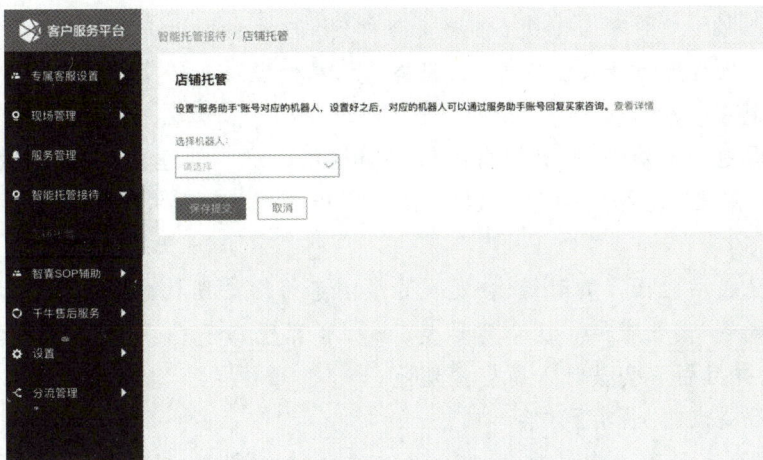

**图 4.1.18 客户运营平台智能托管接待设置**

然后,回到"机器人设置"页面,选择"机器人接待分流策略"。选定之后要点击"保存"才会生效。

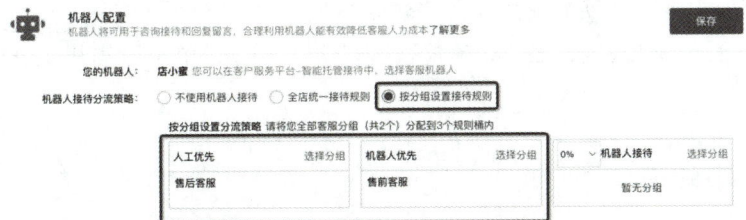

**图 4.1.19 机器人接待分流策略**

A.全店维度是指全店所有分组都是用人工优先、机器人优先和混合模式(商家可根据实际的接待压力动态调节机器人优先接待比例)。

B.分组维度是指不同的分组设置不同的接待模式。比如,可以把"售前分组"设置为机器人优先,"售后分组"设置为人工优先。这样,分到售前分组的消费者,就会先进到机器人;分到售后分组的消费者,就会直接进到人工,不经过机器人。

②离线消息处理机制

离线消息是指当所有参与分流接待的客服离线/挂起、无法接待时,消费者的咨询消息。目前这种消息有三种承接方式:

A.分配给主账号

这也是新开通的店铺默认的一种基础方式。当所有参与分流的子账号不在线时,消费者的咨询默认到分配到主账号。主账号需要在登录千牛进行处理或者转交。

B.分配给代理账号

代理账号是指当所有参与分流的子账号无法接待时,由主管选择若干个账号作为代理,来承接离线消息。代理账号可以是参与分流的账号,也可以是不参与分流的账号。无论代理账号是否参与分流，在线状态如何，当无人可以分配时，消息就会被分配给代理账号。代理账号需要登录千牛，将离线消息处理或者转交出去。

C.分配到留言管理池

留言管理池的好处是，所有的离线留言都是可以统一管理、统一分配的（可从菜单左侧的"留言管理"进入），主管可以在后台直接分配，而不用再去登录主账号/代理账号。

当开通全自动机器人的时候，会发现离线消息将会被默认分配到留言管理池，不可以再选择主账号/代理账号。这个意思是，当所有客服都不在线的时候，将默认由机器人进行接待，并且留言会被计入留言管理池。

选定之后要点击"保存"才会生效。

（5）开启留言管理池能力后，可在此处查看所有的留言，以及留言的处理状态和数量（已处理、未处理、请求人工）。该模块也可以作为客服绩效考核的重要指标。

（6）分流自查工具提供了收不到分流消息原因查询、收到错误消息原因查询、查询消费者分流记录、分流原因等工具，帮助卖家自己处理分流出现的各种问题。如果问题仍未解决，可以求助阿里万象或人工服务。

当所有设置完成后，可以在"实时数据"和"历史数据"中查看客服工作业绩。

## 小知识

## 关于子账号认证

为了保障交易信息的安全、提升消费者对店铺的信任，淘宝官方引入子账号身份认证服务，以帮助卖家建立店铺员工管理秩序、确保店铺员工身份的可靠性，提升消费者对店铺员工的信任度。

1.及时认证

子账号创建成功后未认证的情况下，系统默认该账号为禁言状态，即消息发送后对方也无法接收。在新建员工时，安全认证手机收到子账号认证提示后及时完成实人认证，若逾期未认证子账号将会被冻结，主账号可以操作进行临时解除冻结，并在3天内按照提示尽快完成认证操作。

2.手机号绑定要求

认证规则要求同个店铺内员工信息（包括手机与身份信息）仅能绑定一个子账号，但是不同店铺（最多25家）的子账号可以绑定同一个员工信息。

3.身份证要求

一个人的身份证，只能用于一个子账号，同店铺内的子账号不能重复认证。但一个身份证最多可以用于25个店铺的认证。

开店认证和子账号认证互相不会影响,允许主账号和某一个子账号身份是同一个人。

## 拓展练习

完成个人店铺的客服分流设置。

## 任务实施

在学习前面的知识后,小伟做了以下工作:

(1)设置店铺部门结构、制定部门职责。

(2)学习职场冲突调节技巧知识:

①职场冲突类型;

②上下级冲突调节技巧;

③员工调节技巧。

然后和几个朋友一起模拟职场冲突情景,检验知识应用能力。

情景模拟:

客服小李的职责是配合销售部与市场部开展工作。前不久,市场部策划的大型节日让利活动正式开始了,可是销售部反馈来的信息是,客户对此活动不感兴趣,并不像市场部预期的那样能积极要货,一些老客户甚至明确拒绝要货。

市场部认为小李没有做好传达活动精神的工作,而销售部认为小李是在替市场部向他们施压。公司总结活动失败原因时,两个部门不谋而合地把责任归咎于小李工作不力,让小李感到很委屈。于是小李愤而辞职。

请问小李的问题是什么?如何解决?

## 任务二　制定网店招聘计划和管理制度

## 任务导入

"蜜爱蜜"是一家售卖蜂产品的四皇冠网店,店主陈老板一直为招不到店长而烦恼。陈老板在论坛发贴,帖子很快就沉了;在传统招聘网站发信息,来应聘的寥寥无几。帮了陈老板一把的是淘宝招聘平台。陈老板在上面发布信息后,很快就有人前来应聘。陈老板挑选了其中两人面试,并从中选择了一名作为店长。"他面试时带了一份针对我的网店的优化方案,充分的准备打动了我。从一个多月的试用来看,这名店长基本合格。"陈老板对店长的考查并没有结束。

**问题与思考：**

1. 你觉得适合网店招聘的渠道有哪些？

2. 你觉得面试时怎样才能提高被选中的概率？

### 任务解析

店铺做大了，流量多了，店铺人手自然应该增加，但网店企业和传统企业的招聘渠道还是有所不同。对于网店而言，招聘合适的人手难，留住优秀的人才更难。如何开展人员选聘、人力培训、人才管理工作是初具规模网商需要好好思考的问题。

### 知识探究

## 一、招聘和培训网店员工

招聘是企业为了满足经营的需要从外部引进人才的过程，也是企业人才流入的主要途径，成功的招聘是企业成功的开始。

### （一）招聘的需求预测和供给预测

人力资源预测是人力资源规划重要的环节。所谓预测，是指采用科学的方法和手段，对预测对象尚未发生的未来可能发生的发展演变规律预先作出科学的判断。在预测过程中，各种信息的不确定性和非全面性注定了预测的困难及不完美性。企业的人力资源预测可以分为人力资源需求预测和人力资源供给预测。

#### 1. 需求预测

人力资源需求预测是指对企业未来一段时间内人力资源需求的总量、人力资源的年龄结构、专业结构、学历层次结构、专业技术职务结构与技能结构等进行事先估计。

企业的人力资源需求预测不仅受到企业内部经营状况和已有人力资源状况等诸多内部因素的影响，还要受到政治、经济、文化、科技、教育等诸多不可控的外部因素的影响。

此外在企业人力资源需求预测中还必须注意到企业人力资源发展的规律和特点，人力资源发展在企业发展中的地位以及两者之间的关系，分析影响人力资源发展的相关因素，由此分析才能揭示人力资源发展的总体趋势。

#### 2. 供给预测

在完成人力资源需求预测以后，接下来要做的工作是了解企业是否能得到足够的人员去满足需要。这便需要做供给预测。人力资源供给预测是为了满足企业对员工的需求,而对将来某个时期内,组织从其内部和外部所能得到的员工的数量和质量进行预测。

首先要做的是企业内部人员供给预测,若内部供给不足,则要考虑外部人员的供给状况。内部供给的分析主要是对组织现有人力资源的存量及其在未来的变化情况做出的判断。外部供给在大多数情况下不能由组织所直接掌握和控制,因此外部供给的分析主要是对影响供给的因素进行判断,从而对外部供给的有效性和变化趋势出预测。

### (二)网店员工招聘

#### 1. 网店企业招聘需求预测和供给预测

网店企业与传统企业的招聘应该有所不同。一是因为网店企业规模一般较小,企业能够提供的岗位、发展空间有限;二是一些店主企业管理经验方面有所欠缺,没有建立现代企业管理制度;三是企业资源有限,必须要控制招聘成本。因此,对于小企业来说,招聘并不是要找最优秀的人才,而是基于岗位胜任力的要求,找到肯学习、肯吃苦、有创劲的人。

在制定企业需求水平时,首先利用定性分析法对企业现有的人力资源进行梳理,对企业两年后的大致发展方向和趋势有初步的了解。然后参照标杆企业制定需求方案。

在供给预测方面,网店工作者主要是要求计算机素质和水平达到要求。由于网络零售各大平台已基本成熟,需要的更多的时商贸人才,因此管理类专业人才应是招聘主要来源。但随着网络店铺数量的越来越多,适合企业的优秀人才并不容易获得。

#### 2. 基于胜任力的招聘策略

1)降低简历、工作描述和规格的重要性

大多数简历只能提供关于应聘者背景的基本情况,而缺乏关于他们能力和个性特点的重要信息。即使有些应聘者擅长写作并且能够清晰描述自己的精神、情感和价值观,也不可能提供足够的信息。当我们希望得出候选人对服务和特点的看法时,简历的价值是很小的。在实际招聘过程中,人员规格和工作描述的作用同样很有局限性,没有尝试,更缺乏感情,所以在招聘时要尽量跳出简历的桎梏。

2)将挑选标准进行有效排序

网商们往往期待所挑选出的员工能够面面俱到,然而这样的员工很难找到。网商对每个岗位的员工或多或少都有一系列的要求,可以将这些零散的标准进行一个有效排序,根据这个排序来衡量员工是否合格。

有些网店是按照下面的标准进行排序的:一是个性特点,如积极的态度、时刻准备采取行动、温暖和友爱、口齿清楚、诚实、可靠、真诚地帮助他人、高水平的自我意识、主动学习的心态、清楚明白的准则和信念等;二是技能和知识,如有效开展工作的支持系统潜力(打字速度、软件使用能力、好的记忆)、能否快速获得对产品的了解、熟悉购物流程、良好的市场开拓能力等;三是经验,具有丰富的阅历。

### 3）组建面试小组

挑选什么样的员工并不是店长一人独断的事,这需要和相关部门的管理人员共同探讨,因为直接接触、管理员工的人员并不是店长本身,而是各部门的直接主管,他们对挑选什么样的手下员工有更清晰的认识。不仅如此,让网店其他成员加入到面试环节,不仅可以根据部门的具体需求合理挑选员工,还能让老员工更加准确地认识网店的发展。

### 3. 网店企业招聘渠道

企业可选择的招聘渠道很多,特别是移动互联时代各种新的招聘渠道层出不穷,企业要做好各种招聘渠道的分析和有效利用,提升人才招聘的质量。一般来说,网店员工的招聘有以下几种渠道,不同的岗位用不同的招聘渠道会收到很好的效果。

**表 4.1.1    不同岗位用不同的招聘渠道**

| 岗位 | 岗位特点 | 推荐渠道 | 选择原因 |
|---|---|---|---|
| 管理型人才 | 在网店经营中总揽全局,甚至可能会成为合作伙伴 | 从身边的人开始筛选,比如老同学、老同事、老客户;也可以由熟悉的人推荐 | 知根知底,能力、人品都不需要考察,减少磨合期,有利于工作迅速开展;而且可能因文化、思想、价值观的接近,这类人能更好的合作提升团队业绩 |
| 美工、营销、数据等专业人才,高质量客服、后勤员工 | 专业性强,各方面要求高,提升网店经营必备力量 | 专业招聘网站、淘宝招聘平台、店铺公告 | 会使用这些平台应聘的员工一般具有较高的素质,对自己的定位有一定的了解 |
| 客服、库房等操作型员工 | 最基本又不可缺少的岗位,需要较强的动手能力 | 社区周边的劳务中介,社区就业中心 | 社区周边是就业意向迫切的人群集中地,其中不乏动手能力、学习意愿都不错的年轻人,很适合做客服;而吃苦耐劳、稳定踏实的大龄求职者真是库房部门最需要的 |

**案例精选**

# 某公司网店店长招聘信息

**岗位职责**

主要负责淘宝店铺的运营,产品为定制类相册设计制作(属于比较小众的类目),目前有 2 个企业店铺(C 店)、3 个个人店铺(C 店),天猫店正在申请中。

1. 负责淘宝店铺的整体规划、营销、推广、客户关系管理等系统经营性工作。

2. 定期策划店铺活动,提升店铺名气,聚集流量和人气。

3. 设计、实施营销推广工具的最优投放方案。

**岗位要求**

1. 大专以上学历,一年以上网店运营工作经验。

2. 熟悉淘宝网上交易推广流程,熟悉各种营销工具,对产品促销活动有相当策划和组织能力。

3. 打造爆款商品并提出具体建议、执行实施。

4. 细心耐心,积极好学,勇于创新。

5. 善于沟通、乐于表达,具有较好的沟通能力。

**薪资福利**

1. 薪资:月薪4~12K(实得,非底薪)。

2. 薪资结构:基本工资+提成+绩效奖金+全勤奖+餐补。

3. 社保、年终奖。

4. 国家法定节假日+自由带薪年假+年度旅游+公休(公司集体团建式休息)+不定时聚餐。

5. 14天春节带薪假期。

6. 多劳多得,凭实干,得回报。

**公司简介**

我们是一个友好、活泼、团结的"90后"团队,和我们相处相识并不难。

我们是一个有梦想的公司,只要你有实力,发展前景不可限量。

我们是一群务实的人,没有什么旁门左道,只有踏实肯干。

们虚坐以待,欢迎你的加入;同心协力,共创辉煌。

投递简历,请统一标题格式"应聘岗位+姓名+联系方式"。

工作时间:上午9:00—12:00,下午13:30—18:00 单双休

工作地址:××市××区××大道××号

(资料来源:智联招聘网)

## 4. 网店招聘的面试技巧

人才的寻找很难,人才的识别更难。一个好的客服人员能够店铺带来许多顾客,而一个能力欠缺的客服人员或许只能保住店铺的稳定利益,从长久看,店铺可能会被淘汰。

面试对面试官的技巧性要求相当高。在面试中,面试官要掌握以下技巧。

1)建立亲密合作气氛的技巧

面试是面试官和面试者之间的信息交流活动,是互相合作才能成功的活动。形成相互间亲密合作的关系与气氛是非常重要的。面试官首先尊重面试者,态度要热情、宽

容、诚恳,不要给人盛气凌人的感觉;面试前要了解对方的基本信息,视不同对象采取不同的提问交谈方法。如对不善言辞的考生,要尽可能引导他多说话;对夸夸其谈、口若悬河的考生,要引导他简洁明了地回答问题,不让他说个没完没了;对回答问题爱跑题的考生,要特别强调让其回答什么问题,以防他开口千言而离题万里。

2)提问的技巧

面试提问,包括导入话题和试题。提什么问题和如何提出问题,都是很重要的。下面几条,是面试考官提出试题时应注意的基本技法。

(1)提问应该是有组织、有计划的。在面试考场上,面试官不能随心所欲地提问题,不提无意义的问题,要充分考虑好提问的整体结构,做到既全面又重点深入,灵活多样又有条不紊。做到这些,要靠事先设计和协商分工。

(2)提问应注意不要造成面试者无谓的紧张。面试者过度紧张,会发生"怯场"现象,不能自然地表现自己的本来面目,因而使面试官的测评结果"失真"。面试官提问要循循善诱、由浅入深、由表及里、由简到繁、由易到难、逐步深入,使面谈在融洽的气氛中进行。

(3)话题数量要适度。在短短的几分钟面试时间内,面试官提问的话题要控制数量,保证最要紧的话题的回答时间,话题与话题之间,要相互联系、层层递进。

(4)注意关联提问,多问"为什么""究竟怎么样"。面试提问,不能仅仅提事先确定的几个基本问题,而应根据面试者的回答情况适当展开提问,特别要抓住面试者回答含糊、有意遁逃的地方,深究穷追,掏出"干货"来。当然,也应注意不在枝节问题上纠缠,该止则止,也不要故意刁难面试者。

(5)提问时避免暗示"期望的回答",避免使面试者跟着面试官愿望走。

(6)提问用语要准确、易懂,避免生硬、冷僻、粗俗及不流行的方言土话,可以适当运用一些行话、黑话,以检验面试者的经验储备。

3)倾听、分析的技巧

面试中,面试官不仅要善于提问,且要善于倾听面试者的回答,以获得足够的信息,做出正确的评定。

面试中,面试官要听"懂"面试者的话,是有一定难度的,不仅仅是要听懂他的话意,而且要听懂为什么这样讲而不那样讲,还有什么被掩盖起来了,哪些话真哪些话假,通过哪些话可以看出面试者的哪些素质等等。面试官的目的是通过"听"看透这个面试者,而不仅仅是理解他说话的意思。

高明的面试官的表现是:

(1)专心致志,精力集中,不放过任何对评定有意义的信息。

(2)能够紧紧围绕测评目的,边听边分析,把握得住面试者说话的逻辑思路及所表达意思的要领,能从一大通废话中抓住一两句有用的话,推断其素质。

(3)能够通过面试者所说,推测出他的意图,分辨真假,发现该说而没有说的事或意思,及时追问挖掘。

(4)善于引导,具有一种能够温暖地拥抱对方的魅力,让面试者引以为知音而一吐为快。

4)评定成绩的技巧

根据面试者的回答与形体语言所提供的信息,对其素质做出评定,需要掌握一些基本原则和技巧。

(1)不要太早下判断。有研究表明,如果面试官根据事先得到的资料而作出初步判断,那么对交谈时对待考生的态度和评定结果影响很大。因此,面试官不要太早下判断,要根据面试者的实际回答和表现下结论。

(2)不要被用人需求的压力所左右。有些店可能急需用人,因此,面试官在面试时比面试者还心急,会下意识地表现出为面试者担心,以至为面试者暗示、帮腔。面试官只要做到心平气和。

(3)不要受面试次序的干扰。接见面试者的次序,也会影响面试官的评定结果。有一项研究发现:一位"中等"水平的面试者在好几位"不理想"的面试者之后进行面试,结果是面试官对他的评价大大高出他实际的情况。这是受到面试次序影响的结果。

(4)不要掺杂个人好恶。面试中,面试官往往不自觉地以自己的好恶为标准来对面试者做出评定,偏离既定的测评标准。例如,有些经验丰富的面试官,容易以自己为榜样来比照面试者,对不如自己而能胜任工作的面试者的评定结论偏低。还有的面试官,对某种相貌的人偏好或厌恶,在做评定结论时不自觉地把这种既定测评标准不要求的因素也考虑进来,使评定结果产生误差。因此,面试官做评定时要特别注意不把个人的主观好恶掺和进来。

## 拓展练习

## 模拟网店招聘

1. 分小组并确定招聘岗位和需求。
2. 选择招聘渠道。
3. 拟定招聘要求和测评方法。
4. 完成 PPT 制作并汇报。

### (三)网店员工培训

#### 1. 员工培训形式

1)讲授法

属于传统的培训方式,优点是运用起来方便,便于培训者控制整个过程。缺点是单向信息传递,反馈效果差。常被用于一些理念性知识的培训。

2）讨论法

按照费用与操作的复杂程序又可分成一般小组讨论与研讨会两种方式。研讨会多以专题演讲为主,中途或会后允许学员与演讲者进行交流沟通。优点是信息可以多向传递,与讲授法相比反馈效果较好,但费用较高。而小组讨论法的特点是信息交流时方式为多向传递,学员的参与性高,费用较低。多用于巩固知识,训练学员分析、解决问题的能力与人际交往的能力,但运用时对培训教师的要求较高。

3）案例研讨法

通过向培训对象提供相关的背景资料,让其寻找合适的解决方法。这一方式使用费用低,反馈效果好,可以有效训练学员分析解决问题的能力,另外,培训研究表明,案例、讨论的方式也可用于知识类的培训,且效果更佳。

优点:可以帮助学员学习分析问题和解决问题的技巧;能够帮助学员确认和了解不同解决问题的可行方法。

局限性:需要较长的时间;可能同时激励与激怒不同的人;与问题相关的资料有时可能不甚明了,影响分析的结果。

4）网络培训法

这种方法使用灵活,符合网络环境下分散式、碎片化学习的趋势,节省学员集中培训的时间与费用。这种方式信息量大,新知识、新观念传递优势明显,更适合网店企业。

5）个别指导法

师徒传承也叫"师傅带徒弟""学徒工制""个别指导法",是由一个在年龄上或经验上资深的员工,来支持一位较资浅者进行个人发展或生涯发展的体制。师傅的角色包含了教练、顾问以及支持者。身为教练,会帮助资浅者发展其技能,身为顾问,会提供支持并帮助他们建立自信;身为支持者,会以保护者的身份积极介入各项事务,让资浅者得到更重要的任务。

优点:在师傅指导下开始工作,可以避免盲目摸索;有利于尽快融入团队;可以消除刚刚进入工作的紧张感;有利于传统的优良工作作风的传递;可以从指导人处获取丰富的经验。

## 2. 培训的内容

员工培训按内容来划分,可以分出两种:员工技能培训和员工素质培训。员工技能培训是企业针对岗位的需求,对员工进行的岗位能力培训;员工素质培训是企业对员工素质方面的要求,主要有心理素质、个人工作态度、工作习惯等的素质培训。

比如对于客服人员的技能培训内容包括淘宝规则、产品知识、后台流程、沟通技巧、消费者心理等,素质培训内容包括情绪管理、企业文化、社交技巧等。

**拓展练习**

制定各小组网店某次大促活动的员工培训计划。

1. 分小组并确定培训目的和对象。
2. 确定培训内容和时间、地点。
3. 选择培训方法和培训师。
4. 制定培训效果评价标准。
5. 完成 PPT 制作并汇报。

## 二、制定网店管理制度

网店管理制度是网店员工在经营活动中共同遵守的规定和准则的总称。当网店组建了团队之后，就需要制定标准化的规章制度来约束员工，让他们在制度下有条不紊的工作，这样才能保证网店正常高效的运转下去。

### （一）网店制度的主要内容

一个网店的管理制度包含很多方面，网店的大小、规模都影响了网店制度的包含范围。从一个典型的企业来看，规章制度主要包括人力资源类、行政管理类、财务管理类、生产管理类和业务管理类等。

一个网店要制定哪些制度呢？

一是要对网店运作和管理有正确的理解和思考方向。规范管理并不意味着网店必须有一大套繁文缛节的规章制度，创业期更是如此。任何管理的目标一定是使网店运作更加有效，而非纸面文章或者形式架构做得如何漂亮，它的衡量标准是成果而非过程。所以，重点的思考方向应该是，网店如何能够盈利，如何能够生存下去，如何能够取得自身独特的竞争优势，等等。另外，规范管理并非一朝一夕能够建立，它需要通过长期持续磨合才能形成。

二是任何网店的运作和发展都需要一个系统的流程和体制，这套东西可以较简单，也可以很复杂，关键要视网店的具体情况而定。但任何网店在创业期，它的管理体制一定要讲究简单和务实。一般来说，网店运作都离不开资金、人才、技术和市场等要素。除了技术因素，还必须有一套基本的管理制度，主要是抓好人和财两个方面，例如制订一本员工手册，规定道德准则、考勤制度、奖惩条例、薪资方案等方面的条文。这方面有许多样本可以参考，可以根据网店自身特点选择重要的方面去制定。在财务方面，报销制度、现金流量、制定预算、核算和控制成本等方面是必须首先要考虑的。

### （二）网店客服管理制度

一个网店的业务流程，大部分是围绕客服活动展开的。客服是整个淘宝体系中人数最多的一个部门，客服流程规范了，整个团队就不会出现忙乱。

**1. 客服管理制度的内容**

1）网店客服分类

淘宝客服可以按工作流程细分为以下几种：售前、打单（审单）、发货、查单（改单）、售后和处理投诉。

售前客服就是售前接待，为顾客介绍产品、排除疑惑、议价砍价、核对地址及快递等；打单是按淘宝后台信息或顾客指定信息打印快递单及发货单；发货是按发货单到配货、发货并与快递交接核实；查单是接受客户查询快递的要求，或为顾客查询疑难件并跟进处理，另外还有一些打单后需要抽单改地址，或已经发货后需要追回快递改地址的快件；售后是处理顾客签收货物后有问题需要退换货的问题；投诉是处理顾客与售后达不成协议而造成的差评或投诉维权的问题，其中包括接受顾客对客服人员的投诉处理。

2）网店客服的工作要求

一般网店客服会被分为三种：售前客服，售中客服和售后客服，分工不同需要做的工作内容区别也非常大。

售前客服，极其重要的内容就是要快速解答买家的购物疑问，还要结合买家的需求推荐适合买家的宝贝，在某种层面也扮演着产品顾问的角色，当然毕竟属于交易活动的一个环节，像核对订单以及订单处理操作也是必不可少的。

售后客服相对于售前客服来说，工作内容区别很大。一方面要在顾客下完订单以后，及时的对货物进行检查和包装，然后还要妥善的解决物流及发货问题，当然对于售后客服来讲最为难受的是解决交易纠纷问题，常常在工作过程中给个人情绪带来很大的冲击，所以对于售后客服来说，耐心和抗打击能力是必不可少的生存能力。

3）网店客服的日常工作制度

（1）上班时间：白晚班轮换，白班09：00—16：30、晚班16：00—22：30。

每月四天休息，休息时间由当月排班表执行，晚班客服下班时间原则上以22点30分为准（值班除外），如还有客户在咨询，接待客服工作自动延长。

（2）每位客服三本记录本。

问题登记本：在工作过程中，每遇到一个问题或想法马上记录下来，并且每周将本子交给负责人汇总处理。

服务统计本：在工作中要学会记录，记录自己服务的客户数量，成交的客户数量计算转化率，学会做事，学会思考，才会有进步。

交接记录本：白晚班交接时，登记好移交客户的情况，哪些事情是要赶紧处理的，哪些潜在客户是需要去联系的。

（3）新产品上线前，由主管给客服上课，介绍新产品，客服必须在新产品上架前掌握产品属性。新的客服有权利要求主管介绍自己想了解的产品，也有义务去认识所有产品。

（4）接待好来咨询的每一位顾客，文明用语，礼貌待客，不得影响公司形象，如果一个月内因服务原因收到买家投诉,根据具体情况进行处理分析给予相应的措施与处罚。

(5)每销售完一笔订单,都要到交易订单里面备注自己的工号,插上小红旗,以抓取订单计算提成,如没备注,少算的提成自己承担损失。

(6)上班时间不得迟到,有事离岗需向部门主管请示且请假条需部门主管签字方成效,如需请假,事先联系部门主管,参考公司员工薪资管理制度。

(7)上班时间不得做与工作无关的事情,非 QQ 客服,除阿里旺旺外,一律不准上QQ、私人旺旺、看视频和玩游戏,严禁私自下载安装软件。

(8)保持桌面整洁,保持办公室卫生,每天上班前要清洁自己办公桌,禁止放一些杂物

(9)严格恪守公司秘密,不得将客户资料等随意透露给他人,违者按公司相关条例处罚,情节严重交由国家行政部门处理。

(10)没顾客上门的时候,多巡视网店后台、看看店铺有没有什么问题漏洞、宝贝描述的各项数据有没有出错、也可以经常逛逛同行的店铺,了解同行们的客服是怎么工作的,并将学习到的东西记录到本子上。每发现一个宝贝数据类的错误奖励×元,每提供一项好的建议被采纳奖励×元。

附:客服电脑使用规则

①未经允许不得私自在电脑上安装任何程序、插件。

②未经允许不得私自在电脑上使用 U 盘、MP3 等任何移动存储介质。

③使用期间不得访问除淘宝、新浪、网易、腾讯等大门户站以外任何网站,如有工作需要,先请示负责人。

④每周对电脑进行一次全面杀毒,消除安全隐患。

### 2. 客服的绩效考核

为了带动员工工作的积极性,店铺需要制定一套客服绩效考核制度。

1)售前客服

售前客服是跟客户接触的最前线,售前客服的素质和水准,往往可以左右成交及客单价。需要注意的是,售前客服并不仅是接待并促使成交,她不等同于销售,因此除了考察销售额外,不要忽略对接待量、转化率、客单价及其他服务层面的考核。

售前客服的考核,建议分为以下五个方面,按一定比例进行细致化的综合考量:

(1)服务得分占35%。服务得分的考核包括聊天记录、回复率、响应时间、客户评价、投诉处理、备注精确度、回复的专业性等指标项。这是考核点中占比最高,也是最需要重视的方面,因为服务得分对于店铺长远的品牌建设是相当关键的,客服接待过程中的话术、回复率、响应时间及备注等都能为店铺形象增彩。

(2)转化率占30%。转化率可根据客服等级和每个季度规划适当调整。转化率高低也是客服自身能力的一个表现,在询单过程中如果能洞察客户的需求和喜好,针对性推荐从而引导成交,转化率就会高;

（3）客单价/客件数占20%。客单价应根据本店商品均价和客服等级调整,在考核时,客件数的考核要参考当月所有淘宝客服平均客件数。这一项考核标准,是将销售能力细化到客单价来考量,可以进一步激发客服主动性的商品关联推荐,让客户感觉到专业化的商品搭配建议,提升店铺整个的品牌价值和服务;

（4）接待客户量占10%。接待客户量能够从侧面反映客服的工作效率,但考核时要以当月该店铺当班次所有销售旺旺号平均接待人数为标准;

（5）退款率占5%。在售前客服的考核点中,退款率占比应该最低。考核时要按平台统计团队平均退款率。

考核标准已经明晰,那么售前客服的个人绩效怎么计算才合理? 他们的绩效应包含底薪(售前客服底薪约在0～3000元)＋岗位绩效,岗位绩效主要由以上五个方面考核标准以及销售额提成组成。除此之外,对于表现优秀者可以有额外的奖励,如月度绩效第一的、主动推荐单品能力强的,或者其他方面表现优秀的等。

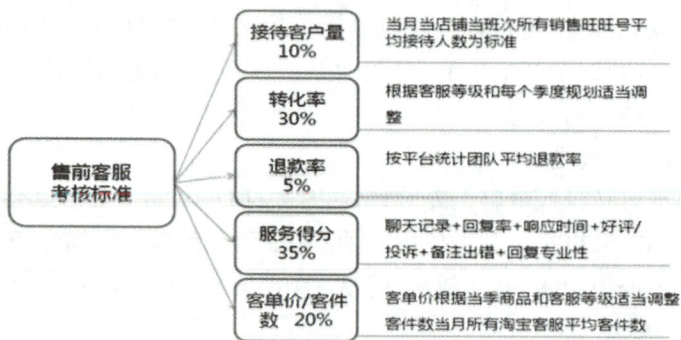

**图4.1.20 售前客服考核指标分配**

2）售后客服

售后客服有区别于售前客服,他们主要处理的是物流查询、退换货和评价处理的工作。

售后客服可以以工作内容为维度进行考核:

（1）服务得分占40%。跟售前客服一样,服务得分的考核同样包括聊天记录、回复率、响应时间、客户评价等几项指标项,不同的是,客户评价占据了其中的10%。因为售后客服是最贴近"客户服务"的,此前客户对店铺的印象,有可能因为售后客服的服务质量而迅速扭转。

（2）解决率占40%。这当中包括中差评处理、物流跟进、退换货处理等,考核时可参考处理数量、完成率、服务得分、响应时间、出错率(扣分项)。

（3）接待客户数占20%。不同于售前客服的一点是,售后客服的日常工作还包括了"400电话回访",便要考核客服的呼出电话数量。

总之,不论是负责哪块内容的售后客服,考核的标准都基本是相似的——主要考核的是处理数量、完成率、服务得分、出错率和响应时间,其中退换货处理还可以考量"成本控制"。如果有客户要求退货,客服能尽量安抚客户,引导客户将退改为换,或者是补差处理,将会大大节省店铺的退换货开支。

售后客服的绩效贯彻多劳多得原则,服务好、售后问题处理得当的多拿钱,但是,如果出错率和投诉率高,也会被扣分。

### 3. 客服的激励策略

无论是客服还是其他员工,都是店铺最重要的资源,人力资源投入的程度和效果明显影响着店铺的竞争力,并且如今最剧烈的竞争是人才的竞争,人才争夺战愈演愈烈。

对员工的有效激励,一般店主关注更多的是对员工的直接激励,这肯定是重要的。而整体的激励机制关注的比较少,但这往往更具有决定性。

管理人员不但要掌握激励下属的技巧,而且也要学会自我激励。被重视、被肯定、被当回事,是员工埋在心里的激情,激发这种激情,服务店铺事业,管理人员激励人的能力至关重要。

1)激励客服的技巧

日本松下电子企业创始人松下幸之助,在总结一生的管理经验时,提出了激励员工的 21 条诀窍:

(1)让每个人了解自己的地位,定期和他们讨论工作表现;

(2)给予成就相当的奖赏;

(3)如有某种改变,应事先通知员工;

(4)让员工参与同他们切身相关的决策和计划;

(5)信任员工,赢得他们的忠诚和信赖;

(6)实地接触员工,了解他们的兴趣、习惯和敏感的事物;

(7)聆听下属的建议;

(8)如果有人举止怪异,应该了解清楚原因;

(9)尽可能委婉地让大家知道你的想法;

(10)解释"为什么"要做某事,这样员工会把事情做得更好;

(11)万一你犯了过错,立刻承认,并表示歉意;

(12)告知员工他们所担负职务的重要性,让他们有安全感;

(13)提出批评要有理由,并找出改进的方法;

(14)在责备某人之前,先指出他的优点,表示你只是想帮助他;;

(15)以身作则;

(16)言行一致;

(17)把握每一个机会,表明你以员工为骄傲,这样能使他们发挥最大的潜力;

(18)假如有人发牢骚,要尽快找出他不满的原因;

(19)尽最大可能安抚不满的情绪,否则所有的人都有可能受到波及;

(20)制定长短期目标,以便人们据以衡量自己的进步;

（21）支持你的员工，应有的权力和责任是不可分的。

2）激励客服的方法

（1）为员工安排的工作内容必须与其性格相匹配。每个人都有自己的性格特质，分为多血质、胆汁质、黏液质、抑郁质等。比如，有的人安静，另一些人则活跃；一些人相信自己能主宰环境，而另一些人则认为自己成功与否主要取决于环境的影响；一些人喜欢高风险的具有挑战性的工作，而另一些人则是风险规避者。

员工的个性各不相同，他们从事的工作也应当有所区别。与员工个人相匹配的工作才能让员工感到满意、舒适。比如对于喜欢稳定、程序化工作的员工来说，适宜让他们担任美工，而充满自信、进取心强的员工则适宜让他们担任售前或售后客服。

（2）为每个员工设定具体而恰当的目标。为员工设定一个明确的工作目标，通常会使员工创造出更高的绩效。

目标会使员工产生压力，从而激励他们更加努力地工作。在员工取得阶段性成果的时候，管理者还应当把成果反馈给员工。反馈可以使员工知道自己的努力水平是否足够，是否需要更加努力，从而有益于他们在完成阶段性目标之后进一步提高他们的目标。

管理者提出的目标一定要符合 SMART 原则的。比如，"本月销售收入要比上月有所增长"这样的目标就不如"本月销售收入要比上月增长 10%"这样的目标更有激励作用。同时，目标要具有挑战性，但同时又必须使员工认为这是可以达到的。

（3）对完成了既定目标的员工进行奖励。如果员工完成某个目标而受到奖励，他在今后就会更加努力地重复这种行为。这种做法叫行为强化。对于一名长期迟到 30 分钟以上的员工，如果这次他只迟到 20 分钟，管理者就应当对此进行赞赏，以强化他的进步行为。

管理者应当想办法增加奖励的透明度。比如，对受嘉奖的员工进行公示。这种行为将在员工中产生激励作用。以奖励为代表的正激励的效果要远远大于以处罚为代表的负激励。

（4）针对不同的员工进行不同的奖励。由于每个员工的需求各不相同，管理者应当针对员工的差异进行个别化奖励。比如，有的员工可能更希望得到更高的工资，而另一些人也许并不在乎工资，而希望有自由的休假时间；对一些工资高的员工，增加工资的吸引力可能不如授予他"优秀员工之星"的头衔的吸引力更大，因为这样可以使他觉得自己享有地位和受到尊重。

（5）奖励机制一定要公平。员工不是在真空中进行工作，他们总是在不断进行比较。管理者在设计薪酬体系的时候，员工的经验、能力、努力程度等应当获得公平的评价。只有公平的奖励机制才能激发员工的工作热情。

（6）实行柔性化管理。柔性化管理是"人本"管理的一种实践形式，依靠人性解放、权力平等、民主管理，通过激励、感召、诱导等方法，从内心深处来激发员工的内在潜力和工作的主动性。

（7）构建优秀的企业文化。构建优秀的企业文化是适应竞争、保持常胜不衰的根本保证。企业要通过营造良好的企业文化氛围和塑造良好的企业文化形象来加强企业文化建设，帮助员工树立共同的价值观念和行为准则，在公司内部形成强大的凝聚力和向心力，增强员工对企业的归属感和荣誉感。

**案例精选**

# 宝洁公司员工激励

星期四的下班时分，宝洁中国人力资源部高级经理周艳玲，将一张卡片放在办公桌上，这张卡片将提示每一个来找自己的同事，周五她在家工作。同样具有提示效果的，是她在内部邮件和沟通平台上的留言——如果需要，可以直接打住宅电话找到她，大多数公司完全无法容忍员工如此这般"自由散漫"。

但宝洁并非如此，这家全球领先的快速消费品制造和零售商，正在将跨国公司推行的"弹性工作制"带入中国职场。这项名为"工作与生活平衡"（Better Work Better Life）计划，旨在改变几十年来约定俗成的中国商业信条——出勤等同于工作，以至于需要上下班打卡。周艳玲这个周五所做的，正是这个计划的核心部分之一——员工允许每周自由选择一个工作日，在家工作。这项计划的其他部分还包括，员工有特殊需求，最多可以只工作60%时间的"非全职工作"；公司工作1年以上的员工，每三年可以要求一个月个人假期；上午10点才赶到公司的员工并不算迟到，而工作时间去做半小时推拿也不会被上司指责。宝洁位于广州天河的30层办公室里，非工作设施一应俱全，随时去做运动，推拿，吃新鲜水果餐和躺在床上小睡片刻都是被鼓励的。

（资料来源：河源招聘网）

**拓展练习**

制定本店铺客服的绩效考核方案。

**任务实施**

在学习前面的知识后，小伟做了以下工作：

（1）了解各种渠道的优缺点。

（2）通过搜索引擎查找主要网络招聘网站。

（3）查看招聘网站中与网店经营与管理相关岗位的招聘信息。

| 网站名称 | 招聘公司 | 招聘岗位 | 任职要求 | 工作职责 |
|---|---|---|---|---|
|  |  |  |  |  |
|  |  |  |  |  |
|  |  |  |  |  |

（4）模拟面试场景,学习面试技巧知识。

①分组分工,确定组长。

②布置模拟招聘任务。要求各组事先准备企业简介、招聘广告、招聘计划、拟聘岗位的工作说明书、招聘表格等;要求应聘人员先准备中英文简历等应聘资料。

③发布信息。由各组代表进行招聘宣传,介绍企业,发布招聘信息,拉开现场招聘的序幕。

④现场招聘。第一阶段,各组分为两部分,一部分扮演招聘人员,搭台进行招聘,另一部分同学出去应聘;第二阶段,角色互换,原先出去应聘的同学回来扮演招聘人员,而原先负责招聘的同学出去应聘。要求各组主考官精心组织,做好招聘记录;要求应聘同学认真填写招聘表格,沉着应战。

⑤宣布结果。各招聘组综合两个阶段的现场招聘情况,进行充分讨论,确定录用人员名单,并当场宣布招聘结果。

⑥总结分析。各组同学分别总结分析模拟招聘工作,派代表上台进行总结发言。各组组长组织完成"模拟招聘总结",并上交企业简介、招聘广告、招聘计划、拟聘岗位的工作说明书、招聘表格等材料。全体同学分别完成"模拟应聘小结",并上交中英文简历等应聘资料。

⑦奖励讲评。对各组现场招聘效果、上交的招聘材料质量及应聘者评价等进行综合评判,最后算出总成绩,计入平时成绩;对反映出的共性问题进行讲评,如人员测评的方法、简历的定位和格式、应对面试的技巧等。

⑧评价方式。

小组考核:＿＿＿＿组第＿＿次实训

| 组织协调（5%） | 资料收集（5%） | 企业介绍（5%） | 招聘广告（10%） | 招聘计划（15%） | 招聘表格（5%） | 职位说明书（15%） | 招聘发言（5%） | 面试主考官（15%） | 面试结果（5%） | 招聘总结（15%） |
|---|---|---|---|---|---|---|---|---|---|---|
|  |  |  |  |  |  |  |  |  |  |  |
|  |  |  |  |  |  |  |  |  |  |  |
|  |  |  |  |  |  |  |  |  |  |  |

学生个人考核：

组别：＿＿＿＿＿　　　　　　　　　　　　　　　　　　　　　　第＿＿＿次实训

| 学号 | 姓名 | 自评(20%) | 互评(30%) | 个人简历(40%) | 应聘小结(10%) | 总成绩 |
|------|------|-----------|-----------|---------------|---------------|--------|
|      |      |           |           |               |               |        |
|      |      |           |           |               |               |        |

## 💡 项目小结

本项目共有两个任务。在任务一中,我们了解了网店组织结构设计应该按照查找优势、细分价值链、明确岗位职责和汇报关系、制定绩效考核标准这一流程展开。我们设计了一般的网店组织结构并提出来各岗位职责。为了便于网店管理,我们设置了子账号。

在任务二中,我们在了解企业招聘的预测方法的基础上,提出了网店基于胜任力的招聘策略,并且根据不同岗位要求选择了不同的招聘渠道。在面试应聘者时,面试官需要掌握很多面试技巧,以选择合适的员工。对于选拔进来的员工,企业要做好员工培训。一个初具规模的企业,需要制定企业管理制度。对于淘宝店铺企业来说,客服管理非常重要。我们学习了客服管理的内容、要求、绩效考核和激励策略等内容。

网店企业管理对于创业者来说是一次技能、心理和知识的全方位提升。店主需要在掌握一般企业管理知识的基础上,针对网店实际,灵活有效的管理店铺。

## 🕐 项目练习

### 一、选择题

1. 处理客户纠纷是技巧性比较强的工作,需要长时间的经验积累,售后客服在处理与买家之间的纠纷时,应坚持有理、有节、有情的原则,以下属于不正确处理纠纷的是(　　)。

　　A. 倾听　　　　　　B. 解决　　　　　　C. 分析　　　　　　D. 反驳

2. 作为一名优秀的网店客服,应该掌握以下(　　)标准要求。

　　A. 语言能力　　　　B. 心理素质　　　　C. 专业能力　　　　D. 应变能力

3. 假如顾客说"我还是学生/刚参加工作,掌柜你就便宜点咯",客服人员可以采用的推荐话术有(　　)。

　　A. 亲,咱是小店,薄利多销,我也做过市场价格调查的,我们这样质量的衣服在淘宝上不多呢,您看我这个面料是×××和别人的那种×××面料是不一样的哦

　　B. 亲～我们家的宝贝质量是有保证的哟,俗话说一分钱一分货,您也可以对比一下

其他店的宝贝,请您多多理解哦,需要的话继续联系我哟

C. 亲爱的,价格已经是最优惠了哟

D. 要不您看×××元可以吗?

4. 当客户有失误时应该( )。

A. 直接对客户说"你搞错了"

B. 用"我觉得这里存在误解"来间接地说明客户的错误

C. 直接对客户说"这不是我的错"

D. 对客户说"怎么搞的,重填"

5. 对于因货物破损、少件等问题引起的退货要求,正确处理的措施包括( )。

A. 核实进货时商品质量是否合格

B. 联系买家提供实物照片确认商品情况

C. 向物流公司核实是谁签收的包裹

D. 如果不是本人签收,且没有买家授权,建议客服直接给买家退款,并联系物流公司协商索赔,避免与买家之间的误会

二、判断题

1. 小李在一家天猫旗舰店定制了一批文化衫,上面印制了公司的 Logo,并且已经收到了衣服,但是不喜欢颜色了,想用七天无理由退换货,但是商家拒绝了,卖家这种做法是否正确。                                    (    )

2. 处理客户投诉时,对客户说"我能明白你为什么会有这种感觉"其实是对客户的情感表达理解。                                    (    )

3. 大部分客户投诉是为了解决问题,所以向客户提出解决问题的建议、消除问题的原因,并采取正确的行动是必须的。                                    (    )

4. 客户服务人员在接到客户投诉时,如果是别人的错,要告诉客户这个问题是因为其他部门失误而造成的,以便推掉自身的责任。                                    (    )

5. 为了与客户建立起更加融洽的关系,增加有效销售的概率,客服人员有必要先了解不同的客户类型,然后针对客户类型采取不同的交谈方式。                                    (    )

三、实践活动

| 案例名称 | 御泥坊的客户关系 |
|---|---|
| 工作任务 | 御泥坊拥有一个神话般的营销方式,御泥坊就是以笑笑的几件商品拥有了自己的天空,2011 年度获选全球十大网商和年度营销构思网商。<br><br>御泥坊能够有今天的成绩,除了产品自身质量好之外,还得益于良好的顾客服务及一套具有御泥坊特色的客户管理体系。<br><br>每逢节假日期间,御泥坊会大力进行促销,回馈消费者,并且促销的产品非常丰富,可以任由客户选择。御泥坊设立了会员等级,不同等级的会员享受不同的特权。 |

| 案例名称 | 御泥坊的客户关系 |
| --- | --- |
| 工作任务 | 　　虽然御泥坊近年来在网上取的了很大的成功,赢得了广大网友的一致好评,口碑和销量也在节节攀升,但其中也有一些问题需要改进。请大家以小组为单位,了解御泥坊更多的信息,针对其在客户关系管理方面存在的问题提出改进意见。 |
| 存在问题 | 1.商品宣传力度不够;<br>2.售后服务存在问题。 |
| 任务要求 | 1.可以运用淘宝哪些营销推广方法加大宣传力度,增加品牌知名度?<br>2.如何改进售后服务,让客户拥有更好的购物体验? |
| 研讨成果 | |
| 自我评价 | |
| 小组评价 | |
| 教师评价 | |

## 项/目/二　学会分析网店经营数据

### 任务导读

| 任务一　查看网店的经营数据 | 任务二　分析网店的利润 |
| --- | --- |
| 了解常见店铺指标的含义 | 找出影响店铺盈利的因素 |
| 学会利用生意参谋查看经营数据 | 学会预测店铺利润 |
| 掌握数据分析的逻辑 | |

### 学习目标

知识要点：

1.了解常见店铺指标的含义。

2.掌握数据分析的思维逻辑。

3.了解影响店铺成本的因素。

4.掌握预测店铺利润的方法。

技能培养：

1.能够利用生意参谋分析网店经营情况。

2.能够测算店铺利润水平。

## 任务一　查看网店的经营数据

### 任务导入

　　小伟的店铺已经发展到5钻了,可最近他有点烦。虽然聘请了美工和客服,也投入了优惠券、直通车等宣传推广费用,可销量迟迟不见突破。小伟搞不清楚哪里出了问题。在淘宝大学里寻找答案的时候,有专家告诉他,当店铺层级上升到一定高度的时候,店铺流量是会到达一个瓶颈的,这时店铺的经营就不是凭个人的想法和感觉了,也不是靠勤奋和大量的广告投入,需要认真分析相关数据才能作出决定。小伟面对众多的数据,不知从何下手,也不知自己的判断是对是错?

**问题与思考：**

1. 你觉得店铺经营中要关注哪些指标或数据呢？
2. 有哪些渠道可以获得店铺经营中的数据？

### 任务解析

数据分析工作是淘宝运营过程中一项逻辑性很强的工作，每一阶段的数据分析得出的观点，对下一步销售决策起到了至关重要的作用，因此，公司必须时刻关注各项数据指标的变化以及变化规律，从中寻找运营方向和存在的问题，并及时作出相应的改正，才有利于精细化运营目标的达成。

### 知识探究

电子商务如今早已步入了数据化运营的时期，数据化运营成了卖家们的必修课。要用数据运营网店，首先需要采集店铺以及行业的数据，那么要采集哪些数据呢？这些数据代表什么意思呢？

## 一、了解常见店铺指标的含义

### （一）基础统计类

（1）浏览量（PV）：店铺各页面被查看的次数。用户多次打开或刷新同一个页面，该指标值累加。

（2）访客数（UV）：全店各页面的访问人数。所选时间段内，同一访客多次访问会进行去重计算。

（3）收藏量：用户访问店铺页面过程中，添加收藏的总次数（包括首页、分类页和宝贝页的收藏次数）。

（4）浏览回头客：指前6天内访问过店铺当日又来访问的用户数，所选时间段内会进行去重计算。

（5）浏览回头率：浏览回头客占店铺总访客数的百分比。

（6）平均访问深度：访问深度，是指用户一次连续访问的店铺页面数（即每次会话浏览的页面数），平均访问深度即用户平均每次连续访问浏览的店铺页面数。"月报–店铺经营概况"中，该指标是所选月份日数据的平均值。

（7）跳失率：表示顾客通过相应入口进入，只访问了一个页面就离开的访问次数占该入口总访问次数的比例。

（8）人均店内停留时间（秒）：所有访客的访问过程中，平均每次连续访问店铺的停留时间。

(9)宝贝页浏览量:店铺宝贝页面被查看的次数,用户每打开或刷新一个宝贝页面,该指标就会增加。

(10)宝贝页访客数:店铺宝贝页面的访问人数。所选时间段内,同一访客多次访问会进行去重计算。

(11)宝贝页收藏量:用户访问宝贝页面添加收藏的总次数。

(12)入店页面:单个用户每次浏览店铺时查看的第一个页面为入店页面。出店页面:单个用户每次浏览店铺时所查看的最后一个页面为出店页面。

(13)入店人次:指从该页面进入店铺的人次。

(14)出店人次:指从该页面离开店铺的人次。

(15)进店时间:用户打开该页面的时间点,如果用户刷新页面,也会记录下来。

(16)停留时间:用户打开本店最后一个页面的时间点减去打开本店第一个页面的时间点(只访问一页的顾客停留时间暂无法获取,这种情况不统计在内,显示为"—")。

(17)到达页浏览量:到达店铺的入口页面的浏览量。

(18)平均访问时间:打开该宝贝页面到打开下一个宝贝页面的平均时间间隔。(用户访问该宝贝页后,未点击该页其他链接的情况不统计在内,显示为"—")

(19)全店宝贝查看总人次:指全部宝贝的查看人次之和。

(20)搜索次数:在店内搜索关键词或价格区间的次数。

**(二)销售分析类**

(1)拍下件数:宝贝被拍下的总件数。

(2)拍下笔数:宝贝被拍下的总次数(一次拍下多件宝贝,算拍下一笔)。

(3)拍下总金额:宝贝被拍下的总金额。

(4)成交用户数:成功拍下并完成支付宝付款的人数。所选时间段内同一用户发生多笔成交会进行去重计算。

(5)成交回头客:曾在店铺发生过交易,再次发生交易的用户称为成交回头客。所选时间段内会进行去重计算。

(6)支付宝成交件数:通过支付宝付款的宝贝总件数。

(7)支付宝成交笔数:通过支付宝付款的交易总次数(一次交易多件宝贝,算成交一笔)。

(8)支付宝成交金额:通过支付宝付款的金额。

(9)人均成交件数:平均每用户购买的宝贝件数,即人均成交件数 = 支付宝成交件数/成交用户数。

(10)人均成交笔数:平均每用户购买的交易次数,即人均成交笔数 = 支付宝成交笔数/成交用户数。

(11)当日拍下－付款件数:当日拍下、且当日通过支付宝付款的宝贝件数。

(12)当日拍下－付款笔数:当日拍下、且当日通过支付宝付款的交易次数。

（13）当日拍下－付款金额：当日拍下、且当日通过支付宝付款的金额。

（14）客单价：客单价＝支付宝成交金额/成交用户数。单日"客单价"指单日每成交用户产生的成交金额。

（15）客单价均值：指所选择的某个时间段，客单价日数据的平均值。如"月报"中，客单价均值＝该月多天客单价之和/该月天数。

（16）支付率：支付宝成交笔数占拍下笔数的百分比，即支付率＝支付宝成交笔数/拍下笔数。

（17）成交回头率：成交回头客占成交用户数的百分比。即成交回头率＝成交回头客/成交用户数。

（18）全店成交转化率：全店成交转化率＝成交用户数/访客数。单日"全店成交转化率"指单日成交用户数占访客数的百分比。

（19）全店转化率均值：指所选择的某个时间段，全店成交转化率日数据的平均值。如"月报"中，全店转化率均值＝该月多天转化率之和/该月天数。

（20）促销成交用户数：参与宝贝促销活动的成交用户数。

（21）宝贝页（促销）成交转化率：参与宝贝促销活动的成交用户数占宝贝页访客数的百分比。"按月""按周"查看报表时，该指标是所选时间段内日数据的平均值。

（22）支付宝（促销）成交件数：买家参与宝贝促销活动产生的支付宝成交件数。

（23）支付宝（促销）成交笔数：买家参与宝贝促销活动产生的支付宝成交笔数。

（24）支付宝（促销）成交金额：买家参与宝贝促销活动产生的支付宝成交金额。

（25）非促销成交用户数：未参与宝贝促销活动的成交用户数。

（26）支付宝（非促销）成交件数：买家未参与宝贝促销活动产生的支付宝成交件数。

（27）支付宝（非促销）成交笔数：买家未参与宝贝促销活动产生的支付宝成交笔数。

（28）支付宝（非促销）成交金额：：买家未参与宝贝促销活动产生的支付宝成交金额。

**（三）直通车数据类**

（1）展现量：推广宝贝在淘宝直通车展示位上被买家看到的次数，不包括自然搜索。

（2）点击量：推广宝贝在淘宝直通车展示位上被点击的次数。

（3）点击率：推广宝贝展现后的被点击比率。（点击率＝点击量/展现量）

（4）花费：推广宝贝被点击所花费用。

（5）平均点击花费：推广宝贝每次被点击所花的平均费用。（平均点击花费＝花费/点击量）

（6）平均展现排名：推广宝贝每次被展现的平均排名。（平均展现排名＝每次展现排名的加总/展现量）

**（四）来源分析类**

（1）访客数（UV）：店铺各页面的访问人数。所选时间段内，同一访客多次访问会进行去重计算。

（2）到达页浏览量：通过该来源给店铺入口页面带来的查看次数。

（3）到达页浏览量占比：该来源的到达页浏览量占所有来源的到达页浏览量总和的比例。

（4）浏览量（PV）：店铺各页面被查看的次数。用户多次打开或刷新同一个页面，该指标值累加。

（5）浏览量占比：该来源的浏览量占所有来源的浏览量总和的比例。

（6）入店访问深度：该来源带来的访客每次入店后在店铺内的平均访问页面数。

（7）入店跳失率：该来源带来的访客入店后只访问了该店铺 1 个页面就离开的次数占该来源访客总入店次数的比例。

（8）新访客数：该来源在选定时间段内带来的访问人数中在前 6 天从未访问过店铺的用户数。

（9）新访客占比：该来源带来的新访客占该来源总访客数的比例。

另外，还可以对地域成交（省份分析、区域分析）、价格（产品市场价格、促销价格）、竞争对手（同类产品、不同产品）、产品品类、客户群体等指标进行分析。

**案例精选**

# 数据分析预测电影票房

2019 年春节档关注的电影一共有《疯狂外星人》《流浪地球》《飞驰人生》《新喜剧之王》四部，而关于这几部电影的票房，有人在电影上映一周前就做了出了预测，部分影片的票房预测准确率高达 99%。他们是怎么做到的呢？

思路是先根据历史票房变化预测出春节档总票房，然后根据各导演、演员制作的历史电影质量、票房情况、SEO 情况等预测出各电影票房占比，之后综合预测出各电影的实际票房。

第一步：获取数据。通过 m1095、票房网、豆瓣网等获取电影票房、质量、属性等数据。

第二步：预测春节档电影总票房。根据上述数据，利用 FineBI 的智能时序预测功能预测出 2019 年春节档首周总票房为 76 亿。

第三步：预测影片质量。导演的水平与演员的水平基本决定电影质量从而影响电影票房。为了客观衡量导演、演员水平，研究者根据历史电影评分、导演信息、演员信息、票房信息、电影类型信息、评价信息等特征，组合出 74 个特征，再结合历史票房数据等通过加权算法分析预测出春节档 4 部电影的票房占比情况。

第四步：进一步结合 SEO、市场响应等优化票房占比。电影票房还与 SEO 等相关，研究者查找了百度指数、微信指数、淘票票指数等数据，因为历史数据表明，这些指数与电影票房呈正相关关系,也就是指数越高票房越高。加入这些指数后,使用算法重新进行预测得到了最后的票房预测结果,正是前文所述的高达99%。

（资料来源:根据知乎miao君材料整理）

## 二、学会利用生意参谋查看经营数据

生意参谋,是每个店主每天都会打交道的后台工具,不管是看数据,还是给掌柜提意见做参考,都要从这个后台取数、作分析,然后针对问题提出解决方案。生意参谋的功能非常强大,包括实时和作战室两个模块的实时数据,流量、品类、交易、直播、内容、服务、物流和财务等网店内部统计数据,市场、竞争等行业数据。下面重点介绍生意参谋流量和品类基本分析功能。

图4.2.1 生意参谋首页

### （一）流量分析

流量分析,也称流量纵横,包括流量概况、来源分析、动线分析、消费者分析等模块。

### 1. 流量概况

①流量看板

把整体店铺的流量情况进行统计,让店主更直观的了解整体店铺流量的情况。时间维度有实时/1天/7天/30天/日/周/月/自定义等。模块包括流量总览(分时段趋势/累积趋势、所有终端/PC端/无线端)、我的关注(流量来源、商品)、流量来源排行TOP10(趋势、商品效果、详情)、关键词排行TOP10、商品流量排行TOP10、页面流量排行TOP10、人群特征等。

注意:实时数据仅为参考,以T+1数据为准。

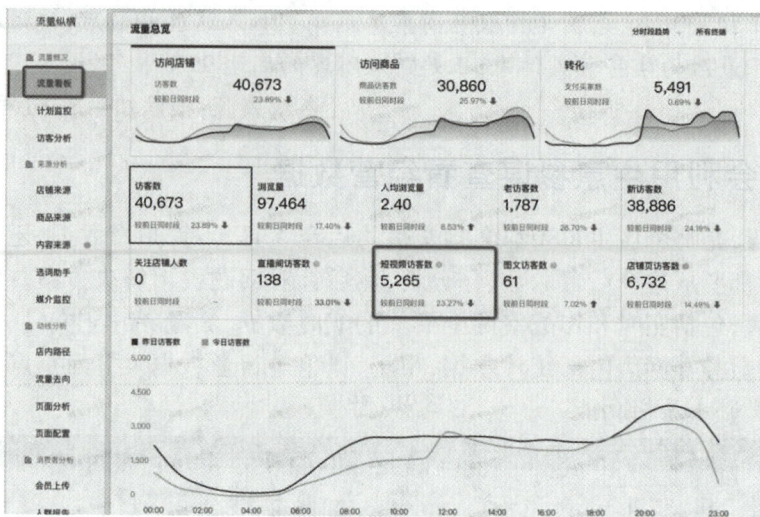

图 4.2.2 流量看板

②访客分析

包括访客分布,如时段分布(访客数、下单买家数)、地域分布(访客数占比 TOP10、下单买家数占比 TOP10)、特征分布(淘气值分布、消费层级、性别、店铺新老访客)、行为分布(来源关键词 TOP50、浏览量分布),以及访客对比(未支付访客、支付新买家、支付老买家)等模块。

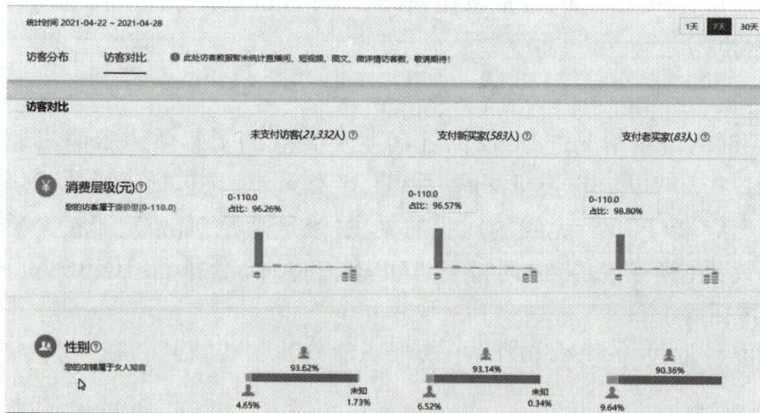

图 4.2.3 访客对比

## 2. 来源分析

来源分析包括店铺来源、商品来源、内容来源、媒介监控、选词助手等模块。时间维度有实时/1 天/7 天/30 天/日/周/月等,分为无线和 PC 两端入口。

①店铺来源

分为构成、对比和同行三大板块。

　　构成板块中,可以查看各个指标在各推广渠道的表现情况,包括自主访问、付费流量、淘内流量、海外流量、其他、站外投放等 6 大渠道,可以根据二级明细来源展现店铺自身内部不同的渠道效果。还可以查看各指标每个渠道的表现详情、30 天访问趋势、人群透视、来源效果等。指标包括访客数、下单买家数等 19 个,但标准版一次只能最多选择查看 5 个指标的数据表现。

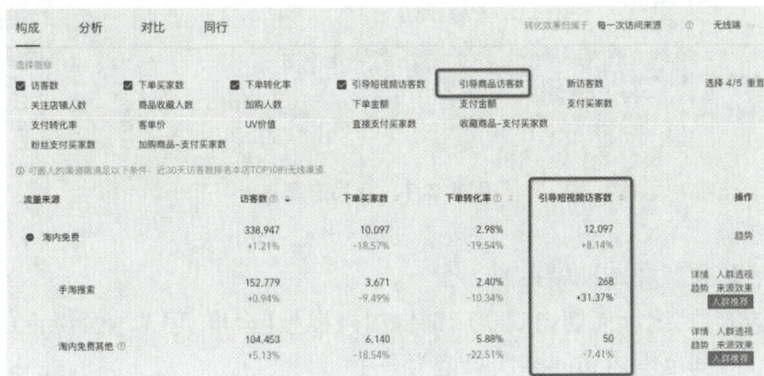

**图 4.2.4　店铺来源构成板块**

　　对比板块中,可以查看各指标在不同推广渠道表现情况的 30 天对比。细看具体上升和下跌的主要明细渠道,验证引流策略是否起效和合适,确定是否调整引流方式。例如:如果店铺付费流量比较低,就可以加大直通车、钻展等付费推广方式。

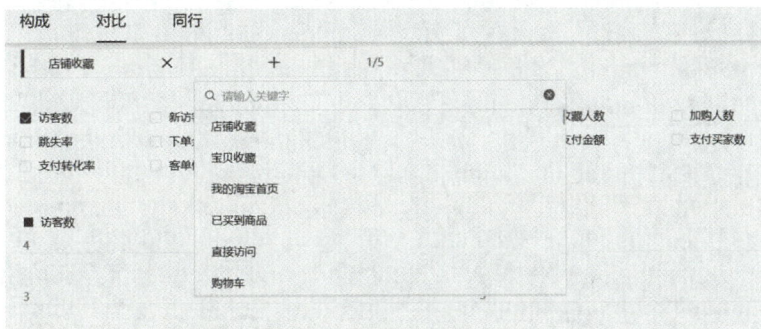

**图 4.2.5　店铺来源对比板块**

同行板块中,可以查看店铺主营业务同行各指标在各推广渠道的平均表现情况。

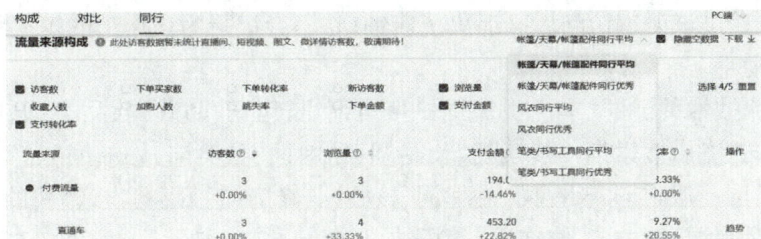

**图 4.2.6　店铺来源同行板块**

②商品来源

时间维度有实时/1 天/7 天/30 天/日/周/月等,分为无线和 PC 两端入口。可以添加具体商品查看整体访客情况。

图 4.2.7　商品来源

③内容来源

分为直播间来源和短视频来源。

短视频访客数:统计周期内观看店铺自制短视频(全屏页)3 秒及以上的去重人数,一个人在统计时间范围内访问多次只记为一个。

直播间访客数:统计周期内观看店铺自播直播间(不含达人)的去重人数,一个人在统计时间范围内访问多次只记为一个。

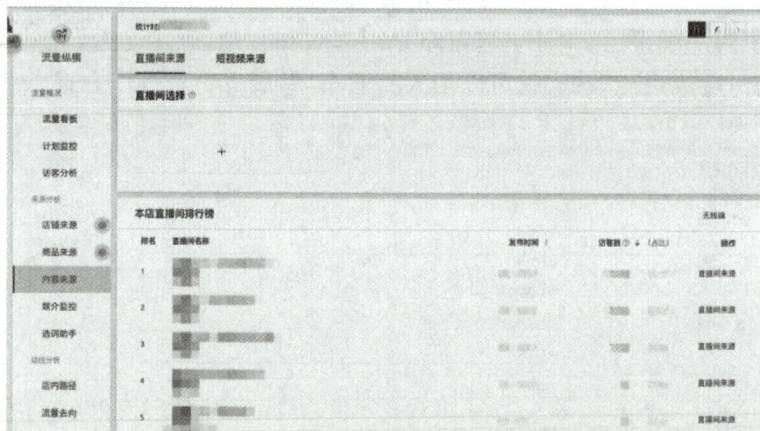

图 4.2.8　内容来源

注意:引导短视频访客数仅包含店铺自制全屏页短视频观看 3 秒及以上的去重访客,如果用户通过该渠道访问后又退出了店铺,将不会记录为该渠道的短视频访客数。

④选词助手

包括引流搜索关键词"本店引流词—搜索词、长尾词、品牌词、品类词、修饰词"、竞店搜索关键词"竞店搜索词—搜索词、长尾词、品牌词、品类词、修饰词"、行业相关搜索词"行业搜索词—搜索词、长尾词、品牌词、核心词、修饰词"、我的收藏"我的收藏—搜索词、长尾词、品牌词、品类词、修饰词"等模块。

每一个关键词,可以点击收藏、查看趋势和商品效果。还可以将关键词的表现同步至直通车。

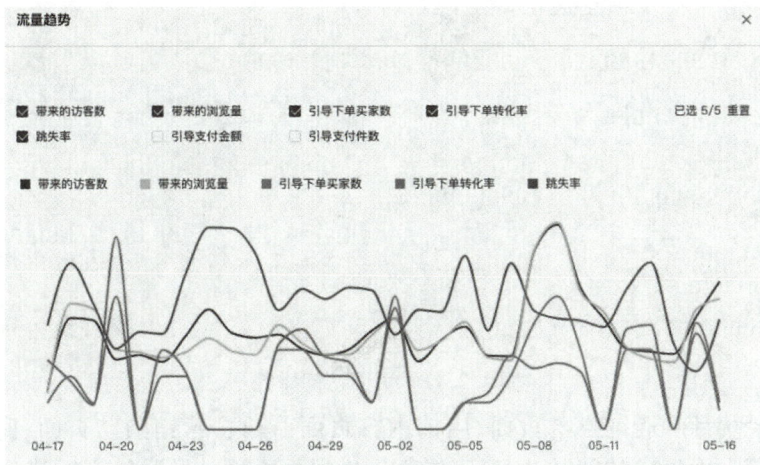

**图 4.2.9 关键词流量趋势**

### 3.动线分析

动线分析包括店内路径、流量去向、页面分析、页面配置等模块。时间维度有 1 天/ 7 天,分为无线和 PC 两端入口。

①店内路径

通过店内路径可以查看店内入口、访问及流失去向,帮助店铺调整页面和促销活动。

无线入店与承接可查看店铺页、店铺短视频页等入口页面的下单买家数、访客数、访客数占比、下单买家数占比、下单转化率等指标。

**图 4.2.10 无线入店与承接**

页面访问排行细分店铺页、店铺短视频页、店铺直播页、商品详情页、商品微详情页、店铺其他页进入店铺时,具体是从哪个路径进入,及其访问页面、浏览量、访客数、平均停留时长等指标的表现。

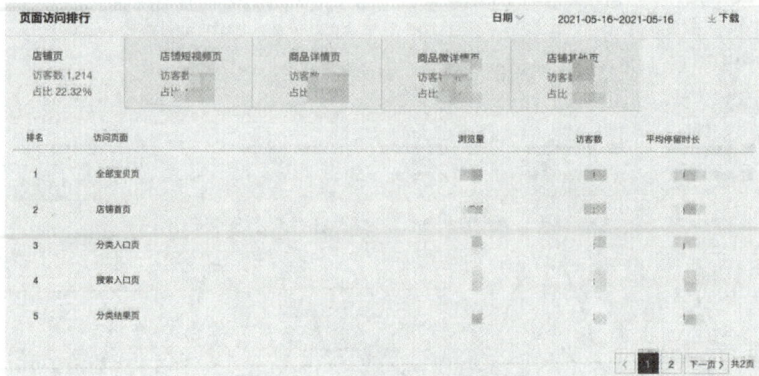

**图 4.2.11　页面访问排行**

店内路径统计从店铺导购页面、店铺内容页面、首页、营销活动页面、商品详情页、店铺其他页等页面流转的路径,为商家提供更优的页面设计及跳转逻推荐辑。

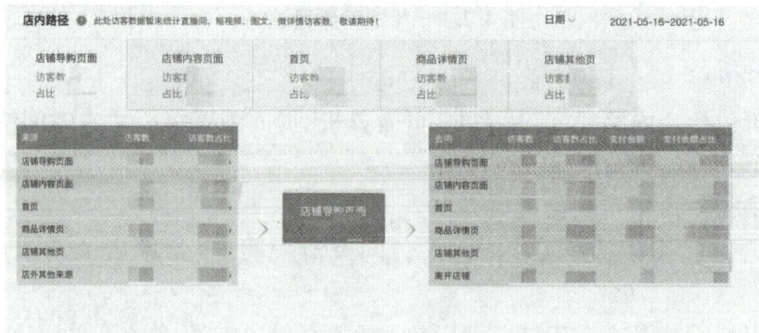

**图 4.2.12　店内路径**

不同的店内页面类,需要关注的流转路径有所差异。

首页:关注去向商品详情页和去向分类页的比例结构,关注首页引导至自定义活动页面的流量,验证效果。

宝贝详情页:关注去向宝贝详情页的流量比例,衡量宝贝之间流量流转是否通畅。

店铺自定义页:关去向宝贝详情页的流量比例,衡量活动对商品流量导入的有效性。

注意查看各类页面中被访客访问最多的各个页面,通过浏览量、访客数、平均停留时长来评估各类页面的吸引力情况,加强对热访页面的重视,若重点页面的流量并不符合预期,及时调整流量导入的机制,若重点页面的停留时长不符合预期,及时调整页面布局和内容以增加页面吸引力。

②流量去向

消费者离开的页面排行、离开率及具体链接,为商家提供可优化的方向。

图 4.2.13 流量去向

③页面分析

在页面概览中可查看首页 & 自定义承接页和商品详情页中流量相关(浏览量、访客数、点击次数、点击人数、点击率、跳失率)、引导转化(下单金额、下单买家数、下单转化率、支付金额、支付买家数、支付转化率)等指标的表现。

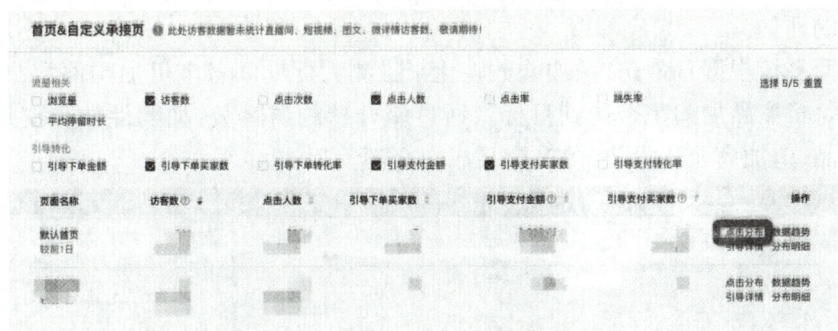

图 4.2.14 首页 & 自定承接页页面分析

点击具体页面名称后面的"点击分布"可查看各模块不同区域点击情况,以此判断哪类页面风格更受欢迎,哪个模块点击率更高,以优化页面布局。

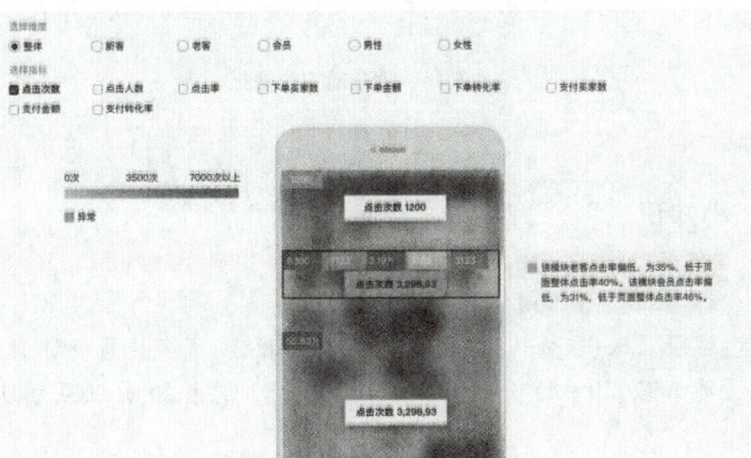

图 4.2.15 首页页面点击分布

### （二）品类分析

品类分析,也称品类罗盘,可以为商家提供全店商品实时监控、商品人群精准营销、新品上市效果追踪、异常商品问题诊断等丰富商品运营的场景服务,由驾驶舱、商品洞察、品类洞察、定制分析和配置中心几个模块构成。

#### 1.驾驶舱

包括实时播报和宏观监控。

①实时播报

通过实时监控商品整体访客数和支付转化率,计划店铺商业化投放计划或调整商品优惠券设置,在大促期间可以实时监控商品整体的加购件数,预测店铺的预付金额。

实时预警可以甄别异常波动的商品(评分为 A 级和 B 级的商品数据波动幅度超出30% 为异常商品),目前支持商品流量渠道、支付转化率、支付件数、负面评价和退款率五个维度的评估。

实时商品榜根据日常访客、加购数转化来推测大促期间各宝贝加购件数,来用于监测预热期每日商品加购是否达到目标。通过飙升榜的访客数、加购件数和支付金额挖掘潜力商品,追加商业化投放,提升商品成交金额。

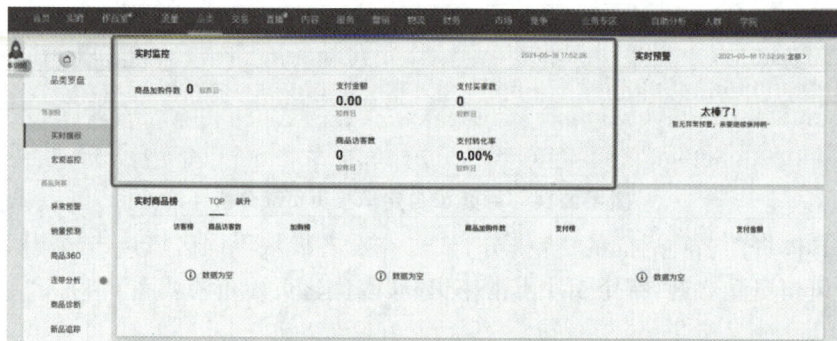

图 4.2.16　驾驶舱实时播报

## 小知识

# 商品评分

评分维度:流量获取、流量转化、内容营销、客户拉新、服务质量设计商品评分模型,按照 85 分以上为 A 级、70 ~ 85 分为 B 级、50 ~ 70 分为 C 级、55 分以下为 D 级分档。

分级管理:

A 级商品:核心重点商品,需要投入核心资源进行多维度的精细化运营

B 级商品:潜力重点商品,需要投入推广资源进行多渠道的扶持,快递成长为 A 级

C 级商品:基础平销商品,商品丰富度补充和利润贡献的商品,稳定运营为主

D 级商品:长尾滞销商品,需要决策是否继续售卖,如无必要,则可尽快出清,回笼资金

②宏观监控

通过页面配置,追踪店铺销售在月度和年度的达标情况,从而调整运营策略。

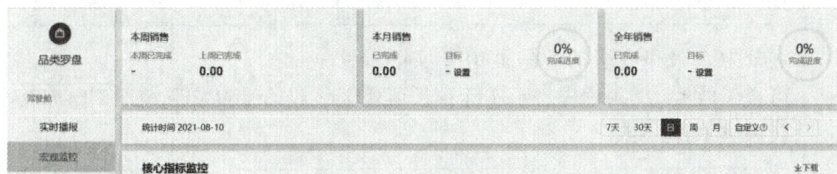

**图 4.2.17　宏观监控首页**

点击"本月销售"或"全年销售"中的"设置",进入"个人中心——目标配置"(也可从"流量—计划监控"进入),制定店铺业绩目标、流量目标,进行目标追踪。

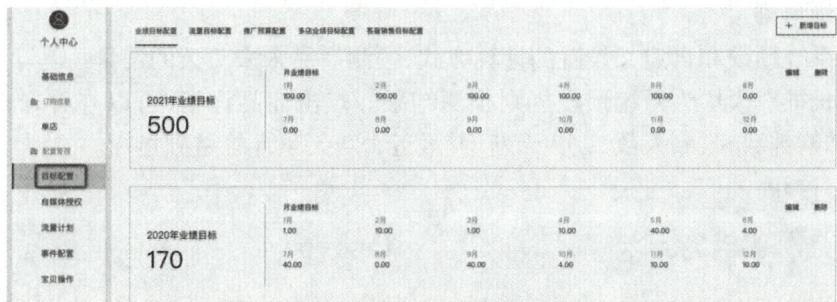

**图 4.2.18　个人中心目标配置**

核心指标监控支持自定义时间筛选,查看过去 90 天中任意 31 天的店铺商品整体数据汇总表现。

全量商品排行支持基于全店商品和不同类目的筛选,查看不同数据指标下的商品排名。

全品类排行基于店铺商品所在分类,提供一级/二级/三级类目下不同类目的表现,分析店铺商品类目分布。同时支持查看自定义(导购类目)下面的不同分类表现。

### 2. 商品洞察

①异常预警

实时扫描全店商品数据,支持卖家基于商铺所在类目快速筛选异常、缺货和滞销商品,给出执行方案,提升运营效率。

表 4.2.1 异常预警功能介绍

| 功能模块 | 分析方式 | 执行方案 |
|---|---|---|
| 异常 | 评分为 A 级和 B 级的商品数据波动幅度超出 30% 为异常商品（流量渠道支付转化支付件数负面评价退款率） | 流量下降：商业化投入、标题优化、主图优化<br>转化下降：商品优惠券、商品详情页优化 |
| 缺货 | 评分为 A 级和 B 级的商品里 SKU 实际预计可售天数≤15 天，优先展示实际预计可售天数升序 TOP5 SKU | 结合商品实际情况调整库存 |
| 滞销 | 视频访客数升序 TOP50 且支付转化率升序 TOP50 的商品 | 流量获取：商业化投入<br>转化提升：商品优惠券、商品详情页优化 |

②销量预测

基于系统预设和自定义设置的计算方式，预测商品未来 7 天的销量。

参谋长推荐模块为系统预设规则预测结果。点击商品详情，可以查看未来 7 天销量，以及加购件数/收藏人数、近 7 天新增/最近 180 天累计等基础指标。

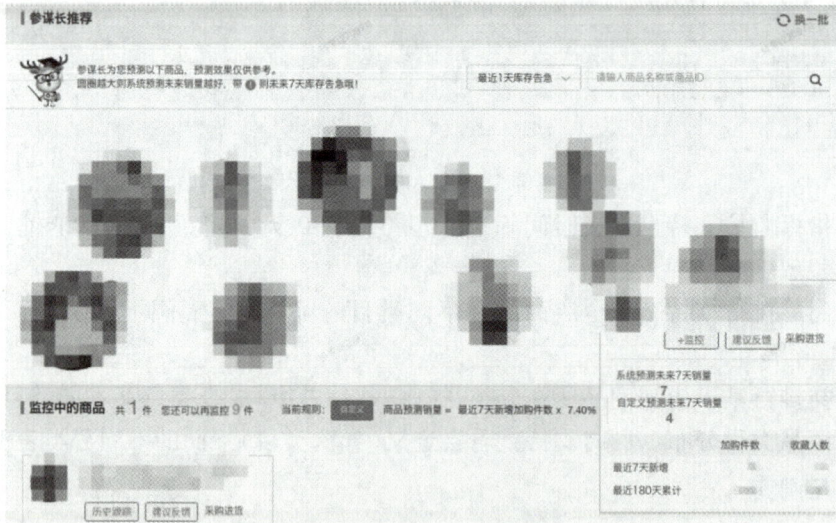

图 4.2.19 参谋长推荐

监控中的商品模块可以自定义预测规则。

第一种方案：商品预估销量可以基于加购件数、商品收藏人数来预估商品的销量。加购指标可以基于累计加购件数，或新增加购件数来计算；收藏人数指标可以基于累计商品收藏人数，或新增商品收藏人数来计算；基于购物车、收藏夹的转化率经验值来设置系数，输入 >0 的数字，小数点后最多 2 位。

第二种方案:商品预估销量可以使用上周或上上周商品销售件数,同时基于经验什来填写系数,预测未来的销售件数;

例子:若你预计购物车会转化50%,请输入50;若你不需要收藏人数指标,不输入系数即可。

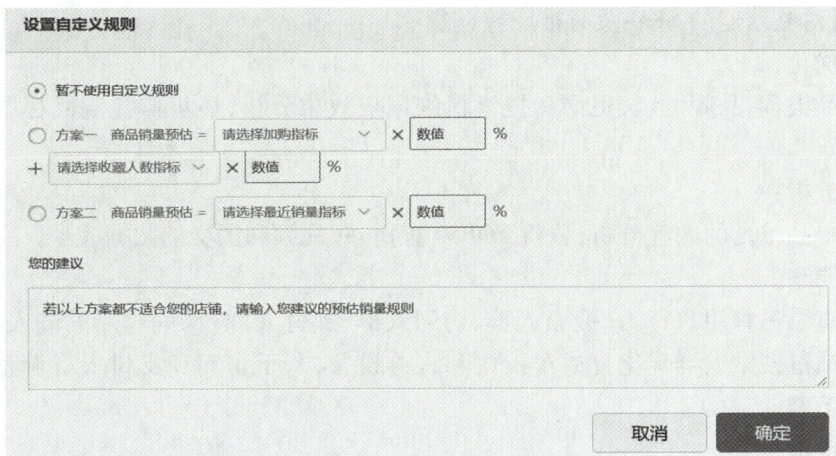

**图 4.2.20 自定义预测规则**

③商品360

输入商品标题、ID、URL或货号可查看商品单品诊断、销售分析、流量来源、内容分析、客群洞察、关联搭配、服务分析等数据表现。

单品诊断:

可选择宝贝整体/新客/老客角度,快速了解宝贝获客成交能力,且支持同类商品对比表现。关注指标可自行设置:销售(支付金额、支付件数)、访客规模(访客数)、转化率(支付转化率、收藏加购率)、客单价(客单价、件单价、人均购买件数)等。

针对单品指标表现,提出优化策略。如人群圈选投放、直通车一键投放、主图优化、品牌新享等。

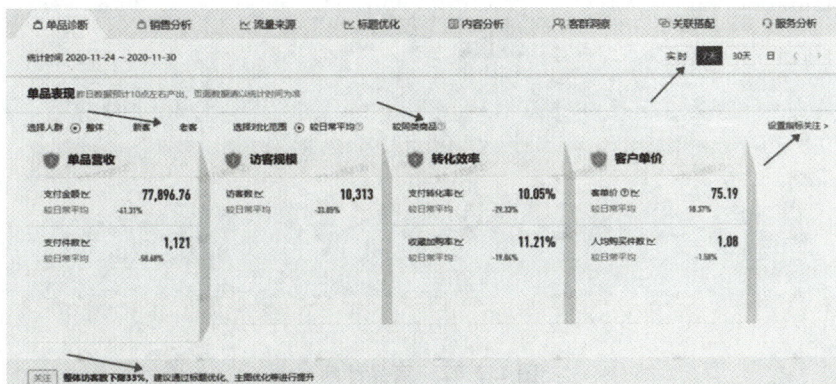

**图 4.2.21 单品诊断**

销售分析：

核心概况中支持单品核心数据（访客数、详情页访客数、浏览量）趋势查询，支持自定义过去 90 天中任意 31 天汇总数据查询。

SKU 销售详情/属性分析支持基于 SKU 和属性查看对应商品不同规格的受欢迎程度，可以针对受欢迎的 SKU 及时推广或补货。

标题优化：

提供品类词、品牌词、长尾词和搜索精细词根效果分析，还可监控竞品标题和行业热词效果。

内容分析：

基于单品维度的内容分析，分析 TOP50 直播、短视频和图文的数据表现。

客群洞察：

支持查看三种用户行为（搜索人群、访问人群、支付人群）访问单品后的人群画像。店主可以通过搜索人群优化直通车投放和人群设置，基于访问和支付人群调整商品定价和投放策略。

关联搭配：

基于单品对店铺其他商品的引流效果调整商品详情页的掌柜推荐。

服务分析：

通过服务核心指标分析商品的服务整体情况；通过查看服务指标趋势，了解单品在维护、评价和交易三个维度的表现，深度分析不同退款原因，对应调整商品详情页、客服沟通话术、日常运营等。

④商品诊断

商品诊断：

支持基于三种维度（评分—金额/价格—销量/访客—销量）的分析，全面了解店铺商品分布，聚焦核心商品和潜力商品进行运营。

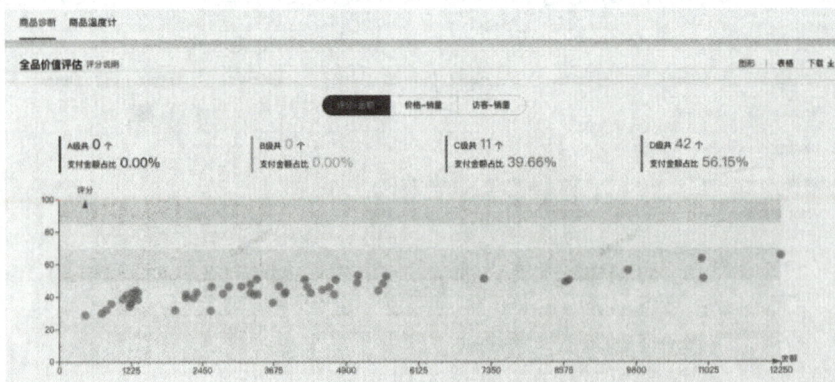

图 4.2.22　商品诊断

商品温度计：

基于用户从进入商品到后期转化链路,从页面性能、标题、价格、属性、促销导购、描述和评价等7个维度分析单品转化影响因素。

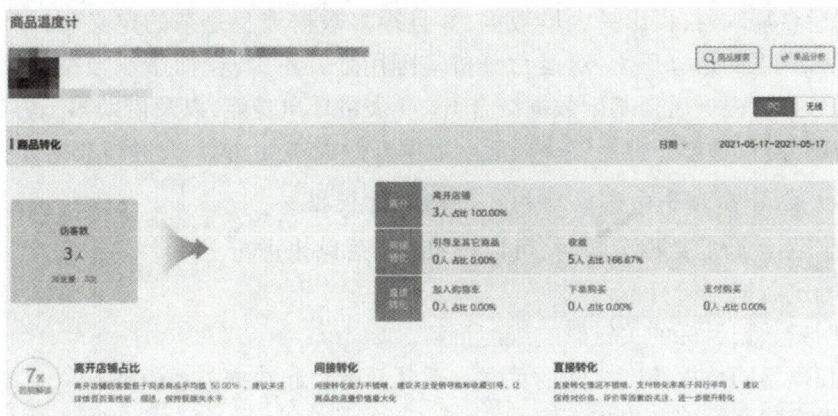

**图4.2.23 商品温度计**

## 宝宝树通过大数据制定销售战略

国内最大母婴电商宝宝树购买了一款数据可视化分析软件。这个软件可以快速分析海量数据,快速响应不同需求,即时生成复杂报表。宝宝树在软件平台上,通过拖拉拽操作,生成关联不同指标的分析模型,包括环比、同比、用户快照分析、沉睡率、唤醒率、平均回购周期等。

有了这些关键数据后,宝宝树的业务团队再来做更进一步的分析,比如上周有多少新用户? 推的新品收入怎样? 上月的新用户这个月的购买表现如何? 用户的平均回购周期相对环比是缩短了还是延长了? 各渠道引流占比有何变化? ⋯⋯基于对这些问题的全面回答,他们不断制定和调整产品和销售战略。

有一次,宝宝树发现关键词排序报表上多了污染这个词,就想到空气净化器可能会火,于是在B端找到客户投放广告,大获成功。

(资料来源:根据派代网材料整理)

### 三、掌握数据分析的逻辑

数据分析是网店运营最基础的一项技能,合格的运营一定是数据驱动运营,而非运营驱动数据。

#### (一)从单一维度到体系化的思考

做数据分析一定要建立在对产品数据体系详细了解的基础上的,在做数据分析时候需要在心中建立起数据体系。数据维度体系可以讲前面所讲的指标由大到小分为宏观数据、中观数据、微观数据三个层面。

在做数据分析时,需要结合自己的产品情况来做有用数据筛选。很多运营人员在完善数据后台需求时,提出一大堆数据,并且很多数据涉及复杂的定义和计算,这样只会增大后台数据的运算压力,对运营分析实际用处并不大,反而影响数据的查看效率。运营数据分析可根据后台基础数据结合 Excel 表格导出功能,以及借助第三方数据平台来进行辅助分析,这样不仅能够降低后台数据开发成本,也能大大提高数据分析效率。

**(二)以目标为导向,以结构化思维分析数据**

在做产品运营的数据分析时,可以按照以下思路来进行。

(1)确定数据分析目标。

(2)明确数据目标的关键影响维度拆解。

(3)找出不同数据纬度之间的关联关系从而建立起数据关系模型。

(4)发现问题数据及出现原因。

(5)针对问题数据影响维度做相应的优化。

以产品运营为例,比如突然发现某天产品的 DAU(Daily Active User,日活跃用户数量,常用于反映网站、互联网应用或网络游戏的运营情况)增长幅度变大,按照上述的分析思路进行相应的梳理。

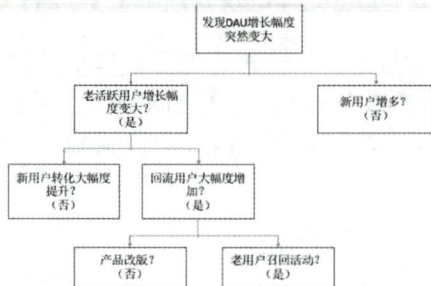

**图 4.2.24　产品运营分析思维逻辑**

**(三)关注多维度关系**

数据分析更多的是要关注多个数据维度之间的相关关系,而不是单个数据产生的因果关系!通过影响关键指标的数据维度的关联关系建立数据分析模型。

以公众号运营为例,其关键指标是粉丝数和文章阅读量,而粉丝数和文章阅读量的影响纬度肯有很多个。这些纬度之间也存在相应的影响关系,具体如下:

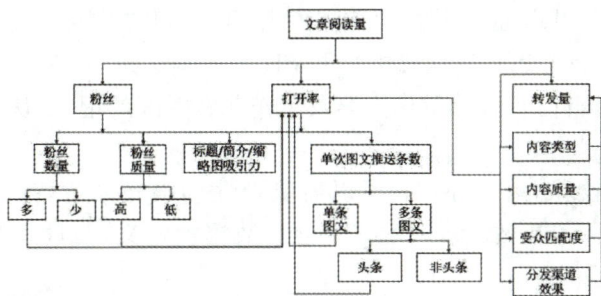

**图4.2.25 公众号运营分析数据关系**

### （四）关注数据的相对值

数据是需要对比才有用的,数据的"绝对值"有时没有什么意义。比如"转化率"指标,其数值"高、低"是一个对比值。比如数据分析得出"5%的转化率太低了"这样的结论是毫无意义的。只有当得出"本周的转化率5%,比上周要低"或者"本周的转化率5%,低于同行平均水平"这样的结论才是有意义的。任何一个数据指标只有在横向、纵向对比之后的结论才有意义。

当卖家把自己店铺的数据和行业或者竞争对手数据做比较的时候,还要面对"比较对象"的误差问题。用自己店铺的数据指标和行业数据指标做对比,得出比较结果,进而给出运营方向,其实并不一定合适。行业中肯定存在极值情况,而且不同店铺运营策略也有很大的不同。"行业均值"或者"竞争对手"只是一个参考指标,并不能用这个数据指标直接作为运营的目标。

### （五）让数据分析培养成为潜意识行为

#### 1. 培养数据分析的系统化思维

数据分析一般会存在两种方向,一种是自上而下,另一种是自下而上。

自上而下的思路为:确立数据分析目标——目标影响维度拆解——各数据维度相关关系建立——发现问题数据及出现原因——问题数据优化,这种思路多用户产品的数据分析体系或者模型的建立,从而保证数据分析的全面性。

自下而上的数据分析思路多用在针对已有数据报表中的数据问题发现,具体思路为:异常数据发现——该异常数据影响因素——影响因素与问题数据之间的相关关系——找出出现异常数据的原因——找到异常数据的解决办法。

#### 2. 培养数据的敏感度

数据敏感度培养别无他法,除了掌握正确的数据分析方法外,就是每天看数据,每天分析数据,用数据说话。

#### 3. 养成数据记录习惯

做运营过程中会有很多细节数据,需要对这些数据进行记录,当记录的数据条数累计到一定程度通过就可以通过汇总的数据发现相应的数据规律,比如:针对社区 UGC 帖子、热帖、精品贴的记录;针对消息中心 PUSH 的数据记录;针对公众号历史推文数据的记录;甚至可以对自己每日的工作内容及工作花费时间的记录,从而用于工作效率优化……

数据一定是比较理性和严谨的,所以需要理性的眼光来对待,当然运营产品的不同,需要的数据维度不同,做运营一定要学会给数据做定义,并且要保证其逻辑性和眼严谨性,要能经得起推敲。

数据分析是精细化的运营工作,一定要建立起体系化的思维,切勿盲目分析,粗暴分析。

## 拓展练习

利用生意参谋分析个人店铺的运营情况。

## 任务实施

在学习前面的知识后,小伟做了以下工作:

1. 结合淘宝商品排名影响因素,重点关注了生意参谋、直通车和客户运营平台中相关数据的变化情况。

| 时间 | DSR 评分的变化趋势 | 点击率 | 转化率 | 客单价 | 动销率 | 退货率 |
|---|---|---|---|---|---|---|
| | | | | | | |
| | | | | | | |
| | | | | | | |

2. 利用搜索引擎查找第三方数据分析工具:

（1）生 e 经;

（2）看店宝。

# 任务二 分析网店的利润

## 任务导入

从开店到现在,淘宝卖家小王对店铺的历史运营数据进行了统计,细心的小王发现:店铺的生意虽然比以前好,但是店铺的利润涨幅却不甚明显,有段时间基本上处于收支平衡状态。

小王不禁开始反思：如果店铺按照现在这种状况发展下去，到年底也仅仅是收支平衡，店铺甚至无法为客服人员提供承诺过的年终奖，会直接导致人员的流动率很大；更关键的是店铺的发展将举步维艰。因此，小王决定要对下半年的各项成本进行预测，包括细小环节的成本。

**问题与思考：**

1. 你觉得网店的成本都包括哪些？

2. 有哪些方法可以提高店铺的利润？

### 任务解析

很多新手店主总是搞不清店铺盈亏状况，甚至最后店铺严重亏损，也不知道钱都亏到哪里了。所以下面就来学习一些常见的基础店铺经营财务问题。

### 知识探究

## 一、找出影响店铺盈利的因素

### （一）店铺利润与利润率的定义

利润是指包括收入与成本的差额，以及其他直接计入损益的利得和损失。利润也被称之为净利润或者说净收益。如果用 $P$ 代表利润，$K$ 代表商品成本，$W$ 代表收入，那么利润的计算公式为 $P = W - K$。

利润率是指利润值的转化形式。如果用 $P'$ 代表利润率，$K$ 代表商品成本，$W$ 代表收入，那么利润率的计算公式为 $P' = (W - K)/K$。

### （二）影响店铺盈利的因素

#### 1. 网店店务费用

（1）硬件投入：电脑几台，打快递单的打印机，办公桌椅，打包台，货架。（此项固定成本可分摊核算）

（2）产品成本：商品成本，小礼品成本，包装辅料成本。

（3）固定费用：房租，水电，网费，办公用品，店铺软件费。

（4）员工工资：最低标配（1 个运营，1 个美工，1 个早班客服，1 个晚班客服，还有 1 个倒班用的客服，还有打包人员）；基本工资；资金提成；福利。

（5）推广费用：

站内付费推广：直通车，淘宝客，钻展，活动报名费，活动保证金。

站外宣传：硬广；自媒体人合作；站外活动费用。

战略性亏损:免费试用,付费试用,阶段性亏损,赠送,奖品。

(6)邮费:也就是快递费用。

(7)其他费用:税收;坏账(比如客户的敲诈,退换货导致的产品损失,其他导致产品失去其价值的情况);次品率损失;其他损失。

这些费用可以根据自己的习惯,用文本或电子表格记下。

经营费用统计表可作为预算用,也可以作为月末统计用参考。

### 2. 上游供应链费用

这一部分是产品开发时产生的一系列费用。

(1)拿版费:通常情况下,比如有些商家会去批发市场拿一些看中的款式回来做参考,或者直接拍照上架用。但是一般情况下,有时候拿十个不一定就有能卖的动的款,可能会压仓库,就变成了流转不动的费用。

(2)打版费:分制版费和版的材料成本费。拿箱包市场或者女装市场来讲,打版的时候材料不贵,贵的是版费。因为有些厂家知道卖家可能只是来打个版看一下的,所以版费会收的有点贵,除非合作熟了(包括产品开发失败的费用)。

(3)次品率成本折算:次品率很多卖家没有注意。有些商品进货的时候厂家不负责退货,那么有退货的时候只能算到卖家头上,要注意次品的折算。

### 3. 隐性成本

(1)会议成本:要注意时间管理,以及投入产出比。假如聘请一个月薪6万的团队,60000元/26天=2300元/天。团队每天的费用就是2300元。如果召开一个全体会议,讲半天讲不出个所以然。然后一个月多次,你浪费了多少个2300?

(2)采购成本:注意采购成本与时间成本的投入产出。如果一个3000元/月的人工,每天就是3000/26天=115元。如果一个项目折腾了半天就相当于消耗了50元的时间人工成本。如果花了更长的时间。那这个时间成本就更长。

(3)沟通成本:由于交流沟通的环节变多,无效的沟通,增加了事件还原的成本。从而产生了很多无效的工序。

(4)加班成本:加班的原因是什么?员工的正常工作是否计量了?加长工作时间造成的整月工作效率低下。这些都会成为时间成本。所以,第一要确定员工标准工作量,第二要确保减少不必要的加班,加班会降低工作效率。能在正常工作时间完成的工作,绝不加班。

(5)人才流动的成本:新员工的招聘费用、培训费用和磨合费用。而在此之前,企业支付给原先工人的费用并没有给企业带来相应收益的。所以如果确实要付出这一些。确保流失尽可能小。

(6)管理成本。

(7)流程成本:设置合理的工作流程,能使工作贯彻始终,而不是形式主义。流程的合理性不在于同行是怎么设置的,而在于店铺的适应性。

（8）闲置成本：库存，设备，人员，是否有设置闲置和合理的地方，如果有，就要进行适合的策划，让资金流动起来。

（9）风险成本：员工的道德风险。

**小知识**

# 门店盈亏平衡计算

假设某门店面积为 150 平方米，年租金 16 万元、人员工资费用 15 万元、水电费 3 万元、税费 1.2 万元、装修费 2.9 万元、交通费 1.6 万元、投入成本的利息及其他费用 3.3 万元，进货折扣是 50%，春夏季销售的平均折扣是 88 折，那么这家门店要达到怎样的销售额才不会出现亏损？

店铺经营一年的成本为：16 万元 + 15 万元 + 3 万元 + 1.2 万元 + 2.9 万元 + 1.6 万元 + 3.3 万元 = 43 万元（全年费用）。

为了不亏损，门店年的营业额至少要与经营店铺一年的成本持平。由于销售折扣是 88 折，那么一件零售价是 100 元的衣服，门店实际只卖了 88 元。由于进货折扣是 50%，那么进货成本为 50，因此，毛利润 = 88 − 50 = 38 元。

毛利率 =（平均折扣 − 进货折扣）/平均折扣 =（营业额 − 进货额）/营业额 = 毛利润/营业额

将以上数字整理可得出：毛利率 = 38/88 =（88 − 50）/88 × 100% ≈ 43%；也就是说这家门店一年至少要卖出服装的金额为：43 万元 ÷ 43% = 100 万元，这 100 万也就是保本营业额。

根据之前所知，该店铺销售折扣为 88 折，那么门店销售正价货品的金额至少要达到：100 万元 ÷ 88% = 113.6 万元。

## （三）店铺财务记账

淘宝网推出了免费的记账系统，以最大限度减轻各位店主的工作量。但是以淘宝平台的发展规律来看，这样的免费系统早晚要收费，为了防止被淘宝平台套牢，建议各位店主还是自己动手记账。记账用的软件非常简单，就是 Office 组件中的 Excel 即可。

小店铺的财务记账，可以采用流水账形式，收入的记一起，支出的不用分科目，全记作费用。当然也可以根据上面举出的具体项目进行分类，方便后期进行财务审查。

店铺在整理财务数据的时候，可以先把支付宝里的收支数据导出到电子表格。并进行备注分类，再把支付宝账外的数据进行手工录入。如果会使用电子表格的数据透视表的话，很快就可以搞定了。当然，你可以到网上下载相关的表格模板，也可以自由发挥。

**拓展练习**

制定个人的网店记账表格。

## 二、学会预测店铺利润

利润预测是指企业在营业收入预测的基础上,通过对销售量、商品或服务成本、营业费用以及其他对利润发生影响的因素进行分析与研究,进而对企业在未来某一时期内可以实现的利润预期数进行预计和测算。

### （一）店铺利润预测方法

#### 1. 线性预测法

线性预测法是一种用来确定两个变量之间关系的一种数据建模工具。在实际的工作中,这种预测方法经常被用于测量一个变量随另一个变量的变化趋势。

在 Excel 中,可以用 TREND 函数来做线性预测,该函数是返回一条线性回归拟合线的值,即找到适合已知数组 Know_y's 和组 Know_x's 的直线(用最小二乘法),并返回指定数组 New_x's 在直线上对应的 y 值。

#### 2. 指数预测法

指数预测法可以采用 LOGEST 函数进行预测,LOGEST 函数的作用是在回归分析中,计算出最符合数据的指数回归拟合曲线,并返回描述该曲线的数值数组。

#### 3. 图表预测法

图表预测法也是数据预测的方法之一,图表预测法的实质就是通过分析数据源,创建预测图表,并在图表中插入趋势线,通过趋势性预测数据的走向。

#### 4. 移动平均法

移动平均法是一种最简单的自适应预测的方法。移动平均法是利用近期的数据对预测值的影响比较大,而远期数据对预测数据值影响较小的原理,把平均数进行逐期移动。而移动期数的大小视具体情况而定,移动期数少,能够快速地反映,但是不能反映变化趋势;移动期数多,能够反映变化趋势,但是预测值带有明显的之后偏差。

### （二）店铺利润计划的编制

利润计划是指企业根据利润预测结果,利用一定的表格形式,对未来某一时期内的营业活动及其财务成果进行的规划。因为利润总额由营业利润和营业外收支净额所构成。所以利润总额计划是由营业利润和营业外收支计划组成。其中,营业利润计划是利润总额计划的主体内容,在实际工作中,营业利润计划是由主营业务利润计划、其他营业利润计划及有关期间费用计划汇集而成。

### 1. 主营业务利润计划的编制

主营业务利润计划是利润总额计划的核心,其编制一般采用直接计算法,即按构成主营业务利润的内容,分别计算每一种产品的主营业务利润,然后汇总确定全部主营业务利润。其计算公式:

主营业务计划利润＝主营业务计划收入－主营业务计划成本－营业计划税金及附加

主营业务计划收入＝∑(某种产品计划销售数量×该种产品计划销售单价－该种产品销售退回、销售折让的预计数)

主营业务计划成本＝∑(某种产品计划销售数量×该种产品计划单位制造成本)

营业计划税金及附加＝∑(某种产品计划销售收入×该种产品税率)

### 2. 其他业务利润计划的编制

其他业务利润在利润总额中所占比重不大,因而其他业务利润计划的编制可采用分析计算法,即在上期其他业务利润的基础上,考虑分析计划期主要变动因素的影响,综合计算确定其他业务利润。其计算公式:

其他业务计划利润＝其他业务计划收入×(上期其他业务收入利润率±计划期其他业务利润升降百分比)

注:其他业务利润率是其他业务利润与其他业务收入的比值。

### 3. 利润总额计划的编制

由于相对于营业利润,投资收益、补贴收入和营业外收支这些项目在利润总额中所占比重很小,所以在分别制定这些项目的计划时,一般都可以在上期实际数额的基础上,考虑其计划期的增减变动,而后分析计算确定,最后可汇总编制企业的利润总额计划。

### 拓展练习

核算半年内个人店铺的各成本支出。

### 任务实施

为了更好的管理店铺各项成本,小王需要一个实用低价的记账软件,听说支付宝就有记账功能,她赶快去开通了支付宝记账。

支付宝记账的三种模式:APP——记账本模式、PC——对账管理——账单下载模式和 APP——账单模式。

小王在支付宝 APP 中,添加了生意账本,将网店的交易数据直接导入了生意账本,并利用统计功能,分析店铺经营情况。

## 项目小结

本项目共有两个任务。在任务一中,我们了解了网店经营中一些常用的分析指标的含义,包括基础统计类、销售分析类、直通车推广类、来源分析类等,然后利用淘宝平台提供的生意参谋查看各指标,以对店铺的经营有定量的把控。拥有这么多地数据,还要学会分析数据。分析数据要从单一维度到体系化的思考;要以目标为导向,以结构化思维来分析;要关注多维度关系;要让数据分析培养成为潜意识行为,从而真正的实现数据驱动运营。

在任务二中,我们在了解了影响店铺盈利的成本因素,包括网店店铺成本、上游供应链成本和隐形成本。为了控制这些成本,店主需要利用 Excel 财务记账。基于财务数据,利用线性预测法、指数预测法、图标预测法和移动平均法等方法预测店铺的利润,并编制店铺的利润计划。

对于淘宝店铺企业来说,生意是一种复杂的经营行为,没有绝对无风险的生意,也没有绝对不亏本的生意,卖家要对店铺的财务成本有足够的了解,不可以盲目行事。

## 项目练习

一、选择题

1.店铺健康诊断,主要通过店铺(　　)、访客数、店铺成交转化率及收藏量等数据进行平衡对比。

A.浏览量　　　　　B.交易量　　　　　C.商品数　　　　　D.等级

2.生意参谋中流量分析主要包括流量概况、流量地图、(　　)及装修分析四个内容。

A.访客分析　　　　　　　　　B.商品分析

C.访客实时数据分析　　　　　D.行业数据分析

3.某网店当天的访客数为1000个,总浏览量为9000,产品订单为90笔,总销售额为11700元,该网店当天的客单价为(　　)。

A.1.17　　　　　B.11.1　　　　　C.130　　　　　D.100

4.A店铺今天通过搜索获得的 UV 为50,通过直通车获得 UV 为80,一共成交了13笔交易,那么(　　)。

A.店铺今天一共获得了80个 UV

B.店铺今天的转化率为10%

C.店铺今天的 PV 为130

D. 店铺今天的跳失率为 10%

5. 某网店通过多种渠道进行产品推广,其中直通车当月投入 2000 元,通过直通车带来访客 3000 个,销售产品 15000 元;钻展当月投入 3000 元,带来访客 7000 个,销售产品 20000 元,若产品利润率相同,那么以下说法正确的是(　　)。

A. 该网店直通车的投资回报率比高于钻展

B. 该网店钻展带来访客的成本比直通车低

C. 该网店钻展投放不够精准,导致 ROI 低于直通车,因此要降低钻展的费用投入,加大到直通车费用投入

D. 该网店的钻展成交转化率低于直通车成交转化率

6. 某网店当天总访客数为 8000 个,网店浏览量为 23000,共产生订单 500 单,其中 55% 的订单未进行客服咨询直接下单,剩余的订单在下单时均进行了客服咨询,以下描述正确的是(　　)。

A. 该网店的客服咨询接入率约为 2.81%

B. 该网店的成交转化率约为 6.25%

C. 该网店的询单转化率约为 2.81%

D. 该网店的静默转化率约为 3.44%

## 二、论述题

1. 店铺流量来源主要依托与付费流量,该店铺流量来源是否健康?原因是什么?

2. 店铺转化率低于同行业情况下,如何优化提升?

## 三、计算题

现有 A,B,C 三家店铺在做钻石展位时,共同选择了同一个展位进行推广。在不考虑时间、地域、定向投放方式等因素情况下,只按照竞价展现,假设本展位日均流量 30W。

根据三个店铺以上推广数据,计算:

(1)如果 B 店和 C 店实际展现均是 10W,那么 A 店的实际展现是多少?

(2)如果 A,B,C 三个店铺的点击分别是 1000,2000,1500,请问三个店铺的展现率各是多少?

(3)如果 C 店 的 CPC 是 0.67,那么 A 店和 B 店的 CPC 各是多少?